Bibliothek
für Designer

RECHT
FÜR DESIGNER

DAVID HERZOG

Bibliothek
für Designer

RECHT FÜR DESIGNER

avedition

Bibliothek für Designer

Zur Buchreihe

Einführungsreihen gibt es viele, doch noch keine, die sich speziell an Gestalter richtet, in deren akademischer Ausbildung kultur- oder naturwissenschaftliche Methoden und Inhalte ja nicht unbedingt im Vordergrund stehen. Ziel der vorliegenden Buchreihe *Bibliothek für Designer* ist daher eine Erschließung von Bezugswissenschaften und sekundären Wissensgebieten für Gestalter.

Die Reihe geht dabei nicht im Sinne konventioneller und fachspezifischer akademischer Übersichtsdarstellungen vor, sondern als vom Entwurfsprozess ausgehende, prägnante und kompetente Darstellungen des jeweiligen Wissensthemas. Daher zielt die Reihe nicht primär auf solche Themen, die dem Design nahe sind, sondern auf mögliche Projektinhalte der Gestaltung. Die Bände sollen vor allem eine Portalfunktion aus der Interessenslage der Gestalter heraus erfüllen.

Die Herausgeber
Prof. Dr. Thomas Friedrich
Prof. Dr. Klaus Klemp
Prof. Dr. Gerhard Schweppenhäuser

Inhalt

Zum Buch

Regeln sind eine wesentliche Grundlage für jedes soziale Gemeinwesen. Wer sie achtet, verdient sich Anerkennung und Respekt. Wer sie für sich zu nutzen versteht, wird Erfolg haben. Unsere soziale Marktwirtschaft hat eine Vielzahl von Regeln entwickelt. Denn unser Staat soll nicht nur Nachtwächter spielen, sondern aktiv eingreifen, wo es nötig ist, um strukturell Benachteiligte und sozial Schwächere zu schützen.

Der Fachbereich Gestaltung ist für den Juristen besonders interessant. Die Kreativität der Branche trifft auf die wirtschaftlichen Interessen des Spätkapitalismus. Die Digitalisierung der Medien und die Globalisierung der Produktionsabläufe schrumpfen unsere Gesellschaft zu einer weltweiten Dorfgemeinschaft, in der jeder über alles mit allen kommunizieren kann. Diese Entwicklung hat unser Rechtssystem in den letzten Jahren einer Art Stresstest ausgesetzt. Und eine der Belastungszonen deckt sich weitgehend mit dem Berufsfeld der Gestalter.

Immerhin ist das allgemeine Zivilrecht des BGB ein sicherer Boden, auf dem der Gestalter seine Verträge verhandeln und Leistungsstörungen abwickeln kann. Das BGB stammt zwar noch aus dem 19. Jahrhundert, ist aber liberal, klar strukturiert und aufgrund seiner langen Geltung bestens durchdacht. Dem BGB ist der erste Teil dieses Buches (S. 17–192) gewidmet; er ist die Grundlage und soll auch einen ersten Einblick in die juristische Denkweise vermitteln. In diesem Zusammenhang sei auf das Abkürzungsverzeichnis am Ende des Buches verwiesen, denn Juristen neigen zu Akronymen und Verdichtungen.

Der zweite Teil des Buches (S. 193–332) bringt uns dann auf einigen Gebieten an die Frontlinie der juristischen Diskussion. Das Urheberrecht als das zentrale Kapitel des Buches und die gewerblichen Schutzrechte für Marken und Design stoßen auf dem Feld der elektronischen Medien an ihre Grenzen. Das gilt auch für das Wettbewerbsrecht, zumindest für die Überwachung seiner Einhaltung.

Der letzte Teil (S. 333–364), der sich speziell mit dem E-Commerce befasst, zeigt einige der Verwerfungslinien des geltenden Rechts, in denen Gesetzgebung und Rechtsprechung um angeblich rechtsfreie Räume oder Grauzonen ringen und in denen unsere Gesellschaft versucht, mit den technischen Möglichkeiten Schritt zu halten, die sie zuvor erschaffen hat.

Am Öffnen dieser Räume hatte und hat der Fachbereich Gestaltung durchaus seinen Anteil, vor allem was das Urheberrecht anbelangt. Gleichzeitig bietet sich im Bereich der elektronischen Medien aber auch die Chance, mittels guter Gestaltung und sinnvoller Kommunikation die Nutzung der neuen Technologien zu sichern, sie sozial zu gestalten. Ein gutes Design achtet die hierfür notwendigen Regeln und integriert sie. Es schafft keine juristischen Hürden, sondern beseitigt sie. Ob das bisher vorhandene Rechtssystem hierfür praktikabel ist, muss diskutiert werden. Aber was wäre ein Diskurs ohne Argumente? Lesen hilft.

David Herzog

Zur Orientierung

Das Buch präsentiert Ihnen die juristischen Inhalte leicht verständlich und praktisch anwendbar. Zur optimalen Orientierung finden Sie hier ein paar Hinweise:

Die Hauptkapitel sind durch rote Zäsurseiten markiert und in der Kopfzeile ausgezeichnet. So wissen Sie immer, in welchem Kapitel Sie sich befinden.

x
Biographische Daten 1772–2017
Erfahren Sie hier mehr zur Person.

Biographische Informationen zu Personen x, die im Fließtext erwähnt werden, erkennen Sie in der Kommentarspalte am schwarzen Symbol.

x
Wichtigste Fachbegriffe
Finden Sie hier begriffliche Erläuterungen.

Für einen kompakten thematischen Überblick finden Sie Begriffserläuterungen der wichtigsten Fachbegriffe x, die im Fließtext auftauchen, mit rotem Symbol in der Kommentarspalte.

Weitere Schlüsselbegriffe sind rot hervorgehoben.

Praxishinweise
Erhalten Sie hier wertvolle Tipps für den Alltag.

Praxishinweise in der Kommentarspalte geben Ihnen wertvolle Tipps für den Alltag.

292 Randnummern (Rn) sind durchlaufend seitlich der Texte in der Randspalte platziert und erleichtern ein schnelles Nachschlagen bei Querverweisen zu konkreten Stellen.

Musterverträge sind rot hervorgehoben.

Abkürzungen und Endnoten finden Sie kompakt aufgelistet am Ende des Buches im Anhang.

Natürlich ersetzt Ihnen dieser Leitfaden nicht den »echten« juristischen Beistand oder Vertrag. Das Buch bietet einen Einstieg, um sich im Dschungel der Paragraphen zurechtzufinden und dabei den Blick fürs Wesentliche zu behalten.

Ihre Redaktion

Das Bürgerliche Gesetzbuch (BGB) ist die Grundlage des gesamten Zivilrechts.

Alle zivilrechtlichen Verträge werden auf der Grundlage des BGB geschlossen. Es enthält auch Regelungen für den Fall, dass Vertragsstörungen auftreten oder ein Schaden ersetzt werden muss. Situationen, die im Alltag eines Gestalters häufig auftreten.

In diesem Kapitel sollen zunächst die Grundprinzipien und der Aufbau des BGB erläutert werden. Das BGB ist ein Ordnungssystem aus allgemeinen und speziellen Vorschriften mit sehr vielen Querverweisen und Wechselbezügen, das über 100 Jahre lang historisch gewachsen ist. Die systematischen Erläuterungen in diesem Kapitel sind eine Art Gebrauchsanleitung und damit ein erster Zugang zum BGB.

1 Grundlage des bürgerlichen Rechts – auch Zivilrecht genannt – ist das Bürgerliche Gesetzbuch (BGB). Es wird durch zahlreiche Neben- und Spezialgesetze ergänzt, wie z. B. das Handelsgesetzbuch (HGB), das Urheberrechtsgesetz (UrhG) oder auch das Gesetz gegen den unlauteren Wettbewerb (UWG). Rechtsstreitigkeiten im Zivilrecht werden von den Amtsgerichten, Landgerichten, Oberlandesgerichten und dem Bundesgerichtshof unter Anwendung der Zivilprozessordnung (ZPO) entschieden.

2 Die wesentlichen Prinzipien des BGB sind eng verbunden mit seinen rechtshistorischen und ideengeschichtlichen Wurzeln. Zumindest die Grundzüge der Entstehung des BGB sollen daher kurz dargestellt werden:[1]

Gesetzgebungsprozess

3 Das BGB ˣ ist ein Kind des 19. Jahrhunderts, einer Zeit, in der bürgerliche Freiheiten und liberales Rechtsdenken im Spannungsverhältnis zum autoritären Staatsbegriff der Monarchie standen. Vor der Gründung des Zweiten Deutschen Reichs, des wilhelminischen Kaiserreichs von 1871, war das Zivilrecht im deutschen Gebiet weitgehend zersplittert – eine Folge der vielen verschiedenen deutschen Kleinstaaten.

x
BGB
Das BGB ist geprägt vom liberalen und freiheitlichen Denken des Bürgertums im 19. Jahrhundert.

Schon 1814 hatte sich der Jurist Anton Thibaut ˣ in seiner Streitschrift *Über die Notwendigkeit eines allgemeinen bürgerlichen Rechts für Deutschland*[2] für eine Harmonisierung des Zivilrechts eingesetzt. Diese Forderung scheiterte jedoch zunächst, nicht zuletzt an der Autorität des Rechtsgelehrten Friedrich Carl von Savigny ˣ, der vor dem Hintergrund der Historischen Rechtsschule eine Neuordnung ablehnte: Recht werde nicht willkürlich geschaffen, sondern entwickle sich.[3] Savigny trat stattdessen für eine intensivere Erfassung und Beschreibung des fortgeltenden römischen Rechts ein (Pandektenwissenschaft). Dieser »Kodifikationsstreit« beschäftigte die deutschen Juristen über 50 Jahre.

x
Anton Thibaut
1772–1840
Er setzte sich ein für die Vereinheitlichung des Zivilrechts in Deutschland.

x
Friedrich Carl von Savigny
1779–1861
Er blockierte als Gegenspieler Thibauts zunächst die Vereinheitlichung des Zivilrechts.

Nach 1871 gaben aber die Bedürfnisse der sich rasant modernisierenden Wirtschaftsordnung schließlich den Ausschlag für ein einheitliches bürgerliches Recht. Bereits 1861 war ein Allgemeines Deutsches Handelsgesetzbuch eingeführt worden. Nach verschiedenen vergeblichen Gesetzgebungsvorstößen im Norddeutschen Bund verhalfen schließlich das ausgeprägte deutsche Nationalgefühl und die zentrale Macht des neuen preußisch-deutschen Kaiserreichs dem BGB zum Erfolg. 1873 wurde dem Reich auf Antrag der nationalliberalen Reichstagsabgeordneten Johannes Miquel und Eduard Lasker durch Beschluss des Reichstags und des Bundesrates die Gesetzgebungskompetenz zur Vereinheitlichung des gesamten Zivilrechts übertragen.[4]

Eine erste Gesetzgebungskommission trat 1874 zusammen und legte 1888 nach zwölf Jahren einen Entwurf für das neue Bürgerliche Gesetzbuch vor. Unter dem Einfluss der Historischen Rechtsschule und der Lehren Savignys entsprach die Grundlage dieses Entwurfs im wesentlichen dem römischen Recht, dem sog. »gemeinen Recht«, wie es in Deutschland seit dem Mittelalter weiterentwickelt worden war. Diesem ersten Entwurf wurde viel Kritik entgegengebracht: Zu abstrakt, schematisch, formalistisch, unsozial und »undeutsch«[5] sei er, nicht zeitgemäß, und er genüge nicht dem liberalen Gedankengut.[6] Die sogleich einberufene zweite Kommission erarbeitete in sechs weiteren Jahren einen Folgeentwurf, der bereits weitgehend dem uns bekannten BGB entsprach. Nach wenigen Änderungen durch den Bundesrat und den Reichstag wurde dieser Vorschlag der zweiten Kommission angenommen und am 18. August 1896 [x] verkündet; Deutschland besaß ein einheitliches Zivilrecht.

x
Inkrafttreten
Das BGB trat am 1. Januar 1900 in Kraft und gilt bis heute.

Die international beispielhafte Abstraktion und Geschlossenheit des deutschen BGB ist vor allem der Pandektenwissenschaft geschuldet, die das fortgeltende römische Recht zu einem abstrahierend-generalisierenden System zusammenfasst, in dem nicht auf Beispielsfälle zurückgegriffen wird (Kasuistik), sondern auf abstrakte Begriffe und Legaldefinitionen, die eine unbestimmte Vielzahl von Anwendungsfällen erfassen. Das BGB wurde damit sehr anpassungsfähig, seine Formulierung erscheint, aber für den Laien oft schwer verständlich, altertümlich und künstlich.

4

Grundprinzipien

5 Beide Gesetzgebungskommissionen griffen für ihre Arbeit am BGB ganz wesentlich auf das römische Recht zurück, das seit dem Spätmittelalter als »gemeines Recht« im deutschen Gebiet (neben dem ursprünglichen germanischen Recht) wieder eingeführt und von gelehrten Juristen fortgebildet worden war.

x
Kernforderungen
Freiheit und rechtliche Gleichheit aller am Privatrechtsverkehr teilnehmenden Personen.

x
Privatautonomie
Das Recht des Einzelnen, seine privaten Rechtsbeziehungen eigenverantwortlich zu regeln.

Bestimmte Prinzipien des römischen Rechts unterstützten Kernforderungen x der liberalen Bewegung im Deutschland des 19. Jahrhunderts, weshalb sie auch als Grundprinzipien im BGB verankert wurden. Die Vorstellung von Freiheit und rechtlicher Gleichheit aller am Privatrechtsverkehr teilnehmenden Personen ist eine solche Kernforderung. Sie führt zur Privatautonomie x, die heute auch in Art. 2 Abs. 1 und Art 14 des Grundgesetzes (GG) verankert ist. Privatautonomie bedeutet insbesondere das Recht des Einzelnen, seine privaten Rechtsbeziehungen eigenverantwortlich zu regeln. Diese Freiheit steht nicht nur den Bürgern des Staates zu (d. h. den Menschen), sondern auch den juristischen Personen und den öffentlich-rechtlichen Körperschaften – also allen Rechtssubjekten.

Tragende Regelungen der Privatautonomie sind:

- die Vertragsfreiheit (§ 311 Abs. 1 BGB) und
- die Testierfreiheit (§§ 1937 ff. BGB).

x
Vertragsfreiheit
Sie bildet die Basis der Privatautonomie.

Vertragsfreiheit x bedeutet 1. Abschlussfreiheit (ob und mit wem ein Vertrag geschlossen wird), 2. Gestaltungsfreiheit (welchen Inhalt der Vertrag hat) und 3. Formfreiheit (ob der Vertrag mündlich oder schriftlich gelten soll oder ggf. notariell beglaubigt werden soll).

Testierfreiheit bedeutet die Freiheit des Erblassers, nach seinem Willen den Erben seines Vermögens zu bestimmen.

Hinzu treten die Eigentumsfreiheit (§ 903 BGB und Art. 14 GG[7]), die Vereinigungsfreiheit (Art. 9 Abs. 1 GG), die u. a. die Gründung von Vereinen oder Gesellschaften ermöglicht, und die Eheschließungsfreiheit (Art. 6 Abs. 1 GG).

Allerdings benötigt die Privatautonomie Grenzen bzw. Schranken [x], wie wir sie heute nennen. Mit der Weiterentwicklung des BGB seit 1900 wurde die zunächst sehr weit gefasste Privatautonomie zunehmend zurückgedrängt. Neben der von Anfang an bestehenden grundlegenden Inhaltskontrolle privater Rechtsgeschäfte durch ethisch-moralische Schranken (u. a. in §§ 134, 138 und § 242 BGB) wird schon bald der Schutz des schwächeren Vertragspartners [x] ein wichtiges Korrektiv. So fügte schon die Weimarer Republik (1918–1933) Kündigungsschutzregeln für Mieter und Arbeitnehmer ein. Moderne Schranken ergeben sich u. a. aus der Kontrolle allgemeiner Geschäftsbedingungen oder der Umsetzung des europäischen Verbraucherrechts. Der Kontrahierungszwang, d. h. der Vertragsabschlusszwang für Monopolbetriebe der Grundversorgung, gehört ebenfalls zu den sozialen Schranken der Privatautonomie. Auch außerhalb des BGB stellt z. B. das Wettbewerbsrecht Chancengleichheit her (vgl. Rn 246 ff.) und das Urheberrecht beugt sich dem Interesse der Allgemeinheit an Information, kultureller Weiterentwicklung und wissenschaftlicher Freiheit (vgl. Rn 189). 6

x
Schranken
Die Grenzen der Privatautonomie nennt man Schranken.

x
Schutz des schwächeren Vertragspartners
Gesetzgebung und Rechtsprechung befinden sich in einem ständigen Abwägungsprozess zwischen der Freiheit und dem Schutz des Schwächeren.

Die Schranke des sozialen Ausgleichs zum Schutz des wirtschaftlich Schwächeren ist schließlich ebenso zu einem Grundprinzip des BGB geworden, wie ihr Gegenpol, die liberale Freiheit der Privatautonomie.

Aufbau

Wer sich zum ersten Mal mit dem BGB beschäftigt, sollte einen ausführlichen Blick in das Inhaltsverzeichnis werfen, dem die innere Ordnung des bürgerlichen Rechts in seinen Grundzügen recht deutlich entnommen werden kann. 7

Das BGB ist in fünf Bücher aufgeteilt:

- Buch 1 Allgemeiner Teil, §§ 1–240, 7 Abschnitte
- Buch 2 Recht der Schuldverhältnisse, §§ 241–853, 8 Abschnitte
- Buch 3 Sachenrecht, §§ 854–1296, 8 Abschnitte
- Buch 4 Familienrecht, §§ 1297–1921, 3 Abschnitte
- Buch 5 Erbrecht, §§ 1922–2385, 9 Abschnitte

Für die nachfolgende Darstellung beschränken wir uns auf die Bücher 1 und 2, also den Allgemeinen Teil und das Recht der Schuldverhältnisse.

8 Es ist eine Besonderheit des BGB, bestimmte allgemeine Regelungen »vor die Klammer zu ziehen«, um ihre Geltung für alle nachfolgenden spezielleren Normen zu verdeutlichen. Das gesamte Buch 1, der »Allgemeine Teil«, ist eine solche allgemeine Regelung für die folgenden 4 Bücher. Innerhalb des ersten Buches wurde wiederum nach demselben logischen Aufbau x verfahren. Für das Auffinden der richtigen Normen muss daher stets vom Allgemeinen ins Spezielle gedacht werden; häufig sind die benötigten Vorschriften zunächst in den allgemeinen Regelungen »vor der Klammer« zu finden und werden sodann durch spezielle Vorschriften »in der Klammer« ergänzt. Auch für den Einstieg in eine Fallbearbeitung ist daher der systematische Überblick im Inhaltsverzeichnis oft hilfreicher als die Stichwortsuche im Sachverzeichnis. Übrigens gilt im gesamten Recht der Grundsatz x lex specialis derogat legi generali: Das spezielle Recht verdrängt das allgemeine Recht. Man darf daher nur so lange in den allgemeinen Vorschriften denken, wie sich keine speziellere Norm findet, die auf den Sachverhalt anzuwenden ist.

x
Aufbau
Das BGB zieht allgemeinverbindliche Regelungen »vor die Klammer«, so dass der Gesetzestext immer vom Generellen ins Spezielle führt.

x
Grundsatz
Nur wenn keine spezielle Regelung vorhanden ist, wird auf die allgemeine Regelung zurückgegriffen.

9 Um Wiederholungen zu vermeiden, verweist das BGB in vielen Paragraphen auf andere Paragraphen. So können ganze »Paragraphenketten« entstehen, die den rechtlichen Rahmen für einen bestimmten Sachverhalt umschreiben. Es gibt zwei Arten derartiger Verweisungen x :

x
Verweisungen
Verweise zwischen den Paragraphen verbinden die anzuwendenden Normen untereinander.

In der Rechtsgrundverweisung sind auch die Tatbestandsmerkmale (also die Voraussetzungen für die Anwendung der Norm) der Zielvorschrift heranzuziehen. Es müssen also zwei Tatbestände verwirklicht sein, nämlich derjenige der Ausgangsnorm und derjenige der Zielnorm. Erst dann greifen die Rechtsfolgen dieser Verweisung.

Beispiel:

Wer eine mangelhafte Druckformatvorlage erstellt, haftet (nur dann) für den Schaden, der dadurch entstanden ist, wenn er den Mangel schuldhaft herbeigeführt hat.

Ausgangsnormen sind §§ 633, 634 Nr. 4 BGB (mangelhaftes Werk), Zielnorm ist § 280 Abs. 1 Satz 2 BGB (Schadensersatz nur bei Verschulden, d. h. »Vertretenmüssen«).

In der Rechtsfolgenverweisung ist nur die Rechtsfolge der Zielvorschrift anzuwenden (und zwar auch dann, wenn die Tatbestandsvoraussetzungen der Zielnorm auf den konkreten Fall gar nicht zutreffen sollten). Diese Verweistechnik vermeidet Wiederholungen im Gesetzestext.

Beispiel:

Der Vater widerruft gegenüber seinem Sohn ein Geldgeschenk, da der Sohn ihn unter dem Weihnachtsbaum schwer beleidigt hat.

In diesem Fall verweist § 513 Abs. 2 BGB (Widerruf der Schenkung) auf die Vorschriften zur Herausgabe einer ungerechtfertigten Bereicherung, §§ 812 ff. BGB, jedoch ohne dass deren Tatbestandsvoraussetzungen noch einmal gesondert geprüft werden müssen. Eine »ungerechtfertigte Bereicherung« des Sohnes lag ja auch gar nicht vor, da es sich zunächst um ein Geschenk des Vaters gehandelt hatte.

Die Beherrschung dieser systematischen Besonderheiten des BGB – spezielles Recht vor allgemeinem Recht und die Art der Verweise zwischen den Normen – ist wesentlich für die Lösung juristischer Fragestellungen im Zivilrecht. Anderenfalls erscheinen die für eine Fallbearbeitung erforderlichen Normen geradezu willkürlich über das BGB verstreut und können nicht oder nicht in der zur Verfügung stehenden Zeit aufgefunden werden.

Im folgenden Kapitel werden grundlegende Begriffe des Zivilrechts erläutert. Dabei geht es um wesentliche Fragen:

Wer kann Träger von Rechten und Pflichten sein? Wann ist jemand rechtsfähig oder geschäftsfähig? An welchen Gegenständen können überhaupt Rechte begründet werden? Außerdem werden in diesem Kapitel die Grundbausteine des Zivilrechts vorgestellt: Willenserklärungen, Rechtsgeschäfte und Verträge.

10 Die §§ 1–240 des BGB umfassen Begriffsklärungen und allgemeine Rechtsprinzipien, die Grundlage für alle nachfolgenden Normen sind. Die Ordnung, vor allem die Reihenfolge des Allgemeinen Teils des BGB, ist dem klassischen römischen Recht geschuldet: personae, res, actiones – Personen, Gegenstände und Rechtshandlungen. Hinzu kommen Nebenbestimmungen wie z. B. Fristenregelungen oder Verjährungsvorschriften.

Rechtssubjekte

11 Träger subjektiver Rechte sind sowohl natürliche als auch juristische Personen, die daher Rechtssubjekte [x] genannt werden. Die Person wird also im BGB als rechtstechnischer Begriff gebraucht.

x
Rechtssubjekte
Gemeint sind natürliche und juristische Personen.

Natürliche Personen sind alle Menschen.

Beispiel:

Ein Kind, ein Student oder auch eine Unternehmerin, die eine Agentur als Einzelunternehmen betreibt.

Die juristische Person ist eine Fiktion des Gesetzgebers. Diese Fiktion fasst Personen und Sachen zu einer rechtlich geregelten Organisation zusammen, die dann als »juristische Person« bezeichnet wird. Das BGB behandelt dise Personen wie natürliche Personen. Neben den juristischen Personen des öffentlichen Rechts, z. B. dem Staat, der Gemeinde oder der anerkannten Religionsgemeinschaft, gibt es die juristischen Personen des Privatrechts. Sie beruhen auf einem privatrechtlichen Gründungsakt, z. B. einem Gründungsvertrag (Gesellschaftsvertrag, Satzung).

Beispiel:

Die Gesellschaft mit beschränkter Haftung (GmbH), die Aktiengesellschaft (AG) oder der rechtsfähige Verein sind juristische Personen.

Achtung: Die Gesellschaft des bürgerlichen Rechts (GbR), die offene Handelsgesellschaft (oHG), die Kommanditgesellschaft (KG), die Erbengemeinschaft oder der nichtrechtsfähige Verein sind keine juristischen Personen, sondern Gemeinschaften zur gesamten Hand ˣ. Die hinter diesen Gemeinschaften stehenden Gesamthänder (und nicht eine von diesen zu unterscheidende »Person«) sind Träger aller Rechte und Pflichten. Das Gesellschafts- oder Gemeinschaftsvermögen steht ihnen in gesamthänderischer Verbundenheit als Sondervermögen zu.[8]

x
Gemeinschaften zur gesamten Hand
Sie, vor allem Personengesellschaften, müssen von den juristischen Personen unterschieden werden.

Rechtssubjekte sind rechtsfähig, bei natürlichen Personen sind darüber hinaus auch die Geschäftsfähigkeit und die Deliktsfähigkeit zu prüfen.

Rechtsfähigkeit

12 Die Person des bürgerlichen Rechts ist durch ihre Rechtsfähigkeit ˣ gekennzeichnet, sie kann Träger von Rechten und Pflichten sein.

x
Rechtsfähigkeit
Rechtsfähigkeit bedeutet, Träger von Rechten und Pflichten zu sein.

Juristische Personen erlangen ihre Rechtsfähigkeit durch Einhaltung der gesetzlichen Voraussetzungen bei ihrer Gründung: Sind diese erfüllt, tritt mit dem vollendeten Gründungsakt Rechtsfähigkeit ein. Verbunden ist dies in der Regel mit der Eintragung in ein gerichtlich geführtes öffentliches Register, z. B. das Handelsregister beim Amtsgericht.

Natürliche Personen – Menschen – erlangen ihre Rechtsfähigkeit mit der Vollendung ihrer Geburt, § 1 BGB.

Das ungeborene Leben, der nasciturus, ist daher nicht rechtsfähig.[9] Es gibt jedoch im Erbrecht besondere Regelungen, die auch den ungeborenen Erben berücksichtigen, sofern er später lebend geboren wird, vgl. § 1923 Abs. 2 BGB. Außerdem wird der nasciturus im Rahmen der §§ 823 ff. BGB deliktsrechtlich geschützt, z. B. vor vorgeburtlichen Schädigungen.

Geschäftsfähigkeit

13 Wer eine eigene Willenserklärung frei und selbstbestimmt äußern kann, wird als geschäftsfähig ˣ angesehen. Dies entspricht dem liberalen Grundprinzip des BGB, der Privatautonomie (vgl. Rn 5). Mit seiner Willenserklärung kann der Geschäftsfähige wirksam Rechtsgeschäfte vornehmen.

x
Geschäftsfähigkeit
Die Fähigkeit, durch eigene Willenserklärungen wirksame Rechtsgeschäfte vorzunehmen.

Die Geschäftsfähigkeit ist – anders als die Rechtsfähigkeit – bei natürlichen Personen nicht schon von Geburt an vorhanden. Sie entwickelt sich in drei Stufen:

- Geschäftsunfähig ist, wer nicht das 7. Lebensjahr vollendet hat (§ 104 Nr. 1 BGB) oder wer dauerhaft nicht mehr in der Lage ist, seinen Willen frei zu bestimmen (§ 104 Nr. 1 BGB).
- Beschränkt geschäftsfähig ist, wer das 7. Lebensjahr vollendet hat, jedoch noch nicht das 18. Lebensjahr (§§ 107 – 113 BGB).
- Voll geschäftsfähig ist, wer das 18. Lebensjahr vollendet hat.

Willenserklärungen eines Geschäftsunfähigen (oder nur vorübergehend Geschäftsunfähigen!) sind nichtig, § 105 Abs. 1 BGB. Für ihn muss daher sein gesetzlicher Vertreter[10] handeln. Unerheblich ist, ob der Empfänger der nichtigen Willenserklärung die Geschäftsfähigkeit erkannt hat oder hätte erkennen müssen. Der Schutz des Geschäftsunfähigen genießt Vorrang vor dem »guten Glauben« des Rechtsverkehrs.

14 Die beschränkte Geschäftsfähigkeit ˣ hat der Gesetzgeber auf eine etwas spezielle Weise geregelt. Heranwachsende zwischen ihrem 7. und 18. Geburtstag sollen nur solche Geschäfte rechtswirksam eingehen können, die für sie ausschließlich rechtlich vorteilhaft sind, § 107 BGB. Alle anderen Geschäfte sollen von der Genehmigung ihrer gesetzlichen Vertreter abhängig sein; bis dahin sind sie »schwebend unwirksam«, § 108 Abs. 1 BGB.

x
Beschränkte Geschäftsfähigkeit
Sie führt zu schwebend unwirksamen Geschäften, die nachgenehmigt werden müssen.

Was also ist »lediglich rechtlich vorteilhaft«? Alles, was die Rechtsstellung des beschränkt Geschäftsfähigen zum Zeitpunkt des betreffenden Geschäftes ausschließlich verbessert. Wobei nicht im Sinne der wirtschaftlichen Vernunft oder gar unter Einbeziehung späterer Folgen gerechnet werden darf – es soll schlicht keinerlei rechtlicher Nachteil mit dem konkreten Rechtsgeschäft verbunden sein.

Beispiele:

Der fünfzehnjährige A erwirbt im Schlussverkauf einer Geschäftsaufgabe eine Kamera im Wert von 1.000 EUR für nur 200 EUR: Das mag zwar wirtschaftlich vorteilhaft sein. Die Verpflichtung zur Zahlung des Kaufpreises ist jedoch ein rechtlicher Nachteil. Der Kauf hängt daher von der Genehmigung der gesetzlichen Vertreter des A ab.

Die siebenjährige B leiht der achtjährigen C eine teure Uhr, die B zum Geburtstag geschenkt bekommen hat: Durch die Leihe wird ein Vertrag begründet, der beiden Seiten Pflichten auferlegt, vgl. §§ 598 ff. BGB. Das »Ausborgen« der Uhr ist also für beide Mädchen von rechtlichem Nachteil und daher für beide Mädchen »schwebend unwirksam«.

Der reiche Onkel schenkt dem zehnjährigen D ein Grundstück: Das ist für D lediglich rechtlich vorteilhaft. Etwaige öffentliche Lasten auf dem Grundstück stehen dem nicht entgegen, da diese nicht Rechtsfolge des Schenkungsgeschäfts selbst sind.[11] Sogar die Belastung des Grundstücks mit einer eingetragenen Grundschuld (Hypothek) wäre kein rechtlicher Nachteil, da diese Belastung dem Hypothekengläubiger nur die Möglichkeit gibt, sich aus dem Grundstück selbst zu befriedigen.[12]

Ausnahmen von der Rechtsfolge des Genehmigungsvorbehalts sind in den §§ 110 bis 113 BGB festgehalten. Praktische Bedeutung hat vor allem die Bewirkung des Rechtsgeschäfts aus den eigenen Mitteln des Heranwachsenden, § 110 BGB – dies ist der sog. »Taschengeldparagraph«.

Beispiel:

Der siebzehnjährige A hat seine Leidenschaft für die graphische Gestaltung von Computerspielen entdeckt. Er erhält von seinen Eltern 100 EUR Taschengeld im Monat. Nach 15 harten Monaten des Sparens kauft A sich einen gebrauchten Computer, obwohl seine Eltern hierüber nicht sonderlich erfreut sind.

Der Kauf ist gem. § 110 BGB wirksam, da A das Taschengeld zur freien Verfügung erhalten hat.

Die herrschende Meinung sieht im Taschengeldparagraph eine Generaleinwilligung des gesetzlichen Vertreters: In der Hingabe des Geldes soll bereits die vorweggenommene Genehmigung gem. § 107 BGB für die damit bewirkten Rechtsgeschäfte liegen. Dabei stellt sich im Einzelfall aber durchaus die Frage, wie weit diese Genehmigung denn reichen soll; nötigenfalls muss die Antwort durch Auslegung ermittelt werden.

Nehmen wir an, dass in dem vorangegangenen Bespiel der gekaufte Computer den A in die Lage versetzt, sein Spieledesign so weit zu professionalisieren, dass er noch vor seinem 18. Geburtstag durch die Verwertung seiner Arbeitsergebnisse 20.000 EUR Gewinn erzielt. A bucht nun als Siebzehnjähriger – ohne seinen Eltern etwas davon zu sagen – eine Reise auf einem »Clubschiff« und zahlt den Reisepreis von 4.000 EUR mit einem Teil seines Gewinns. Als die Eltern die Buchung rückgängig machen wollen, beruft sich der Reiseveranstalter auf § 110 BGB.

A hat den Computer zwar mit Mitteln gekauft, die ihm seine Eltern als Taschengeld überlassen haben. Da der Zweck der Überlassung aber begrenzt ist (»Taschengeld«) und insbesondere nur ein bestimmter geringer Betrag überlassen wird, ist die spätere Buchung der Reise nicht mehr von § 110 BGB gedeckt. Denn bei dem Gewinn, der aus dem Verkauf der Arbeitsergebnisse stammt, die mit dem Computer erzielt wurden, handelt es sich nicht mehr um vom Vertreter »überlassene« Mittel im Sinne der Vorschrift (Stichwort Surrogatgeschäft). Über diese 20.000 EUR darf der Minderjährige daher nur mit Zustimmung seiner Eltern als gesetzliche Vertreter verfügen.

Anders läge der Fall übrigens auch dann nicht, wenn die Eltern des A den Betrieb des Spieledesigns – mit Genehmigung des Familiengerichts – ausdrücklich gestattet hätten. Denn § 112 BGB ermöglicht Minderjährigen unter bestimmten Voraussetzungen zwar die beschränkungsfreie Führung eines Geschäftsbetriebs, das gilt jedoch nur für solche Rechtsgeschäfte, »die der Geschäftsbetrieb mit sich bringt«. Dazu gehört aber keine Reise auf einem »Clubschiff«.

Deliktsfähigkeit

Bei natürlichen Personen – Menschen – tritt neben die Rechtsfähigkeit und Geschäftsfähigkeit die Deliktsfähigkeit [x]. Sie ist eine besondere Form der Handlungsfähigkeit und Voraussetzung für die Haftung auf Schadensersatz aufgrund einer unerlaubten Handlung. § 827 BGB verneint die Deliktsfähigkeit grundsätzlich für jedermann, der 15

x
Deliktsfähigkeit
Sie ist Voraussetzung für die Haftung aufgrund einer unerlaubten Handlung.

- entweder im Zustand der Bewusstlosigkeit
- oder in einem die freie Willensbestimmung ausschließenden Zustand krankhafter Störung der Geistestätigkeit

einen Schaden verursacht. Denn nur derjenige, der über seinen Willen frei verfügen kann, besitzt die Fähigkeit der Einsicht in die Verantwortung für seine Handlungsweise.

In diesem Zusammenhang empfiehlt sich die Lektüre von § 827 Satz 2 BGB:

> »Hat [der Schädiger] sich durch geistige Getränke oder ähnliche Mittel in einen vorübergehenden Zustand dieser Art versetzt, so ist er für einen Schaden, den er in diesem Zustand widerrechtlich verursacht, in gleicher Weise verantwortlich, wie wenn ihm Fahrlässigkeit zur Last fiele; die Verantwortlichkeit tritt nicht ein, wenn er ohne Verschulden in den Zustand geraten ist.«

Das entspricht einer vorverlagerten Verantwortung. Wer Alkohol oder Drogen konsumiert, ist für Handlungen, die er im Rausch begeht, deliktfähig. Ähnlich wie bei der Geschäftsfähigkeit werden auch bei der Deliktsfähigkeit drei Stufen [x] unterschieden:

x
Stufen der Deliktsfähigkeit
Deliktsunfähige oder beschränkt Deliktsfähige werden durch das Gesetz geschützt.

- Deliktsunfähig ist, wer nicht das 7. Lebensjahr vollendet hat (§ 828 Abs. 1 BGB) oder wer gemäß § 827 Satz 1 BGB deliktsunfähig ist (Bewusstlosigkeit, krankhafte Geistesstörung, s. o.).
- Beschränkt deliktsfähig ist, wer das 7. Lebensjahr vollendet hat, jedoch noch nicht das 18. Lebensjahr (§ 828 Abs. 3 BGB).
- Voll deliktsfähig ist, wer das 18. Lebensjahr vollendet hat.

Bei der beschränkten Deliktsfähigkeit kommt es im Gegensatz zur Geschäftsfähigkeit aber keineswegs auf die Genehmigung der Eltern an, sondern auf die Einsichtsfähigkeit des Heranwachsenden selbst: Ist dieser nach seiner individuellen Verstandesentwicklung in der Lage, das Gefährliche seines Tuns (oder Unterlassens) zu erkennen und sich der Verantwortung für die Folgen seines Handelns bewusst zu sein,[13] ist er deliktsfähig.[14]

Rechtsobjekte

16 Wir haben bereits festgehalten, dass natürliche oder juristische Personen Träger subjektiver Rechte sind, vgl. Rn 11. Diejenigen Gegenstände, auf die sich ein solches subjektives Recht beziehen kann oder an denen es besteht, bezeichnet man als Rechtsobjekte [x] oder Rechtsgegenstände.

x **Rechtsobjekte**
Wichtige Rechtsobjekte für den Fachbereich Gestaltung sind: Marken, eingetragenes Design und Nutzungsrechte.

Rechtsobjekte können sein:

- Sachen im Rechtssinne, vgl. § 90 BGB, d. h. körperliche Gegenstände
- Forderungen, d. h. schuldrechtliche Ansprüche
- Immaterialgüter(-rechte), z. B. Marken, ein eingetragenes Design oder Nutzungsrechte aufgrund eines Urheberrechts
- andere Vermögensrechte und vermögensgleiche Rechte, z. B. der eingerichtete und ausgeübte Gewerbebetrieb und Forderungen aus Renten- und Sozialversicherungen

Die Immaterialgüterrechte sind als Rechtsobjekte für den Fachbereich Gestaltung von besonderer Bedeutung und, werden weiter unten ausführlich dargestellt, vgl. ab Rn 160.

An dieser Stelle soll lediglich auf das Problem digitaler 17
Daten als Rechtsobjekt ˣ hingewiesen werden: Daten sind keine Sachen und auch keine Rechte. Sie fallen daher aus dem klassischen Raster der Rechtsobjekte und sind also dem Zivilrecht eigentlich nicht zugänglich. Dies erscheint angesichts der zunehmenden Bedeutung digitaler Daten in allen Lebensbereichen äußerst unbefriedigend. Vor einem ähnlichen Problem standen Legislative und Judikative bereits Ende des 19. Jahrhunderts, als man erkennen musste, dass Strom keine Sache ist.[15]

x
Digitale Daten als Rechtsobjekt
Die Rechtslage digitaler Daten ist noch nicht endgültig geklärt. Daten sind weder Sachen noch Rechte; an ihnen kann daher kein Eigentum bestehen.

Für digitale Daten hat das Landgericht Konstanz in einer ersten Entscheidung[16] bereits 1996 klargestellt:

> »Sachen« sind [...] nur körperliche Gegenstände in einem der drei möglichen Aggregatzustände (fest, flüssig, gasförmig). Elektronische Daten dagegen bestehen – unabhängig davon, ob sie sich lediglich im Arbeitsspeicher befinden oder auf einem Datenträger wie Diskette / Festplatte o. ä. gespeichert sind – aus elektrischen Spannungen und unterfallen daher nicht dem (sachenrechtlichen) Sachbegriff. An ihnen kann daher (anders als an dem Datenträger, den sie eben wegen ihrer fehlenden stofflichen Existenz benötigen) kein Eigentum bestehen.

Der BGH hat diese Auffassung später bestätigt. Allerdings sei die Verkörperung der Daten auf einem Datenträger (z. B. Festplatte oder USB-Stick) sehr wohl eine Sache.[17] Der BGH wendet daher für den Verkauf von Software grundsätzlich die Vorschriften über den Sachkauf an (§§ 433 ff. BGB) und bezieht sich dabei auf den Datenträger als Sache. Diese Anknüpfung erscheint allerdings als technisch überholt, da immer mehr Daten mittels Download erworben werden. Für diesen Vorgang hat der BGH nun jüngst auf den Rechtskauf gem. § 453 BGB verwiesen: Erworben wird demnach keine Sache, sondern vielmehr das Recht, Daten auf den eigenen Datenträger herunterzuladen.[18]

Diese Unterscheidungen sind übrigens keineswegs nur von akademischem Interesse, da sich an unterschiedliche Vertragsarten auch unterschiedliche Rechtsfolgen knüpfen, bspw. im Mängel- und Gewährleistungsrecht.[19]

Die Willenserklärung

18 In seiner liberalen Grundhaltung räumt das BGB dem freien Willen der handelnden Personen eine zentrale Stellung ein. So ist nur derjenige geschäftsfähig, der in der Lage ist, seinen Willen frei zu bestimmen (§ 104 Nr. 1 BGB), vgl. Rn 13. Die Willenserklärung x ist daher sozusagen der Grundbaustein des Zivilrechts. Sie ist eine Willensäußerung, die auf die Herbeiführung einer Rechtsfolge gerichtet ist.[20] Die wesentlichen gesetzlichen Regelungen zur Willenserklärung finden sich in den §§ 116–144 BGB.

x
Willenserklärung
Eine Äußerung, die auf die Herbeiführung einer Rechtsfolge gerichtet ist. Willenserklärungen können als Grundbausteine des Zivilrechts verstanden werden.

19 Die Willenserklärung besteht aus einem objektiven, nach außen in Erscheinung tretenden Tatbestand, und einem subjektiven, inneren Willenszustand des Erklärenden:

Willenserklärung

Verdeutlichung eines rechtlich relevanten Willens durch ein äußerlich erkennbares Verhalten
(z. B. durch Worte oder Gesten)

↑

getragen von

↓

Handlungsbewusstsein
(Erklärung ist willensgesteuert)

Erklärungsbewusstsein
(Rechtsbindungsbewusstsein)

Geschäftsbewusstsein
(auf bestimmte Folge gerichtet)

Äußerer Tatbestand

Die Willenserklärung ist nicht notwendigerweise eine Erklärung im Wortsinn. Vielmehr genügt jedes Verhalten des Erklärenden, das aus Sicht eines objektiven Betrachters geeignet ist, den auf die Herbeiführung einer bestimmten Rechtsfolge gerichteten Willen des Erklärenden erkennen zu lassen. 20

Beispiele:

gesprochene Erklärungen, Gesten wie z. B. Kopfschütteln, eine E-Mail, SMS, automatisierte Antwortfunktionen, ein Brief

Maßgeblich für die Beurteilung des Erklärungswertes sind die äußeren Umstände [x], die mit dem Verhalten des Erklärenden einhergehen. Für ihre Beurteilung haben Rechtsprechung und Lehre den Typus des »objektiven Betrachters« definiert, ein idealisiertes Leitbild. Der objektive Betrachter bezieht sowohl die Umstände des konkreten Einzelfalls in seine Bewertung ein, wie auch allgemeine Üblichkeiten, Sitten und Gebräuche. Diesen Vorgang bezeichnet man als Auslegung (vgl. Rn 33).

x
Äußerer Tatbestand
Er beschreibt das, was ein objektiver Betrachter erkennen kann. Jede Art menschlichen Verhaltens kann eine Willenserklärung sein.

Beispiel:

Wer auf eine konkrete Frage mit Kopfnicken antwortet, meint gewöhnlich »ja«. Hat der Gefragte aber Kopfhörer auf und nickt längere Zeit rhythmisch, muss ein objektiver Betrachter davon ausgehen, dass der Gefragte gar nicht antworten möchte (vielleicht hat er noch nicht einmal die Frage gehört), sondern nur versunken im Takt zur Musik nickt.

x
Formfreiheit
Willenserklärungen können in jeder denkbaren Form abgegeben werden, die der Empfänger versteht.

Es wird deutlich, dass jede Art menschlichen Verhaltens unter bestimmten Umständen eine Willenserklärung sein kann. Denn im BGB gilt der Grundsatz der Formfreiheit x. Erklärungen können schriftlich, mündlich, ausdrücklich oder schlüssig (konkludent) abgegeben werden – und seit einiger Zeit auch ohne weiteres in elektronischer Form, vgl. § 126a BGB. Für manche Erklärungen wird dieser Grundsatz der Formfreiheit allerdings durchbrochen und das Gesetz schreibt bestimmte Formen vor, z. B. die Textform (§ 126b BGB [21]), die Schriftform (§ 126 BGB [22]) oder gar die notarielle Beurkundung (§ 128 BGB [23]). Diese Einschränkungen können Beweiszwecken dienen, eine Warnfunktion haben oder auch die Kontrolle durch staatliche Stellen ermöglichen. Die Nichteinhaltung der vorgeschriebenen Form kann zur Nichtigkeit des Rechtsgeschäfts führen, vgl. § 125 BGB.

Innerer Tatbestand

x
Innerer Tatbestand
Gemeint ist der Wille des Erklärenden.

21 Aus dem Schema in Rn 19 ist ersichtlich, dass der äußere Tatbestand der Erklärung von einem inneren Willen x des Erklärenden getragen werden muss. Dieser Wille gründet sich auf drei verschiedene Bewusstseinsbereiche, denen in rechtlicher Hinsicht unterschiedliche Bedeutung zukommt.

Beispiel:

A möchte den Entwurf eines Logos in Auftrag geben und schreibt daher der Agentur B einen Brief: »Ich nehme Ihr Angebot vom 1. Oktober an.«

Bei seiner bewussten und gewollten Willenserklärung hat A

- Handlungsbewusstsein: er weiß, dass er der Agentur B eine Nachricht schreibt,
- Erklärungsbewusstsein: er schreibt mit der Absicht, eine rechtserhebliche Erklärung abzugeben, und
- auch Geschäftsbewusstsein: A will eine ganz bestimmte Rechtsfolge herbeiführen, nämlich die Annahme des vorangegangenen Angebots der Agentur B.

A handelt also 1. mit Handlungswillen, 2. mit Erklärungswillen und 3. mit Geschäftswillen. Seine Willenserklärung, äußerlich durch den Tatbestand des Briefes verdeutlicht, wird von einem inneren Tatbestand getragen, der in dreifacher Hinsicht erfüllt ist.

Soviel zur Theorie. In der Praxis allerdings kann der Rechts- 22
verkehr nicht »in den Erklärenden hineinsehen«. Der Rechtsverkehr muss vielmehr anhand von Indizien, indirekten äußeren Hinweisen, auf den inneren Tatbestand des Erklärenden schließen. Dies kann je nach Lage des Falls schwierig werden oder gar unmöglich sein. Schwierig ist die Auslegung von Willenserklärungen jedenfalls dann, wenn nicht alle drei Bereiche des inneren Tatbestands gleichzeitig erfüllt sind.

Fehlt es dem Erklärenden schon am Handlungsbewusstsein ˣ, kann es sich nicht um eine wirksame Willenserklärung handeln.

x
Handlungsbewusstsein
Es ist zwingende Voraussetzung für eine Willenserklärung.

Beispiel:

A wird von C gezwungen, der Agentur B den Brief mit der Annahme des Angebots zu schreiben.

In diesem Fall ist es nicht mehr der Wille des A, sondern der des C, von dem die Erklärung getragen wird. Wenn A also zum willenlosen Werkzeug wird, kann er ebensowenig an seiner Erklärung festgehalten werden, wie bspw. im Zustand der Geschäftsunfähigkeit gemäß § 105 Abs. 2 BGB.

Problematisch ist der Fall, wenn der Erklärende zwar Handlungsbewusstsein hat, es ihm jedoch am Erklärungsbewusstsein ˣ mangelt. Schon vor der Einführung des BGB wurde dieses Rechtsproblem kontrovers diskutiert.[24]

x
Erklärungsbewusstsein
Es ist Voraussetzung, sofern der Erklärende hätte erkennen können, dass sein Verhalten als Willenserklärung aufgefasst wird.

Beispiel:

A glaubt, bei der Agentur B handele es sich um kein »echtes«, sondern ein fiktives Unternehmen, das nur im Rahmen der Wirtschaftssimulation eines Schülerwettbewerbs existiert, an der gerade seine Tochter teilnimmt. Der gutmütige A möchte »mitspielen«, indem er den Brief mit seiner Annahme des Angebots abschickt.

In diesem Fall weiß A zwar, dass er eine Handlung vornimmt (er hat also Handlungswillen), ihm fehlt aber das Bewusstsein, mit rechtlicher Bedeutung zu handeln (weshalb es ihm natürlich neben dem Erklärungswillen auch am Geschäftswillen mangelt). Wie ist dieser Fall zu entscheiden?

Die liberale Grundhaltung des BGB setzt Selbstbestimmung und Verantwortung aller Rechtssubjekte für den Inhalt ihrer Erklärungen voraus. Deshalb hat das ältere Lager der liberalen Juristen[25] argumentiert, ohne ein Bewusstsein für diese Erklärungsverantwortung könne auch keine wirksame Willenserklärung abgegeben werden. Nach dieser sog. subjektiven Theorie x (auch Willenstheorie genannt) soll das subjektive Erklärungsbewusstsein neben dem Handlungsbewusstsein ebenfalls Wirksamkeitsvoraussetzung für eine Willenserklärung sein. A hätte demnach keine wirksame Annahme erklärt.

x
Subjektive Theorie
Der tatsächliche Wille des Erklärenden ist entscheidend.

Die Gegenansicht argumentiert aus der Perspektive der Erklärungsempfänger, also des Rechtsverkehrs, der geschützt werden muss.[26] Diese sog. objektive Theorie x (auch Erklärungstheorie genannt) stellt allein auf das äußere Erscheinungsbild der Erklärung ab: Eine Willenserklärung soll auch dann wirksam sein, wenn dem Erklärenden das Erklärungsbewusstsein fehlt – jedenfalls dann, wenn die Umstände und die Verkehrssitte (§ 242 BGB) das äußere Bild des Verhaltens als Willenserklärung erscheinen lassen. Nach dieser Gegenansicht hätte A eine wirksame Annahme abgegeben, auch wenn er sich darüber gar nicht im Klaren war. Damit bliebe dem A nur die Möglichkeit der Irrtumsanfechtung gem. § 119 Abs. 1 BGB – allerdings unter Umständen mit der Verpflichtung, Schadensersatz zu leisten, § 122 BGB.

x
Objektive Theorie
Nur das äußere Erscheinungsbild der Erklärung ist maßgeblich.

In der über 100-jährigen Diskussion dieser beiden gegensätzlichen Positionen hat sich schließlich eine vermittelnde Theorie x herausgebildet, der sich auch der BGH angeschlossen hat.[27] Sie stellt sich auf den Standpunkt der objektiven Theorie, rechnet aber dem Erklärenden seine fehlgegangene Willensäußerung nur zu, wenn dieser bei Anwendung pflichtgemäßer Sorgfalt zumindest hätte erkennen können, dass sein Verhalten vom Empfänger als rechtserhebliche Willenserklärung aufgefasst werden durfte.

x
Vermittelnde Theorie des BGH
Es kommt darauf an, ob der Erklärende hätte erkennen können, dass sein Verhalten vom Empfänger als Willenserklärung aufgefasst werden muss.

Außerdem muss der Erklärungsempfänger schutzbedürftig sein; sofern beim Empfänger kein Vertrauen hervorgerufen wurde, weil dem Empfänger das Fehlen des Erklärungsbewusstseins bekannt war, besteht kein Grund mehr, dem Erklärenden das »Erklärungsrisiko« aufzuerlegen. Die vermittelnde Theorie gilt auch für schlüssiges Verhalten.[28] Nach dieser Theorie käme es in unserem Beispielsfall also darauf an, ob A hätte erkennen müssen, dass er die Wirklichkeit mit einem Simulationsspiel verwechselt.

Der Wille des Erklärenden, sein Erklärungsbewusstsein, muss also auf eine Rechtsfolge gerichtet sein, auch nach der vermittelnden Theorie des BGH. Keineswegs jede Willensäußerung ist jedoch auf die Begründung, inhaltliche Änderung oder Beendigung eines privaten Rechtsverhältnisses gerichtet (so die Definition von »Rechtsfolgewillen« durch den BGH).[29] Bleibt die Willensbekundung rechtlich unverbindlich, handelt es sich nicht um eine Willenserklärung im juristischen Sinn, sondern meist um eine Gefälligkeit.

> Beispiele für Gefälligkeiten:
>
> Zusage, die Masterarbeit eines Kommilitonen auf Rechtschreibfehler durchzusehen; Angebot, eine Bekannte im Auto mitzunehmen; Gestattung eines Telephonats auf einem fremden Mobiltelephon.

Die Unterscheidung zwischen Gefälligkeit und rechtsverbindlichem Verhalten kann durchaus Schwierigkeiten bereiten, vgl. den Exkurs zum Gefälligkeitsvertrag in Rn 25.

Fehlt es dem Erklärenden dagegen (nur) am Geschäftsbewusstsein [x], ist dies rechtlich unerheblich.

[x] **Geschäftsbewusstsein**
Keine Voraussetzung einer wirksamen Willenserklärung.

> Beispiel:
>
> A glaubt, dass seine Annahme des Angebots der Agentur B erst dann wirksam wird, wenn B die Annahme ihrerseits noch einmal rückbestätigt.

Hier ist sich A zwar bewusst, dass er eine rechtserhebliche Erklärung abgibt, irrt aber über den letztverbindlichen Charakter derselben, also über ihren Inhalt. Dieses Risiko verbleibt bei A. Er hätte sich eben besser informieren müssen, wenn er am Geschäftsverkehr teilnimmt. A kann gemäß § 119 Abs. 1 BGB nun zwar seine Willenserklärung anfechten, denn er war ja über ihren Inhalt im Irrtum. Die Erklärung bleibt aber wirksam, wenn A keine Anfechtung durchführt. Eine solche Irrtumsanfechtung wird A sich gut überlegen müssen, denn diese Korrektur kann ihn gemäß § 122 Abs. 1 BGB zur Leistung von Schadensersatz verpflichten.

Die Weinversteigerung und der Parkplatzfall

23 Zwei berühmte Rechtsfälle dürfen nicht fehlen, wenn es um Willenserklärungen geht. Schon Generationen von Juristen haben sie während ihrer Ausbildung lösen müssen.

> Fall 1 »Die Trierer Weinversteigerung«:
>
> Der ortsunkundige A besucht eine Weinversteigerung in Trier. Als er dabei den befreundeten B entdeckt, winkt er ihm zu. Der Auktionator erteilt dem A daraufhin den Zuschlag für den aktuellen Posten Wein und verlangt von A die Zahlung des Gebots. Muss A den Wein abnehmen?[30]

A weiß zwar, dass er handelt: Er hebt die Hand, um zu winken. Offensichtlich fehlt es ihm aber an Erklärungsbewusstsein, denn er möchte damit nur B begrüßen.

Nach der subjektiven Theorie wäre A nicht verpflichtet, den Wein abzunehmen. Da ihm nicht bewusst ist, dass er mit seinem Winken eine Erklärung zu verantworten hat, handelt es sich nach dieser Theorie auch nicht um eine Willenserklärung.

Nach der objektiven Theorie wäre A in jedem Falle verpflichtet, den Wein abzunehmen. Denn bei einer Weinversteigerung wird durch Handheben und Winken üblicherweise ein bindendes Kaufangebot abgegeben. Diesen Gebräuchen des Rechtsverkehrs hat das Verhalten des A entsprochen, auf seinen tatsächlichen Willen kommt es nach dieser Theorie nicht an.

Nach der vermittelnden Theorie der heute herrschenden Meinung und der Rechtsprechung des Bundesgerichtshofes (BGH) kommt es darauf an, ob A erkennen konnte und musste, dass sein Verhalten als rechtserhebliche Willenserklärung aufgefasst wird. Das können wir ohne nähere Kenntnisse der weiteren Umstände nur schwer entscheiden (bei der »Erfindung« dieses Schulfalls war die vermittelnde Theorie des BGH noch nicht bekannt, sonst gäbe es vielleicht mehr Angaben im Sachverhalt). Für A spricht, dass er ortsunkundig ist. Wenn A also vor seinem Winken objektiv keine Gelegenheit hatte, die Versteigerungsaktion zu erfassen (z. B. durch ein Schild an der Tür oder ein gewisses Verweilen im Saal) darf er auch nach der vermittelnden Theorie die Abnahme des Weins verweigern; er ist ja ortsunkundig. Übrigens: Wenn der erfahrene Auktionator erkennen kann, dass das Winken des A lediglich der Begrüßung des B dient, ist er als Erklärungsempfänger nicht in seinem Vertrauen geschützt und darf sich nicht auf das Verhalten des A berufen. Es käme nach Auffassung des BGH also auch auf die Person des Auktionators an.[31]

Fall 2 »Der Hamburger Parkplatzfall«:

1953 beschloss der Hamburger Senat, einen Teil des Rathausmarktes in gebührenpflichtige Parkplätze umzuwandeln. Außerdem beauftragte er ein Unternehmen, die dort abgestellten Fahrzeuge zu bewachen und das Entgelt nach einem gestaffelten Tarif zu kassieren. Am Rathausmarkt wurden Schilder mit der Aufschrift: »PARKGELDPFLICHTIG UND BEWACHT« aufgestellt. 24

Mit dieser Regelung war Frau F nicht einverstanden. Sie stellte ihren PKW trotz der Beschilderung mehrfach dort ab und erklärte jedes Mal den Angestellten des Unternehmens, dass sie eine Bewachung Ihres Fahrzeugs nicht wünsche und deshalb auch nichts zahlen werde. Sie begründete dies mit dem ihr zustehenden »Gemeingebrauch« des Rathausplatzes.

Es kam zur Klage des Unternehmens gegen F auf Bezahlung des Entgeltes von insgesamt 25 D-Mark.

Wie ist der Fall zu entscheiden?

x
Sozialtypisches Verhalten
Nach dieser überholten Theorie erfolgt der Vertragsabschluss durch die typische Inanspruchnahme von Massenangeboten im öffentlichen Raum..

Hierbei handelt es sich um einen »echten« Fall, der für viel Diskussionsstoff gesorgt hat. Das Landgericht Hamburg gab zunächst dem Unternehmen Recht, das Oberlandesgericht Hamburg hingegen unterstützte die Position der F. Der V. Zivilsenat des BGH entschied den Fall schließlich am 14. Juli 1956.[32] Der Senat berief sich auf den bereits in der Literatur bekannten Begriff des sozialtypischen Verhaltens x und sprach dem Unternehmen das Entgelt zu.[33] Zuletzt hatte Karl Larenz diese »moderne Rechtsfigur« des sozialtypischen Verhaltens fortentwickelt,[34] wonach ein »rein tatsächliches öffentliches Angebot einer Leistung« und die »rein tatsächliche Inanspruchnahme dieser Leistung« den gesetzlich verankerten Willenserklärungen gleichzustellen seien. Die »tatsächliche Inanspruchnahme der Leistung«, also das sozialtypische Verhalten, führe zu einem »faktischen Vertragsschluss« – und zwar auch dann, wenn der Leistungsempfänger verbal bekunde, den Vertrag gar nicht eingehen zu wollen.

Diese Fallkonstellation (Inanspruchnahme der Leistung bei gleichzeitiger Zahlungsunwilligkeit) ist auch heute noch aktuell, bspw. im Zusammenhang mit der Beförderung in öffentlichen Verkehrsmitteln, der Benutzung gebührenpflichtiger öffentlicher Leistungen bzw. Einrichtungen oder bei Verträgen der Grundversorgung. Die Entscheidung des BGH ist dennoch vielfach kritisiert worden und wird mittlerweile – ebenso wie der Begriff des »sozialtypischen Verhaltens« – von der herrschenden Meinung abgelehnt.

Der V. Senat hatte (der Lehre Larenz' folgend) an die Stelle zweier Willenserklärungen (Angebot und Annahme) das »Zurverfügungstellen« und das »Inanspruchnehmen« der Leistung gesetzt und dies mit den Umständen des »modernen Massenverkehrs« begründet.[35] Damit konnte sich der BGH über die Tatsache hinwegsetzen, dass F ihren entgegenstehenden Willen ausdrücklich geäußert hatte und dadurch eine Auslegung ihres Verhaltens als konkludente, also schlüssig erklärte Vertragsannahme nicht mehr in Frage kam. Anders ausgedrückt: Auf den Willen der Handelnden kam es nach Ansicht des BGH im »modernen Massenverkehr« nicht mehr an. Von der Systematik des BGB ist eine solche – tiefgreifende – Hilfskonstruktion allerdings nicht gedeckt. Sie wird auch nicht wirklich benötigt, was der BGH später eingeräumt hat.

Die heute herrschende Auffassung löst diese Fälle entweder über den Grundsatz »protestatio facto contraria non valet« – »eine Verwahrung gegen das entgegengesetzte Verhalten gilt nicht« – oder über das Bereicherungs- bzw. Deliktsrecht. So lange keine ausdrücklich gegensätzliche Willensbekundung im Raum steht (dies war 1953 bei Frau F allerdings der Fall!), kann die Mehrzahl der Fälle ohnehin über die Auslegung des konkludenten Verhaltens des Erklärenden aus der Perspektive des Empfängerhorizontes gelöst werden.

> Nach der heutigen Auffassung nützt es F also nichts, wenn sie behauptet, keine Bewachung ihres PKW zu wollen, sofern sie denselben zuvor auf einer Fläche abgestellt hat, die ausdrücklich für diesen Zweck ein Entgelt vorsieht. Ihr verbaler Protest wird vom Rechtsverkehr sozusagen als unbedeutend gegenüber dem Gewicht ihrer tatsächlichen Handlung gewertet.
>
> Hätte F gar nichts gesagt und erst nach Abholung ihres PKW gegen das Entgelt protestiert, müsste das (schweigende) Verhalten der F beim Parkvorgang als konkludente Annahme des Bewachungsvertrags angesehen werden. Ein späterer Protest könnte allenfalls als Anfechtungsversuch verstanden werden, der jedoch fehlschlüge, weil bei F kein Irrtum gem. § 119 BGB vorlag. Vgl. insoweit auch § 116 BGB.

Exkurs: Der Gefälligkeitsvertrag

Vorstehend in Rn 22 haben wir festgestellt, dass es sich um eine bloße Gefälligkeit handelt, wenn die Willensäußerung rechtlich unverbindlich bleibt, es also am »Rechtsfolgewillen« fehlt. Eine Gefälligkeit begründet keine vertraglichen Pflichten. Gefälligkeiten finden wir häufig im freundschaftlichen Bereich, unter Kollegen oder in der Nachbarschaft. Sie sind von Unentgeltlichkeit und Uneigennützigkeit geprägt. Der Begünstigte einer Gefälligkeit kann die in Aussicht gestellte Leistung nicht einklagen; er darf aber das Erlangte, also die »Leistung« behalten. Wer eine Gefälligkeit verspricht, hat keinen Anspruch auf den Ersatz seiner Auslagen. 25

Vorsicht: Eine Gefälligkeit begründet zwar keine vertraglichen Pflichten – eine Haftung aus unerlaubter Handlung (Delikt)[36] ist aber immer möglich!

Beispiel:

A nimmt seinen Nachbarn B mit in die Stadt, weil er noch einen Platz im Auto frei hat. Unterwegs übertreibt es A mit der Geschwindigkeit und verursacht einen Unfall, bei dem auch B verletzt wird.

Zwar hat A mit B keinen Beförderungsvertrag geschlossen, da es sich bei der Mitnahme um eine reine Gefälligkeit gehandelt hat. Er haftet gegenüber B aber gem. § 823 BGB und ist verpflichtet, die Behandlungskosten und Schmerzensgeld zu zahlen.

Nun kann es allerdings Umstände geben, die auch eine Gefälligkeit bedeutend und wichtig erscheinen lassen. Angesichts dieser Umstände kann es sein, dass auch bei Unentgeltlichkeit und Uneigennützigkeit der Leistung ein Gefälligkeitsvertrag x zustande kommt, der dann auch vertragliche Pflichten auslöst.[37] Hierfür ist aber immer ein Rechtsbindungswille des Leistenden nötig.

x **Gefälligkeitsvertrag**
Eine bloße Gefälligkeit kann zum Gefälligkeitsvertrag werden. Hierfür ist ein Rechtsbindungswille nötig, der dann vermutet wird, wenn der Gefälligkeit besondere Bedeutung zukommt.

Und auch insoweit ist der BGH konsequent: Ob ein Rechtsbindungswille vorliegt oder nicht, wird allein danach entschieden, »wie sich das Verhalten der Beteiligten bei Würdigung aller Umstände einem objektiven Betrachter darstellt«; der innere Wille ist nicht entscheidend (BGH NJW 09, 1141). Die Umstände des Einzelfalls müssen also ermittelt und das Verhalten der Beteiligten ausgelegt werden.

Ein Gefälligkeitsvertrag kommt vor allem dann in Betracht, wenn die Angelegenheit große wirtschaftliche oder rechtliche Bedeutung hat oder wenn der Begünstigte sich erkennbar auf die Zusage verlässt und erhebliche Werte auf dem Spiel stehen (BGH NJW 12, 3366).

Beispiele:

Der Dozent wird in der Vorlesungspause gebeten, »kurz mal den Arbeitsvertrag als Werkstudent durchzusehen«.

A bittet seinen Freund, einen Laptop mit nach Hannover zu nehmen und dort auf dem Messestand seiner Agentur abzugeben.

Die Mutter bittet ihre Tochter, die Kündigung für den Mietvertrag noch heute in den Briefkasten des Vermieters zu werfen, da die Frist abläuft.

Rechtsgeschäfte

Wenn Willenserklärungen sozusagen die Grundbausteine des Zivilrechts sind (vgl. Rn 18), dann können Rechtsgeschäfte ˣ als die tragenden Mauern angesehen werden, in denen die Willenserklärungen verbaut werden. Rechtsgeschäfte verwirklichen rechtstechnisch die Privatautonomie, das liberale Grundprinzip des BGB, das es dem Einzelnen überlässt, seine Lebensverhältnisse im Rahmen der Rechtsordnung eigenverantwortlich zu regeln (vgl. Rn 5). In der Begründung der ersten Gesetzgebungskommission zum BGB ist die folgende Definition enthalten, die bis heute gültig ist: 26

x
Rechtsgeschäfte
Sie bestehen aus einer oder mehreren Willenserklärungen, die deshalb eine Rechtsfolge herbeiführen, weil diese gewollt ist.

> »Rechtsgeschäft im Sinne des Entw. [Entwurfs] ist eine Privatwillenserklärung, gerichtet auf die Hervorbringung eines rechtlichen Erfolges, der nach der Rechtsordnung deswegen eintritt, weil er gewollt ist.«[38]

Wie bei der Willenserklärung selbst, kommt es also beim Rechtsgeschäft auf den rechtlichen Erfolg an. Hängt dieser Erfolg nur vom Willen des Erklärenden ab, ist das Rechtsgeschäft deckungsgleich mit dessen Willenserklärung. In diesem Fall spricht man von einseitigen Rechtsgeschäften. Diese können empfangsbedürftig sein oder nicht. Empfangsbedürftig ist eine Willenserklärung oder ein Rechtsgeschäft dann, wenn die Erklärung dem Empfänger zugehen muss, um rechtswirksam zu werden.

Beispiele für einseitige Rechtsgeschäfte:

Kündigung, z. B. § 620 Abs. 2 BGB, (empfangsbedürftig), Testament, § 2064 BGB, (nicht empfangsbedürftig), Bevollmächtigung, § 166 Abs. 2 BGB, (nicht empfangsbedürftig)

Meist hängt der rechtliche Erfolg aber nicht nur vom Erklärenden ab, auch von dem Willen anderer Personen. Dann handelt es sich um mehrseitige Rechtsgeschäfte. Das wichtigste mehrseitige Rechtsgeschäft ist der Vertrag. Praktisch bedeutsam ist auch die »Gesamtakte«, bspw. Beschlüsse, die der Willensbildung in Gesellschaften und Vereinen dienen.

Fast immer werden Rechtsgeschäfte unter Lebenden vollzogen. Allerdings sind das Testament und der Erbvertrag zwei wichtige Rechtsgeschäfte, die erst von Todes wegen wirksam werden, also bei Eintritt des Todes einer bestimmten natürlichen Person.

27 Rechtsgeschäfte können in Verpflichtungsgeschäfte und Verfügungsgeschäfte geteilt werden. Die Unterscheidung hat große Bedeutung, vgl. Rn 35 ff.

Rechtsgeschäfte, durch die sich eine Partei verpflichtet, gegenüber der anderen eine bestimmte Leistung (ein Tun, Dulden oder ein Unterlassen) zu erbringen, nennt man Verpflichtungsgeschäfte x.

x **Verpflichtungsgeschäfte** Sie bezeichnen die Verpflichtung, zu einer Leistung gegenüber einem Leistungsempfänger.

Beispiele:

Verpflichtung zur Zahlung von Geld (z. B. Kaufpreis), zur Vermietung einer Wohnung, zur Leihe eines Gegenstands, zur Übereignung eines Autos

Aufgrund des Verpflichtungsgeschäfts kann der zukünftige Leistungsempfänger die Erfüllung dieser Verpflichtung von demjenigen fordern, der sie ihm versprochen hat.

28 Hiervon zu unterscheiden sind Verfügungsgeschäfte x. Dabei handelt es sich um Rechtsgeschäfte, die keine zukünftige Leistung versprechen, sondern unmittelbar und sofort ein Recht übertragen, ändern, belasten oder aufheben. Eine Partei verfügt über ihr Recht zugunsten einer anderen Partei.

x **Verfügungsgeschäfte** Mit diesen Geschäften wird ein Recht unmittelbar übertragen.

Beispiele:

Übertragung des Eigentums an beweglichen Sachen oder Grundstücken, Abtretung, Bestellung eines Pfandrechts

Diese Arten von Rechtsgeschäften treten häufig in Verbindung miteinander auf: Wer einen Gegenstand verkaufen möchte, verpflichtet sich zunächst, dem Käufer den Gegenstand zu übereignen (Verpflichtungsgeschäft, § 433 BGB) und überträgt sodann sein Eigentum auf den Käufer, indem er den Gegenstand übergibt und sein Eigentum aufgibt (Verfügungsgeschäft, § 929 BGB). Diese Rechtsgeschäfte werden von Willenserklärungen der Parteien getragen, die ggf. im Einzelnen auszulegen sind (vgl. Rn 18 ff. und Rn 33).

Übersicht Rechtsgeschäfte: 29

einseitige Rechtsgeschäfte
— nicht empfangsbedürftige (z. B. Testament)
— empfangsbedürftige (z. B. Kündigung)

mehrseitige Rechtsgeschäfte
— Verträge
— Gesamtakte (z. B. Gesellschafterbeschlüsse)

Der Vertrag

Obwohl der Vertrag ˣ seit der Antike von zentraler Bedeutung für die Gestaltung der Rechtsverhältnisse im Zivilrecht ist, findet sich im BGB keine Definition. In den §§ 145 ff. BGB wird zwar festgelegt, wie ein Vertrag zustande kommt, und das BGB stellt sogar inhaltliche Regelungen für bestimmte Vertragstypen bereit. Eine Beschreibung oder Erklärung des Vertrags sucht man jedoch vergebens.[39] 30

x
Vertrag
Er ist von zentraler Bedeutung für die Gestaltung von Rechtsverhältnissen.

Der Palandt als »Praxiskommentar« zum BGB formuliert die herrschende Auffassung darüber, was ein Vertrag ist, folgendermaßen:

»Vertrag ist die von zwei oder mehr Personen erklärte Willensübereinstimmung über die Herbeiführung eines rechtlichen Erfolgs.«[40]

Es handelt sich bei dem Vertrag also um ein mehrseitiges (mindestens zweiseitiges) Rechtsgeschäft, mit dem die Vertragsparteien einvernehmlich ein Rechtsverhältnis regeln. Seine Rechtswirkung tritt deshalb ein, weil die Vertragsparteien es so wollen. Man kann es auch anders ausdrücken: Die Rechtssubjekte gestalten ihr eigenes Recht, weil ihnen der Staat diese Freiheit zubilligt. Sie entspricht dem Recht auf freie Entfaltung der Persönlichkeit (Art. 2 Abs. 1 GG) und wird damit auch verfassungsrechtlich garantiert.[41] Dabei unterliegt die Privatautonomie allerdings den Schranken der verfassungsmäßigen Ordnung, die der Freiheit des Eigentums (Art. 14 GG) einen sozialen Ausgleich und einen gewissen Schutz des wirtschaftlich Schwächeren entgegensetzt. Womit ein erhebliches Ungleichgewicht vermieden werden soll.[42] Diese verfassungsmäßigen Schranken kommen in mehreren Vorschriften des BGB zum Ausdruck – auf sehr direkte Weise z. B. in § 134 BGB: Ein Vertrag, der gegen ein gesetzliches Verbot verstößt, ist nichtig.[43]

Vorvertragliche Verhandlungen

31 Bevor allerdings ein Vertrag zustande kommt, werden häufig Verhandlungen zwischen den späteren Vertragsparteien über den Inhalt des Rechtsgeschäfts aufgenommen. Diese vorvertraglichen Verhandlungen x binden die Parteien zwar noch nicht aneinander (vgl. § 154 Abs. 1 Satz 1 BGB), sie können aber dennoch rechtliche Bedeutung erlangen. So lassen sie z. B. Rückschlüsse auf die Motive und den Verständnishorizont der Parteien zu, falls der Vertrag später ausgelegt werden muss (§ 133 BGB).

x **Vorvertragliche Verhandlungen**
Die Verhandlungen vor dem Abschluss eines Vertrags haben rechtliche Bedeutung.

Dabei wird oft übersehen, dass die Parteien schon während ihrer vorvertraglichen Verhandlungen ein vertragsähnliches Vertrauensverhältnis begründen – auch wenn ihnen das nicht bewusst sein mag. Darin liegt eine gewisse Gefahr. Denn schon dieses Vertrauensverhältnis zwingt die Verhandlungspartner zur Sorgfalt und kann sogar Schadensersatzansprüche auslösen, wenn sie sich rücksichtslos verhalten. Culpa in contrahendo (abgekürzt »c. i. c.«, Verschulden bei Vertragsanbahnung) ist hierfür der lateinische Fachausdruck.

Früher gewohnheitsrechtlich anerkannt,[44] regelt seit 2002 (mit dem Inkrafttreten des Gesetzes zur Modernisierung des Schuldrechts) nun § 311 Abs. 2 i. V. m. § 241 Abs. 2 BGB diejenigen Fälle, in denen schon vor dem eigentlichen Vertragsabschluss eine Haftung der Parteien entstehen kann.

Beispiel:

Die Agentur A vereinbart mit K einen Besprechungstermin in ihren Räumen, um den Entwurf eines Werkvertrags zu besprechen, der mit K abgeschlossen werden soll. A und K können sich bei dem Termin jedoch nicht einigen und es kommt nicht zum Vertragsschluss. Kurz vor dem Verlassen der Agentur stürzt K auf dem frisch gewischten Boden und verletzt sich.

In diesem Fall ist A verpflichtet, Schadensersatz zu zahlen. Denn A hat K gebeten, zur Vertragsanbahnung in ihre Geschäftsräume zu kommen, so dass ein Fall des § 311 Abs. 2 Nr. 2 BGB vorliegt. Indem K die Räume von A betritt, räumt er A die Möglichkeit ein, auf seine Rechte, Rechtsgüter und Interessen einzuwirken – wie z. B. auf seine körperliche Unversehrtheit. A hat daher Schutz- und Obhutspflichten; die Agentur muss sorgfältig darauf achten, dass K in ihrem Einflussbereich auch körperlich unverletzt bleibt. Diese Pflichten bestehen so lange fort, wie sich K in ihrem Einflussbereich befindet – und zwar unabhängig davon, ob der Vertragsschluss zustande kommt oder nicht.

Vertragsschluss

Damit ein Vertrag ˣ zustande kommt, sind mindestens zwei Willenserklärungen nötig: 32

x
Vertragsabschluss
Ein Vertrag setzt mindestens zwei Willenserklärungen voraus. Diese empfangsbedürftigen Willenserklärungen müssen dem Empfänger zugehen.

Ein Angebot auf Vertragsabschluss
(§ 145 BGB, der Gesetzestext spricht hier von »Antrag«)
und die Annahme des Angebots
(§ 147 ff. BGB).

Beide Willenserklärungen sind empfangsbedürftig gem. § 130 Abs. 1 Satz 1 BGB, sie müssen dem Empfänger also zugehen. »Zugang« bedeutet, dass die Willenserklärung so in den Bereich des Empfängers gelangt ist, dass dieser unter normalen Verhältnissen die Möglichkeit hat, vom Inhalt der Erklärung Kenntnis zu nehmen.[45] Unter Anwesenden ist der Zugang meist unproblematisch; bei Abwesenden gehört zum »Bereich« des Empfängers z. B. dessen Briefkasten, Postfach, E-Mail-Postfach oder Anrufbeantworter.[46]

Angebot und Annahme müssen sich decken, also inhaltlich übereinstimmen. Anderenfalls besteht Dissens und es kommt kein Vertrag zustande.

Beispiel:

Die Designerin D bietet K den Entwurf eines Briefpapiers für 300 EUR an. K antwortet: »Für 200 EUR erteile ich Ihnen gern den Auftrag.«

In diesem Beispiel ist kein Vertrag zustande gekommen. Denn K hat das Angebot von D nicht mit einem schlichten »Ja« angenommen, sondern das Angebot abgewandelt. K möchte nur 200 EUR zahlen, nicht die angebotenen 300 EUR. D und K befinden sich also im Dissens. Weil eine solche Abwandlung des Angebots in der Praxis relativ häufig vorkommt, hält das BGB in § 150 Abs. 2 hierfür sogar eine eigene Regelung bereit: Die abwandelnde Annahme gilt als Ablehnung und gleichzeitig als neues Angebot. Dieses neue Angebot von K kann nunmehr die Designerin annehmen, wenn sie denn bereit ist, die geringere Vergütung zu akzeptieren.

x
Schlüssiges Verhalten
Verträge können auch durch schlüssiges Verhalten abgeschlossen werden.

Da Angebot und Annahme Willenserklärungen sind, können sie nicht nur ausdrücklich ausgesprochen werden, sondern auch durch schlüssiges Verhalten x der Parteien (konkludent) offenbart werden.

Beispiele:

Das Vorzeigen der Waren an der Supermarktkasse und das wortlose Kassieren des hingelegten Geldbetrags.

Die Überweisung der Summe eines schriftlichen Angebots an den Anbietenden.

Das Lösen einer Fahrkarte am Automaten.

Der Konsum einer Brezel im Wirtshaus, die sich frisch und abgedeckt in einem Korb auf dem Tisch befindet.

Möglicherweise müssen die beiden ausdrücklich oder konkludent zugegangenen Willenserklärungen ausgelegt x werden, wenn sie nicht eindeutig sind. Hierfür stellt das BGB einige Regeln zur Verfügung, z. B. § 133 BGB, wonach bei der Auslegung der wirkliche Wille des Erklärenden zu erforschen ist und nicht »an dem buchstäblichen Sinne des Ausdrucks gehaftet« werden darf. Die Auslegung erfolgt bei empfangsbedürftigen Willenserklärungen – und hierum handelt es sich bei Angebot und Annahme – stets aus Sicht des Empfängerhorizontes. Es ist danach auszulegen, wie ein durchschnittlicher Empfänger das Angebot oder die Annahme »nach Treu und Glauben unter Berücksichtigung der Verkehrssitte« verstehen muss.[47] 33

x
Auslegung
Die Auslegung beginnt beim Wortlaut und berücksichtigt sodann die Begleitumstände der Erklärung.

Die Auslegung beginnt beim Wortlaut der Erklärung (sofern es einen solchen gibt) und bezieht dann die Begleitumstände ein, also u. a. die Entstehungsgeschichte der Erklärung oder die Äußerungen der Parteien. Zu berücksichtigen sind auch die Interessenlage und der allgemeine Grundsatz von »Treu und Glauben«, d. h. die berechtigten Belange beider Parteien, sowie die Verkehrssitte für den konkreten Sachverhalt, sofern eine solche festgestellt werden kann.

Speziell für den Vertrag gilt die Auslegungsregel des § 157 BGB: Nicht nur die einzelnen Erklärungen, auch der Vertrag als solcher ist so auszulegen, wie Treu und Glauben mit Rücksicht auf die Verkehrssitte es erfordern.

Beispiel:

Der Verkehrssitte entspricht es, dass ein beim Bäcker gekauftes Brot in ein Papier oder eine Tüte eingewickelt wird.

x
Dissens
Bei einem Dissens kommt kein Vertrag zustande.

Dennoch muss trotz aller Auslegungsbemühungen hin und wieder festgestellt werden, dass sich die Verhandlungsführer im Dissens x befinden und ein Vertrag eben doch nicht zustande gekommen ist. Ein Dissens kann sogar verdeckt vorliegen, ohne dass er den Beteiligten zunächst bewusst ist. Auch hierzu gibt es einen berühmten Schulfall, der einer frühen Entscheidung des Reichsgerichts nachgebildet ist:[48]

»Haakjöringsködfall«:

K möchte von V Walfischfleisch kaufen und fragt nach, ob V dasselbe vorrätig hat. V bejaht. K bestellt nun eine bestimmte Menge »Haakjöringsköd« zum angegeben Preis. V bestätigt die Bestellung. Beide Parteien gehen davon aus, dass die Bezeichnung »Haakjöringsköd« auf Norwegisch Walfischfleisch bedeutet. Die Auslieferung wird sodann im Lager des V zusammengestellt. Nun fällt einem Angestellten von V auf, dass »Haakjöringsköd« tatsächlich Haifischfleisch bedeutet. Was muss V dem K liefern?

Beide Vertragsparteien haben eigentlich alles bedacht, was zu vereinbaren war, um einen Kaufvertrag abzuschließen. Es besteht keine Vertragslücke und auch ein Dissens ist nicht ohne weiteres erkennbar. Das Kuriose an diesem Fall besteht darin, dass zwar nach dem objektiven Erklärungssachverhalt Haifischfleisch gekauft wurde und geliefert werden müsste, beide Parteien aber in ihrem Erklärungsbewusstsein Walfischfleisch meinten. Glücklicherweise ist nicht der Wortlaut der beiderseitigen Erklärungen maßgeblich, sondern das beiderseits Gemeinte – was sich in diesem Fall auch zweifelsfrei ermitteln ließ.

x
Falsa demonstratio non nocet
Verträge haben häufig eine falsche Bezeichnung, ohne dass dies rechtliche Bedeutung hat.

Es liegt daher ein Fall der »falsa demonstratio« vor, der Falschbezeichnung. V darf und muss an K Walfischfleisch liefern, auch wenn beide die Ware übereinstimmend falsch bezeichnet haben. Denn der Grundsatz lautet vollständig falsa demonstratia non nocet x : Eine Falschbezeichnung schadet nicht. Er ist allerdings nur dann anzuwenden, wenn beide Parteien die Bezeichnung auf dieselbe Weise falsch verwendet haben. Weitere häufige Beispiele hierfür sind die Bezeichnung eines Werkvertrags als Kaufvertrag oder als Arbeitsvertrag, ohne dass dies den Parteien auffällt.

Wenn in unserem Fall aber V die korrekte Bedeutung von »Haakjöringsköd« gekannt hätte und mit diesem Wissen davon ausgehen musste, V habe sich zwischen seiner Frage nach Walfischfleisch und der Bestellung von »Haakjöringsköd«, also Haifischfleisch, umentschieden, dann wäre in der Tat ein Vertrag über Haifischfleisch zustande gekommen. Es läge auf Seiten des K ein verdeckter Dissens vor, der nach der vermittelnden Theorie des BGH in diesem Falle unbeachtlich wäre (vgl. oben Rn 22). V könnte seine Erklärung nur noch wegen Irrtums gem. § 119 Abs. 1 BGB anfechten und hätte dann ggf. Schadensersatz gem. § 122 Abs. 1 BGB zu zahlen.

34 Einen Fall der Auslegung stellt auch die sog. invitatio ad offerendum x dar. Es handelt sich um die Einladung zur Abgabe eines Angebots, das der Vertragspartner dann annehmen kann – oder auch nicht. Hierunter fallen z. B. die Auslagen in einem Schaufenster oder die in den Regalen eines Geschäftes angebotenen Waren. Der Verkäufer möchte sich durch derartige Anpreisungen noch nicht im Sinne einer Willenserklärung binden, denn er kann schon aus Gründen der Lagerhaltung nicht mit jedem Kaufinteressenten einen Vertrag abschließen.

x **Invitatio ad offerendum**
Die Einladung zur Abgabe eines Angebots ist noch kein Angebot.

Beispiele:

Ein Discounter wirbt lauthals mit einem »Multimediacomputer« für nur 99,00 EUR. Es gibt für die Kunden jedoch keinen Rechtsanspruch auf einen Verkauf dieses Gerätes, weil die Werbung lediglich eine invitatio ad offerendum darstellt.[49]

Ein Kunde trinkt bereits im Supermarkt noch vor der Kasse einen Energy Drink aus, weil er sich so schlapp fühlt. Als er vom Hausdetektiv angesprochen wird, ist er sich keiner Schuld bewusst: Schließlich habe er ja genug Geld dabei und das Getränk durch das Austrinken konkludent gekauft. Die leere Dose habe extra in seinen Wagen gestellt, um sich an der Kasse daran zu erinnern. Zivilrechtlich ist die Begründung falsch. Denn der Vertrag kommt erst an der Kasse zustande, wenn das Kaufangebot des Kunden (Ware im Korb) durch Erfassung und Aufforderung, zu bezahlen angenommen wird.

Trennungs- und Abstraktionsprinzip

35 In Rn 27 und 28 wurden bereits die Unterschiede zwischen den Verpflichtungs- und den Verfügungsgeschäften erläutert. Alle Verträge, die auf einen Leistungsaustausch zwischen den Parteien gerichtet sind, bestehen aus Verpflichtungsgeschäften. Bei vielen dieser Verträge kommen auch Verfügungsgeschäfte hinzu, bspw. beim Verkauf von Waren oder Grundstücken. Dann gelten zwei nicht unbedingt auf Anhieb verständliche Prinzipien: das Trennungs- und das Abstraktionsprinzip.

> Beispiel:
>
> A kauft von B ein Brötchen für 50 Cent.

B wird A das Brötchen übergeben, weil es dafür einen Grund gibt: B erhält nämlich im Gegenzug den Kaufpreis von 50 Cent. Umgekehrt übergibt A bereitwillig sein Geldstück an B, schließlich erhält er dafür das Brötchen. Dieser Sachverhalt wird ganz selbstverständlich als ein einheitlicher Vorgang empfunden. Nicht allerdings unter Juristen: Sie zerlegen den Sachverhalt sozusagen in seine Bestandteile. Das geschieht folgendermaßen:

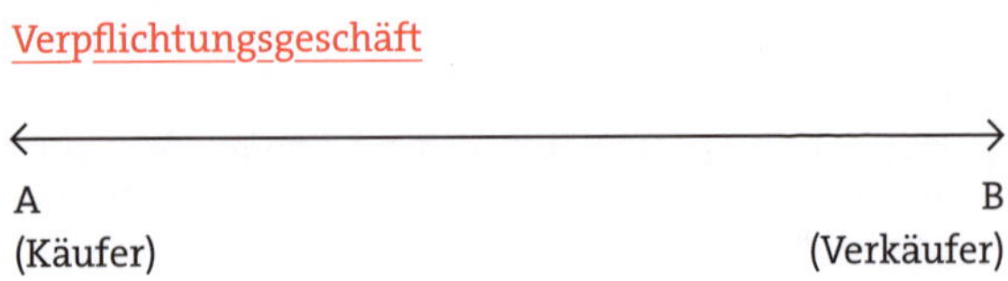

Im ersten Schritt entsteht zwischen A und B ein wechselseitiges Verpflichtungsgeschäft. Dabei ist es unerheblich, ob B dem A anbietet, das Brötchen zu kaufen und A das Angebot annimmt, oder ob Angebot und Annahme umgekehrt erklärt werden. Dieses Verpflichtungsgeschäft besteht als mehrseitiges Rechtsgeschäft aus zwei Willenserklärungen (eben Angebot und Annahme) und hat die Verpflichtung des A zum Gegenstand, bei B ein Brötchen zum Preis von 50 Cent zu erwerben.

Bis zum Abschluss dieses Rechtsgeschäfts ist an der Ladentheke sozusagen noch nichts passiert, A und B haben lediglich ihre Willensbekundungen ausgetauscht. Aber: Würde A nun aus dem Laden gehen, ohne den Kauf tatsächlich zu vollziehen, könnte B den Vollzug des Kaufs von A auch weiterhin erfolgreich einfordern. Dass die Kaufverpflichtung des A völlig unabhängig vom Austausch der Sachen (Geld und Brötchen) betrachtet werden kann, nennt man Trennungsprinzip [x].

x **Trennungsprinzip** Das Verpflichtungsgeschäft besteht unabhängig vom Vergütungsgeschäft.

In unserem Fall soll nun aber der Kauf auch vollzogen werden. Dann vervollständigt sich das Bild:

Verpflichtungsgeschäft 36

←——————————————→

A (Käufer) B (Verkäufer)

Verfügungsgeschäft 1

——————————————→

A (Käufer) übergibt B (Verkäufer) das Geld

Verfügungsgeschäft 2

←——————————————

A (Käufer) erhält das Brötchen von B (Verkäufer)

Im zweiten und dritten Schritt ändern sich die Eigentumsverhältnisse, so dass der Kauf vollständig abgewickelt wird: A übergibt dem B das Geldstück und räumt ihm gem. § 929 BGB Eigentum daran ein. Im Gegenzug übergibt B dem A das Brötchen und verschafft diesem ebenfalls gem. § 929 BGB Eigentum daran. In beiden Fällen handelt es sich um Verfügungsgeschäfte, mit denen A und B unmittelbar ihre Rechtspositionen an den Sachen ändern – d. h. ihr Eigentum aufgeben und jeweils neues Eigentum gewinnen.

Der Brötchenkauf besteht also juristisch betrachtet aus drei Rechtsgeschäften und sechs Willenserklärungen. Letztere zerfallen wiederum jeweils in einen objektiven und (mindestens) zwei subjektive Tatbestände. Das führt dazu, dass für die rechtliche Beurteilung eines Brötchenkaufs 18 Prüfungspunkte relevant werden können.[50]

x **Abstraktionsprinzip** Konsequenz der Trennung. Das Verfügungsgeschäft bleibt auch dann wirksam, wenn das Verpflichtungsgeschäft unwirksam wird.

37 Das Abstraktionsprinzip x führt den Grundsatz des Trennungsprinzips konsequent weiter: Das Verfügungsgeschäft soll auch dann noch wirksam sein, wenn das zugrundeliegende Verpflichtungsgeschäft aus irgendeinem Grund nicht (mehr) wirksam ist.

Beispiel:

A hatte in dem vorstehenden Fall mit »Brötchen« eigentlich ein kleines Brot in der Auslage gemeint und nicht die ihm übergebene Semmel.

In diesem Fall bestand beim Verpflichtungsgeschäft ein verdeckter Dissens. A hatte in seinem Erklärungsbewusstsein etwas anderes gemeint, als B verstanden hat. A kann nun seine Willenserklärung im Rahmen des Verpflichtungsgeschäfts gem. § 119 Abs. 1 BGB anfechten, woraufhin gem. § 142 Abs. 1 BGB die Nichtigkeit des Rechtsgeschäfts eintritt – aber eben nur bezüglich des Verpflichtungsgeschäftes, nicht auch bezüglich der beiden erfolgten Verfügungsgeschäfte »Geld« und »Brötchen«. Diese bleiben wirksam.

Würden A und B nun nichts weiter unternehmen, dann bliebe A weiterhin Eigentümer des erworbenen Brötchens und B Eigentümer des Geldstücks, obwohl A mit der Anfechtung seine Kaufverpflichtung im Nachhinein vernichtet hätte. Dieses Ergebnis mag in speziellen Fällen erwünscht sein, in vielen jedoch nicht. Das BGB hat daher eine Korrekturmöglichkeit über das sog. »Bereicherungsrecht« vorgesehen: B darf die Rückübereignung des übergebenen Brötchens verlangen, weil A dasselbe im Ergebnis ohne Rechtsgrund erlangt hat (denn dieser ist wegen der Anfechtung später wieder entfallen, vgl. § 812 Abs. 1 Satz 2 BGB). Und A steht dasselbe Rückübereignungsrecht bezüglich des Geldstücks zu.

Unter dem Strich könnte sich A aber dennoch wirtschaftlich verschlechtert haben, den er ist aufgrund seiner Anfechtung verpflichtet, Schadensersatz gem. § 122 Abs. 1 BGB zu zahlen, sofern ein Schaden entstanden ist. Und eben das ist hier der Fall, denn das Brötchen, das sich bereits in seinen Händen befand, kann B nicht mehr in den allgemeinen Verkauf zurückgeben.

Dieses etwas sperrige Abstraktionsprinzip wurde unter dem Einfluss Friedrich Carl von Savignys in das BGB aufgenommen, der darin einen charakteristischen Wesenszug des römischen Rechts gedeutet hatte.[51] Häufig wird darauf verwiesen, dass es vor allem bei Grundstücksgeschäften Rechtssicherheit herstelle und z. B. den Gläubigern des Käufers (bspw. der finanzierenden Bank) Pfändungszugriff auf das Grundstück auch dann ermögliche, wenn sich das Verpflichtungsgeschäft des Grundstückskaufs später als unwirksam herausstelle. Im Vergleich zum Kausalprinzip ˣ [52] anderer Rechtsordnungen hat sich das deutsche Abstraktionsprinzip aber kaum durchgesetzt und besitzt auch nur wenige Chancen im Rahmen einer europäischen Rechtsvereinheitlichung.[53] 38

x
Kausalprinzip
Andere Rechtsordnungen wenden statt des Abstraktionsprinzips das Kausalprinzip an.

Kündigung und Rücktritt

Für viele Verträge wird ein Ende ihrer Laufzeit fest vereinbart. Dann endet der Vertrag mit dem Ablauf des genannten Datums ohne dass es einer weiteren Erklärung der Vertragsparteien bedarf.

Die beiden wichtigsten anderen Möglichkeiten, einen Vertrag zu beenden, werden Kündigung und Rücktritt genannt.

Die Kündigung ˣ ist eine einseitige, empfangsbedürftige Willenserklärung. Sie lässt den bisherigen Vertragsverlauf unberührt und löst das Vertragsverhältnis für die Zukunft auf »ex nunc«). Die Kündigung kommt daher vor allem bei sog. Dauerschuldverhältnissen zum Einsatz, bei denen die Vertragspartner unbefristet oder für einen längeren Zeitraum einander Leistungen gewähren. 39

x
Kündigung
Sie ist eine einseitige Erklärung in die Zukunft. Sie lässt den bisherigen Vertragsverlauf unberührt.

Beispiele:

Mietverträge, Arbeitsverträge, Mobilfunkverträge, Stromlieferungsverträge etc.

In aller Regel muss für die Kündigung kein Grund angegeben werden. Es kommt vielmehr darauf an, ob ein Kündigungsrecht besteht und für welchen Zeitpunkt das Recht ausgeübt werden kann. Denn bei der ordentlichen Kündigung fallen die Kündigungserklärung und der Zeitpunkt, zu dem das Vertragsverhältnis beendet wird, auseinander. Diese Zeitspanne soll es dem anderen Vertragspartner ermöglichen, auf die Beendigung des Vertrags zu reagieren, ihm sollen wirtschaftliche und rechtliche Unannehmlichkeiten erspart bleiben.

Praxishinweis
Kündigungsfristen beachten

Meist werden der Beginn des Kündigungsrechts und die Kündigungsfrist bereits im Vertrag vereinbart.

Beispiel:

»... kann ab dem 30. Juni 2017 mit einer Frist von drei Monaten zum Jahresende gekündigt werden.«

Es gibt aber auch gesetzliche Kündigungsfristen, die meist den Schutz des typischerweise schwächeren Vertragspartners bezwecken (vgl. Rn 6).

Beispiele:

Arbeitsvertrag (§ 622 BGB), Wohnraummietvertrag (§ 573c BGB), Darlehensvertrag (§ 489 BGB).

x
Fristloses, außerordentliches Kündigungsrecht aus wichtigem Grund
Dieses kann nicht durch vertragliche Regelungen ausgeschlossen werden.

Den Vertragspartnern steht jedoch immer ein fristloses und außerordentliches Kündigungsrecht aus wichtigem Grund x zu. Dieses Recht kann auch nicht durch vertragliche Regelungen ausgeschlossen werden.[54] § 314 BGB, der diesen Grundsatz für Dauerschuldverhältnisse ausdrücklich normiert, definiert in Abs. 2 auch, was ein »wichtiger Grund« ist:

»Ein wichtiger Grund liegt vor, wenn dem kündigenden Teil unter Berücksichtigung aller Umstände des Einzelfalls und unter Abwägung der beiderseitigen Interessen die Fortsetzung des Vertragsverhältnisses bis zur vereinbarten Beendigung oder bis zum Ablauf einer Kündigungsfrist nicht zugemutet werden kann.«

Aber auch für andere, besondere Fälle sieht das Gesetz außerordentliche Kündigungsmöglichkeiten vor. Vor allem dann, wenn sich ein Vertragspartner pflichtwidrig verhält, vgl. bspw. § 543 Abs. 1, Abs. 2 Satz 1 Nr. 2 BGB beim vertragswidrigen Gebrauch einer gemieteten Sache.

Der Rücktritt vom Vertrag [x] hingegen beseitigt den Vertrag 40
nicht nur für die Zukunft, er entzieht ihm auch für die Vergangenheit die Grundlage. Folge des Rücktritts ist daher die Rückabwicklung des Vertrags, und zwar in der Weise, dass die Vertragspartner einander zurückzugewähren haben, was sie aufgrund des Vertrags bislang voneinander erhalten haben (z. B. Sachen, Geldzahlungen oder den Ersatz genossener Nutzungen). Alle Beteiligten sollen möglichst so gestellt werden, als habe es den Vertrag nie gegeben (»ex tunc«), vgl. § 346 BGB. Aufgrund des Rücktritts entsteht daher ein sog. »Rückgewährschuldverhältnis«, das so lange andauert, bis die beschriebenen Rechtsfolgen endgültig eingetreten sind.

x
Rücktritt vom Vertrag
Er beseitigt den Vertrag – auch für die Vergangenheit; so dass bereits gewährte Leistungen zurückerstattet werden müssen.

Zwar kann der Rücktritt auch vertraglich vereinbart werden. In der Praxis bedeutender ist aber das gesetzlich normierte Rücktrittsrecht, das vor allem im Bereich der Leistungsstörungen eingreift (vgl. Rn 58 ff.).

Beispiele:

Rücktrittsrecht bei einer mangelhaften Kaufsache, § 437 Nr. 2 BGB

Rücktrittsrecht bei einem fehlerhaften Werk, § 634 Nr. 2 BGB

Rücktrittsrecht bei Nichtleistung oder einer allgemeinen Pflichtverletzung, §§ 323, 324 BGB

x
Störung der Geschäftsgrundlage
Ein Rücktrittsrecht gewährt das Gesetz auch bei einer tiefgreifenden nachträglichen Änderung der Geschäftsgrundlage.

Ein besonderer Fall ist das Rücktrittsrecht bei einer tiefgreifenden Störung der Geschäftsgrundlage x, § 313 Abs. 3 BGB. Dieses Recht ist – ähnlich wie die fristlose außerordentliche Kündigung aus wichtigem Grund – letztes Mittel, »ultima ratio«, um den Vertragspartnern die Durchführung des unter anderen Voraussetzungen und Erwartungen eingegangenen Rechtsgeschäfts zu ersparen.

Eine derartige Störung definiert § 313 Abs. 1 BGB folgendermaßen:

> »Haben sich Umstände, die zur Grundlage des Vertrags geworden sind, nach Vertragsschluss schwerwiegend verändert und hätten die Parteien den Vertrag nicht oder mit anderem Inhalt geschlossen, wenn sie diese Veränderung vorausgesehen hätten ...«

Aber selbst dann, wenn eine solch tiefgreifende und nicht vorhergesehene Störung eingetreten ist, soll gemäß § 313 Abs. 1 BGB zunächst der Versuch unternommen werden, den Vertrag noch zu retten. Er soll an die veränderte Lage angepasst werden, »soweit einem Teil unter Berücksichtigung aller Umstände des Einzelfalls, insbesondere der vertraglichen oder gesetzlichen Risikoverteilung, das Festhalten am unveränderten Vertrag nicht zugemutet werden kann«. Erst dann, wenn eine solche Anpassung nicht möglich oder dem anderen Vertragsteil nicht zumutbar ist, kann der benachteiligte Vertragsteil vom Vertrag zurücktreten, § 313 Abs. 3 BGB. Dies ist in der Praxis allerdings selten, zumeist wird eine Vertragsanpassung ausreichen.

Bei Dauerschuldverhältnissen ersetzt bei tiefgreifenden Vertragsstörungen die fristlose außerordentliche Kündigung aus wichtigem Grund den Rücktritt vom Vertrag (s. vorstehend Rn 39).

Stellvertretung

Es kommt häufig vor, dass nicht die Parteien selbst, sondern Dritte auftreten und für die Parteien Erklärungen abgeben. »Dritter« x bedeutet: jemand anderes als die 1. Partei und die 2. Partei, wobei sich beide Seiten Dritter bedienen können. Diese Stellvertretung (oder kurz »Vertretung«) ist unter bestimmten Voraussetzungen zulässig. Wesentliche Vorschrift für die Stellvertretung ist § 164 BGB. 41

x
Dritter
Als Dritter wird jeder andere als die Vertragsparteien bezeichnet.

Beispiele:

Eltern vertreten ihre minderjährigen Kinder;
der Vereinsvorstand vertritt den Verein;
der Geschäftsführer vertritt die GmbH;
ein Freund vertritt seine Kommilitonin;
eine Kassiererin vertritt den Eigentümer des Kaufhauses.

Die Stellvertretung x bezieht sich gem. § 164 Abs. 1 Satz 1 BGB auf Willenserklärungen (vgl. Rn 18 ff.). Diese können vom Stellvertreter abgegeben werden oder entgegengenommen werden. Gibt der Vertreter eine Erklärung ab, handelt es sich stets um seine eigene Erklärung, nicht um eine fremde. Im Gegensatz dazu übermittelt der Erklärungsbote x nur eine fremde Erklärung (nämlich diejenige seines Geschäftsherrn). Dies ist der wesentliche Unterschied zwischen einem Stellvertreter und einem Boten. Diese Unterscheidung kann manchmal nicht einfach sein, sie richtet sich aber immer nur nach den äußeren Umständen, also dem objektiven Tatbestand. 42

x
Stellvertretung
Eigene Erklärung im fremden Namen.

x
Erklärungsbote
Übermittlung einer fremden Erklärung ohne eigene Erklärung.

Beispiel:

Der Vater schickt seinen fünfjährigen Sohn in den nahegelegenen Coffeeshop. Dieser legt Geld auf die Theke und sagt »Papa Kaffee«. Die Verkäuferin, die die Familie schon länger kennt, gibt ihm diejenige Art Kaffee mit, die sein Vater gewöhnlich bei ihr kauft.

In diesem Beispiel kann der kleine Sohn keine eigene Willenserklärung abgeben, da er offensichtlich zu jung ist. Er ist nur Erklärungsbote des Vaters.

Wäre der Junge schon zehn Jahre alt, läge der Fall nicht so klar. Würde er bspw. sagen: »Mein Vater meint, Sie wüssten schon, welchen Kaffee er will«, wäre er dennoch nur Bote; denn mangels ausreichender Kenntnis könnte er keine eigene Willenserklärung abgeben.

Aber spätestens bei der Bemerkung »Heute suche ich meinem Vater für sein Geld mal einen leckeren Kaffee aus« müsste die Verkäuferin von einer Stellvertretung des Jungen ausgehen.

Praxishinweis
Regelung »i. V.« und »i. A.« im Geschäftsverkehr.

Übrigens: Im Geschäftsverkehr deutet die Abkürzung »i. V.« meist auf Stellvertretung hin, die Abkürzung »i. A.« aber auf einen Erklärungsboten, der keine eigene Entscheidungsbefugnis hat.

Auch bei einer entgegengenommenen Willenserklärung muss nach den vorstehenden Kriterien zwischen Stellvertreter und Empfangsboten unterschieden werden. Praktische Bedeutung hat diese Unterscheidung aber nur außerhalb der (Geschäfts-)Räume des Erklärungsempfängers: Nimmt ein Vertreter die Erklärung entgegen, z. B. auf der Straße, wird sie sofort für seinen Geschäftsherrn wirksam. Handelt es sich nur um einen Empfangsboten (bspw. die fünfjährige Tochter, die den Brief entgegennimmt), wird die Erklärung erst wirksam, wenn unter normalen Umständen die Kenntnisnahme des eigentlichen Empfängers erwartet werden kann.

x Offenkundigkeitsprinzip
Die Stellvertretung muss offengelegt werden, sonst wird der Vertreter selbst verpflichtet.

43 Das Gesetz stellt klar, dass die Vertretung offengelegt werden muss – der Vertreter muss zu erkennen geben, dass er seine Erklärung im Namen eines anderen abgibt (Offenkundigkeitsprinzip [x]). Darauf kann der Vertreter ausdrücklich oder konkludent hinweisen. In manchen Fällen zeigen aber auch die Umstände die Vertretung hinreichend deutlich, bspw. bei der Eröffnung eines Kontos durch die Eltern des minderjährigen Kindes, vgl. § 164 Abs. 1 Satz 2 BGB. Erfolgt jedoch überhaupt keine Offenlegung und ist damit das Handeln im fremden Namen nicht ersichtlich, wird der Vertreter selbst verpflichtet. Er kann sich gem. § 164 Abs. 2 BGB nicht im Nachhinein darauf berufen, das Geschäft gar nicht für sich selbst abgeschlossen zu haben.

Beispiel:

In der Agentur A erscheint Frau F und bestellt die Gestaltung eines Flyers für 500 EUR. Später verweigert F jedoch die Abnahme und Bezahlung des Flyers und teilt erst bei dieser Gelegenheit mit, dass sie nicht für sich selbst, sondern für ihre Bekannte B gehandelt habe, die den Flyer aufgrund veränderter Umstände aber nicht mehr benötige. A solle sich doch bitte an B wenden, um die 500 EUR zu verlangen.

Die Agentur muss sich darauf nicht einlassen. Denn F hat bei ihrer Bestellung nicht erkennen lassen, dass sie im Namen von B handelt. Gem. § 164 Abs. 2 BGB kann sich F auf diese angebliche Stellvertretung nicht berufen und ist selbst verpflichtet, den Flyer abzunehmen und zu bezahlen.

Eine Ausnahme vom Offenkundigkeitsprinzip ist das sog. »Geschäft für den, den es angeht«. Dies sind die täglichen Massengeschäfte [x], bei denen es dem Vertragspartner völlig egal ist, mit wem der Vertrag zustande kommt. Der Vertragspartner muss daher auch nicht durch die Offenlegung einer etwa bestehenden Stellvertretung geschützt werden.

x
Ausnahme: Massengeschäft
Nur beim täglichen Massengeschäft muss die Stellvertretung nicht offengelegt werden.

Beispiel:

Die Agentur A schickt den Werkstudenten W in ein Kaufhaus, um dort zwei Schachteln Bleistifte zu kaufen.

Würde W vor der Hingabe des Kaufpreises der Kassiererin erst erklären, dass er den Kauf für die Agentur A abschließt und womöglich noch eine schriftliche Vollmacht hervorkramen, stieße er vermutlich auf ungeduldiges Unverständnis. Dem Eigentümer des Kaufhauses ist es nämlich egal, wer sein tatsächlicher Vertragspartner wird, solange das Bargeschäft zügig abgewickelt wird. Selbst wenn W schweigt, wird daher bei diesem »Geschäft für den, den es angeht« sofort die Agentur Eigentümerin der Bleistifte.

x
Vertretungsmacht
Vertretungsmacht kann durch das Gesetz verliehen werden oder durch ein Rechtsgeschäft (Vollmacht).

44 Der Stellvertreter muss außerdem »innerhalb der ihm zustehenden Vertretungsmacht« handeln, vgl. § 164 Abs. 1 Satz 1 BGB. Mit Vertretungsmacht x beschreibt das Gesetz die Befugnis, für einen anderen Willenserklärungen rechtsverbindlich abzugeben oder entgegenzunehmen. Das BGB sieht bestimmte Fälle vor, in denen diese Befugnis gesetzlich verliehen wird, bspw. § 1629 BGB (Vertretung des Kindes durch die Eltern), § 35 Abs. 1 GmbHG (Vertretung der GmbH durch den Geschäftsführer) oder § 26 Abs. 1 Satz 2 BGB (Vertretung des eingetragenen Vereins durch den Vorstand). Aufgrund der Privatautonomie ist die Verleihung dieser Befugnis aber auch durch Rechtsgeschäft möglich – dies nennt man Vollmacht oder gewillkürte Stellvertretung.

Grundsätzlich kann eine Vollmacht formlos für jede Art von Rechtsgeschäft erteilt werden, § 167 BGB. Von diesem Grundsatz gibt es allerdings einige wichtige Ausnahmen. Bei Grundstücksgeschäften bspw. bedarf die Bevollmächtigung nach h. M. ebenfalls der notariellen Beurkundung, Argument hierfür ist § 311 b BGB.

Die Bevollmächtigung erfolgt durch eine empfangsbedürftige Willenserklärung des Geschäftsherrn gegenüber seinem Vertreter, dem Bevollmächtigten. Es handelt sich also um ein einseitiges Rechtsgeschäft, nicht um einen Vertrag. Die Bevollmächtigung regelt die inhaltlichen Grenzen der Stellvertretung. Wird ihr Inhalt gegenüber Dritten nicht offengelegt, spricht man von Innenvollmacht, anderenfalls von Außenvollmacht. Letztere kann auch in Form einer Vollmachtsurkunde gem. § 172 BGB dem Dritten gegenüber bekannt gemacht werden.

Beispiel:

Die Agentur A hat ihre Geschäftsräume gemietet. Aus heiterem Himmel erhält sie eine schriftliche Kündigung dieser Räume von einem ihr bis dahin unbekannten Maklerunternehmen M, das gleichzeitig mitteilt, es sei beauftragt, sich nach der Räumung um die Neuvermietung zu kümmern. Entsprechende Bevollmächtigung durch den Vermieter wird versichert.

In diesem Fall ist der Agentur zur raten, die Kündigung unverzüglich zurückzuweisen. Bei der Kündigung handelt es sich um ein einseitiges Rechtsgeschäft. M hätte daher gem. § 174 BGB eine Vollmachtsurkunde beifügen müssen, was nicht geschehen ist. Rechtsfolge der Zurückweisung ist in diesem Fall die Unwirksamkeit der Kündigung.

Eine Vollmacht erlischt nach denselben Grundsätzen, wie sie erteilt wurde, vgl. § 168 Satz 3 BGB. Der Widerruf kann also auch direkt gegenüber dem Dritten erklärt werden. Hat bspw. die Agentur dem Geschäft um die Ecke bestätigt, dass ihre Auszubildenden befugt sind, Bürobedarf auf Lieferschein einzukaufen, kann sie diese Vollmacht auch direkt gegenüber dem Geschäftsinhaber widerrufen, sollte sie feststellen müssen, dass die Auszubildenden auf Kosten der Agentur für sich selbst einkaufen.

Eine Vollmacht erlischt auch dann, wenn sie sozusagen verbraucht ist. § 168 BGB verweist dafür auf das »zugrundeliegende Rechtsgeschäft«. Ein solcher Verbrauch tritt bspw. ein, wenn der erteilte Auftrag abgearbeitet ist oder undurchführbar wird. Eine Vollmacht kann befristet oder von Bedingungen abhängig gemacht werden.

Nicht selten kommt es vor, dass jemand so auftritt, als sei er bevollmächtigt – ohne dies jedoch zu sein. Oder er überschreitet die Grenzen seiner Bevollmächtigung, ohne dies erkennen zu lassen. In diesen Fällen ist der Erklärende ein »falsus procurator«, ein Vertreter ohne Vertretungsmacht [x]. 45

x **Vertreter ohne Vertretungsmacht**
Er haftet selbst auf Erfüllung des Geschäfts oder auf Schadensersatz. Für den Geschäftsherrn ist das Geschäft »schwebend unwirksam«, er kann es für sich selbst nachgenehmigen.

Beispiele:

Der Werkstudent W kauft drei Schachteln Bleistifte statt zwei.

Frau F hat den Flyer für ihre Bekannte in Auftrag gegeben, weil sie es gut mit ihr meinte. Tatsächlich weiß die Bekannte gar nichts davon.

Gemäß § 179 Abs. 1 BGB muss der »falsus procurator« selbst haften, und zwar entweder auf Erfüllung des Geschäfts oder auf Schadensersatz – der Erklärungsempfänger hat das Wahlrecht. Zuvor allerdings steht dem (angeblichen) Geschäftsherrn gemäß § 177 BGB das Recht zu, in das Rechtsgeschäft »einzusteigen«, das in seinem Namen abgeschlossen wurde, obwohl hierzu gar keine Vertretungsmacht bestand. § 177 Abs. 1 BGB greift hierfür auf die Rechtsfigur des »schwebend unwirksamen« Rechtsgeschäfts zurück, das uns bereits im Zusammenhang mit den Erklärungen beschränkt Geschäftsfähiger begegnet ist (vgl. Rn 14).

> Die Agentur A (s. o.) kann auch drei statt zwei Schachteln Bleistifte gebrauchen und unternimmt nichts.
>
> Frau F (s. o.) »beichtet« die Beauftragung der Agentur ihrer Bekannten. Bei näherer Überlegung findet aber die Bekannte die Idee von F gar nicht schlecht und bezahlt doch noch die 500 EUR für den Flyer, um diesen verwenden zu können.
>
> In beiden Fällen wurde nachgenehmigt, die »falschen« Vertreter müssen nicht weiter haften.

Entscheidet sich der (angebliche) Geschäftsherr jedoch gegen eine Nachgenehmigung (die gem. § 184 Abs. 1 BGB immer von Anfang geltend würde), haftet der »falsus procurator« endgültig.

Exkurs: § 181 BGB

46

An dieser Stelle soll das sog. Insichgeschäft [x] vorweggenommen werden, da es systematisch zur Stellvertretung gehört. Denn § 181 BGB schränkt die Vertretungsmacht ein, wenn dieselbe Person auf beiden Seiten eines Rechtsgeschäfts tätig wird.

[x] **Insichgeschäft** Grundsätzlich soll dieselbe Person nicht auf beiden Seiten eines Rechtsgeschäfts tätig werden.

> Beispiele:
>
> Die Angestellte S soll im Auftrag ihrer Agentur Karten für ein Event verkaufen. S kauft einen Teil der Karten selbst.

Dieselbe Angestellte S wurde auch von einer Freundin beauftragt, Karten für das Event zu kaufen. Für diese kauft S einen weiteren Teil der Karten.

Bei derartigen Geschäften kann es zu einer Interessenkollision kommen. Bei dem Kauf für sich selbst könnte S heimlich planen, die Karten später weiterzuverkaufen, wenn ihr »Schwarzmarktpreis« gestiegen ist. Oder S möchte als Beauftragte ihrer Freundin etwas heimzahlen und kauft bewusst schlechte Plätze für sie ein. Möglicherweise kauft S auch so viele Karten, dass die Agentur die Nachfrage ihrer Kunden nicht mehr befriedigen kann. § 181 BGB erklärt derartige Insichgeschäfte für unwirksam – es sei denn, das Geschäft wurde ausdrücklich gestattet (derartige Käufe wurden S von der Geschäftsleitung der Agentur grundsätzlich erlaubt) oder es handelt sich um die Erfüllung einer Verbindlichkeit. Auch Geschäfte, die dem Vertretenen lediglich einen rechtlichen (nicht wirtschaftlichen!) Vorteil bringen, sind nach herrschender Auffassung erlaubt.

Handelt es sich bei dem Insichgeschäft um einen Vertrag (wie den Kartenverkauf im vorstehenden Beispiel), ist der Vertrag gem. § 177 BGB schwebend unwirksam, da das Verbot des § 181 BGB die Vertretungsmacht der S entfallen lässt. S handelt dann als vollmachtlose Vertreterin, als »falsus procurator« (vgl. Rn 45), mit der Folge, dass es von der Genehmigung der Agentur abhängt, ob ihre Käufe wirksam werden oder nicht.

In Gesellschaftsverträgen, z. B. der Satzung einer GmbH, oder in Geschäftsführeranstellungsverträgen ist es üblich geworden, dem Geschäftsführer eine Befreiung vom Verbot des § 181 BGB zu erteilen. Das ist möglich, denn bei § 181 BGB handelt es sich um sog. dispositives Recht x, das von den Parteien im Rahmen der Privatautonomie aufgehoben werden kann. Ob ein derart weitreichender Vertrauensbeweis im Einzelfall nötig oder ratsam ist, sollte sorgfältig überlegt werden. Es gibt nur wenige bestimmte Konstellationen, in denen anderenfalls der Geschäftsführer kaum handlungsfähig wäre.[55] In den meisten Fällen ist eine solche Befreiung nicht nötig.

x
Dispositives Recht
Im Rahmen der Vertragsfreiheit können die Parteien von vielen Vorschriften des BGB abweichen.

Dieses Kapitel befasst sich mit den Rechten und Pflichten, die aufgrund eines Vertrags oder einer gesetzlichen Vorschrift zwischen verschiedenen Personen bestehen. Diese Personen werden im Schuldrecht Gläubiger und Schuldner genannt, wobei der Gläubiger von seinem Schuldner eine Leistung einfordern kann.

Häufig wird diese Leistung jedoch nicht oder nicht richtig erbracht. Wie man mit solchen Leistungsstörungen umgeht, ist eine praxisrelevante Hauptfrage des Zivilrechts. Mit ihr verdienen Rechtsanwälte viel Geld – und sie kann den Berufsalltag der Designer ziemlich belasten. Wer sich mit Leistungsstörungen auskennt, kann eine Menge Ärger vermeiden.

x
Schuldrecht
Es bezieht sich vor allem auf Leistungspflichten.

47 Nachdem in den letzten Kapiteln einige wichtige Begriffe des Zivilrechts erläutert wurden, insbesondere die »Grundbausteine« Willenserklärungen, Rechtsgeschäfte und Vertrag, verlassen wir das 1. Buch des BGB. Vor uns liegen das 2. Buch »Schuldrecht« und das 3. Buch »Sachenrecht«. Diese Aufteilung erinnert etwas an das Trennungsprinzip (Rn 35): Das Schuldrecht x bezieht sich vor allem auf Leistungspflichten (z. B. aus einem Vertrag), das Sachenrecht auf unmittelbare Rechtsänderungen (z. B. Eigentumswechsel). Für den Fachbereich Gestaltung lassen wir das 3. Buch mit dem Sachenrecht ganz beiseite und konzentrieren uns im 2. Buch des BGB vor allem auf diejenigen schuldrechtlichen Verhältnisse, die praxisrelevant sind.

Zwischen Rechtssubjekten – also natürlichen und juristischen Personen – können wechselseitige Rechte und Pflichten entstehen. Für diese Schuldverhältnisse gibt das Schuldrecht einen gesetzlichen Rahmen vor. In diesem Bereich liegt auch eine der größten Änderungen des BGB in neuerer Zeit: Zum 1. Januar 2002 trat das »Gesetz zur Modernisierung des Schuldrechts« in Kraft, mit dem vor allem EG-Richtlinien umgesetzt wurden, ein einheitlicher Begriff der Pflichtverletzung eingeführt und bestimmte Rechtsfortentwicklungen in das BGB eingegliedert wurden (z. B. die c. i. c., vgl. Rn 31). Außerdem wurde das Verjährungsrecht umfassend reformiert.

x
Schuldverhältnis
In einem Schuldverhältnis hat der Schuldner gegenüber dem Gläubiger eine Leistung zu erbringen. Ein Schuldverhältnis kann kraft eines Gesetzes oder Rechtsgeschäfts begründet werden.

48 Ein Schuldverhältnis x entsteht zwischen einem Gläubiger und einem Schuldner aufgrund eines Rechtsverhältnisses, das den Schuldner zur Leistung verpflichtet.[56] Der Gläubiger kann die Leistung einfordern, der Schuldner muss die Leistung erbringen.

Ein Schuldverhältnis kann auf zweierlei Weisen begründet werden:

Kraft Gesetzes:
Ein gesetzliches Schuldverhältnis wird immer dann begründet, wenn der Tatbestand einer bestimmten gesetzlichen Norm erfüllt ist (z. B. § 823 BGB, unerlaubte Handlung, oder die gesetzliche Lizenz im Urheberrecht, vgl. Rn 193).

Durch Rechtsgeschäft:
Im Rahmen der Privatautonomie kann auch ein vertragliches Schuldverhältnis begründet werden, vgl. § 311 Abs. 1 BGB (z. B. ein Kaufvertrag gem. § 433 BGB: Verpflichtung zur Zahlung des Kaufpreises einerseits und Verpflichtung zur Übereignung der Kaufsache andererseits).

In beiden Fällen (gesetzlich und vertraglich) gibt es also Gläubiger und Schuldner einer Leistung – entweder weil es das Gesetz für bestimmte Sachverhalte so will, oder weil sich die Parteien freiwillig aufgrund eines Vertrags einem Schuldverhältnis unterwerfen.

49

Ein vertragliches Schuldverhältnis steht sehr oft im Gegenseitigkeitsverhältnis, juristisch Synallagma [x] genannt. Das bedeutet: Die vertraglich zu erbringenden Leistungen beider Parteien (hinüber und herüber) müssen »Zug um Zug« ausgetauscht werden. Das bedeutet: Jeder Vertragspartner hat ein Leistungsverweigerungsrecht, bis der andere Partner leistungsbereit ist.

x
Synallagma
Beiderseitige Pflichten im Gegenseitigkeitsverhältnis. Im Synallagma sind beide Vertragsparteien sowohl Gläubiger wie auch Schuldner der anderen Partei.

Beispiel:

Kaufvertrag gem. § 433 BGB

Die Zahlung des Kaufpreises steht mit der Übereignung der Kaufsache durch den Verkäufer im Gegenseitigkeitsverhältnis.

Kann der Verkäufer die Kaufsache nicht übereignen (weil sie ihm bspw. noch nicht geliefert wurde), darf der Käufer die Zahlung des Kaufpreises gem. § 273 Abs. 1 BGB so lange zurückbehalten, bis der Verkäufer tatsächlich zur Übereignung in der Lage ist.

Dies gilt umgekehrt genauso, denn beide Vertragsparteien sind sowohl Gläubiger wie auch Schuldner der anderen Partei. Kann der Käufer seiner Zahlungspflicht nicht genügen, darf der Verkäufer die Kaufsache zurückbehalten.

Käufer: ist Schuldner des Kaufpreises und Gläubiger der Eigentumsübertragung

Verkäufer: ist Gläubiger des Kaufpreises und Schuldner der Eigentumsübertragung

Einige vertragliche Schuldverhältnisse werden nachstehend ab Rn 84 vertieft dargestellt, wo es um wichtige Vertragstypen für Gestalter geht. Für die gesetzlichen Schuldverhältnisse wird vor allem auf Rn 112 ff. verwiesen, die Ausführungen zur sog. »unerlaubten Handlung«. Die nachstehenden Ausführungen in diesem Teil gelten zwar – weil sie »vor die Klammer gezogene«, allgemeine Bestimmungen erläutern – grundsätzlich für beide Arten der Schuldverhältnisse; allerdings wird deutlich werden, dass sich wesentlich mehr Regelungen auf vertraglich begründete Schuldverhältnisse beziehen.

Die geschuldete Leistung

50 Der Schuldner ist dem Gläubiger gegenüber zu einer Leistung verpflichtet. Von dieser Pflicht wird der Schuldner erst dann befreit, wenn er

- die richtige Leistung
- zur richtigen Zeit
- am richtigen Ort
- an den richtigen Gläubiger erbringt.

Die Praxis zeigt, dass bei der Erfüllung dieser eigentlich verständlichen Voraussetzungen sehr viele Probleme entstehen können.

51 Welche Leistung der Schuldner x zu erbringen hat, wird bei den gesetzlichen Schuldverhältnissen durch das Gesetz bestimmt. Im vertraglichen Bereich gilt selbstverständlich das Prinzip der Privatautonomie, der Vertragsfreiheit. Sie geht der gesetzlichen Regelung vor, so lange sie sich im Rahmen der zwingenden gesetzlichen Vorschriften hält.

x
Leistungspflichten des Schuldners
Sie werden zunächst vom Vertrag und ergänzend vom Gesetz bestimmt.

Grundsätzlich kann jede Art von Leistung zum Gegenstand einer vertraglichen Vereinbarung gemacht werden, sofern sie nicht gegen ein gesetzliches Verbot verstößt, vgl. § 134 BGB. Und das Zivilrecht ist angesichts seiner liberalen Wurzeln eher zurückhaltend mit derartigen Verboten. Die Vertragsfreiheit wird aber auch durch die Vorschrift des § 138 Abs. 1 BGB eingeschränkt: Danach ist ein Rechtsgeschäft, das gegen die guten Sitten verstößt, nichtig.[57]

Die konkrete Ausgestaltung der Leistungspflichten durch 52
die Vertragsparteien wird von der Generalnorm des § 242 BGB flankiert, dem Grundsatz von Treu und Glauben [x]. Der Schuldner ist nach dieser Norm verpflichtet, seine Leistung so zu erbringen, »wie Treu und Glauben mit Rücksicht auf die Verkehrssitte es erfordern«.

x
Leistung nach dem Grundsatz von »Treu und Glauben«, § 242 BGB
Derartige Generalnormen sichern die Anpassungsfähigkeit des Gesetzes.

Auf den ersten Blick erscheinen die Begriffe Treue, Glauben und Verkehrssitte »ausfüllungsfähig und -bedürftig«, wie es Juristen gern umschreiben. Anders ausgedrückt: Nach dem Lesen der Norm ist man auch nicht klüger als zuvor. Allerdings verhindern derart formulierte Generalnormen zuverlässig, dass das deutsche Zivilrecht in eine heillose Kasuistik von unüberschaubar vielen Einzelfallregelungen abgleitet – eine Gefahr des sog. Case Law des amerikanischen Rechtskreises. Denn weite Formulierungen in den deutschen Auffangnormen stellen sicher, dass zwar die Richtung vorgegeben wird, aber dennoch ausreichend Raum verbleibt, das Gesetz auch auf neue technologische Entwicklungen oder gesellschaftliche Veränderungen anwenden zu können.

Anhand der Formel von »Treu und Glauben« in § 242 BGB haben Rechtsprechung und Lehre vor allem vertragliche Nebenpflichten entwickelt, etwa die Leistungstreuepflicht, Mitwirkungspflicht, Schutzpflichten oder Aufklärungspflichten.

Beispiele:

Auf Grundlage des § 242 BGB fallen unter vertragliche Nebenpflichten z. B. Dokumentationspflichten beim Arzt- oder Bauvertrag und die Verpflichtung, in bestimmten Situationen für Versicherungsschutz zu sorgen. Warnhinweise müssen gegeben werden, Aufbauanleitungen sollen verständlich sein, oder die Brötchen müssen vom Bäcker in eine Tüte verpackt werden. Es gibt unzählige derartiger Nebenpflichten, je nach Vertragstyp und den jeweiligen Umständen. Letztendlich appelliert die Formel in § 242 BGB an den gesunden Menschenverstand, in einer bestimmten Situation angemessen zu handeln.

Ein Beispiel aus der Praxis der Gestaltung:

Eine Agentur, die ihrem Kunden druckfähige Daten in einem passwortgeschützten Datenraum des Internets zur Verfügung stellt, verletzt damit ihre vertraglichen Nebenpflichten, wenn ihren Mitarbeitern bekannt ist, dass der Kunde keinen Internetzugang hat. Die Agentur hat damit ihre Leistung nicht ordnungsgemäß erbracht – die Bereitstellung genügt nicht den technischen Möglichkeiten des Kunden – und wird von ihrer Leistungspflicht nicht befreit.

Die Generalnorm des § 242 BGB wirkt sich also auf den Leistungsgegenstand aus, sie kann ihn erweitern und damit zusätzliche Nebenpflichten des Schuldners begründen.

53 Wenn wir fragen, was die geschuldete Leistung ist, müssen wir dann, wenn es um die Verschaffung von Gegenständen geht, wissen, ob es sich um eine Stück- oder eine Gattungsschuld handelt. Vor allem im großen, alltäglichen Bereich der Kaufverträge ist diese Unterscheidung wichtig. Der Gegenstand der Leistung ist häufig individuell, besonders im Bereich der Gestaltung, die sich oft nach spezifischen Kundenwünschen richtet und nicht selten schöpferisch tätig wird. Eine solche individuelle Leistung bezeichnet man als Stückschuld ˣ. Auch der Verkauf einer gebrauchten Sache ist eine Stückschuld, denn durch den vorangegangenen Gebrauch hat die Sache Spuren davongetragen, kann also eindeutig identifiziert werden.

x
Stückschuld
Individuelle Leistungen, z. B. gebrauchte Sachen.

Bei einer Gattungsschuld [x] hingegen wird nur ein Gegenstand mittlerer Art und Güte geschuldet, § 243 Abs. 1 BGB.

x
Gattungsschuld
Sie bezieht sich auf i. d. R. neuwertige Gegenstände mittlerer Art und Güte.

Beispiel:

Brötchen werden nur nach Gattungsmerkmalen bestimmt (»Milchbrötchen«, »Roggenbrötchen« usw.). Wünscht der Kunde »zehn Körnerbrötchen« kann der Bäcker aus seinem Vorrat der Gattung Körnerbrötchen nach eigenem Ermessen zehn Stück heraussuchen, so lange sie eine mittlere Art und Güte aufweisen.

Nachdem der Bäcker diese zehn Körnerbrötchen herausgesucht und z. B. in eine Tüte gesteckt hat, schuldet er nur noch die Leistung dieser herausgesuchten zehn Brötchen, vgl. § 243 Abs. 2 BGB. Denn er hat alles seinerseits Erforderliche getan, um den Kaufgegenstand zu konkretisieren. Diese Konkretisierung ist unmittelbare Voraussetzung für den sog. Gefahrübergang (§ 446 BGB).

Legt der Bäcker nun die Tüte mit den zehn »konkretisierten« Körnerbrötchen auf die Ladentheke in den Zugriffsbereich des Kunden, hat er damit alles getan, um seinem Kunden das Eigentum an den Brötchen zu verschaffen.

Werden die Brötchen von dort gestohlen, noch bevor der Kunde sie bezahlt hat, muss dieser seine Leistungspflicht »Bezahlung« dennoch erfüllen. Denn die Ladentheke ist der Ort des Gefahrübergangs. Liegen die Brötchen dort, trägt der Käufer ab sofort die Gefahr für Diebstahl oder sonstigen Untergang.

Gefahrübergang [x] bezieht sich also auf die Gefahr des zufälligen Untergangs und der zufälligen Verschlechterung der Sache (z. B. durch Herabfallen auf den dreckigen Boden). Diese Gefahr trägt der Käufer ab der Übergabe der Sache selbst.

x
Gefahrübergang
Eine Ladentheke ist ein gefährlicher Ort. Auf ihr findet der Gefahrübergang vom Schuldner auf den Gläubiger statt.

Erfüllung

54 Wenn der Schuldner seine Leistung auf die richtige Weise an den Gläubiger bewirkt, wird er von seiner Leistungspflicht frei.

In der Praxis nicht ganz unwichtig ist zunächst die Frage, wo die Leistung zu erbringen ist, auch wenn die Parteien diese Frage beim Vertragsschluss oftmals nicht thematisieren. Von ihrer Beantwortung hängt u. a. der Gefahrübergang ab und damit bspw. auch der Versicherungsschutz.

x
Holschuld
Gesetzlicher Regelfall: Der Gläubiger muss sich die Leistung beim Schuldner abholen.

Der gesetzliche Regelfall ist die Holschuld x. § 269 Abs. 1 und Abs. 2 BGB gehen davon aus, dass der Gläubiger sich die Leistung am Wohnsitz oder der gewerblichen Niederlassung des Schuldners abholen muss. Etwas anderes gilt nur dann, wenn sich aus den Umständen etwas anderes ergibt (§ 269 Abs. 1 BGB – dahinter steckt der Rechtsgedanke des § 242 BGB, Treu und Glauben).

Beispiele:

Der Kunde muss sich die angefertigten Entwürfe für ein Logo in der Agentur abholen (Regelfall).

Der Mitarbeiter des Wartungsunternehmens muss sich in die Räume der Agentur begeben, um den Kundendienst am Farbkopierer durchzuführen (abweichende Umstände, § 269 Abs. 1 BGB).

x
Bringschuld
Der Schuldner leistet sie freiwillig beim Gläubiger.

Sofern es der Schuldner freiwillig übernimmt, die Leistung am Ort des Gläubigers zu erbringen, handelt es sich um eine Bringschuld x – der Schuldner muss dem Gläubiger seine Leistung bringen und wird erst nach Ablieferung von seiner Leistungspflicht frei.

Beispiel:

Die Agentur erklärt sich bereit, die Entwürfe bei einem Meeting im Unternehmen des Kunden zu präsentieren.

Schließlich gibt es noch die Schickschuld [x], die immer dann vorliegt, wenn die Parteien einen Versand vereinbart haben. Die Schickschuld verursacht eine Risikoverteilung zu Lasten des Käufers, des Gläubigers der Übereignungsverpflichtung. Denn in diesen Fällen liegt der Ort der Leistung beim Schuldner und der Erfolg tritt bereits mit der Übergabe der Sache durch den Schuldner an den Spediteur, den Frachtführer oder die sonst zur Ausführung der Versendung bestimmten Person oder Anstalt ein. Gem. § 447 BGB geht daher auch die Gefahr des Untergangs oder der Verschlechterung der Sache bereits zum Zeitpunkt dieser Übergabe auf den Gläubiger über.

x
Schickschuld
Hierbei haben die Parteien den Versand vereinbart – der Gefahrübergang erfolgt bereits mit Übergabe an den Versandgehilfen.

Beispiel:

Vereinbarungsgemäß versendet die Agentur die angefertigten Entwürfe mit einem Kurier an den Kunden.

Verliert der Kurier die Entwürfe unterwegs, ist die Leistung der Agentur erfolgreich erbracht; sie kann dennoch die volle Vergütung verlangen.

Der Verlagerung des Gefahrübergangs beim Versendungskauf zu Lasten des Käufers ist aber gerade für die sehr häufigen Fälle des sog. Verbrauchsgüterkaufs gem. § 474 Abs. 4 BGB wieder auf den Verkäufer zurückverschoben (vgl. zum Verbraucherrecht Rn 137 ff., insbesondere Rn 145).

Wäre der Kunde der Agentur im vorhergehenden Beispiel ein Verbraucher, müsste die Agentur auf eigene Kosten neue Entwürfe anfertigen.

Vertragsgemäße Erfüllung

Der Normalfall der Leistung ist eine Handlung, die der Schuldner vornimmt und aufgrund derer dann der Leistungserfolg beim Gläubiger eintritt. Zwischen »Handlung« und »Erfolg« muss allerdings gedanklich unterschieden werden. Denn nicht immer bringt die Leistungshandlung auch den gewünschten Erfolg und manchmal liegt die juristische Erfüllung [x] auch gar nicht in der laienhaften Vorstellung eines Erfolgs. 55

x
Vertragsgemäße Erfüllung
Bei Verträgen muss sehr genau beschrieben werden, was »Erfolg« bedeutet.

Beispiel:

Die Agentur hat sich verpflichtet, für einen Kunden vier Entwürfe für ein Logo anzufertigen.

Sobald die Agentur dem Kunden diese vier Entwürfe vorlegt, ist der rechtliche Erfolg eingetreten – unabhängig davon, ob sie auch den Geschmack des Kunden treffen.

Gegenbeispiel:

Die Agentur hat sich verpflichtet, dem Kunden ein Logo zu gestalten.

In diesem Fall nützen der Agentur auch 40 Entwürfe nichts, so lange sie den Kunden nicht zufriedenstellen. Erfolg tritt erst dann ein, wenn aus Sicht des Kunden ein verwendungsfähiges Logo gestaltet wurde.[58]

Erfüllungssurrogate

56 Manchmal ist es einer oder beiden Vertragsparteien lieber, wenn vom Normalfall der Erfüllung abgewichen wird. Das hat meist praktische Gründe.

x
Leistung an Erfüllung statt
Eine andere als die geschuldete Leistung.

Wenn der Gläubiger eine andere Leistung als die geschuldete annimmt, handelt es sich um eine Leistung an Erfüllung statt x . Auch in diesem Fall erlischt die Leistungspflicht des Schuldners, vgl. § 364 Abs. 1 BGB.

Beispiel:

Der Student S hat sich bei einem Fachgeschäft fünf Zeichenblöcke einer bestimmten Marke und Qualität bestellt. Geliefert werden jedoch nur vier Blöcke, allerdings von besserer Qualität.

Wenn S nun diese vier Blöcke (zum gleichen Preis wie die bestellten fünf) annimmt, handelt es sich um eine Leistung an Erfüllung statt.

Es kommt auch vor, dass der Schuldner seinem Gläubiger andere Befriedigungsmöglichkeiten anbietet, weil er die geschuldete Leistung nicht erbringen kann, z. B. nicht genügend zahlen kann. Dann handelt es sich um eine Leistung erfüllungshalber [x]. Akzeptiert der Gläubiger diesen Vorschlag, ist er zunächst verpflichtet, sich aus dem angebotenen Erfüllungssurrogat zu befriedigen. Die ursprüngliche Leistungsverpflichtung des Schuldners bleibt daneben so lange bestehen, bis die Erfüllung aus dem Surrogat vollständig erfolgt ist.

[x] **Leistung erfüllungshalber**
Eine alternative Leistung dient zur Befriedigung. Bis diese erfolgt ist, bleibt die eigentliche Leistungspflicht bestehen.

Beispiel:

Der Gestalter G hat einen Auftrag übernommen. Allerdings neigt G zu künstlerischen Höhenflügen, so dass die Leistung im Ergebnis für den Auftraggeber A nicht verwendbar ist. A hat in der Folge einen Schadensersatzanspruch gegen G erstritten und versucht diesen nun durchzusetzen. G kann leider nicht zahlen.

G bietet A an, eines seiner künstlerischen Werke »in Zahlung zu nehmen«.

Nun kommt es darauf an, wie A reagiert:

Akzeptiert A das Werk »als Zahlung«, handelt es sich um eine Leistung an Erfüllung statt und G wird von seiner Zahlungspflicht befreit.

Anderenfalls kann A das Werk meistbietend veräußern und den Erlös vereinnahmen – die Hingabe des Werks erfolgt in diesem Fall erfüllungshalber. Übersteigt der Veräußerungserlös die Schuld des G, hat er den überschießenden Teil an G zu zahlen. Wird jedoch der Schuldbetrag nicht erreicht, besteht die Zahlungspflicht des G in Höhe der Differenz fort und es muss möglicherweise noch ein weiteres Werk verwertet werden.

x Aufrechnung
Die Aufrechnung ist ein einseitiges Rechtsgeschäft, das dem Schuldner erhebliche Gestaltungsmöglichkeiten bietet.

57 Ein in der Praxis häufiges und wichtiges Erfüllungssurrogat ist die Aufrechnung x . Die gesetzliche Regelung findet sich in den §§ 387 ff. BGB. Vereinfacht ausgedrückt, erlaubt die Aufrechnung die Saldierung gegeneinander gerichteter Forderungen. Es handelt sich um ein einseitiges Rechtsgeschäft, das es dem Schuldner ermöglicht, erstens seine Schuld (auch nur teilweise) zu tilgen, und zweitens seine eigene Forderung gegen den Gläubiger im Wege der Selbsthilfe durchzusetzen.

Damit eine Aufrechnung vorgenommen werden darf, müssen die folgenden Voraussetzungen erfüllt sein:

- Die Aufrechnung muss vom Schuldner erklärt werden (empfangsbedürftige Willenserklärung).
- Es muss sich um ein Gegenseitigkeitsverhältnis handeln: Der Schuldner der Hauptforderung muss Gläubiger der Gegenforderung sein und der Gläubiger der Hauptforderung gleichzeitig Schuldner der Gegenforderung (vgl. Rn 49).
- Beide geschuldeten Leistungen hinüber und herüber müssen gleichartig sein; das ist insbesondere bei Geldforderungen der Fall.
- Die zur Aufrechnung gestellte Gegenforderung muss vollwirksam und fällig sein.

Beispiel:

A hat bei B 10.000 EUR Geldschulden aus einem Darlehen und ist derzeit knapp bei Kasse. Allerdings hatte A dem B vor einiger Zeit sein Motorrad verkauft und B hat den Kaufpreis von 2.000 EUR noch nicht bezahlt. Kann A aufrechnen?

Aufrechnung / Gegenforderung

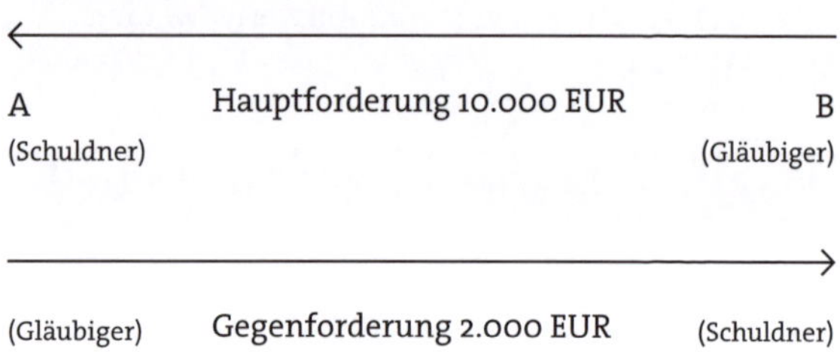

Die Aufrechnung kann im Einzelfall schwierig zu beurteilen sein. Vor allem im Zusammenhang mit Insolvenzen, Vollstreckungen oder beiderseitig verwendeten Allgemeinen Geschäftsbedingungen im Handelsverkehr können komplexe Fragestellungen entstehen. Andererseits ist die Aufrechnung ein scharfes Schwert, da sie einseitig erklärt werden kann und unter Umständen sogar eine Aufrechnung mit verjährten Forderungen noch möglich ist, vgl. § 215 BGB. In Verträgen und Allgemeinen Geschäftsbedingungen wird daher häufig ein Aufrechnungsverbot vereinbart, weil der Gläubiger sich dieser Gefahr nicht aussetzen möchte.

Leistungsstörungen

Einen Großteil ihrer Honorare verdienen Rechtsanwälte 58
und Sachverständige mit der Bewältigung von Leistungsstörungen. Die bisherigen Ausführungen zum Allgemeinen Teil des BGB und zu den Schuldverhältnissen waren eher auf Konstruktives gerichtet, auf das Zustandekommen und die Gestaltung von Rechtsverhältnissen. Dies ändert sich im Folgenden. Nun geht es um die Korrektur von Fehlern, um enttäuschte Hoffnungen und den Interessenausgleich geschädigter Vertragspartner.

Dabei ist eine Unterscheidung wesentlich für den gesamten Bereich der Leistungsstörungen: Es gibt durchaus Störungen, die ohne Verschulden einer Vertragspartei eintreten, aber dennoch korrigiert werden müssen. In anderen Fällen jedoch führt erst persönliches Fehlverhalten zur Störung, also das Verschulden bzw. die Pflichtverletzung einer Vertragspartei. In diesen Fällen tritt neben die Korrektur auch eine Schadensersatzpflicht des Schuldners.

Leistungsstörungen können grob in vier Fallgruppen gegliedert werden:

- Nichtleistung oder Verzögerung der Leistung
- Unmöglichkeit der Leistung
- Schlechtleistung
- Verletzung von Nebenpflichten

Nichtleistung oder Verzögerung der Leistung

59 Der Schuldner wird erst dann von seiner Leistungspflicht befreit, wenn er die Leistung ordnungsgemäß erbracht hat. Im Falle einer Nichtleistung ˣ – leistet der Schuldner also überhaupt nicht, obwohl ihm die Leistung grundsätzlich möglich wäre – kann der Gläubiger die primäre Leistungspflicht des Schuldners gerichtlich feststellen lassen und dann diese gerichtliche Entscheidung als sog. »Titel« gegen den Schuldner vollstrecken.[59]

x
Nichtleistung
Der Schuldner leistet überhaupt nicht. Die (primäre) Leistung kann gerichtlich erzwungen werden.

Oftmals möchte der Gläubiger jedoch die primäre Hauptleistungspflicht des Schuldners gar nicht mehr in Anspruch nehmen, weil das Vertrauensverhältnis aufgrund der Leistungsverweigerung des Schuldners gestört ist. Dem Gläubiger ist es daher gestattet, den primären Leistungsanspruch in einen sekundären Schadensersatzanspruch auf Geldzahlung umzuwandeln. Hierfür müssen allerdings gem. §§ 281, 280 Abs. 1, Abs. 3 BGB verschiedene Voraussetzungen erfüllt sein:

- Der Schuldner leistet nicht, obwohl ihm dies möglich wäre.
- Der Gläubiger hat dem Schuldner gem. § 280 Abs. 1 Satz 1 BGB eine angemessene Frist zur Bewirkung seiner primären Hauptleistungspflicht gesetzt.
- Die Frist ist ohne befriedigendes Ergebnis verstrichen.
- Die mit der Nichtleistung des Schuldners verbundene Pflichtverletzung ist nicht unerheblich, § 281 Abs. 1 Satz 3 BGB.

Es kommt also maßgeblich darauf an, dass der Schuldner noch eine letzte Chance zur Erfüllung seiner Verpflichtungen erhält, bevor der Gläubiger statt der Erfüllung Schadensersatz verlangen darf. Aus diesem Grund ist die Fristsetzung allerdings entbehrlich, wenn der Schuldner die Erfüllung ernsthaft und endgültig verweigert oder wenn sie aufgrund der beiderseitigen Interessenlage (Abwägung!) nicht angemessen erscheint, § 281 Abs. 2 BGB.

Beispiel:

Das Unternehmen U feiert sein 100-jähriges Bestehen. Dafür beauftragt U den Gestalter G, eine Einladungskarte zu entwerfen. G lässt jedoch wochenlang nichts von sich hören und der Termin des Jubiläums rückt näher. Sechs Wochen vor dem Jubiläum teilt G schließlich mit, er bereite eine Ausstellung seiner eigenen Werke vor und finde keine Zeit mehr, den Auftrag zu erfüllen.

In diesem Fall ist es für U aus mehreren Gründen nicht sinnvoll, einen Prozess gegen G anzustrengen, um diesen zum Entwurf der Einladungskarte zu zwingen. Schon der Zeitfaktor eines Gerichtsverfahrens spricht dagegen. Außerdem ist die gerichtliche Vollstreckung eines Entwurfs durch G nicht möglich.

U kann daher sogleich Schadensersatz statt der Leistung von G fordern, z. B. in Höhe der Mehrkosten eines anderen Gestalters. Eine Fristsetzung ist gem. § 281 Abs. 2 BGB entbehrlich, weil G von sich aus erklärt hat, dass er nicht mehr zur Erfüllung bereit ist. Würde ein Anwalt bei dieser Sachlage U dazu raten, zunächst noch eine angemessene Frist zur Erfüllung zu setzen, wäre dies ein Beratungsfehler.

Bei schon erfolgten Teilleistungen gilt § 281 Abs. 1 Satz 2 BGB: Wenn der Gläubiger an ihnen kein Interesse hat, kann er dennoch Schadensersatz statt Leistung fordern.

Hätte G dem U bereits mitgeteilt, welche Farbgebung und welche Schriftart er für die Einladung verwenden wollte, wäre dies für U nicht von Interesse. U könnte dennoch Schadensersatz statt Leistung fordern.

Aber: Wenn die mit der Nichtleistung des Schuldners verbundene Pflichtverletzung lediglich unerheblich ist, kann Schadensersatz nicht verlangt werden, auch wenn alle anderen Voraussetzungen vorliegen – vgl. § 281 Abs. 1 Satz 3 BGB. Im Rahmen der Nichtleistung wird die Pflichtverletzung gem. § 280 Abs. 1 Satz 2 BGB allerdings gesetzlich vermutet. Es wird unterstellt, dass der Schuldner für seine Nichtleistung die Verantwortung trägt. 60

Ist dies ausnahmsweise nicht der Fall, muss der Schuldner den Entlastungsbeweis führen, an den keine allzu hohen Anforderungen gestellt werden dürfen.[60] Auf den Verschuldensgrad, d. h. die Schwere des Verschuldens, kommt es nicht an.[61] Der Schuldner haftet daher auch für leichte Fahrlässigkeit. (Bitte beachten: Die Grundbegriffe zum Verschulden werden nachstehend in Rn 79 ff. zusammengefasst dargestellt, da sie für alle Leistungsstörungen gelten.)

In unserem Beispiel könnte sich G nicht entlasten. Denn die Verfolgung eigener Interessen hat hinter den Interessen des Auftraggebers zurückzustehen. Wenn G den Auftrag nur deshalb nicht erfüllt, weil er die Zeit für die Vorbereitung einer Ausstellung mit seinen eigenen Werken benötigt, handelt er sogar vorsätzlich schuldhaft.

Bei der Nichtleistung – wie auch in allen anderen Fällen der Leistungsstörungen – steht dem Gläubiger bei gegenseitigen Verträgen (Synallagma, Rn 49) ein Rücktrittsrecht gem. § 323 BGB zu.

x **Leistungsverzug** Der Schuldner leistet verspätet.

61 Leistet der Schuldner verspätet, handelt es sich ebenfalls um eine Leistungsstörung. Insbesondere bei Geldschulden tritt ein solcher Verzug x häufig auf. Oftmals gerät der Schuldner zunächst in Verzug, bevor er dann erklärt, er werde überhaupt nicht leisten (können). Beide Leistungsstörungen Verspätung und Nichtleistung können also hintereinander auftreten.

Gemäß § 286 BGB hängt der Eintritt des Verzugs von den folgenden Voraussetzungen ab:

- Der Schuldner leistet (noch) nicht, obwohl ihm dies möglich wäre.
- Die Forderung gegen den Schuldner ist »vollwirksam«.
- Die Forderung ist fällig.
- Der Gläubiger hat den Schuldner gemahnt, sofern das nicht entbehrlich ist.
- Den Schuldner trifft ein Verschulden an der Verspätung.

Ob die Leistung dem Schuldner möglich ist oder nicht, kann meist noch relativ einfach festgestellt werden (zur Abgrenzung des Möglichen gegenüber der sog. »Unmöglichkeit« vgl. unten Rn 68).

Schwieriger ist der juristische Fachbegriff vollwirksam [x] zu verstehen. Hierfür muss der Anspruch gegen den Schuldner durchsetzbar sein. Das ist insbesondere dann nicht der Fall, wenn dem Schuldner Einreden gegen den Anspruch zur Seite stehen. Derartige Einreden, die dem Schuldner ein Leistungsverweigerungsrecht geben, finden sich im Gesetz oder sind von der Rechtsprechung anerkannt. Beispielhaft sei auf § 275 Abs. 2 BGB verwiesen: Erfordert die Leistung des Schuldners bei aller Abwägung einen unzumutbaren Aufwand, muss er sie nicht erbringen.[62] Auch ein schwebend unwirksamer Vertrag[63] führt (während des Schwebezustands) nicht zu einem vollwirksamen Anspruch.

62

x
Vollwirksam
Bedeutet: »keine Einreden«.

Beispiel:

Die E-GmbH erbringt für die Agentur A schon seit einigen Jahren immer wieder IT-Leistungen. Mitte 2017 fordert die E-GmbH die Agentur auf, eine unbezahlte Rechnung aus dem Jahr 2013 auszugleichen. Bis zu dieser Aufforderung hatten die Mitarbeiter beider Unternehmen den Vorgang tatsächlich aus den Augen verloren.

Kommt A der Aufforderung nicht nach, gerät sie nicht in Verzug. A kann sich auf die Einrede der Verjährung gem. § 214 Abs. 1 BGB berufen. Gewöhnliche Rechnungen verjähren gem. § 195 BGB nach drei Jahren, wobei die Verjährung hier gem. § 199 Abs. 1 BGB Ende 2013 zu laufen begann. Am 31. Dezember 2016 trat Verjährung ein, weshalb die E-GmbH Mitte 2017 zwar noch einen Anspruch gegen A besitzt, diesen aber nicht mehr durchsetzen kann.

Im Einzelfall kann es für den juristischen Laien schwer zu erkennen sein, ob seine Forderung vollwirksam ist oder ob ihr bspw. Einreden entgegenstehen. Die praktisch bedeutsamen Einreden sind:

- Einrede der Verjährung, § 214 Abs. 1 BGB
- Einrede des nicht erfüllten Vertrags, § 320 Abs. 1 Satz 1 BGB
- Einrede der mangelhaften Leistung, § 641 Abs. 3 BGB (Werkvertrag, ebenso aber auch beim Kaufvertrag[64])
- Einrede aufgrund eines Zurückbehaltungsrechts, § 273 BGB
- Einrede der Stundung

Im allgemeinen muss sich aber der Schuldner auf seine Einrede berufen, sie also dem Gläubiger bekanntgeben, damit sie Wirkung entfaltet. Es schadet daher aus Gläubigersicht nie, dem Schuldner eine Mahnung zu senden und sodann abzuwarten, ob der Schuldner Einreden erhebt.

63 Fällig x ist eine Forderung dann, wenn der Gläubiger ihre Leistung verlangen kann.[65] Das Gesetz sieht in § 271 Abs. 1 BGB als Regelfall vor, dass die Leistung sofort bewirkt werden muss. Meist aber wird die Leistungszeit, also die Fälligkeit, vertraglich auf einen bestimmten Zeitpunkt festgesetzt. Daneben gibt es gesetzliche Regelungen.[66] Nicht selten sind vertragliche Vereinbarungen zur Fälligkeit ungenau und müssen ausgelegt werden.

x
Fälligkeit
Grundsätzlich muss die Leistung sofort bewirkt werden.

> Beispiele:
>
> »Fertigstellung absprachegemäß nach Sichtung der Entwürfe.«
>
> »Lieferung der Druckdaten nach Freigabe durch den Auftraggeber.«

Derart ungenaue Formulierungen wie in den vorgenannten Beispielen können beide Vertragspartner gefährden. Der Gläubiger läuft Gefahr, die benötigte Leistung nicht rechtzeitig zu erhalten und der Schuldner kann sich – wenn eine Auslegung nicht möglich ist – plötzlich der gesetzlichen Forderung des § 271 Abs. 1 BGB nach sofortiger Leistung gegenüber sehen.

64 Ist die Forderung fällig, muss der Gläubiger den Schuldner mahnen x, damit Verzug eintritt, vgl. § 286 Abs. 1 Satz 1 BGB. Dies ist allerdings erst nach Eintritt der Fälligkeit möglich. Das Gesetz nennt in § 286 Abs. 2 BGB zwei Tatbestände, die einer Mahnung gleichstehen: die Zustellung eines gerichtlichen Mahnbescheids oder die Erhebung einer Leistungsklage. Beide Tatbestände sind allerdings mit Kosten verbunden oder setzen unter Umständen sogar die Beauftragung eines Rechtsanwalts voraus,[67] so dass sich statt dessen in den allermeisten Fällen zunächst eine einfache schriftliche Mahnung empfiehlt, deren Zugang beim Schuldner der Gläubiger allerdings nachweisen muss.

x
Mahnung
Im Regelfall ist eine Mahnung des Gläubigers erforderlich, damit Verzug eintritt.

Ein solcher Zugangsnachweis x kann relativ einfach und kostengünstig durch ein Faxprotokoll geführt werden.[68] Die Mitteilung der Zustellung durch ein E-Mail-Programm reicht hingegen nicht aus.[69] »Klassisch« ist die Zusendung per Einschreiben, wobei die einfachere Variante des sog. »Einwurf-Einschreibens« zu empfehlen ist. Denn hierbei wird das Schreiben auf jeden Fall in den Postkasten des Empfängers eingelegt, was vom Zusteller auch dokumentiert wird. Holt hingegen der Empfänger das normale »Einschreiben mit Rückschein« nicht von der Post ab, wird dieses nach einer gewissen Zeit wieder an den Absender zurückgeschickt, womit die Zustellung gescheitert ist. Wer ganz sicher gehen möchte, kann seine Mahnung auch durch den Gerichtsvollzieher gegen Gebühr förmlich zustellen lassen, § 192 ZPO. Möglich ist auch eine Zustellung durch Boten, wobei dieser in der Lage sein sollte, ggf. als Zeuge auszusagen. 65

x
Zugangsnachweis
Es gibt verschiedene Zugangsnachweise für die Mahnung.

In diesem Zusammenhang muss darauf hingewiesen werden, dass sich Schuldner (oder sonstige Empfänger) nicht selten darauf berufen, die erhaltene Sendung sei leer oder unleserlich gewesen. Wer ein solches Bestreiten verhindern möchte, stellt sein Faxgerät so ein, dass unter dem Faxprotokoll auch der Text abgebildet wird (das ist bei den meisten Geräten möglich) bzw. stellt durch geeignete Zeugen sicher, dass der Inhalt des versandten Briefumschlags nachgewiesen werden kann. Dabei muss die Nachweiskette lückenlos geführt werden, der Zeuge muss also bestenfalls vom Einlegen des Schreibens in den Briefumschlag bis zur Aufgabe am Postschalter durchgehend anwesend sein. Ebenso sollte der Bote den Inhalt des von ihm übergebenen Umschlags kennen.

Eine Mahnung ist auch beim Verzug unter bestimmten Bedingungen entbehrlich, die § 286 Abs. 2 BGB auflistet. Diese Bedingungen sind unter Laien erstaunlich unbekannt, weshalb sich hartnäckig die Auffassung hält: »ohne Mahnung kein Verzug«. Eben das trifft aber gerade für die häufigsten praktischen Konstellationen nicht zu. 66

x
Entbehrliche Mahnung
Eine Mahnung ist häufig entbehrlich, z. B. wenn die Leistungszeit nach dem Kalender bestimmt ist.

Gemäß § 286 Abs. 2 Nr. 1 (mit Einschränkung Nr. 2) BGB ist eine Mahnung entbehrlich x , wenn für die Leistung eine Zeit nach dem Kalender bestimmt ist. Das ist in den meisten Verträgen der Fall. Eine Verschärfung dieses Prinzips sieht § 286 Abs. 3 BGB vor: Der Schuldner einer Geldforderung kommt spätestens in Verzug, wenn er nicht in 30 Tagen nach Fälligkeit und Zugang einer Rechnung oder gleichwertigen Zahlungsaufforderung leistet. Dies gilt auch, wenn die Leistungszeit im übrigen nicht nach dem Kalender bestimmt ist.

Beispiel:

Der Designer D hat in der Buchhandlung B Fachbücher auf Lieferschein gekauft. Nach drei Tagen, am 15. Mai, wird ihm die Rechnung für den Kauf zugesandt. D versäumt jedoch den Ausgleich und erhält am 20. Juni die Aufforderung eines Inkassounternehmens, die Hauptforderung der Buchhandlung B, Zinsen auf die Hauptforderung, sowie die entstandenen Inkassokosten auszugleichen. D ist der Meinung, Zinsen und die Inkassokosten nicht zu schulden, da er keine Mahnung erhalten habe.

Hier irrt D. Denn gemäß § 286 Abs. 3 Satz 1 BGB war die Zahlung fällig und er befand sich spätestens am 15. Juni in Verzug (Rechnung!). Er hat daher gemäß § 288 Abs. 2 BGB Zinsen und die Kosten des Inkassounternehmens zu zahlen. Diese sind als Schaden gem. § 280 Abs. 1 und Abs. 2 BGB zu ersetzen (soweit ihre Höhe angemessen ist).

Hätte D die Bücher als Verbraucher (und nicht als Unternehmer) gekauft, wäre ein zusätzlicher Hinweis auf der Rechnung nötig gewesen, um diese Folgen auszulösen, vgl. § 286 Abs. 3 Satz 2 BGB.[70]

67 Auch zum Verzug müssen Umstände geführt haben, die der Schuldner zu vertreten hat, § 286 Abs. 4 BGB, wenn Schadensersatz geleistet werden soll. Insoweit gilt das vorstehend unter Rn 60 Ausgeführte. Im Zweifel hat der Schuldner nachzuweisen, dass ihn am Verzug kein Verschulden trifft. Entlasten können ihn bspw. eine schwere Erkrankung oder ein unverschuldeter Unfall, unvorhersehbare Naturereignisse bzw. sonstige höhere Gewalt oder auch ein Konten- oder Anschriftenwechsel des Gläubigers, der dem Schuldner nicht mitgeteilt wurde.

Ob der Schuldner den Verzug zu vertreten (also verschuldet) hat, kann im Einzelfall nicht einfach zu entscheiden sein. Eine Lungenentzündung ist bspw. eine schwere Erkrankung, die eine persönlich zu erbringende Leistung des Schuldners (ein Konzert, einen Vortrag, eine Beratungsleistung) vorübergehend verzögern kann, ohne dass den Schuldner daran eine Verantwortung trifft. Eine andere Bewertung könnte sich aber aus dem Umstand ergeben, dass der Schuldner trotz Kenntnis seiner bevorstehenden Leistungspflicht zu leicht bekleidet Ski gefahren oder gesegelt ist. In bestimmten Konstellationen – z. B. bei einem Opernsänger – darf der Gläubiger vom Schuldner durchaus erwarten, dass dieser gefahrgeneigte Aktivitäten meidet und sorgfältig auf seine persönliche Leistungsfähigkeit achtet.

In jedem Falle muss der Schuldner jedoch bezahlen können. »Geld muss man haben« ist daher ein alter Merksatz, der zutrifft. Juristisch ausgedrückt trägt der Schuldner stets das »Beschaffungsrisiko« für seine Zahlungsmittel.[71]

Praxishinweis
Zu wenig Geld ist im Zivilrecht niemals eine wirksame Entschuldigung.

Unmöglichkeit

68

Eine recht endgültige Art der Leistungsstörung ist die Unmöglichkeit ˣ. Sie tritt ein, wenn die Leistung dauerhaft nicht (mehr) erbracht werden kann. In diesem Fall wird der Schuldner gem. § 275 Abs. 1 BGB von seiner Leistungspflicht befreit, hat aber ggf. Schadensersatz zu leisten.

x
Unmöglichkeit
Sie tritt ein, wenn die Leistung dauerhaft nicht mehr erbracht werden kann.

Wird die Leistung dagegen nur vorübergehend unmöglich, ist zu entscheiden, ob (lediglich) Verzug vorliegt (vgl. Rn 61 ff.) oder ob diese vorübergehende Unmöglichkeit der endgültigen Unmöglichkeit gleichgestellt werden muss. Der BGH trifft diese Entscheidung danach, ob der Vertragszweck durch Erbringung der Leistung nach Behebung der vorübergehenden Unmöglichkeit noch erreicht werden kann und ob dem Gläubiger ein Warten auf die Leistung zugemutet werden kann.[72] Ist beides der Fall, befindet sich der Schuldner lediglich in Verzug.

Beispiel:

A hat im Januar den Auftrag übernommen, ein Plakat für eine Ausstellung im September zu entwerfen. Ein erster Entwurf sollte Ende März vorliegen. A kann diesen Entwurf jedoch nicht rechtzeitig fertigstellen und präsentieren, da er in der letzten Märzwoche aufgrund eines Fluglotsenstreiks in Übersee festsitzt. Der Streik wird noch bis in die erste Aprilwoche andauern.

In diesem Fall besteht eine vorübergehende Leistungsstörung, die A nicht zu verantworten hat (Streik). Da bis zur Ausstellungseröffnung noch ausreichend Zeit zur Verfügung steht, kann A auch noch in der zweiten Aprilwoche die Leistung bewirken, ohne dass dies für seinen Auftraggeber unzumutbar wäre. Es handelt sich damit nur um einen von A nicht zu vertretenden Leistungsverzug.

Nach den Grundsätzen der Unmöglichkeit hingegen wäre der Fall zu beurteilen, wenn Mitte April bereits Druckkapazitäten für das Plakat und eine Marketingkampagne mit mehreren tausend Plakatwänden gebucht wären und all dies nicht mehr verschoben werden könnte.

69 Es werden vier verschiedene Formen der Unmöglichkeit [x] unterschieden:

x
Formen der Unmöglichkeit
Es gibt vier Grundformen der Unmöglichkeit, die miteinander kombinierbar sind.

Objektive Unmöglichkeit:
Niemand kann die Leistung erbringen.

Beispiel:

Das verkaufte Gemälde verbrennt vor der Übergabe.

Subjektive Unmöglichkeit:
Nur der Schuldner kann die Leistung nicht erbringen.

Beispiel:

Der Schuldner kann das Gemälde gar nicht verkaufen, weil es ihm nicht gehört.

Anfängliche Unmöglichkeit:
Schon bei der Begründung des Schuldverhältnisses besteht die Unmöglichkeit.

Beispiel:

Der Schuldner behauptet, ein Gemälde zu verkaufen, das tatsächlich gar nicht existiert

Nachträgliche Unmöglichkeit:
Erst nach Begründung des Schuldverhältnisses tritt die Unmöglichkeit ein.

Beispiel:

Das Gemälde verbrennt nach dem Verkauf, aber vor der Übergabe.

Diese vier Formen sind miteinander kombinierbar. Behauptet der Schuldner, ein Gemälde verkaufen zu können, das es tatsächlich gar nicht gibt, handelt es sich um einen Fall der anfänglichen objektiven Unmöglichkeit. Wird dagegen das (existierende) verkaufte Gemälde vor der Übergabe gestohlen, liegt zwar ein Fall der nachträglichen Unmöglichkeit vor, sie ist jedoch lediglich subjektiv: Schließlich könnte der Dieb die Leistung noch erbringen.

Neben diesen Grundformen der Unmöglichkeit sind die faktische und die wirtschaftliche Unmöglichkeit praxisrelevant. Von faktischer Unmöglichkeit x spricht man, wenn die Leistung nur mit einem Aufwand erbracht werden könnte, der außerhalb jeder Vernunft liegt. Das Gesetz sieht hierfür eine Regelung in § 275 Abs. 2 Satz 1 BGB vor. Sie entspricht einer Einrede des Schuldners (vgl. Rn 62), der die Leistung unter diesen Umständen verweigern kann. Allerdings sind von einem Schuldner, der die eingetretene faktische Unmöglichkeit selbst verschuldet hat, erhöhte Anstrengungen zu fordern, § 275 Abs. 2 Satz 2 BGB.

x
Faktische Unmöglichkeit
Leistung kann nur mit einem Aufwand erbracht werden, der außerhalb jeder Vernunft liegt.

Beispiel:

Die Originalradierung aus dem 19. Jahrhundert, die zwar nach dem Verkauf, jedoch vor Übergabe an den Käufer versehentlich in den Shredder geraten ist, könnte theoretisch auch dann noch restauriert werden, wenn der Inhalt des Shredders schon vor einigen Tagen in der zentralen Papiermülltonne des Unternehmens entsorgt wurde.

Der Aufwand hierfür läge allerdings außerhalb jeder Vernunft und es verbliebe auch ein dauerhafter Minderwert.

x
Wirtschaftliche Unmöglichkeit
Dem Schuldner kann die Leistung wirtschaftlich nicht zugemutet werden.

Bei der wirtschaftlichen Unmöglichkeit x ist die Leistung zwar nicht gänzlich oder faktisch unmöglich, sie kann aber vom Schuldner nur unter derart großen wirtschaftlichen Opfern erbracht werden, dass ihm diese nicht zugemutet werden können. Eigentlich handelt es sich hierbei nicht um einen Fall der Unmöglichkeit, sondern der wirtschaftlichen Rücksichtnahme und Abwägung. Die wirtschaftliche Unmöglichkeit wird daher auch nicht über § 275 Abs. 2 BGB gelöst, sondern als Unterfall des Wegfalls der Geschäftsgrundlage angesehen (§ 313 Abs. 1 BGB[73]), vgl. Rn 40.

Beispiel:

Über die bereits verkaufte Originalradierung aus dem 19. Jahrhundert schüttet der Verkäufer vor Übergabe versehentlich Kaffee. Die technisch mögliche Restaurierung würde 6.000 EUR kosten, die Radierung hat jedoch nur einen Wert von 600 EUR.

x
Folgen der Unmöglichkeit
Besteht Unmöglichkeit, wird der Schuldner von seiner Leistungspflicht befreit. Der Schuldner kann aber stattdessen zum Schadensersatz verpflichtet sein.

70 In allen Fällen der Unmöglichkeit x kann der Schuldner zum Schadensersatz verpflichtet sein. Er wird zwar gem. § 275 Abs. 1 BGB von seiner Leistungspflicht befreit, muss sich jedoch gemäß § 275 Abs. 4 BGB mit den Folgen der §§ 280 Abs. 1, Abs. 3 und 283 BGB auseinandersetzen. Danach ist der Schuldner dem Gläubiger zum Ersatz des Schadens verpflichtet, den der Gläubiger aufgrund der Unmöglichkeit erlitten hat (Schadensersatz statt Leistung).[74] § 283 BGB stellt klar, dass der Gläubiger hierfür keine Frist zu setzen hat, denn eine solche ist bei bestehender Unmöglichkeit sinnlos.

Der Gläubiger genießt gem. § 275 Abs. 4 i. V. m. § 284 BGB außerdem ein Wahlrecht: Hat er kein Interesse an einem Schadensersatz (oder hat er keinen Schaden erlitten), so kann er stattdessen den Ersatz derjenigen Aufwendungen verlangen, die er im Vertrauen auf den Erhalt der Leistung gemacht hat und billigerweise machen durfte. Dies gilt allerdings nicht für jene Aufwendungen, deren Zweck auch ohne die Pflichtverletzung des Schuldners nicht erreicht worden wäre, so das BGB.

Beispiel:

In dem vorstehenden Fall der zerstörten Originalradierung stellt sich heraus, dass der Käufer Kosten für den Erwerb einer Bahnfahrkarte aufgewendet hat, um die Radierung vom Verkäufer abzuholen. Diese sind gem. § 284 BGB zu ersetzen, soweit die Bahn den Kaufpreis nicht bei Rückgabe erstattet.

Wenn der Käufer die Bahnfahrt allerdings schon deshalb nicht hätte antreten können, weil er am Tag der Abholung erkrankt war, fällt die Absage wegen der Zerstörung der Radierung nicht mehr ins Gewicht, § 284 Hs.2 BGB.

Schadensersatz oder Auslagenersatz hat der Schuldner al- 71
lerdings nur dann zu leisten, wenn er die Unmöglichkeit zu vertreten hat. Da § 275 Abs. 4 BGB insoweit auf § 280 Abs. 1 und Abs. 3 BGB verweist, gelten auch bei der Unmöglichkeit dieselben Maßstäbe wie bei der Nichtleistung oder dem Verzug, vgl. Rn 60 und 67.

Beispiel:

Hat in dem vorangegangenen Fall nicht der Verkäufer versehentlich, sondern ein böswilliger Einbrecher absichtlich die Originalradierung durch den Shredder gejagt, wird der Verkäufer von seiner Leistungspflicht frei, ohne dass der Käufer Schadensersatz oder Auslagen beanspruchen könnte. Denn auch für § 275 Abs. 2 BGB gilt die Einschränkung des § 280 Abs. 1 Satz 2 BGB.

72 Abschließend ist darauf hinzuweisen, dass bei Verträgen im Gegenseitigkeitsverhältnis der Gläubiger im Falle der Unmöglichkeit spiegelbildlich von seiner Gegenleistungspflicht befreit wird und vom Vertrag zurücktreten kann, § 326 BGB. Eine besondere Regelung gilt dann, wenn die Unmöglichkeit ganz oder überwiegend in der Verantwortung des Gläubigers liegt, vgl. § 326 Abs. 2 BGB.

Schlechtleistung

73 Es kommt relativ häufig vor, dass der Schuldner seine Leistung nur schlecht ausführt und »nicht wie geschuldet erbringt«, § 281 Abs. 1 Satz 1 BGB. Für eine solche Schlechtleistung sehen die Vertragstypen des BGB – z. B. Kaufvertrag und Werkvertrag – jeweils besondere Regelungen vor, die bei der Darstellung dieser Vertragstypen noch erörtert werden. Das allgemeine Schuldrecht der Leistungsstörungen erfasst hingegen alle allgemeinen Fälle von Schlechtleistung x, es dient als Grund- und Auffangregel, auf die die speziellen Regelungen des besonderen Schuldrechts mitunter auch verweisen.

x **Schlechtleistung**
Die Leistung wird nicht wie geschuldet erbracht. Die Normen zur Schlechtleistung im Allgemeinen Teil des BGB sind Grund- und Auffangregelung für die speziellen Vorschriften der einzelnen Typenverträge.

Ansprüche aufgrund von Schlechtleistung kann der Gläubiger gegen den Schuldner unter den folgenden Voraussetzungen geltend machen:

- Die Leistung ist dem Schuldner möglich.
- Der Schuldner erbringt die Leistung nicht in der geschuldeten Qualität.
- Der Gläubiger hat dem Schuldner gem. § 280 Abs. 1 Satz 1 BGB eine angemessene Frist zur ordnungsgemäßen Bewirkung seiner primären Hauptleistungspflicht gesetzt.
- Die Frist ist ohne befriedigendes Ergebnis verstrichen.
- Die mit der Schlechtleistung des Schuldners verbundene Pflichtverletzung ist nicht unerheblich, § 281 Abs. 1 Satz 3 BGB.

Mit welcher Qualität der Schuldner zu leisten hat, welches Leistungssoll × also gilt, ist im Zweifelsfall durch Vertragsauslegung unter Berücksichtigung des Grundsatzes von Treu und Glauben sowie der Verkehrssitte gem. § 242 BGB zu ermitteln. Für alle praktisch bedeutenden Schlechtleistungen im Bereich der Hauptleistungspflichten bei Kaufverträgen, Werkverträgen, Miet- und Reiseverträgen oder Dienst- und Arbeitsverträgen gibt es deshalb spezielle Regelungen im besonderen Schuldrecht der Vertragstypen (8. Abschnitt des zweiten Buches des BGB).

×
Leistungssoll
Das Leistungssoll ist durch Auslegung zu ermitteln. Für fast alle Typenverträge finden sich hierzu spezielle Vorschriften im »besonderen Schuldrecht«.

Die Rechtsfolgen einer Schlechtleistung kennen wir bereits, es sind die gleichen wie bei der Nichtleistung, beim Verzug oder der Unmöglichkeit: Der Gläubiger kann Schadensersatz statt der Leistung oder Ersatz seiner Auslagen verlangen und bei gegenseitigen Verträgen vom Vertrag zurücktreten.

Bei der Schlechtleistung wird eine Unterscheidung relevant, die auch bei der Teilunmöglichkeit gilt: die Unterscheidung zwischen dem »kleinen Schadensersatz« und dem »großen Schadensersatz«. 74

Beim sog. kleinen Schadensersatz × kann der Gläubiger die mangelhafte Sache, das mangelhafte Werk bzw. die Teilleistung behalten und verlangen, im übrigen so gestellt zu werden, als sei mangelfrei geleistet worden – was auf den Ersatz der Wertdifferenz zwischen mangelfreier und mangelhafter Leistung in Geld hinausläuft.[75] Das gilt auch, wenn der Gläubiger aufgrund der Leistungsstörung vom Vertrag zurückgetreten ist, § 325 BGB. Diese Besonderheit zeigt, dass das Leistungsstörungsrecht in besonderen Konstellationen zu erstaunlichen Ergebnissen führen kann:

×
Kleiner Schadensersatz
Der Gläubiger behält die mangelhafte Leistung und der Schuldner ersetzt die Wertdifferenz zu einer mangelfreien Leistung.

Beispiel:

Der Galerist G verkauft K ein Gemälde des Malers Arnold Böcklin für 600.000 EUR und übergibt K die in solchen Fällen übliche schriftliche Expertise, dass es sich um das Originalgemälde von der Hand des Künstlers handelt. K freut sich über die günstige Gelegenheit, denn eigentlich wäre dieses Gemälde 1,2 Mio. EUR wert, wie er als Sammler weiß. Kurz nach der Übergabe stellt sich jedoch heraus, dass das Bild eine Fälschung ist. Es hat nur einen geringen Wert von 2.000 EUR (analog zu einer guten Replik).

Da die Fälschung qualitativ hochwertig ist und K das Motiv als solches durchaus schätzt, möchte er die Fälschung trotzdem behalten. Gem. § 323 Abs. 1 BGB kann er sich vom Vertrag lösen und gem. § 325 BGB dennoch Schadensersatz verlangen. Nach den Grundsätzen des »kleinen Schadensersatzes« hat er sich den Wert der Fälschung anrechnen zu lassen, also 2.000 EUR. Allerdings muss G dem K in diesem Fall nicht nur 598.000 EUR (zurück)zahlen, sondern insgesamt 1.198.000 EUR ersetzen.

Das Ergebnis erstaunt nur auf den ersten Blick: Denn K ist von V so zu stellen, als wäre die Leistung mangelfrei erfüllt worden. Und »mangelfrei« wäre in diesem Fall eben nur das Originalgemälde zu einem tatsächlichen Verkehrswert von 1,2 Mio. EUR.[76]

x
Großer Schadensersatz
Der Schuldner haftet auf Schadensersatz statt der Leistung, der Gläubiger gibt die mangelhafte (Teil-)Leistung zurück.

Der sog. große Schadensersatz x hingegen ist die Regel: Der Gläubiger verlangt gem. § 283 Satz 2 i. V. m. § 281 Abs. 1 Satz 2 BGB Schadensersatz statt der Leistung, weil er an der mangelhaften oder teilweisen Leistung kein Interesse hat. Im Gegenzug muss er die mangelhafte Sache oder Teilleistung zurückgeben, vgl. § 281 Abs. 5 BGB.

Der große Schadensersatz würde im vorstehenden Beispiel zu folgendem Ergebnis führen: K könnte von G 1,2 Mio. EUR fordern und wäre verpflichtet, die Fälschung zurückzugeben.

x
Mangelschaden
Er besteht in dem Minderwert der Sache aufgrund der Schlechtleistung.

75 Eine weitere Besonderheit bei mangelhaften Leistungen ist die Unterscheidung zwischen Mangelschaden x und Mangelfolgeschaden. Der Mangelschaden bezieht sich auf die mangelhafte Sache bzw. Leistung selbst, er besteht also in ihrem Minderwert.

Beispiel:

Die A-GmbH verkauft B ein Notebook mit einem defekten Netzteil.

Der Mangelschaden besteht im Vermögensvergleich zwischen einem Notebook mit funktionierendem und einem Notebook mit mangelhaftem Netzteil. Der Schaden umfasst also den Wert eines Ersatznetzteils einschließlich Versand- und ggf. Einbaukosten.

> B müsste nun der A-GmbH gem. § 181 Abs. 1 BGB eine Frist zur Nacherfüllung setzen (Lieferung eines neuen Notebooks mit funktionierendem Netzteil oder Einbau eines neuwertigen Ersatznetzteils). Verstreicht die Frist ungenutzt, kann B den Austausch selbst vornehmen (lassen) und die Kosten hierfür als Mangelschaden von der A-GmbH verlangen.

Mangelschäden zählen als »Schadensersatz statt der Leistung« und sind nur unter den zusätzlichen Voraussetzungen des § 280 Abs. 1, Abs. 3 in Verbindung mit § 281 oder § 283 BGB zu ersetzen. Hierzu gehört insbesondere die Fristsetzung im Rahmen des Nacherfüllungsverlangens, vgl. § 281 Abs. 1 Satz 1 BGB.

Der Mangelfolgeschaden ˣ hingegen bezeichnet diejenigen Schäden, die an anderen Rechtsgütern des Gläubigers eintreten, weil die Sache bzw. die Leistung mangelhaft ist.

x
Mangelfolgeschaden
Ein echter Schaden, der ersetzt wird, wenn er schuldhaft verursacht wurde.

> Verursacht das defekte Netzteil einen Brand in der Wohnung des B, so handelt es sich beim Netzteil um einen Mangelschaden, bezüglich der durch den Brand verursachten Schäden aber um den Mangelfolgeschaden.

Mangelfolgeschäden sind allein auf Grundlage des § 280 Abs. 1 BGB zu ersetzen. Der Schuldner hat für solche Schäden also immer dann einzutreten, wenn sie auf seiner Pflichtverletzung beruhen und den Schuldner insoweit auch ein Verschulden trifft.

> Dies kann bei einem defekten Netzteil zweifelhaft sein, wenn die A-GmbH nicht auch Herstellerin des Netzteils, sondern nur Zwischenhändlerin war.

Verletzung von Nebenpflichten

Da es für viele praktisch bedeutende Störungen der Hauptleistungspflichten spezielle Regelungen im besonderen Schuldrecht der Vertragstypen gibt (vgl. auch Rn 73), hat das allgemeine Leistungsstörungsrecht vor allem Bedeutung für die Verletzung von Nebenpflichten ˣ. Diese bestehen neben den eigentlichen Hauptleistungspflichten, vgl. § 241 Abs. 2 BGB. 76

x
Nebenpflichten
Sie bestehen neben den Hauptleistungspflichten. Deren Verletzung führt meist zur Anwendung der allgemeinen Vorschriften des Leistungsstörungsrechts.

Die Verletzung von Nebenpflichten führt zu einer Haftung des Schuldners gem. § 280 Abs. 1 BGB. Gleiches gilt für die Verletzung vorvertraglicher Pflichten (c. i. c.), § 311 Abs. 2 i. V. m. § 241 Abs. 2 BGB.

77 Für die culpa in contrahendo (c. i. c.) [x] sei zunächst auf die Darstellung vorvertraglicher Verhandlungen in Rn 31 verwiesen. Das Verhalten der Parteien und ihre Aussagen schaffen im Verlauf der Vertragsverhandlungen einen Vertrauenstatbestand, der nicht schuldhaft verletzt werden darf. Diese Vorverlagerung der Haftung in den vorvertraglichen Bereich gilt auch dann, wenn der Vertrag aus irgendeinem Grund später nicht zustande kommen sollte.

x
Culpa in contrahendo
Diese vorvertragliche Nebenpflicht schützt den Vertrauensbereich von Vertragsverhandlungen.

Ausgangsnorm ist § 311 Abs. 2 BGB. Das Gesetz stellt klar, dass nicht schon jeder soziale Kontakt Pflichten gem. § 241 Abs. 2 BGB begründet. Vielmehr werden drei Fallgruppen als typisch herausgehoben:

- die Aufnahme von Vertragsverhandlungen
- die Anbahnung eines Vertrags, bei welchem der eine Teil im Hinblick auf eine etwaige rechtsgeschäftliche Beziehung dem anderen Teil die Möglichkeit zur Einwirkung auf seine Rechte, Rechtsgüter und Interessen gewährt
- ähnliche geschäftliche Kontakte

In Rn 31 wurde das Beispiel des Sturzes von K auf dem frisch gewischten Boden der Agentur A genannt:

> Wäre K nicht zu Vertragsverhandlungen in der Agentur A erschienen, sondern lediglich zufällig, um sich bspw. nach dem Weg zu erkundigen, wäre A nicht zum Ersatz des Schadens nach den Grundsätzen der c. i. c. verpflichtet. Es wäre weder ein Fall der Ziff. 1 oder Ziff. 2 der vorstehenden Fallgruppen gegeben noch ein »ähnlicher geschäftlicher Kontakt« gemäß Ziff. 3, da es am Merkmal »geschäftlich« fehlt.

§ 311 Abs. 3 BGB erweitert den Kreis der zur Sorgfalt Verpflichteten auch auf Dritte, bspw. Berater, Vertreter und sonstige Verhandlungsgehilfen. Dies wird auch als »Sachwalterhaftung« bezeichnet.

Der Verweis auf § 241 Abs. 2 BGB begründet Verhaltens- und Schutzpflichten [x] ; geboten ist die »Rücksichtnahme auf die Rechte, Rechtsgüter und Interessen des anderen Teils«. Diese sind von Fall zu Fall gesondert zu bestimmen. Es handelt sich dabei im wesentlichen um Informations-, Hinweis- und Aufklärungspflichten. Die Vertragsverhandlungen sollen nach dem Willen des Gesetzgebers auf lauterer Grundlage geführt werden. Gleichzeitig müssen sich die Parteien bemühen, Schäden infolge des Abbruchs der Verhandlungen zu vermeiden. Dies gilt vor allem für den grundlosen Abbruch von Verhandlungen, wenn zuvor beim Verhandlungspartner eine Erwartungshaltung geweckt wurde, aufgrund derer möglicherweise schon Dispositionen getroffen wurden.

x
Verhaltens- und Schutzpflichten
Auf die Rechte, Rechtsgüter und Interessen des Verhandlungspartners muss Rücksicht genommen werden.

Beispiel:

H, eine Agentur für Human Interface Design, sucht dringend einen Designer zur Anstellung, da Aufträge sonst nicht fristgerecht fertiggestellt werden können. D bewirbt sich und äußert sich bei einem ersten und einem zweiten Bewerbungsgespräch sehr positiv über die angebotenen Vergütungsbestandteile und das Arbeitsumfeld. Man versteht sich gut. Für das Ende des Monats wird von beiden Seiten die Vertragsunterzeichnung ins Auge gefasst. H nimmt daraufhin seine Suchanzeigen aus den Medien und sagt den weiteren Bewerbern ab. Wider Erwarten erscheint D aber nicht und reagiert auch nicht mehr auf die Kommunikationsversuche von H.

Durch sein rücksichtsloses Verhalten ist D haftbar gemäß § 311 Abs. 2 Nr. 1, § 241 Abs. 2, § 280 Abs. 1 BGB.

Etwas anderes würde nur gelten, wenn D die Umstände seiner Pflichtverletzung nicht zu vertreten hätte, bspw. weil er im Urlaub aufgrund einer Naturkatastrophe von der Kommunikation abgeschnitten wurde oder aufgrund eines Unfalls im Koma läge, § 280 Abs. 1 Satz 2 BGB.

Dass die c. i. c. auch Schutz- und Fürsorgepflichten für Leben, Gesundheit und Eigentum des Verhandlungspartners umfasst, wurde bereits an dem Beispiel des Sturzes von K auf dem frisch gewischten Boden deutlich.

Allerdings muss zwischen der Pflichtverletzung und dem eingetretenen Schaden ein Ursachenzusammenhang im Sinne der Äquivalenz- und Adäquanztheorie (vgl. Rn 128 f.) sowie des Schutzzwecks der c. i. c. bestehen. Zu ersetzen ist nur derjenige Schaden, der gerade durch ein pflichtgemäßes Verhalten abgewendet werden sollte.

Wäre der Inhaber der Agentur H aufgrund des Verhaltens des D so wütend, dass er seine volle Kaffeetasse an der Wand zerschellen ließe, müsste der hierdurch verursachte Schaden nicht von D ersetzt werden (mangelnde Adäquanz).

Die im vorvertraglichen Bereich bestehenden Schutzpflichten bleiben selbstverständlich auch während der Vertragsdurchführung bestehen. Daneben gelten für die Vertragsparteien leistungssichernde Nebenpflichten.

78 **Leistungssichernde Nebenpflichten** x sollen das Erreichen des Vertragszwecks sicherstellen und die Hauptleistungspflichten vorbereiten bzw. unterstützen. Sie beziehen sich auf die Durchführung des Vertrags. Auch hier ist von Fall zu Fall gesondert zu entscheiden, um welche Nebenpflichten es sich konkret handelt. Zu beachten sind insbesondere der Vertragszweck, die Verkehrssitte und die Anforderungen des redlichen Geschäftsverkehrs.[77] Einschlägig ist wiederum § 241 Abs. 2 i. V. m. § 242 BGB. Schutzgegenstand ist das Integritätsinteresse des anderen Vertragsteils, d. h. sein personen- und vermögensrechtlicher Status quo.[78]

x **Leistungssichernde Nebenpflichten**
Neben Schutzpflichten gelten auch leistungssichernde Nebenpflichten. Sie können von Fall zu Fall sehr unterschiedlich sein.

Beispiele:

Der Verkäufer muss auf den Umgang mit gefährlichen oder gesundheitsschädlichen Stoffen aufmerksam machen.

Die Werbeagentur muss auf rechtliche Bedenken gegen die geplante Werbeaktion hinweisen.

Der Auftraggeber darf die Entwürfe des Gestalters nicht in beleidigender Weise ablehnen.

Die Praktikantin darf das noch geheime Design der neuen Modekollektion nicht verraten (auch nicht im Familien- und Freundeskreis).

Verletzt der Schuldner seine Nebenleistungspflichten während der Vertragsdurchführung, muss er den hierdurch entstehenden Schaden gem. § 280 Abs. 1 BGB ersetzen. Insoweit gelten die bereits bekannten Maßstäbe: Der Schuldner muss die Pflichtverletzung verschuldet haben und es muss ein Ursachen- bzw. Schutzzweckzusammenhang zwischen Pflichtverletzung und Schaden bestehen. Bei der Verletzung von Nebenleistungspflichten bleibt die Hauptleistungspflicht erhalten, auch wenn der Schuldner Schadensersatz leisten muss. Es handelt sich also um Schadensersatz neben der Leistung. Der Übergang ist fließend: Führt die Nebenpflichtverletzung bspw. dazu, dass auch die Hauptleistungspflicht mangelhaft erfüllt wird, handelt es sich fortan um eine Schlechtleistung (Schlechterfüllung) der Hauptleistungspflicht, so dass der Gläubiger u. a. Schadensersatz statt der Leistung fordern und sich vom Vertrag lösen kann.

Zum gleichen Ergebnis kann die Verletzung einer Schutzpflicht als Nebenpflicht führen, sofern dem Gläubiger wegen dieser Verletzung die Durchführung des Vertrags nicht mehr zugemutet werden kann, § 282 BGB.

Beispiel:

Der Eventdienstleister E erweist sich schon im Vorfeld des Konzerts als eher unzuverlässig. Er hält Termine nicht pünktlich ein, vergisst seine Schlüssel oder sein Mobiltelephon und verwechselt Leistungsanforderungen verschiedener Aufträge. Als der genervte Auftraggeber A, der deswegen schon mehrere Auseinandersetzungen mit E hatte, schließlich mitbekommt, dass einige Befestigungsschrauben des von E aufgebauten Bühnengerüstes nur mangelhaft angezogen sind oder sogar ganz fehlen, tritt A vom Vertrag zurück und verlangt von E die (angemessenen) Mehrkosten eines kurzfristig engagierten Ersatzdienstleisters.

Hierzu ist A gem. § 282 i. V. m. § 280 Abs. 1, Abs. 3 BGB und § 323 Abs. 2 Nr. 3 BGB auch ohne vorherige Mahnung oder Fristsetzung berechtigt. Denn im sicherheitsrelevanten Bereich von Bühnenaufbauten dürfen E keine mehrfachen Sicherheitsverstöße unterlaufen. Aufgrund seines vorangegangenen allgemein unzuverlässigen Verhaltens ist auch nicht davon auszugehen, dass E durch eine Ermahnung sein Verhalten sofort und grundlegend ändert.

Verschulden

79 Viele Ansprüche kann der Gläubiger nur geltend machen, wenn der Schuldner den Tatbestand der Anspruchsgrundlage schuldhaft verwirklicht hat. Dies trifft z. B. auf den Schadensersatz im Bereich der Leistungsstörungen zu, wie gerade gezeigt, aber auch für das Deliktrecht (vgl. Rn 112 ff.).

Das Zivilrecht bedient sich einer etwas vornehmeren Ausdrucksweise als das Strafrecht: Verschulden wird umschrieben mit »Vertretenmüssen«[x]. Wenn der Schuldner eine Pflichtverletzung schuldhaft herbeiführt, hat er sie »zu vertreten«. Inhaltlich besteht allerdings kein Unterschied zwischen Verschulden und Vertretenmüssen.

x **Vertretenmüssen**
Dieser Begriff bedeutet im Zivilrecht »Verschulden«.

Gemäß § 276 Abs. 1 BGB hat der Schuldner im Regelfall Vorsatz und Fahrlässigkeit zu vertreten – sofern nicht das Gesetz oder die sonstigen Umstände des Schuldverhältnisses einen anderen Haftungsmaßstab vorgeben. Persönliche Schuld[x] setzt voraus, dass dem Schuldner die Möglichkeit eines alternativen Handelns oder Unterlassen zur Verfügung gestanden hätte, also ein »richtiges«, pflichtgemäßes Alternativverhalten. Und dass der Schuldner dieses pflichtgemäße Verhalten in vorwerfbarer Weise missachtet hat.

x **Schuld**
Sie ist die vorwerfbare Missachtung eines »richtigen«, pflichtgemäßen Alternativverhaltens.

80 Missachtet der Schuldner das pflichtgemäße Verhalten wissentlich und willentlich, handelt er vorsätzlich. Vorsatz[x] ist im BGB nicht definiert. Die h. M. geht von einem vorsätzlichen Verhalten aus, wenn das Wissen und Wollen des Schuldners (oder Täters) alle Umstände erfasst, die der gesetzliche Tatbestand beschreibt. Außerdem muss dem Schuldner bewusst sein, dass er pflichtwidrig handelt, d. h. gegen das Gesetz oder eine vertragliche Verhaltenspflicht verstößt.

x **Vorsatz**
Das Wissen und Wollen des Handelnden erfasst alle Umstände der Handlung und ihrer Folgen. Dies gilt ebenso für das Unterlassen.

Fahrlässigkeit x hingegen ist im Gesetz definiert, und zwar in § 276 Abs. 2 BGB: Fahrlässig handelt, wer die im Verkehr erforderliche Sorgfalt außer Acht lässt (gemeint ist damit der Rechtsverkehr). Welcher Grad an Sorgfalt »erforderlich« ist, wird je nach dem Einzelfall bestimmt. Allerdings kommt es dabei nicht auf die höchstpersönlichen Fähigkeiten des Schuldners an, sondern auf einen objektiven, allgemeingültigen Maßstab (Prinzip des Vertrauensschutzes im Zivilrecht). Gefragt wird danach, wie sich ein typischer, umsichtiger und gut informierter Schuldner in der betreffenden Situation verhalten hätte.[79] 81

x
Fahrlässigkeit
Fahrlässig handelt, wer die im Verkehr erforderliche Sorgfalt außer Acht lässt

Es wird zwischen einfacher und grober Fahrlässigkeit unterschieden. Grobe Fahrlässigkeit setzt einen objektiv schweren und subjektiv nicht entschuldbaren Verstoß gegen die im Verkehr erforderliche Sorgfalt voraus. Dies ist nach Auffassung des BGH dann anzunehmen, wenn selbst einfachste, ganz naheliegende Überlegungen nicht angestellt werden und das nicht beachtet wird, was in der konkreten Situation jedem einleuchten musste.[80] Einfache (oder auch leichte) Fahrlässigkeit ist in allen Fällen gegeben, in denen keine grobe Fahrlässigkeit vorliegt. Der Unterscheidung zwischen leichter und grober Fahrlässigkeit kommt im Zivilrecht einige Bedeutung zu. Manche Tatbestände führen nur zu einer Haftung des Schuldners, wenn er grobe Fahrlässigkeit zu vertreten hat.[81] Außerdem wird in Vertragswerken sehr häufig die Haftung für leichte Fahrlässigkeit ausgeschlossen.

Zwischen Vorsatz und Fahrlässigkeit gibt es verschiedene Abstufungen des Verschuldensmaßstabs, die den Schuldner sowohl gesetzlich wie auch vertraglich treffen können. 82

> Vorsatz:
> Der Schuldner kennt alle Umstände, weiß, dass er eine Pflicht verletzt, und will es trotzdem.
>
> A fährt mit seinem Auto. Er sieht B, der gerade die Straße überquert. A gibt Gas, um B noch zu erwischen, bevor dieser die andere Straßenseite erreicht hat.
>
> Bedingter Vorsatz:
> Auch »dolus eventualis« genannt; der Schuldner kennt alle Umstände und nimmt die Pflichtverletzung billigend in Kauf (»na, und wenn schon...«).

A fährt mit seinem Auto innerorts 100 km/h. Er sieht B, der gerade die Straße überquert. A reduziert seine Geschwindigkeit nicht und denkt sich: »Wenn B es nicht schafft, macht es mir auch nichts aus.«

Bewusste Fahrlässigkeit:
Der Schuldner kennt alle Umstände, rechnet auch mit einer Pflichtverletzung, vertraut aber sorgfaltswidrig darauf, dass sie schon nicht eintreten wird (»Es wird schon gut gehen«).

A fährt mit seinem Auto innerorts 50 km/h bei leichtem Nebel. Weil die Sicht nicht optimal ist, überfährt er ein Eichhörnchen, ohne es zuvor bemerkt zu haben. Immerhin bemerkt A den B aber noch schemenhaft, der gerade die Straße überquert. A reduziert seine Geschwindigkeit trotzdem nicht und denkt sich: »Der wird mich schon gesehen haben und sich deshalb beeilen.«

Speziell wegen des Nebels und allgemein wegen der gegenseitigen Vorsicht und Rücksichtnahme im Straßenverkehr wäre A schon grundsätzlich verpflichtet gewesen, seine Geschwindigkeit zu reduzieren, um sicherzustellen, dass er keine Hindernisse übersieht. Das Eichhörnchen wurde von ihm bewusst fahrlässig überfahren. Dabei bezieht sich »bewusst« nicht auf das Eichhörnchen, das er ja vorher gar nicht bemerkt hatte, sondern auf die nicht angepasste Geschwindigkeit bei leichtem Nebel.

Sobald aber A den B schemenhaft bemerkt und trotzdem nicht die Geschwindigkeit reduziert, handelt A nicht nur bewusst fahrlässig, sondern auch grob fahrlässig.

Einfache Fahrlässigkeit:
Der Schuldner kennt alle Umstände und geht sorgfaltswidrig davon aus, dass er keinesfalls eine Pflichtverletzung begehen wird, oder kennt einen Teil der Umstände sorgfaltswidrig nicht und begeht (auch) deswegen eine Pflichtverletzung, obwohl er das nicht beabsichtigt oder billigend in Kauf genommen hat.

A fährt mit seinem Auto innerorts 30 km/h bei Nebel. Er sieht B zu spät die Straße überqueren, da er im Nebel den Zebrastreifen und B doch nicht rechtzeitig wahrnehmen konnte.

Hier hat A seine Geschwindigkeit bereits den Umständen angepasst, allerdings nicht ausreichend. Was ihm aber erst durch die Unfallsituation klar wird.

Es bleibt festzuhalten: Der Schuldner haftet für jeden – auch leichten – Fall der Fahrlässigkeit, wenn nicht das Gesetz oder der Vertrag eine »Entschärfung« dieses Grundsatzes vorsehen.

Selbstverständlich setzt ein Verschulden voraus, dass der Schuldner überhaupt verschuldensfähig ist. Einschlägig hierfür sind die Bestimmungen des Deliktrechts in §§ 827 und 828 BGB, auf die § 276 Abs. 1 Satz 2 verweist (vgl. Rn 15). 83

Der Schadensersatzanspruch im Leistungsstörungsrecht setzt neben dem Verschulden auch voraus, dass zwischen der Pflichtverletzung und dem eingetretenen Schaden ein besonderer Kausalzusammenhang [x] besteht. Hierzu und zum Schadensbegriff vgl. unten Rn 124 ff.

x **Kausalzusammenhang**
Wenn ein Schaden besteht, muss neben dem Verschulden auch der Kausalzusammenhang nachgewiesen werden.

Wählt also der Gläubiger Schadensersatz als Rechtsfolge einer Leistungsstörung, müssen die folgenden Voraussetzungen vorliegen:

- Die Norm, die für die Leistungsstörung einschlägig ist, muss auf § 280 Abs. 1 BGB verweisen (oder selbst die Verpflichtung zum Schadensersatz beinhalten).
- Es muss ein Schaden entstanden sein.
- Es muss ein adäquater Ursachenzusammenhang zwischen dem eingetretenen Schaden und der Pflichtverletzung des Schuldners bestehen.
- Der Schaden muss schuldhaft verursacht worden sein.

Natürlich können Gestalter Verträge unzähliger verschiedener Arten abschließen.

Ganz maßgeblich bestimmen die drei Vertragstypen Werkvertrag, Dienstvertrag und Kaufvertrag den Berufsalltag, weshalb sie in diesem Kapitel genauer dargestellt werden.

Vor allem die möglichen Leistungsstörungen und Verjährungsvorschriften werden beleuchtet.

84 Das deutsche Zivilrecht ist vom Prinzip der Vertragsfreiheit geprägt (vgl. Rn 5 f.). Für häufig benötigte Vertragstypen schlägt das BGB jedoch Grundregeln vor, die zusammengenommen eine Art Mustervertrag [x] ergeben. Sie finden sich im 8. Abschnitt des zweiten Buches ab § 433 BGB, d. h. im besonderen Schuldrecht. Diese Grundregeln sind häufig dispositiv, sie können von den Vertragsparteien abgeändert oder ausgeschlossen werden. Sollte ausnahmsweise eine Regelung nicht zur Disposition der Parteien stehen, bezweckt sie meist den Schutz des schwächeren Vertragspartners und ist damit Ausdruck des sozialen Prinzips als Schranke der Privatautonomie. Die Grundregeln dienen gleichzeitig als Auslegungsregeln bzw. als Auffangregelungen, sollten die Vertragsparteien einen Aspekt nicht bedacht haben oder sollte sich ein Teil ihres Vertragswerks als unwirksam erweisen.

x
Mustervertrag
Für häufig benötigte Verträge hält das BGB Musterregeln bereit. Die gesetzlichen Regeln gelten, sofern die Parteien nichts anderes vereinbaren.

Nachstehend werden nur diejenigen drei Vertragstypen näher dargestellt, die für den Fachbereich der Gestaltung besondere Bedeutung haben: der Werkvertrag, der Dienstvertrag und der Kaufvertrag.

Werkvertrag

85 Die gesetzlichen Grundregeln zum Werkvertrag [x] finden sich in den §§ 631 ff. BGB. Hauptleistungspflichten sind gem. § 631 Abs. 1 BGB für den (Werk-)Unternehmer die Herstellung des versprochenen Werkes und für den Besteller die Entrichtung der vereinbarten Vergütung. Es handelt sich um einen gegenseitigen Vertrag, so dass die genannten Hauptpflichten im Synallagma (vgl. Rn 49) stehen.

x
Werkvertrag
Die Herstellung eines Werkes gegen Vergütung.

Werk und Vergütung

86 Der zivilrechtliche Begriff »Werk« darf nicht mit dem Werkbegriff des Urheberrechts (vgl. Rn 162) verwechselt werden. Sehr viele urheberrechtlich geschützte Werke werden zwar im Rahmen eines zivilrechtlichen Werkvertrags erschaffen, die beiden Begriffe »Werk« sind jedoch nicht deckungsgleich. Das Zivilrecht versteht unter einem Werk gem. § 631 Abs. 2 BGB die Herstellung oder die Veränderung einer Sache oder »einen anderen durch Arbeit oder Dienstleistung herbeizuführenden Erfolg«.

Praxishinweis
Der Werkbegriff des BGB entspricht nicht dem Werkbegriff des Urheberrechts.

Beispiele:

Gestaltung eines Ausstellungsplakats
Erschaffung einer Skulptur
Reparatur eines Farbdruckers
Restauration eines Ölgemäldes
Konzeption und Verfassen eines Lehrbuchs

Aber auch:
Vertrag mit einer Agentur zur Durchführung eines Konzerts
Erstellung eines Ausstellungskonzepts und Gestaltung der Ausstellung durch einen Kurator

Kennzeichnend für das Werk ist die Herstellung und Verschaffung eines zwischen den Parteien vereinbarten, individuellen Leistungsinhalts durch den Unternehmer. Er schuldet mithin Erfolg x. Durch seine Arbeitsleistung, also durch entgeltliche Wertschöpfung, stellt der Unternehmer das Werk her oder leistet zumindest einen erfolgsbezogenen Beitrag zu dessen Verwirklichung.[82] Erfolg bedeutet dabei das unmittelbar durch die Tätigkeit des Unternehmers herbeizuführende Ergebnis, dagegen nicht auch den weiteren, z. B. wirtschaftlichen Erfolg.[83]

x
Erfolg
Der geschuldete Erfolg ist maßgebliches Kennzeichen des Werkvertrages.

Der Unternehmer handelt selbständig, vor allem wirtschaftlich selbständig. Dabei wird zwar unterstellt, dass er gewissen Weisungen des Bestellers unterworfen ist, damit überhaupt ein Erfolg eintreten kann, vgl. § 645 BGB. Dennoch liegt es in der eigenen Verantwortung des Unternehmers, unter Einsatz seiner eigenen Arbeitsmittel oder Fachkenntnisse den Erfolg des Werks auf sein eigenes unternehmerisches Risiko herbeizuführen. Der Unternehmer trägt vor allem das Risiko von Mängeln (§ 633 BGB) und Abnahmefähigkeit (§ 640 BGB) seiner Arbeitsergebnisse. Alle soeben genannten Kriterien spielen eine wesentliche Rolle für die Abgrenzung des Werkvertrags zum Dienstvertrag und damit auch für die Problematik der sog. Scheinselbständigkeit. 87

87 Der Besteller (Auftraggeber, Kunde) schuldet im Gegenzug gem. § 631 Abs. 1 BGB die vereinbarte Vergütung. Dabei kann es durchaus vorkommen, dass die Vertragsparteien eine Vergütung gar nicht vereinbart haben. Hierfür hält § 632 BGB eine Auffangnorm bereit: Der Besteller hat in diesem Fall die übliche Vergütung x zu zahlen, die ggf. durch einen Sachverständigen anhand lokaler Vergleichsfälle festgestellt wird. § 632 BGB kann für Berufsanfänger oder »im Bekanntenkreis« sehr hilfreich sein.

x
Übliche Vergütung
Wenn keine Vergütung vereinbart wurde, wird die »übliche« geschuldet § 632 BGB.

Beispiel:

Der Student S wird vom Unternehmer U angesprochen, der ein geschäftlicher Bekannter seines Vaters ist. S sagt U gerne zu, für diesen ein Plakat für eine Verkaufsaktion zu gestalten. Das Ergebnis stellt U sehr zufrieden. Allerdings hat S aus Verlegenheit versäumt, einen Preis für seine Arbeit zu nennen und ist sich nun unsicher, ob er etwas verlangen darf.

Eine geschäftliche Bekanntschaft zum Vater des S bedeutet kein besonderes Näheverhältnis. Die Beauftragung des S durfte U daher nur gegen eine Vergütung erwarten – § 632 Abs. 1 BGB. Diese gilt als stillschweigend vereinbart. S darf von U verlangen, was die Gestaltung eines Plakates für eine Sonderwerbeaktion üblicherweise kostet.

Die Vergütung des Werks wird erst mit dessen Abnahme fällig, § 641 BGB. Der Unternehmer ist allerdings berechtigt, gem. § 632a Abs. 1 BGB Abschlagszahlungen zu verlangen, um seine Vorfinanzierungspflicht in Grenzen zu halten. Allerdings dürfen die Abschlagszahlungen nur so hoch sein wie der Wertzuwachs, den der Besteller schon durch die Arbeit des Unternehmers erhalten hat. Dieser kann im Einzelfall umstritten sein; häufig wird das Werk vor seiner Fertigstellung überhaupt keinen Wert für den Besteller entfalten (z. B. Portraitbild). Sollten die Parteien keine konkreten Vertragsregelungen zu Abschlagszahlungen vereinbart haben, wird man die Anwendbarkeit von § 632a Abs. 1 BGB in erster Linie bei abgrenzbaren Teilleistungen mit eigenständigem wirtschaftlichen Wert annehmen können (z. B. die Teilprogrammierung einer Software oder ein Ausstellungskonzept ohne den ebenfalls zu erbringenden Aufbau der Ausstellung).

Der Besteller darf den Werkvertrag gem. § 649 Satz 1 BGB bis zur Fertigstellung des Werks jederzeit kündigen, auch ohne Angabe von Gründen (vgl. Rn 39). Diese Möglichkeit ist in der Praxis wenig bekannt und wird auch nur selten in Anspruch genommen. Dies mag daran liegen, dass der Besteller nach seiner Kündigung weiterhin die vertraglich vereinbarte Vergütung schuldet; der Unternehmer muss sich allerdings dasjenige anrechnen lassen, was er infolge der Aufhebung des Vertrags an Aufwendungen erspart oder durch anderweitige Verwendung seiner Arbeitskraft erwirbt (oder zu erwerben böswillig unterlässt). § 649 Abs. 2 BGB trifft hierzu die gesetzliche Vermutung, dass dem Unternehmer 5% der auf den noch nicht erbrachten Teil der Werkleistung entfallenden vereinbarten Vergütung zustehen. Bei einer derartigen Regelung sind Auseinandersetzungen eigentlich vorprogrammiert. 89

Beispiel:

B hat bei U die Planung einer individuellen Einrichtung aus Holz für sein Atelier in Auftrag gegeben. Auch mit der Herstellung und dem Einbau der Einrichtung ist U bereits beauftragt. Auf die Planung entfallen 2.000 EUR Werklohn, auf die Herstellung und den Einbau 20.000 EUR.

Nachdem U die fertige Planung vorgelegt hat, ändert B seine Meinung und vermutet, dass der Unternehmer D für die Herstellung und den Einbau der Einrichtung besser geeignet und auch günstiger ist.

B kann nun den Werkvertrag mit U gem. § 649 Satz 1 BGB ohne Angabe von Gründen kündigen. B ist daraufhin verpflichtet, 2.000 EUR Werklohn ohne Abzüge an U zu entrichten, da die Teilleistung der Planung vollständig erbracht ist. Da U noch kein Material eingekauft hat und er seine Arbeitszeit ab sofort anderen Kunden zur Verfügung stellen kann, reduziert sich sein restlicher Vergütungsanspruch auf 5% von 20.000 EUR = 1.000 EUR, sofern U nicht einen höheren Betrag nachweisen kann (dies würde eine nachvollziehbare Kalkulation des Gesamtauftrags durch U voraussetzen).

B kann die praktische Umsetzung der Planung des U nun bei D in Auftrag geben.

Gerade im Anfangsstadium eines Werkvertrags kann das Kündigungsrecht des Bestellers einen vertretbaren Ausweg eröffnen, sich abzeichnende Schwierigkeiten bei der Vertragsdurchführung zu vermeiden. Hier gelten die Schlagworte »weg mit Schaden« oder »besser ein Ende mit Schrecken als ein Schrecken ohne Ende«.

Abnahme

90 Da der Unternehmer Erfolg schuldet, ist er nach der Fertigstellung seines Werks auf die Bestätigung des Bestellers angewiesen, dass eben dieser Erfolg eingetreten ist. Der Bestätigungsvorgang wird Abnahme [x] genannt. Und mit der Abnahme wird auch die Vergütung des Werks fällig. Die Pflichten des Bestellers im Zusammenhang mit der Abnahme werden in § 640 Abs. 1 BGB klar zum Ausdruck gebracht:

x **Abnahme** Die Bestätigung des Bestellers, dass der Werkerfolg eingetreten ist.

- Der Besteller ist verpflichtet, das vertragsmäßig hergestellte Werk abzunehmen,
- sofern nicht nach der Beschaffenheit des Werkes die Abnahme ausgeschlossen ist.
- Wegen unwesentlicher Mängel kann die Abnahme nicht verweigert werden.
- Der Abnahme steht es gleich, wenn der Besteller das Werk nicht innerhalb einer vom Unternehmer bestimmten angemessenen Frist abnimmt, obwohl er dazu verpflichtet ist.

Die Abnahme ist eine Pflicht (wenn auch nicht Hauptleistungspflicht) des Bestellers. Erst mit ihr hat der Unternehmer die Bestätigung, dass sein Werk gelungen ist; bis hierhin trägt er die Gefahr, z. B. für die Kündigung des Bestellers, den Untergang des Werks u. ä. (§ 644 BGB). Bis zur Abnahme muss der Unternehmer das Werk vorfinanzieren (sofern er keine Abschlagszahlungen verlangen kann), danach kann er den Werklohn fordern. Die Abnahme ist nicht nur ein tatsächlicher Akt, der bspw. in der Entgegennahme des Werks liegt – sie schließt vielmehr als Vorgang eine zumindest stillschweigend abgegebene Erklärung des Bestellers ein, dass er das Werk im wesentlichen als vertragsgemäß anerkennt.

Beispiele:

Der Kunde erklärt gegenüber dem Gestalter, dass er das entworfene Logo hervorragend findet.

Der Kunde nimmt die Darstellung des Logos leider ohne ein weiteres Wort entgegen, zahlt aber sofort am nächsten Tag die Rechnung.

Der Kunde nimmt die Darstellung des Logos leider ohne ein weiteres Wort entgegen und zahlt außerdem auch die Rechnung nicht. Die vom Gestalter gesetzte Abnahmefrist verstreicht ohne weitere Nachricht.

Der Kunde nimmt die Darstellung des Logos leider ohne ein weiteres Wort entgegen und zahlt außerdem auch die Rechnung nicht. Der Gestalter setzt zwar keine Frist, der Kunde nutzt aber das Logo im Rahmen seines Geschäftsverkehrs.

In allen vier Fällen ist die Abnahme erfolgt. Für den zweiten und den vierten Beispielsfall ist darauf zu verweisen, dass die Abnahmeerklärung auch durch schlüssiges Verhalten erfolgen kann (wie jede Willenserklärung, vgl. Rn 20): Die Bezahlung der Werklohnforderung oder die bestimmungsgemäße Verwendung des Werks durch den Besteller können von einem objektiven Unternehmer nur so aufgefasst werden, dass sein Werk abgenommen wurde.

Der Besteller ist Schuldner der Abnahmeerklärung gem. § 640 Abs. 1 BGB. Er kann daher auch in Verzug geraten, wenn er die Abnahme nicht rechtzeitig erklärt (vgl. Rn 61).

Leistungsstörungen im Werkvertrag

Für den Werkvertrag gilt das allgemeine Leistungsstörungsrecht (vgl. Rn 58 ff.), soweit die §§ 631 ff. BGB nicht spezielle Regelungen vorsehen. Leistungsstörungen können auf beiden Seiten des Vertrags auftreten.

x
Annahmeverzug
Der Besteller entzieht sich seiner erforderlichen Mitwirkung. Die Pflicht zum Schadensersatz besteht in diesem Fall auch ohne ein Verschulden des Bestellers.

91 So kann es sein, dass eine Mitwirkung des Bestellers erforderlich ist, damit die Werkleistung erfolgreich erbracht werden kann. Entzieht sich der Besteller dieser Mitwirkungspflicht und befindet sich dadurch im Annahmeverzug [x], hat dies Folgen für den Unternehmer: Er kann das Werk nicht fertigstellen, behält die Gefahr des Untergangs und darf noch keine Vergütung verlangen. Aus diesem Grund trifft den Besteller gem. § 642 BGB die Pflicht zur Zahlung einer angemessenen Entschädigung, wenn er die erforderliche Mitwirkung unterlässt. Diese Entschädigung hat der Besteller auch dann zu leisten, wenn er seinen Verzug nicht zu vertreten hat, ihn also kein Verschulden trifft! Daneben ist auch § 304 BGB anwendbar (Ersatz von Mehraufwendungen bei Gläubigerverzug). Der Unternehmer hat bei Annahmeverzug sogar – allerdings erst nach angemessener Fristsetzung und Androhung – gem. § 634 BGB das Recht, den Vertrag zu kündigen und gem. § 645 Abs. 1 Satz 2 i. V. m. Satz 1 BGB Werklohn für die bislang erbrachte Teilleistung zu verlangen.

Beispiel:

Die Studentin M ist kurz vor ihrem Master darauf angewiesen, etwas Geld zu verdienen. Sie nimmt daher Aufträge zur Gestaltung von privaten Homepages entgegen. Mit ihrem Kunden K hat sie vereinbart, dass dieser aus drei verschiedenen Entwürfen denjenigen auswählt, der ihm am besten gefällt, so dass M auf dieser Grundlage einen finalen Gestaltungsentwurf entwickeln kann. Für den Job hat K ihr 1.000 EUR zugesagt. Leider erscheint K nicht zum vereinbarten Auswahltermin und meldet sich auch in den beiden folgenden Wochen nicht – trotz vieler Versuche von M, ihn zu erreichen.

Dies ist ein »klassischer« Fall von Annahmeverzug des Bestellers. Damit M ihre Werkleistung zu Ende führen kann, ist sie auf die Entscheidung des K angewiesen, also auf seine Mitwirkung.

Variante 1:

Als K nach drei Wochen wieder erscheint, stellt sich heraus, dass er im Urlaub war und den Termin leider »völlig vergessen« hat. Immerhin holt K seine Entscheidung für einen Entwurf sofort nach.

Im Interesse einer harmonischen Kundenbeziehung könnte M nun einfach weiterarbeiten und die Sache auf sich beruhen lassen. Sie hat aber auch das Recht, gem. § 642 BGB eine angemessene Entschädigung von K zu verlangen. Wohlgemerkt: »Entschädigung« bedeutet hier nicht Schadensersatz im Sinne von § 249 BGB. Vielmehr gibt § 642 Abs. 2 BGB einen eigenen Maßstab vor. Die Entschädigung hat Entgeltcharakter, sie soll den Unternehmer dafür entschädigen, dass er während des Verzugs Arbeitskraft und Kapital bereithält und seine zeitliche Disposition infolge des Verzugs durchkreuzt wird.[84] Im vorliegenden Fall könnte die Höhe der Entschädigung bspw. 200 EUR betragen, wenn für den Gesamtauftrag drei Monate vorgesehen waren.

Variante 2:

Als K nach drei Wochen wieder erscheint, stellt sich heraus, dass er aufgrund einer ernsten Erkrankung nicht in der Lage war, seinen täglichen Geschäften nachzugehen.

Rechtlich unterscheidet sich die Variante 2 nicht von der Variante 1. Auch in diesem Fall darf M ihre Entschädigung verlangen. Denn § 642 BGB setzt kein Verschulden des Bestellers voraus.

Variante 3:

Als K nach drei Wochen wieder erscheint, teilt er nur kurz mit, dass er einfach keine Lust hatte, den Termin wahrzunehmen oder mit M zu kommunizieren. Auch jetzt möchte er noch keine Entscheidung treffen, sondern sich erst einmal »anderen Projekten widmen«.

> M ärgert sich in diesem Gespräch sehr und fordert K auf, ihr seine Entscheidung am nächsten Montag mitzuteilen. Sonst sei sie gezwungen, den Job zu kündigen. Sie habe auch andere Interessenten und müsse mit ihrer Zeit planen. K lässt auch diesen Termin ungenutzt verstreichen.

M hat nun einige Möglichkeiten, die Situation in ihrem Sinne zu bereinigen: Zunächst steht ihr die Entschädigung gem. § 642 BGB zu. Sollte sie während des Verzugs Mehraufwendungen gehabt haben (bspw. für Kommunikationskosten oder gemieteten Datenspeicher in der Cloud), kann M diese Mehraufwendungen gem. § 304 BGB von K verlangen. In unserem Beispielsfall kann M sogar zusätzlich Schadensersatz gem. §§ 280 Abs. 1, Abs. 2 286 BGB verlangen und ihrerseits gem. § 323 BGB vom Vertrag zurücktreten. Die unterlassene Mitwirkung des Bestellers führt zwar im allgemeinen nicht zu diesen harten Rechtsfolgen des allgemeinen Leistungsstörungsrechts, denn die Mitwirkung ist lediglich eine Obliegenheit des Bestellers und keine Pflicht im Sinne eines Schuldverhältnisses.[85]

Das ändert sich aber dann, wenn die Parteien die Mitwirkung des Bestellers ausdrücklich vereinbart haben – wie M und K. Durch die ausdrückliche Vereinbarung erhält die Mitwirkung die Qualität einer Nebenpflicht i. S. d. § 241 Abs. 2 BGB. Mit der Konsequenz, dass der Schuldner, hier also der Besteller, auch nach den allgemeinen Bestimmungen Schadens- oder Aufwendungsersatz zu leisten hat, sofern der seine Mitwirkung schuldhaft unterlässt. Der Gläubiger der Mitwirkungspflicht, hier also der Werkunternehmer, darf sich auch gem. § 323 BGB vom Vertrag lösen. M hat in unserem Fall also alles richtig gemacht, denn sie hat K sogar eine Frist gesetzt und die Beendigung des Vertrags angedroht. Ob M hierfür die Bezeichnung »Kündigung« oder »Rücktritt« wählt, ist unerheblich.

92 Eine häufige Leistungsstörung im Werkvertrag ist die Schlechterfüllung ˣ. Leistet der Unternehmer schlecht, leidet das Werk unter Sach- oder Rechtsmängeln. Der geschuldete Erfolg tritt ganz oder teilweise nicht ein.

x **Schlechterfüllung**
Das Werk leidet unter Sach- oder Rechtsmängeln.

Für den Sachmangel ˣ sieht das Gesetz in § 633 Abs. 2 BGB eine Art Stufenregelung vor.

x **Sachmangel**
Eine »abgestufte« Definition in § 633 Abs. 2 BGB.

Das Werk ist frei von Sachmängeln, wenn es die vereinbarte Beschaffenheit hat.

Ist eine Beschaffenheit nicht vereinbart, ist das Werk frei von Sachmängeln, wenn es sich für die nach dem Vertrag vorausgesetzte Verwendung eignet.

Ist nach dem Vertrag keine bestimmte Verwendung vorausgesetzt, ist das Werk frei von Mängeln, wenn es sich für die gewöhnliche Verwendung eignet und eine Beschaffenheit aufweist, die bei Werken der gleichen Art üblich ist und die der Besteller nach Art des Werkes erwarten kann.

Das Gesetz geht also für den Werkvertrag davon aus, dass die Parteien in der Regel ein individuelles Werk mit einer bestimmten Beschaffenheit vereinbaren und gelangt erst auf der »untersten Stufe« zu einer gattungsähnlichen Beschreibung der Mangelfreiheit. Das Gesetz folgt auch hier dem Grundsatz der Privatautonomie. Übrigens kann die »Funktionsfähigkeit« des Werks, also seine Mangelfreiheit, auch über das eigentliche Werk hinausgreifen und Erkundigungs- bzw. Prüfungspflichten des Unternehmers einbeziehen.

Beispiel:

A beauftragt die Raumgestalterin R damit, eine bestimmte Wand in seinem Wohnzimmer künstlerisch hochwertig zu gestalten. Nach einer Besichtigung des Wohnzimmers und ausführlichen Gesprächen empfiehlt R, ein großformatiges Werk des Künstlers Leon Pollux anzuschaffen. A ist von der Empfehlung begeistert und stimmt zu. R übernimmt den Ankauf und die Hängung. Leider stürzt das Gemälde nach wenigen Tagen zu Boden und reißt einen Teil der Wand mit sich. Bei der Begutachtung des Schadens stellt sich heraus, dass die Wand für das Gewicht des massiven Stahlrahmens des Gemäldes hätte verstärkt werden müssen. Außerdem wäre eine andere Art der Befestigung nötig gewesen.

A verlangt Schadensersatz von R.

R hat die Hauptpflichten ihres Werkvertrags durchaus erfüllt: Das Konzept der Gestaltung und die Empfehlung des hochklassigen Werkes von Leon Pollux waren mangelfrei und werden von A auch nicht beanstandet. Die Gestaltung des Raumes entsprach der »vereinbarten Beschaffenheit« gem. § 633 Abs. 2 Satz 1 BGB oder jedenfalls der nach dem Vertrag üblicherweise zu erwartenden Qualität. Allerdings hat R ihre Nebenpflichten gem. § 241 Abs. 2 BGB verletzt, indem sie es trotz ihrer Fachkenntnisse sorgfaltswidrig unterließ, Wand und Befestigung auf Tragfähigkeit und Tauglichkeit hin zu untersuchen. Die Gestaltung blieb dadurch insgesamt nicht funktionstauglich. Durch die Pflichtverletzung wurden sowohl Mangelschäden, als auch Mangelfolgeschäden ausgelöst. Es kommt in diesem Zusammenhang nicht darauf an, dass die Wand nicht von R errichtet wurde und R auch die Befestigungsmaterialien nicht selbst hergestellt hat. Denn die werkvertraglichen Nebenpflichten, die die Funktionsfähigkeit des Werks in seinem vertraglichen Gesamtkontext betreffen, also bspw. Erkundigungs-, Prüfungs- und Untersuchungspflichten, erstrecken sich gleichermaßen auf das Umfeld der werkvertraglichen Leistung und damit auch auf Fremd- und Vorleistungen.[86]

x
Rechtsmangel
Das Werk ist nicht frei von Rechten Dritter.

Ein Rechtsmangel x hingegen liegt immer dann vor, wenn das Werk nicht frei von Rechten Dritter ist, also wenn Dritte in Bezug auf das Werk Rechte gegen den Besteller geltend machen können, die dieser nicht ausdrücklich im Werkvertrag zugelassen hat.

Beispiele:

Für das Plakat wurde eine Schrift verwendet, für deren gewerbliche Nutzung keine Lizenz erworben wurde.

Für die Gestaltung der Homepage wurden Photos herangezogen, an denen fremde Urheberrechte bestehen.

Für die Programmierung der App wurde ein Open Source-Code einbezogen, der ausschließlich für die private Nutzung freigegeben wurde.

In den vorgenannten Fällen kann der Rechteinhaber, also bspw. der Urheber, (auch) gegen den Besteller vorgehen und Schadensersatz fordern. Das Plakat, die Homepage und die App sind daher nicht frei von Rechten Dritter; die zu ihrer Herstellung führenden Werkleistungen wurden nur mangelhaft erbracht.

93 Liegt ein Sach- oder Rechtsmangel vor, ist der Besteller berechtigt, die Abnahme des Werks zu verweigern, § 640 Abs. 1 BGB. Außerdem stehen den Besteller diverse Rechte gem. § 634 BGB zur Seite. Er kann aus sechs verschiedenen Möglichkeiten wählen:

- Der Besteller kann Nacherfüllung verlangen, § 634 Nr. 1 i. V. m. § 635 BGB.
- Der Besteller kann den Mangel selbst beseitigen und den Ersatz der hierfür erforderlichen Aufwendungen verlangen, § 634 Nr. 2 i. V. m. § 637 BGB.
- Der Besteller kann vom Vertrag zurücktreten gem. § 634 Nr. 3 i. V. m. §§ 636, 323 und 326 Abs. 5 BGB.
- Der Besteller kann die Vergütung mindern, § 634 Nr. 3 i. V. m. § 638 BGB.
- Der Besteller kann Schadensersatz nach dem allgeinem Leistungsstörungsrecht fordern, § 634 Nr. 4 i. V. m. §§ 636, 280, 281, 283 und 311a BGB.
- Der Besteller kann Ersatz vergeblicher Aufwendungen nach dem allgemeinem Leistungsstörungsrecht fordern, § 634 Nr. 4 i. V. m. §284 BGB.

Praxishinweis
§ 634 BGB enthält eine Gebrauchsanleitung für die Rechte des Bestellers bei Schlechterfüllung.

Diese »Gebrauchsanleitung« in § 634 BGB ist zwar recht komfortabel. Das darf jedoch nicht darüber hinwegtäuschen, dass innerhalb der angegebenen Paragraphenketten einige Voraussetzungen erfüllt sein müssen, um die gewünschte Rechtsfolge herbeizuführen. Betrachten wir die Rechte des Bestellers etwas genauer:

94 Das Recht auf Nacherfüllung x ist im Werkvertrag sozusagen das erste Mittel der Wahl, wenn eine mangelhafte Leistung vorliegt. Hat der Besteller gem. § 634 Nr. 1 BGB dieses Recht geltend gemacht, kommt im nächsten Schritt dem Unternehmer ein Wahlrecht zu: Er kann sich gem. § 635 Abs. 1 BGB entscheiden, ob er den Mangel beseitigt oder ein neues Werk herstellt.

x
Recht auf Nacherfüllung
Der Unternehmer hat ein Wahlrecht: Nachbesserung oder Neuherstellung.

Dabei trägt der Unternehmer gem. § 635 Abs. 2 BGB die zum Zwecke der Nacherfüllung notwendigen Kosten, insbesondere Transport-, Wege-, Arbeits- und Materialkosten. Der Unternehmer kann auch von der Nachbesserung zur Neuherstellung übergehen oder umgekehrt. Es liegt allein in seiner Hand, über die Art und Weise der Nacherfüllung zu entscheiden – gemessen wird er allein am mangelfreien Leistungserfolg, den er weiterhin schuldet.

Verweigern darf der Unternehmer das Nacherfüllungsverlangen des Bestellers nur, wenn es mit unverhältnismäßigen Kosten verbunden ist, § 635 Abs. 3 BGB. Dabei gilt ein relativ strenger Maßstab. Unverhältnismäßigkeit i. S. d. § 635 Abs. 3 BGB kann erst dann angenommen werden, wenn die Mängelbeseitigung in keinem vernünftigen Verhältnis zu dem durch die Beseitigung der Mängel erzielbaren Erfolg steht.[87] Verweigern darf der Unternehmer die Nacherfüllung selbstverständlich auch dann, wenn sie unmöglich ist (§ 275 Abs. 2 BGB) oder wenn sie als höchstpersönliche Leistung unzumutbar ist (§ 275 Abs. 3 BGB).

Beispiele:

Die Rahmung eines Bildes lockert sich schon kurz nach ihrer Anfertigung. Der Unternehmer ist verpflichtet, das Bild auf seine Kosten abzuholen, den Mangel zu beseitigen und wieder zu liefern.

Auf den Hochzeitsphotos sind die Beine des Brautpaars abgeschnitten. Der Photograph ist grundsätzlich verpflichtet, die Szene auf seine Kosten nachzustellen und mangelfrei zu photographieren. Ein Verweigerungsrecht bestünde jedoch dann, wenn nur ein geringer Teil abgeschnitten und der Gesamteindruck der Photos nur wenig beeinträchtigt wäre, für die Nachstellung der Szene aber erhebliche Reisekosten für mehrere Gäste aus Übersee anfallen würden. In diesem Fall müsste der Besteller ggf. auch eine Nachbearbeitung (Bildergänzung) mit einem digitalen Bildbearbeitungsprogramm akzeptieren.

Bei der Reparatur eines Oldtimers wird versehentlich die Lichtmaschine irreparabel beschädigt. Die Reparaturwerkstatt verweigert die Nacherfüllung, da es für das Modell keine Lichtmaschine mehr auf dem Markt gibt, auch nicht bei Sammlern und Spezialanbietern.

Aufgrund einer Erkältung der Opernsängerin misslingt eine CD-Aufnahme. Der Termin für die Wiederholung der Aufnahme wird vom Produzenten drei Monate später angesetzt. Zu diesem Zeitpunkt wird die Opernsängerin aber bereits im sechsten Monat schwanger sein und verweigert daher die Nacherfüllung als unzumutbar.

In der Praxis wird oft die Frage gestellt, wie viele Nacherfüllungsversuche ˣ der Unternehmer denn durchführen darf. Ein erster mangelhafter Versuch der Nachbesserung lässt das Recht des Unternehmers auf weitere Nacherfüllungsversuche nicht ohne weiteres entfallen. Vielmehr ist mit § 636 BGB zu entscheiden, ob die Nacherfüllung hierdurch sofort und insgesamt als fehlgeschlagen angesehen werden muss oder ob sie für den Besteller unzumutbar geworden ist. Nur in diesen beiden Fällen kann der Besteller seine weiteren Rechte gem. §§ 636 bis 638 BGB sofort geltend machen (und ggf. daneben Schadensersatz nach dem allgemeinen Leistungsstörungsrecht fordern). Meist wird der Besteller aber zwei oder drei Nachbesserungsversuche hinnehmen müssen, bevor er sich auf die Unzumutbarkeit weiterer Versuche berufen darf.[88] Es kommt also – wie so häufig – auf die konkreten Umstände des Einzelfalls an.

x
Nacherfüllungsversuche
Es gibt keine gesetzliche Grenze. Zwei bis drei Versuche müssen grundsätzlich akzeptiert werden.

Beispiele:

Die Studentin S hat sich verpflichtet, den von B schon skizzierten Entwurf eines Flyers als Reinzeichnung druckfertig zu machen. B bemängelt bei der Präsentation die digitale Farbgebung.

In diesem Fall hat S mehrere Nachbesserungsversuche zur Verfügung, zumal die Übertragung von analoger Farbgebung auf digitale Medien kein absolut präziser Prozess ist.

Die Agentur lässt ihren Farbdrucker reparieren. Das Ergebnis ist nicht zufriedenstellend, weshalb das Serviceunternehmen sich den Farbdrucker noch einmal vornimmt. Als er nach kurzer Zeit erneut defekt ist, stellt sich heraus, dass von dem Serviceunternehmen unter Umgehung einer technischen Schutzmaßnahme ein herstellerfremdes Teil eingebaut wurde, obwohl ein Originalteil hätte verwendet werden können.

Wegen der gestörten Vertrauensgrundlage ist die weitere Nachbesserung durch das Serviceunternehmen für die Agentur unzumutbar.

Der Sammler gibt ein altes Ölgemälde zur Restaurierung. Das Ergebnis stellt ihn nicht zufrieden, da in einem Bereich des Gemäldes die Reinigung nicht gründlich erfolgt ist. Leider werden im Rahmen der Nachbesserung die aufgetragene Farbe und sogar das Trägermaterial des beanstandeten Bereichs zerstört.

Hier ist eine weitere Nachbesserung nicht möglich, die Nacherfüllung ist endgültig gescheitert.

Praxishinweis
Ein unbedingtes Recht auf Nacherfüllung hat der Werkunternehmer nicht. Faktisch setzen die Rechte des Bestellers allerdings meist einen Nachbesserungsversuch voraus.

Ebenfalls praxisrelevant ist die Frage, ob der Unternehmer stets ein Recht auf Nacherfüllung hat, was bedeuten würde, dass der Besteller seine Rechte gem. § 634 BGB erst dann voll ausschöpfen könnte, wenn die Nacherfüllung fehlgeschlagen wäre. Ein solches allgemeines Recht des Unternehmers gibt es nicht. Allerdings sind die Rechte des Bestellers gem. § 634 BGB in den wichtigsten Konstellationen so ausgestaltet, dass sie im Regelfall »normaler Umstände« auf ein Nacherfüllungsrecht des Unternehmers hinauslaufen.

So setzt bspw. die Selbstvornahme gem. § 637 BGB grundsätzlich eine erfolglose Fristsetzung zur Nacherfüllung voraus, ebenso der Rücktritt gem. § 636 BGB oder die Minderung gem. § 638 BGB. Für den Schadensersatz folgt die Fristsetzung aus § 281 Abs. 1 Satz 1 BGB.

Zusammenfassend ist es also durchaus angebracht, immer zunächst die Nacherfüllungsmöglichkeit des Unternehmers im Blick zu haben, bevor die weiteren Rechte des Bestellers in Betracht gezogen werden. Dies entspricht auch der Natur des Werkvertrags: Aufgrund der Individualität der Werkleistung und dem damit verbundenen hohen Erfüllungsrisiko des Unternehmers soll ihm im Regelfall das Privileg der Nacherfüllung zustehen.

Zu beachten ist schließlich, dass die Abnahme dann nicht verweigert werden darf, wenn der Sach- oder Rechtsmangel »unwesentlich« ist, § 640 Abs. 1 Satz 2 BGB.

Die weiteren Leistungsstörungen neben dem Annahme- 95
verzug des Besteller und der Schlechtleistung des Unternehmers richten sich beim Werkvertrag nach dem allgemeinen Leistungsstörungsrecht des BGB (vgl. Rn 58 ff.).

Verjährung im Werkvertragsrecht

Für das Werkvertragsrecht gibt es besondere Verjährungs- 96
vorschriften. Verjährung x bedeutet für den Gläubiger, dass er nach Ablauf einer bestimmten Frist seine Ansprüche gegen den Schuldner nicht mehr durchsetzen kann. Sie bleiben ihm zwar erhalten, können jedoch nicht mehr eingeklagt werden. Der Schuldner hingegen kann jederzeit auch auf verjährte Ansprüche leisten, muss dies jedoch nicht tun. Verjährungsfristen können (innerhalb bestimmter Grenzen) vertraglich vereinbart werden oder sie werden vom Gesetz vorgegeben.

x **Allgemeine Verjährungsfrist**
3 Jahre, § 195 BGB, ab Jahresende der Entstehung und Kenntnis aller Umstände, § 199 BGB.

Im allgemeinen Teil des BGB bestimmt § 195 BGB, dass die regelmäßige Verjährungsfrist drei Jahre beträgt. Gem. § 199 Abs. 1 BGB beginnt die Verjährungsfrist im Regelfall mit dem Schluss des Jahres, in dem der Anspruch entstanden ist und der Gläubiger von den Umständen Kenntnis erlangt, die den Anspruch begründen, oder ohne grobe Fahrlässigkeit erlangen musste.

Beispiel:

Bei einem Unfall am 6. Januar 2017 wird das Fahrrad von S beschädigt. Sein Schadensersatzanspruch verjährt in drei Jahren, beginnend ab dem 31. Dezember 2017. Mit Ablauf des 31. Dezember 2020 ist der Anspruch des S verjährt.

97 Das Werkvertragsrecht x verkürzt die Drei-Jahres-Zeitspanne für eine Vielzahl von Werkleistungen zugunsten des Unternehmers auf zwei Jahre, § 634a Abs. 1 Nr. 1 BGB. Dies betrifft alle in § 634 Nr. 1, 2 und 4 genannten Rechte des Bestellers. Die Verjährung beginnt in diesen Fällen auch nicht erst am Jahresende, sondern bereits mit Abnahme bzw. mit den der Abnahme gleichgestellten Fällen.[89] Hat der Unternehmer einen Mangel arglistig verschwiegen, gelten diese Erleichterungen allerdings nicht. Gem. §§ 634a Abs. 3, 195, 199 Abs. 1 BGB gilt dann wieder die Drei-Jahres-Zeitspanne, die erst dann zu laufen beginnt, wenn der Besteller Kenntnis des verschwiegenen Mangels erlangt, § 199 Abs. 1 Nr. 2 BGB. Absolute Obergrenze der Verjährung ist allerdings auch bei arglistigem Verschweigen die Zehn-Jahres-Zeitspanne des § 199 Abs. 4 BGB.

x
Werkvertragsrecht
Hier gilt eine besondere Verjährungsfrist: regelmäßig 2 Jahre, § 634a Abs. 1 Nr. 1 BGB. Fristbeginn ist nicht erst am Jahresende.

Beispiel:

U erstellt für B eine neue Homepage und verwendet hierfür ein urheberrechtlich geschütztes Photo, ohne die entsprechenden Nutzungsrechte zu erwerben. Die Abnahme und Übergabe an B erfolgt am 1. März 2016.

Variante 1:
Dem U war der Rechtsmangel nicht bewusst.

Variante 2:
U war der Mangel bewusst, er hat ihn B aber nicht offenbart.

Der Urheber des Photos macht am 1. Februar 2020 Rechte gegen B geltend. Kann sich B noch an U halten?

In der Variante 1 verjähren Ansprüche des B aus Schlechterfüllung (Rechtsmangel gem. § 633 Abs. 2 BGB) mit Ablauf des 1. März 2018 (zwei Jahre ab Abnahme). Ein Rückgriff auf U ist im Jahr 2020 ausgeschlossen.

In der Variante 2 hingegen kann sich B noch an U halten, da die Verjährung seiner Ansprüche erst am 1. Februar 2020 beginnt – denn erst an diesem Tag erhält B Kenntnis von dem Rechtsmangel, den er auch nicht früher erkennen konnte. Im Gegensatz zu U, der diesen Mangel arglistig verschwiegen hat, weshalb ihm die kurze Verjährungsfrist nicht zugutekommen soll. In der Variante 2 tritt Verjährung daher erst mit Ablauf des 1. Februar 2023 ein. Hätte der Urheber erst am 1. Februar 2027 Ansprüche geltend gemacht, könnte B ihm die absolute Verjährung gem. § 299 Abs. 4 BGB entgegenhalten, ebenso wie auch U dem B die absolute Verjährung entgegenhalten könnte.

Mustervertrag

Nachstehend wird der Mustertext für einen kleinen Werk- 98
vertrag abgedruckt, der von den Lesern bei Bedarf verwendet werden darf – und hierfür entsprechend angepasst werden sollte. Dem Mustertext liegt ein Szenario zugrunde, in dem ein selbständiger Gestalter für einen Auftraggeber ein neues Firmenlogo entwickeln soll. »+++« sind Platzhalter für einzusetzende bzw. anzupassende Formulierungen.

Werkvertrag

Werkvertrag
Zwischen
+++
(nachfolgend »Designer«)
und
+++
(nachfolgend »Auftraggeber«)
wird folgender Vertrag geschlossen:

§ 1 Vertragsgegenstand

Der Vertragsgegenstand muss so genau wie möglich beschrieben werden.

Der Designer übernimmt die Verpflichtung zur Erstellung eines Entwurfs und gegebenenfalls vollständigen Ausarbeitung eines Firmenlogos für den Auftraggeber. Dieses Logo wird als Firmenkennzeichen des Auftraggebers in allen Bereichen seiner geschäftlichen Tätigkeit einschließlich der Werbung dienen.

§ 2 Verpflichtung des Designers

Abs. 1 verpflichtet auch den Auftraggeber zur Mitwirkung.

1 — Der Designer verpflichtet sich, unter Zugrundelegung der ihm vom Auftraggeber mitgeteilten Vorstellungen diesem mehrere Vorentwürfe für das künftige Firmenlogo vorzulegen. Dabei bestimmt der Designer Art und Umfang seiner Vorentwurfsleistungen (Skizzen). Diese müssen die beabsichtigte Aussage und Gestaltung des Logos deutlich erkennbar machen.

Abs. 2 und 3 sichern dem Auftraggeber auch im Entwurfsstadium eine planbare Vertragsabwicklung.

2 — Der bzw. die Vorentwürfe oder entsprechende Skizzen sind dem Auftraggeber bis spätestens am +++ zu übersenden oder — wenn der Auftraggeber dies wünscht — persönlich vorzulegen und zu erläutern.
3 — Erfolgt die Übersendung oder Übergabe nicht fristgerecht, kann der Auftraggeber schriftlich eine Frist von nicht unter 2 Monaten mit der Androhung der endgültigen Ablehnung der Leistung des Designers setzen. Bei Verstreichen der Frist ist das Vertragsverhältnis beendet. Vergütungs- und Erstattungsansprüche des Designers bestehen in diesem Falle nicht.
4 — Sobald der Auftraggeber einen Vorentwurf für die abschließende Bearbeitung freigegeben hat, verpflichtet sich der Designer zur Reinzeichnung des Logos, d. h. zu einer reproduktionsfähigen Vorlage für den Druck.

§ 3 Annahme oder Ablehnung des Vorentwurfs

1 — Nach Zugang der Vorentwurfsleistung (Skizzen) beim Auftraggeber ist dieser verpflichtet, dem Designer innerhalb eines Monats schriftlich mitzuteilen, ob einer der Entwürfe zur abschließenden Bearbeitung freigegeben wird (Alternative 1) oder ob auf der Grundlage eines oder mehrerer Entwürfe die Zusammenarbeit mit dem Ziel einer endgültigen Gestaltung des Logos durch den Designer fortgesetzt wird (Alternative 2) oder ob das Vertragsverhältnis beendet werden soll (Alternative 3).

Der Auftraggeber erhält ein Wahlrecht nach Vorlage der ersten Entwürfe.

2 — Bei der Freigabe (Alternative 1) erhält der Designer für seine bis zu diesem Zeitpunkt erbrachten Arbeiten eine Vergütung von +++ EUR zzgl. USt.

3 — Kommen die Vertragsparteien überein, die Leistung des Designers zur Grundlage der Fortsetzung der Zusammenarbeit mit dem Ziel einer endgültigen Gestaltung des Logos durch den Designer zu machen (Alternative 2), erhält der Designer für seine bis zu diesem Zeitpunkt erbrachten Arbeiten eine Vergütung von +++ EUR zzgl. USt. Für die weiteren Arbeiten bis zur endgültigen Freigabe eines Vorentwurfs erhält der Designer eine weitere Vergütung von +++ EUR zzgl. USt. Die Vergütung der Entwürfe muss sich der Designer auf seine endgültige Vergütung gemäß § 6 anrechnen lassen. Für die Vorlage der neuen oder veränderten Entwürfe ist eine neue Frist zu vereinbaren. Im übrigen gelten die Regelungen des § 2.

Diese Staffelregelung zur Vergütung soll den Mehraufwand bei schwierigen Auftraggebern kompensieren.

Auch die Vereinbarung einer Zeitvergütung nach Stunden ist möglich.

Eine Anrechnung stellt sicher, dass der Auftraggeber mit einer endgültigen Vergütung kalkulieren kann. Auch eine Nicht-Anrechnung ist möglich.

4 — Werden die Entwurfsleistungen des Designers endgültig nicht vom Auftraggeber freigegeben und endet damit das Vertragsverhältnis (Alternative 3), steht dem Designer ein Vergütungsanspruch lediglich in Höhe von +++ EUR zzgl. USt zu. Dem Auftraggeber ist in diesem Fall keine wie auch immer geartete Nutzung der Leistungen des Designers gestattet.

Die Vergütung in diesem Fall kann der Alternative 1 entweder angeglichen oder von ihr abweichend vereinbart werden.

§ 4 Keine Verletzung der Rechte Dritter

Der Designer bestätigt, dass er sich sorgfältig bemüht hat, fremde Kennzeichnungs- und Urheberrechte nicht zu verletzen.

Diese Bestätigung entspricht seiner gesetzlichen Pflicht.

§ 5 Einräumung von Nutzungsrechten

+++ vgl. Rn 186 +++

§ 6 Vergütung

1 — Die Vergütung des Designers beträgt +++ EUR zzgl. USt.

2 — Die Vergütung ist fällig mit der Abnahme des Logos als Reinzeichnung durch den Auftraggeber, spätestens mit der Nutzung der Leistung des Designers durch den Auftraggeber in jeglicher Nutzungsart.

Nimmt der Auftraggeber nicht ab und nutzt das Logo auch nicht, vgl. § 640 Abs. 1 BGB.

Dienstvertrag

99 Die gesetzlichen Grundregeln zum Dienstvertrag [x] finden sich in den §§ 611 ff. BGB. Hauptleistungspflichten sind gem. § 611 Abs. 1 BGB für den Dienstverpflichteten die Leistung der versprochenen Dienste und für den Dienstherrn (Dienstberechtigten) die Entrichtung der vereinbarten Vergütung. Es handelt sich um einen gegenseitigen Vertrag, so dass die genannten Hauptpflichten im Synallagma (vgl. Rn 49) stehen.

x
Dienstvertrag
Die Leistung der versprochenen Dienste gegen Vergütung.

Dienst und Vergütung

100 Gegenstand des Dienstvertrags können Dienste jeder Art sein, § 611 Abs. 2 BGB. Dabei ist es unerheblich, ob diese einmalig erbracht werden oder auf Dauer angelegt sind.

Bei den sog. freien Dienstverträgen besteht zwischen dem Dienstherrn und dem Dienstverpflichteten ein von Weisungen weitgehend freies Verhältnis. Der Dienstverpflichtete leistet eigenverantwortlich und ist weder wirtschaftlich noch persönlich vom Dienstherrn abhängig. Er ist auch nicht in dessen Arbeitsorganisation eingebunden. Dienstverpflichtete mit freien Dienstverträgen werden häufig als Freiberufler [x] bezeichnet. Sie sind unternehmerisch tätig, ähnlich wie Werkunternehmer, nur dass sie keinen Erfolg schulden.

x
Freiberufler
Sie leisten eigenverantwortlich und sind unternehmerisch tätig – schulden aber keinen Erfolg.

Beispiele:

selbständige, praktizierende Ärzte
selbständige Rechtsanwälte
selbständige Steuerberater

Bei der Beauftragung eines Vertreters der vorgenannten freien Berufe sollte man sich also immer klar vor Augen halten, dass die vereinbarte Vergütung grundsätzlich auch dann zu zahlen ist, wenn die Krankheit nicht geheilt wird, der Prozess verloren wird oder das Finanzamt Nachzahlungen fordert. Auf das Ergebnis der Dienstleistung kommt es – rechtlich besehen – nicht an.

Wesentlich häufiger im Dienstvertragsrecht sind jedoch weisungsabhängige Dienstverträge, die als Arbeitsverhältnisse [x] bezeichnet werden. Hier ist der Arbeitnehmer in die Arbeitsorganisation des Arbeitgebers eingegliedert, er ist wirtschaftlich von ihm abhängig. Hinsichtlich der Art und Weise seiner Arbeitsleistung, dem Ort und der Zeit der Leistungserbringung hat er sich den Weisungen des Arbeitgebers unterzuordnen.

x
Arbeitsverhältnisse
Weisungsabhängige Dienstverhältnisse nennt man Arbeitsverhältnisse.

Beispiele:

die Sekretärin des Rechtsanwalts
der Fließbandarbeiter in der Fabrik
die Aushilfskraft auf »Minijob-Basis« im Café

aber auch:
der sog. »Freelancer«, der in nur einer Agentur zu den üblichen Bürozeiten auf den dort zur Verfügung gestellten Geräten arbeitet

Die gesetzliche Regelung in den §§ 611 ff. BGB gilt also auch für den großen Bereich des Arbeitsrechts. Allerdings genügen die im BGB enthaltenen Normen längst nicht mehr für die ausdifferenzierten Verhältnisse unserer hochspezialisierten, arbeitsteiligen Industrie- und Dienstleistungsgesellschaft. Mit der Zeit sind daher außerhalb des BGB eine Vielzahl von Spezialgesetzen hinzugekommen, bspw. für den Kündigungsschutz, für die Tarifvereinbarungen oder die Arbeitssicherheit.

Sowohl das freie Dienstverhältnis wie auch der Arbeitsvertrag sind meist von einer besonderen persönlichen Bindung der Vertragsparteien gekennzeichnet. Diese kann in einem Vertrauensverhältnis liegen, was bei den freiberuflichen Dienstverhältnissen häufig der Fall ist, oder in der großen persönlichen und wirtschaftlichen Abhängigkeit des Arbeitnehmers. Deshalb schuldet der Dienstverpflichtete seine Leistung grundsätzlich höchstpersönlich, § 613 Satz 1 BGB. Im Gegenzug stellt das BGB einige Vorschriften bereit, die die besondere Fürsorgepflicht des Dienstherrn betont, so z. B. § 617 BGB (Krankenfürsorge) und § 618 BGB (Pflicht zu Schutzmaßnahmen).

101 Ähnlich wie beim Werkvertrag (dort § 632 BGB) sieht auch § 612 BGB vor, dass eine Vergütung als stillschweigend vereinbart gilt, wenn die Parteien nichts vereinbart haben und die betreffende Dienstleistung den Umständen nach nur gegen Vergütung zu erwarten ist. Auch hier gilt dann die »übliche Vergütung«, § 612 Abs. 2 BGB (vgl. auch Rn 88).

Leistungsstörungen im Dienstvertrag

102 Für den Dienstvertrag gilt das allgemeine Leistungsstörungsrecht (vgl. Rn 58 ff.), soweit die §§ 611 ff. BGB nicht spezielle Regelungen vorsehen. Leistungsstörungen können auf beiden Seiten des Vertrags auftreten.

Kommt der Dienstherr mit der Entgegennahme der Dienstleistungen in Verzug (Annahmeverzug x), so kann der Dienstverpflichtete für die infolge des Verzugs nicht geleisteten Dienste die vereinbarte Vergütung verlangen, ohne zur Nachleistung verpflichtet zu sein, vgl. § 615 BGB.[90]

x
Annahmeverzug
Der Dienstherr nimmt die Dienstleistung nicht entgegen; der Dienstverpflichtete erhält dennoch seine Vergütung, ohne nacharbeiten zu müssen.

Da aufgrund der höchstpersönlichen Leistungspflicht eine Erkrankung (oder eine sonstige Verhinderung x) des Dienstverpflichteten einer Leistungsstörung gleichkommt, stellt § 616 BGB klar, dass der vorübergehend (!) an der Dienstleistung Verhinderte seinen Anspruch auf Vergütung dann nicht verliert, wenn er die Verhinderung nicht zu vertreten hat. Diese Regelung betrifft vor allem die Lohnfortzahlung im Krankheitsfall bei Arbeitsverhältnissen, wobei allerdings § 616 Satz 2 BGB die Anrechnung erhaltener Leistungen aus der Kranken- und Unfallversicherung vorschreibt.

x
Vorübergehende Verhinderung
Ist der Dienstverpflichtete vorübergehend verhindert, bleibt der Anspruch auf Vergütung erhalten.

Beispiel:

A ist bei der B-GmbH angestellt.

Variante 1:
Aufgrund einer Grippe kann A eine Woche lang nicht zur Arbeit erscheinen.

Variante 2:
A nimmt in ihrem Urlaub an der Europameisterschaft im Kickboxen teil. Infolge der dort erlittenen Verletzungen kann A zwei Wochen lang nicht zur Arbeit erscheinen.

In der ersten Variante gilt § 616 Satz 1 BGB; A hat trotz Krankheit einen Lohnfortzahlungsanspruch gegen die B-GmbH.

In der zweiten Variante hingegen hat A in ihrer Freizeit eine gefahrgeneigte Sportart ausgeübt. Das Risiko einer solchen Tätigkeit hat A selbst zu verantworten, weshalb ihre dabei erlittenen Verletzungen im Verhältnis zu ihrem Arbeitgeber als selbstverschuldet i. S. v. § 616 Satz 1 BGB gelten. Die B-GmbH darf ihr die Lohnfortzahlung aufgrund einer Leistungsstörung verweigern, die A verschuldet hat.[91]

Das Dienstverhältnis ist für beide Seiten von einem besonderen persönlichen Vertrauen geprägt, jedenfalls war es das fast 100 Jahre lang. Der Übergang zur »Dienstleistungsgesellschaft« seit den 1970er-Jahren und die zunehmende Digitalisierung der heutigen Lebenswelt haben neue, zunehmend anonymisierte »Service«-Arten mit sich gebracht, die sich vom klassischen Dienstverhältnis entfernen. Gleichwohl gilt im Dienstvertragsrecht das Gebot der gegenseitigen Rücksichtnahme und Treue (§ 241 Abs. 2 BGB) in besonderem Maße. Ausdruck findet dieser Grundsatz auch in den §§ 617 und 618 BGB, die besondere Fürsorgepflichten des Dienstherrn normieren.

Für die Schlechtleistung x gibt es im Dienstvertragsrecht der §§ 611 ff. BGB keine eigene Regelung; Ansprüche des Dienstherrn müssen daher im Rahmen des allgemeinen Leistungsstörungsrechts verfolgt werden (vgl. Rn 58 ff.). Allerdings gilt dabei ein besonderer Maßstab: Für die Sorgfalt, mit der der Dienstverpflichtete seine Arbeiten auszuführen hat, legt die Rechtsprechung die Fähigkeiten und Kenntnisse eines gewissenhaften Vertreters der Berufsgruppe zugrunde, zu der der Dienstverpflichtete gehört.[92] Der Dienstverpflichtete hat alles zu unterlassen, was dem Dienstherrn schaden könnte und muss alles Mögliche und Zumutbare tun, um dessen Interessen zu wahren. Erfüllt der Dienstverpflichtete diesen Maßstab nicht, kann der Dienstherr eine bestimmte Arbeitsweise einfordern (Erfüllungsanspruch) oder, spiegelbildlich, zur Unterlassung einer bestimmten Verhaltensweise auffordern. Auch ein Schadensersatzanspruch gem. §§ 282, 280 BGB kann in Betracht kommen.

x
Schlechtleistungen
Sie führen nicht zur Minderung der Vergütung, ggf. aber zu Schadensersatz gem. § 280 BGB.

Aber: Ein Minderungsanspruch wegen Schlechtleistung besteht nicht, weder beim freien Dienstvertrag noch beim Arbeitsvertrag.[93] Das deutsche Dienstvertragsrecht kennt keine Gewährleistung.[94] Unter Umständen kann aber eine (teilweise) Rückzahlung der Vergütung Teil des Schadensersatzanspruchs gem. § 280 BGB sein.

> Beispiel:
>
> Der seit wenigen Jahren angestellte Jungdesigner D ist frisch verliebt. Seine Arbeitsleistung sinkt schlagartig. Ständig mit seinem Smartphone in der Hand oder am Ohr starrt er Löcher in die Luft und nutzt sogar seinen Computer am Arbeitsplatz, um in den sozialen Netzen präsent zu sein.
> Was kann die Agentur dagegen unternehmen?

Praxishinweis
Private Telephongespräche und Smartphonenutzung sind am Arbeitsplatz ebenso wenig erlaubt, wie die private Nutzung des Dienstcomputers.

Der Übergang von der Schlechterfüllung zur Nichterfüllung des Dienstvertrags ist fließend und je nach Einzelfall zu entscheiden. Ein Leistungsverweigerungsrecht der Agentur – also die Verweigerung der Vergütung – käme aber erst bei der Nichterfüllung des Vertrags durch D in Betracht. So weit ist es in unserem Beispielsfall wohl noch nicht. Eine Minderung der Vergütung wegen Schlechterfüllung oder ein »Nacharbeiten« ist aber auch nicht möglich, s. o. Nun wird es für D gefährlich: Denn wenn er mehrfachen Ermahnungen der Agentur auch nicht folgt (diese Abmahnungen entsprechen rechtlich der Geltendmachung des Erfüllungsanspruchs und beinhalten auch Unterlassungsansprüche, z. B. auf Nichtbenutzung des privaten Smartphones), dann bleibt der Agentur nur noch die Möglichkeit der Kündigung. Im vorstehenden Fall darf die Agentur sogar verhaltensbedingt kündigen, da die private Nutzung des Internets oder des Dienstcomputers während der Arbeitszeit grundsätzlich eine Verletzung der Arbeitspflicht darstellt.[95] Dasselbe gilt für private Telephongespräche, sofern diese nicht ausdrücklich vom Arbeitgeber genehmigt sind.[96]

Vor allem für das Arbeitsrecht gibt es eine Fülle von Modifikationen des »normalen« gesetzlichen Rahmens. Schon die Regelungen der §§ 611 ff. BGB sehen einige spezielle Anpassungen des allgemeinen Vertrags- und Leistungsstörungsrechts vor.[97] Hinzu kommt eine große Anzahl ausdifferenzierter Grundsatz- und Einzelfallentscheidungen durch die Arbeitsgerichtsbarkeit, die zum Teil auch auf die freien Dienstverhältnisse wirkt. Eine ausführlichere Darstellung ist daher im Rahmen dieser Einführung nicht möglich.

Haftung im Dienstvertrag

Auch für die Haftung des Dienstverpflichteten gilt ein besonderer Maßstab. 103

Beispiel:

In unserem vorstehenden Beispiel in Rn 102 öffnet D auf seinem Dienstcomputer schließlich eine private E-Mail, die mit ihrem Anhang einen erheblichen Schaden auf dem Server der Agentur verursacht. Das hat D natürlich nicht beabsichtigt. Die Beseitigung des Trojaners verursacht aber Kosten in Höhe von 15.000 EUR.
Haftet D?

Variante:
Wie wäre zu entscheiden, wenn es sich nicht um eine private E-Mail gehandelt hätte, sondern um eine E-Mail, die einen dienstlichen Betreff vortäuschte (»Ihre Rechnung«)?

D haftet für Vorsatz und Fahrlässigkeit nach den Grundsätzen der §§ 280 ff. BGB. Allerdings muss der Arbeitgeber gem. § 619a BGB beweisen, dass der Arbeitnehmer schuldhaft gehandelt hat, er (und nicht der Arbeitnehmer) trägt hierfür die Beweislast.

Praxishinweis
Der Arbeitgeber muss beweisen, dass der Arbeitnehmer schuldhaft gehandelt hat.

Danach haftet D im Ausgangsfall für den Schaden, da in der privaten Nutzung des Dienstcomputers eine Pflichtverletzung liegt und sich genau das Risiko verwirklicht hat, das durch das Verbot privater Nutzung verhindert werden soll. Der Beweis kann vom Arbeitgeber aufgrund des Serverprotokolls ohne weiteres geführt werden.

Die Variante im vorstehenden Beispiel, also die Schädigung der Rechtsgüter des Arbeitgebers durch den Arbeitnehmer – aber in Ausübung seiner gewöhnlichen Dienstverpflichtungen – war lange umstritten. BAG und BGH lösen die Problematik mittlerweile über eine Art Haftungsverteilung x gem. § 254 BGB, die den Arbeitnehmer schützen soll.[98] Voraussetzung dafür ist aber immer, dass die schädigende Handlung betrieblich veranlasst war (die Sorgfaltspflichtverletzung selbst lässt diese betriebliche Veranlassung nicht entfallen).

x
Haftungsverteilung
Für Schäden, die der Arbeitnehmer während seiner normalen Tätigkeit im Unternehmen verursacht, gilt eine besondere Haftungsverteilung.

> In der Variante hatte D eine betriebliche Veranlassung, die E-Mail und ihren Anhang zu öffnen, es handelte sich nicht um eine private E-Mail.

Bei Vorsatz des Arbeitnehmers haftet dieser weiterhin voll, für eine Haftungsverteilung ist dann kein Raum.

> D hat nicht vorsätzlich gehandelt. Er wusste nicht, dass der Anhang einen Trojaner enthielt.

Bei Fahrlässigkeit des Arbeitnehmers wird eine Abwägung nötig, denn der Schaden soll zwischen Arbeitgeber und Arbeitnehmer verteilt werden. Hier sind alle Umstände des Einzelfalls einzubeziehen. Auf Seiten des Arbeitnehmers können das z. B. sein: der Grad des Verschuldens, seine Stellung im Unternehmen, seine Vergütung, sein bisheriges Verhalten oder die »Gefahrneigung« seiner Tätigkeit. Auf Seiten des Arbeitgebers können u. a. berücksichtigt werden: der Wert des geschädigten Wirtschaftsgutes, das Betriebsrisiko, ein eventuelles Organisationsverschulden oder die Versicherbarkeit eines derartigen Schadens. Bei leichtester Fahrlässigkeit kann eine derartige Abwägung auch zu dem Ergebnis gelangen, dass den Arbeitnehmer gar keine Haftung trifft.

> D hat nicht nur leicht fahrlässig gehandelt. Es ist mittlerweile allgemein bekannt, dass das Öffnen unbekannter Dateianhänge vermieden oder nur mit besonderen Schutzmaßnahmen durchgeführt werden sollte. Andererseits dürfte sein Gehalt nicht sonderlich hoch sein. Außerdem hätte die Agentur im Rahmen der Organisation der Betriebsabläufe besondere Weisungen erteilen und das Risiko versichern können.

D muss also nur einen geringen Anteil des Schadens tragen.

Für Schäden, die der Arbeitnehmer bei Dritten verursacht – 104
also bspw. die Beschädigung einer Eingangstür beim Kunden – haftet der Arbeitnehmer selbst, und zwar nach den Grundsätzen der unerlaubten Handlung (vgl. Rn 112). Diese Haftung ist unbeschränkt, denn die in Rn 103 erläuterte Haftungsverteilung gilt nicht im Verhältnis zu Dritten. Der Arbeitnehmer kann allerdings die Erstattung eines Teils seiner Schadensersatzleistung an den Dritten vom Arbeitgeber verlangen (sog. Freistellung) und sich hierfür – im Innenverhältnis zwischen ihm und seinem Arbeitgeber – auf das Schutzrecht der Haftungsverteilung berufen.[99]

Kaufvertrag

Die gesetzlichen Grundregeln zum Kaufvertrag x finden 105
sich in den §§ 433 ff. BGB. Hauptleistungspflichten sind für den Verkäufer gem. § 433 Abs. 1 Satz 1 BGB die Übergabe nebst Übereignung der Kaufsache und für den Käufer gem. § 433 Abs. 2 BGB die Abnahme der Kaufsache sowie die Bezahlung des vereinbarten Kaufpreises. Es handelt sich um einen gegenseitigen Vertrag, so dass die genannten Hauptpflichten im Synallagma (vgl. Rn 49) stehen.

x
Kaufvertrag
Übereignung einer Kaufsache gegen Zahlung des Kaufpreises.

Eigentumsverschaffung und Kaufpreis

Auch der Verkäufer schuldet Erfolg (wie der Werkunter- 106
nehmer, vgl. Rn 86). Der Verkäufer muss dem Käufer Eigentum an der Kaufsache verschaffen x, § 433 Abs. 1 BGB. Dafür ist es notwendig, dass ein Rechtsübergang an der Kaufsache stattfindet, und zwar nach den sachenrechtlichen Vorschriften in §§ 929 ff. BGB. Im Regelfall bedeutet dies: Der Verkäufer übergibt die Kaufsache dem Käufer und beide sind sich einig darüber, dass das Eigentum an dieser Sache auf den Käufer übergehen soll, § 929 Satz 1 BGB. »Übergabe« ist die Verschaffung unmittelbaren Besitzes, d. h. tatsächlicher Gewalt über die Sache, vgl. § 854 Abs. 1 BGB.

x
Eigentumsverschaffung
Der Verkäufer muss dem Käufer Eigentum an der Kaufsache verschaffen. Dies geschieht nach den sachenrechtlichen Vorschriften im BGB.

Es gibt neben dem soeben geschilderten Regelfall viele verschiedene Varianten, wie Eigentum verschafft werden kann. Für einen ausführlichen Ausflug ins Sachenrecht des BGB ist jedoch im Rahmen dieser Einführung nicht genügend Raum, so dass einige Beispiele genügen sollen:

> Der Verkäufer V übergibt dem Käufer K die soeben gekaufte Kamera an der Ladentheke und K nimmt diese mit nach Hause (Regelfall, § 929 Satz 1 BGB).

> K hatte die Kamera bereits vor einer Woche zu Testzwecken mitgenommen. Nun zahlt er nur noch den Kaufpreis im Laden und ist sich mit V einig, dass die Kamera ab sofort ihm gehören soll (K hatte bereits Besitz an der Kamera, vgl. § 929 Satz 2 BGB).

> K kauft die Kamera als Geschenk für seine Tochter. Er bezahlt V den Kaufpreis im Laden und lässt die Kamera an seine Tochter schicken, ohne sie selbst entgegengenommen zu haben (sog. »Geheißerwerb«, hier sind mehrere Eigentumsübergänge gem. § 929 Abs. 1 BGB hintereinandergeschaltet).

> K kauft die Kamera im Ladengeschäft. V möchte sie aber noch einen Monat behalten, um sie weiteren Kunden vorzuführen, wofür ein Kaufpreisnachlass vereinbart wird (dennoch geht das Eigentum sofort über, K ist während des Monats sog. »mittelbarer Besitzer«, § 930 BGB).

Die Eigentumsverschaffung durch den Verkäufer ist das Verfügungsgeschäft des Verkäufers. Diese sachenrechtliche Verfügung schuldet der Verkäufer aufgrund des Verpflichtungsgeschäftes »Kauf« (vgl. zur Unterscheidung von Verpflichtungs- und Verfügungsgeschäft Rn 35).

107 Verkaufsfähige Güter sind alle Sachen (§§ 90, 90a BGB), Rechte (§ 453 BGB) und »sonstigen Gegenstände« (§ 453 Abs. 1 BGB).

Die Eigentumsverschaffung von Sachen wurde soeben in Rn 106 erläutert.

Auch beim Rechtskauf [x] schuldet der Verkäufer Erfolg, d. h. die dauerhafte Verfügung über das Recht zugunsten des Käufers – dieser muss also Inhaber des Rechts werden. Das Verfügungsgeschäft vollzieht sich bei Rechten aber nicht unmittelbar nach den sachenrechtlichen Vorschriften, sondern grundsätzlich im Wege der Abtretung, § 398 BGB. Nahezu alle Rechte können abgetreten werden. Sehr häufig ist die Abtretung von Forderungen oder Nutzungsrechten.

x
Rechtskauf
Der Käufer tritt in eine Rechtsposition des Verkäufers ein.

Beispiele:

Die Agentur A benötigt dringend Geld und ihre Kunden zahlen nur schleppend. Um das Problem zu lösen schließt A einen Factoringvertrag mit dem Factoringunternehmer F. A tritt sämtliche Honorarforderungen gegen ihre Kunden in Höhe von 50.000 EUR an F ab. Als Gegenleistung erhält A von F den Nennbetrag der Honorarsumme abzüglich 20%, also einen Kaufpreis von 40.000 EUR. A hat ihr Liquiditätsproblem damit gelöst. Nun muss sich F darum kümmern, die gekauften Forderungen gegen die Kunden einzutreiben. Gelingt das F zu 100%, hat F einen »Gewinn« von 10.000 EUR gemacht.

Der Gestalter G hat ein Buch illustriert. Nun verkauft er alle Nutzungsrechte aus seinem Urheberrecht an den Verlag, indem er diese Rechte dem Verlag als ausschließliche Nutzungsrechte dauerhaft abtritt und im Gegenzug Honorar (Lizenzentgelt) hierfür erhält.

Ergänzend, sozusagen als Auffanglösung, sind auf den Rechtskauf die Vorschriften über den Sachkauf »entsprechend«, also analog anzuwenden, § 453 Abs. 1 BGB. In diesen Fällen wird ein Recht gedanklich wie eine Sache behandelt.

x
Verkehrsfähige Güter
Dies sind weder Sachen noch Rechte, z. B. Daten. Sie werden aber wie Sachen verkauft.

Diese analoge Denkweise wird vor allem wichtig bei den »sonstigen Gegenständen«. Hierunter versteht man alle »verkehrsfähigen Güter« x die weder Sachen noch Rechte sind, aber dennoch verkauft werden können. Jahrzehntelang waren diese sonstigen Gegenstände nicht sonderlich praxisrelevant. Das hat sich aber mit der zunehmenden Digitalisierung geändert, denn nun treten neben Strom oder Unternehmenswerte (»good will«) auch Software und Daten – und möglicherweise in Zukunft noch ganz andere »verkehrsfähige Güter«. Da diese Kaufsachen nicht recht fassbar sind, jedenfalls nicht gegenständlich, sieht das BGB von 1900 hierfür keine eigenen Regelungen vor. Gemäß § 453 Abs. 1 BGB müssen diese Gegenstände daher wie Sachen gedacht werden und es müssen Rechtsübergänge analog zum Sachenrecht vereinbart werden.

Beispiel:

Die Agentur A kauft eine neue Schriftart.

Variante 1:
Die Schriftart wird auf einem Datenträger per Post übersandt. Hier erfolgen der Eigentumserwerb an dem Datenträger nach den sachenrechtlichen Vorschriften und der Erwerb des Nutzungsrechts an den dort gespeicherten Daten durch Abtretung.

Variante 2:
Die Schriftart wird im Internet heruntergeladen und auf der Festplatte des Agenturservers gespeichert. Auch wenn der Download letztlich nur eine Veränderung der elektrischen Ladungszustände auf dem Agenturserver ist, wird sachenrechtlich so getan, als ob eine »Sachmenge Daten« übertragen worden wäre (Analogie). Der Erwerb des Nutzungsrechts an den erhaltenen Daten durch Abtretung (Lizensierung) erhält dadurch aber mehr Gewicht, vor allem zu Beweiszwecken, denn es gibt ohne Datenträger keine Sache mehr, an der der Rechtsübergang festgemacht werden könnte.

Achtung: Wird die Schriftart nur vorübergehend zur Nutzung überlassen, werden nicht die Vorschriften des Kaufs, sondern der Miete angewandt.

Die Hauptpflicht des Käufers besteht in der Zahlung des Kaufpreises ˣ, § 433 Abs. 2 BGB. Die Verpflichtung zur Abnahme der Kaufsache ist lediglich Nebenpflicht. 108

x
Zahlung des Kaufpreises
Der Käufer muss den vereinbarten Kaufpreis bezahlen und die Sache abnehmen.

Im Gegensatz zu Werkvertrag oder Dienstvertrag besteht beim Kauf nicht die Möglichkeit, sich auf einen »üblichen« Preis zu berufen, wenn ein Kaufpreis nicht vereinbart wurde. Es genügt aber, wenn sich die Vertragsparteien auf ein bestimmtes Verfahren geeinigt haben, mit dem der Kaufpreis festgesetzt wird (bspw. Lizenzentgelt aufgrund der Feststellung eines Sachverständigengutachtens).

Leistungsstörungen im Kaufvertrag

Für den Kaufvertrag gilt das allgemeine Leistungsstörungs- 109
recht (vgl. Rn 58 ff.), soweit die §§ 433 ff. BGB nicht spezielle Regelungen vorsehen. Leistungsstörungen können auf beiden Seiten des Vertrags auftreten.

Spezielle Regelungen sieht das Kaufvertragsrecht vor allem im Bereich der Sach- und Rechtsmängelhaftung vor. Der Stellenwert, den der Gesetzgeber der Mangelfreiheit einräumt, lässt sich schon daran ablesen, dass die Verpflichtung zur »Verschaffung frei von Sach- und Rechtsmängeln« unmittelbar in der Grundnorm des § 433 Abs. 1 BGB betont wird.

Die Schlechtleistung ˣ im Kaufrecht bezieht sich mithin vor allem auf den Verkauf mangelhafter Güter.

x
Schlechtleistung
Das verkaufte Gut leidet unter einem Sach- oder Rechtsmangel.

Ähnlich wie im Werkvertrag (vgl. Rn 48) enthält § 434 BGB eine abgestufte Definition des Sachmangels ˣ für das Kaufrecht.

x
Sachmangel
Eine »abgestufte« Definition in § 434 Abs. 1 BGB.

> Die Kaufsache ist frei von Sachmängeln, wenn sie bei Gefahrübergang die vereinbarte Beschaffenheit hat.
>
> Ist eine Beschaffenheit nicht vereinbart, ist die Kaufsache frei von Sachmängeln, wenn sie sich für die nach dem Vertrag vorausgesetzte Verwendung eignet.

> Ist nach dem Vertrag keine bestimmte Verwendung vorausgesetzt, ist die Kaufsache frei von Mängeln, wenn sie sich für die gewöhnliche Verwendung eignet und eine Beschaffenheit aufweist, die bei Sachen der gleichen Art üblich ist und die der Käufer nach Art der Sache erwarten kann.

Das Gesetz geht also auch für den Kaufvertrag davon aus, dass die Parteien in der Regel eine individuelle Beschaffenheit der Kaufsache vereinbaren, und gelangt erst auf der »untersten Stufe« zu einer gattungsähnlichen Beschreibung der Mangelfreiheit. Im Gegensatz zu dieser Idealvorstellung dürfte aber die ganz überwiegende Zahl aller Kaufvorgänge tatsächlich Gattungskäufe im täglichen Warenumsatz darstellen, bei denen keinerlei individuelle Beschaffenheitsvereinbarungen getroffen werden.

Die Beschaffenheitsvereinbarung erlangt allerdings durch § 434 Abs. 2 BGB eine gewisse Bedeutung: Denn auch Werbeversprechen fallen unter diese Kategorie.

> Beispiel:
>
> Der Graphikdesigner G betreibt ein kleines Zusatzgeschäft. Er bietet über seine Homepage »Photobücher« in einem vorgefertigten Design an, die von seinen Kunden nur noch mit ihren Photos befüllt und mit Beschriftungen versehen werden müssen. Er preist diese Photobücher unter dem Slogan an: »Lieferung mit Hardcover und Fadenbindung innerhalb von 48 Stunden nach Ihrer Bestellung!« Tatsächlich liefert G ohne Fadenbindung und erst nach drei Tagen.
>
> Hier ist es unerheblich, ob ein Hardcover mit Leimbindung vielleicht ebenso tauglich ist, wie eine Fadenbindung oder ob bei Photobüchern gar keine Fadenbindung erwartet werden darf. Denn die Werbeaussage gilt als vereinbarte Eigenschaft i. S. d. § 434 Abs. 1 Satz 1 BGB, ebenso wie die Lieferzeit. Es liegt also ein zweifacher Mangel vor.

Ein Rechtsmangel [x] liegt vor, wenn Dritte in Bezug auf das verkaufte Gut gegen den Käufer Rechte geltend machen können (vgl. auch Rn 92 für den Werkvertrag). Beim Kaufvertrag können vor allem Pfandrechte Dritter an den verkauften Gütern bestehen, die durch den Verkauf nicht beseitigt werden.

x
Rechtsmangel
Er liegt vor, wenn die Kaufsache nicht frei von Rechten Dritter ist.

Beispiele:

Grundpfandrechte an Grundstücken (§§ 1113 ff. BGB)

Pfandrechte an beweglichen Sachen und an Rechten (§§ 1204 ff. BGB) – vor allem zur Sicherung von Forderungen, z. B. von Rückzahlungsansprüchen aus Kreditverträgen

Nießbrauch (§§ 1030 ff. BGB)

Allerdings kann sich der Käufer gem. § 435 BGB auch damit einverstanden erklären, bestimmte Rechte Dritter beim Erwerb zu akzeptieren und hierfür u. U. einen Preisnachlass zu erhalten.

Beispiel:

A erwirbt von B dessen Werbeagentur (Unternehmenskauf). An dem Gewinn der Agentur besitzt der schon zuvor ausgeschiedene Partner C noch einen Nießbrauch in Höhe von 25% für 5 Jahre.

A akzeptiert diese Belastung des Kaufgegenstands (und damit seiner künftigen Gewinnerwartung), da sie nur auf 5 Jahre beschränkt ist und er im Gegenzug von B einen Preisnachlass von 10% erhält. Damit geht die Belastung zugunsten von C auf A über.

Hätte B dem A das Nießbrauchsrecht des C nicht offenbart, wäre der Unternehmenskauf mit einem Rechtsmangel behaftet gewesen.

110 Wenn ein Sach- oder Rechtsmangel vorliegt, sieht das Gesetz in § 437 BGB Rechte des Käufers vor, die das allgemeine Leistungsstörungsrecht modifizieren. Dessen Grundregeln (vgl. Rn 58 ff.) müssen also immer mitgedacht werden, zumal das Kaufrecht jeweils ergänzend auf diese Grundregeln verweist.

Ähnlich wie im Werkvertragsrecht (vgl. Rn 94) ergibt die Gesamtkonzeption der Rechte des Käufers einen Vorrang des Nacherfüllungsanspruchs vor den weiteren Rechten, auch wenn dieser Vorrang nicht ausdrücklich normiert ist. Hier wie dort ist dem Gesetzgeber daran gelegen, eine gewisse Rechtssicherheit herzustellen und eine »zweite Chance« zuzulassen, bevor härtere Einschnitte in den Vertrag gemacht werden müssen.

Der Käufer kann aus den folgenden fünf Rechten wählen:

- Der Käufer kann Nacherfüllung verlangen, §§ 437 Nr. 1, 439 BGB.
- Der Käufer kann vom Vertrag zurücktreten, §§ 437 Nr. 2, 440, 323, 325 Abs. 5 BGB.
- Der Käufer kann den Kaufpreis mindern, §§ 437 Nr. 2, 441 BGB.
- Der Käufer kann Schadensersatz nach dem allgemeinen Leistungsstörungsrecht fordern, §§ 437 Nr. 3, 440, 280, 281, 311a BGB.
- Der Käufer kann den Ersatz vergeblicher Aufwendungen verlangen, §§ 437 Nr. 3, 284 BGB.

Es fällt sofort auf, dass diese Rechte im wesentlichen denjenigen des Werkvertrags entsprechen, weshalb ergänzend auf die dortigen Ausführungen in Rn 93 und 94 verwiesen wird.

Wichtig ist bei beiden Sonderregelungen im Werkvertrags- und Kaufvertragsrecht, dass die Verweisketten mit ihren Voraussetzungen sorgfältig beachtet werden. Nachstehend eine Zusammenfassung der wesentlichen Punkte der Sonderregelung für das Kaufrecht:

Der Käufer, nicht der Verkäufer, hat die Wahl, sich bei der Nacherfüllung entweder für die Beseitigung des Mangels oder für eine Neulieferung zu entscheiden, § 439 Abs. 1 BGB. Dabei trägt der Verkäufer alle zusätzlich entstehenden Kosten, § 439 Abs. 2 BGB. Der Verkäufer kann die Nacherfüllung nur bei unverhältnismäßig hohen Kosten verweigern, § 439 Abs. 3 BGB, und hat das Recht, die mangelhafte Sache vom Käufer herauszuverlangen, § 439 Abs. 4 BGB. Erkennt der Käufer schon bei Lieferung bzw. Übergabe, dass die Sache mangelhaft ist, kann er natürlich auch die Abnahme verweigern und weiterhin (mangelfreie) Erfüllung des Vertrags verlangen.[100]

Der Rücktritt vom Vertrag erscheint gem. § 437 Nr. 2 BGB ohne weiteres möglich. So ist es allerdings nicht, denn die Fristsetzung in § 323 Abs. 1 BGB ist zuvor vom Käufer zu beachten. Der Verkäufer soll noch einmal Gelegenheit zur Leistung oder Nacherfüllung erhalten, bevor der Vertrag gelöst wird. Eine Fristsetzung ist nur dann nicht nötig, wenn die Nacherfüllung durch den Verkäufer verweigert wird oder fehlschlägt, wenn sie unzumutbar ist (§§ 440, 439 Abs. 3 BGB, s. o.) oder wenn Unmöglichkeit eingetreten ist (§ 326 Abs. 5 BGB).

Auch die Minderung des Kaufpreises ist erst nach Fristsetzung und Gelegenheit zur Leistung oder Nacherfüllung möglich. Hier sind gem. § 441 Abs. 1 Satz 1 BGB die Voraussetzungen des Rücktritts entsprechend zu beachten (»Statt zurückzutreten ...«), einschließlich der Ausnahmen von der Pflicht zur Fristsetzung. Die Berechnung der Minderung folgt der Vorgabe des § 441 Abs. 3 BGB: Die Wertdifferenz zwischen mangelfreier und mangelhafter Ware ist durch Schätzung zu ermitteln; in entsprechender Höhe wird der Kaufpreis (ggf. nachträglich) herabgesetzt. Dies kann sich für den Käufer unter Umständen lohnen:

Beispiel:

A kauft von dem Antiquitätenhändler B eine Figur. Nach dem Kauf und vor der Übergabe bricht ein kleines Stück der Figur ab. A kann nun Minderung verlangen, da ein mangelfreier Zustand nicht mehr hergestellt werden kann. Es stellt sich heraus, dass der Wert der Figur ohne Mangel 2.000 EUR betragen hätte. Als Kaufpreis waren aber nur 1.600 EUR vereinbart. Mit dem Mangel ist die Figur nur noch 1.000 EUR wert.

Die Minderung berechnet sich 1.600 × 1.000 : 2.000 = 800. Der Kaufpreis ist damit um 800 EUR herabzusetzen und nicht um nur 600 EUR (1.600 EUR – 1.000 EUR), denn es ist vom tatsächlichen Wert auszugehen, nicht vom vereinbarten Kaufpreis.

Da auch § 281 Abs. 1 BGB die Fristsetzung und Gelegenheit zur Leistung oder Nacherfüllung als Voraussetzung normiert, kann der Käufer Schadensersatz statt der Leistung nur nach fruchtlosem Ablauf dieser Frist verlangen. Hinsichtlich der Ausnahmen von der Fristsetzung gilt wiederum dasselbe wie oben: § 281 Abs. 2 BGB, § 440 BGB – bei der endgültigen Verweigerung der Leistung, bei Unzumutbarkeit der Leistungserbringung und wenn die Leistung unmöglich ist.

Dasselbe gilt für den Ersatz vergeblicher Aufwendungen, der nur anstelle von Schadensersatz statt der Leistung geltend gemacht werden kann, allerdings nach denselben Voraussetzungen, § 284 BGB.

All diese Rechte sind allerdings ausgeschlossen, wenn der Käufer den Mangel bei Vertragsschluss kennt oder grob fahrlässig nicht kennt, vgl. § 443 BGB Abs. 1 BGB.

Verjährung im Kaufvertragsrecht

Auch das Kaufrecht kennt eine besondere Verjährungsregelung [x] in § 438 BGB (zur regelmäßigen Verjährung vgl. Rn 96). 111

x
Besondere Verjährungsfrist
Im Kaufvertragsrecht: regelmäßig 2 Jahre, § 438 Abs. 1 Nr. 3 BGB. Fristbeginn ab Übergabe der Kaufsache. Reguläre Verjährungfristen bei arglistigem Verschweigen eines Mangels durch den Verkäufer.

Die Sonderregelung verkürzt die regelmäßige Verjährung des § 195 BGB von drei Jahren auf zwei Jahre, und zwar für Ansprüche auf Nacherfüllung, Schadensersatz statt Erfüllung und Ersatz vergeblicher Aufwendungen, § 438 Abs. 1 Nr. 3 BGB – das sind alle wesentliche Ansprüche der Sach- und Rechtsmängelhaftung. Außerdem beginnt die Frist abweichend von § 199 BGB bereits ab Übergabe bzw. Ablieferung der Kaufsache zu laufen, 438 Abs. 2 BGB.

Hat der Verkäufer einen Mangel arglistig verschwiegen, gelten diese Erleichterungen allerdings nicht. Gem. §§ 438 Abs. 3 Satz 1, 195, 199 Abs. 1 BGB gilt dann wieder die Drei-Jahres-Zeitspanne, die erst dann zu laufen beginnt, wenn der Käufer Kenntnis des verschwiegenen Mangels erlangt, § 199 Abs. 1 Nr. 2 BGB. Absolute Obergrenze der Verjährung ist allerdings auch bei arglistigem Verschweigen die Zehn-Jahres-Zeitspanne des § 199 Abs. 4 BGB.

> Vgl. Beispielsfall zur ähnlichen Regelung des Werkvertragsrechts in Rn 97.

Bei Kaufverträgen, die sich auf ein Bauwerk beziehen, gilt gem. § 438 Abs. 1 Nr. 2 BGB eine Frist von fünf Jahren. Das gilt auch für Sachen, »die entsprechend ihrer üblichen Verwendungsweise für ein Bauwerk verwendet [wurden] und dessen Mangelhaftigkeit verursacht haben«, also bspw. für Ziegel oder Beton.

Rechtswidrige, schuldhaft herbeigeführte Handlungen können zu Schäden führen. Solche Delikte können sich natürlich auch zwischen Personen ereignen, die nicht in einem Vertragsverhältnis zueinander stehen.

Welche Delikte gibt es im Zivilrecht? Wann ist eine Handlung für den eingetretenen Schaden kausal? Und was bedeutet Gefährdungshaftung?

Im folgenden Kapitel finden sich Antworten mit Bezug zum Tätigkeitsfeld der Gestaltung.

112 In diesem Abschnitt verlassen wir den Bereich der Privatautonomie, der Vertragsfreiheit und der einvernehmlichen Vereinbarungen. Die unerlaubte Handlung x ist ein Unterfall der gesetzlichen Schuldverhältnisse (vgl. Rn 48). Sie ist mit dem Strafrecht verwandt und wird daher auch als »Delikt« bezeichnet.

x
Unerlaubte Handlung = Delikt
Unerlaubte Handlungen sind gesetzliche Schuldverhältnisse. Das Deliktrecht sorgt für den Ausgleich bestimmter Schäden, die von rechtswidrigen und schuldhaft begangenen Handlungen oder Unterlassungen herbeigeführt wurden.

Mit dem Deliktsrecht sorgt der Gesetzgeber für den Ausgleich bestimmter Schäden durch rechtswidrige Handlungen und Unterlassungen. Weil dieser Ausgleich Zwangscharakter hat, ist er nur innerhalb enger gesetzlicher Grenzen möglich. Schadensersatz aufgrund einer unerlaubten Handlung setzt daher regelmäßig voraus:

- ein Handeln oder Unterlassen,
- das den Tatbestand einer gesetzlichen Norm erfüllt,
- das rechtswidrig ist,
- das schuldhaft begangen wurde, sowie
- ein ersatzfähiger Schaden.

Eine weitere Grundbedingung für die Anwendung des Deliktsrechts ist die Deliktsfähigkeit des Schadensverursachers, § 828 BGB – vgl. Rn 15.

§ 823 BGB

113 Zentrale Norm der unerlaubten Handlung ist § 823 BGB. Ähnlich wie im Strafrecht (und vergleichbar mit allen anderen Haftungsnormen) ist bei der Anwendung von § 823 BGB danach zu fragen, ob der objektive Tatbestand der Norm rechtswidrig und schuldhaft erfüllt wurde.

Objektiver Tatbestand

114 Die schadensverursachende »Verletzung« im Tatbestand des § 823 BGB setzt ein Handeln voraus, das als Rechtsbegriff anders definiert wird als die allgemeine Wortbedeutung. Unter Handlung x versteht der Jurist »ein der Bewusstseinskontrolle und Willenslenkung unterliegendes beherrschbares Verhalten unter Ausschluss physischen Zwangs oder unwillkürlichen Reflexes durch fremde Einwirkung«.[101] Dieses Verhalten kann in einem Tun oder einem Unterlassen bestehen.

x
Handlung
Eine Handlung kann in einem Tun oder Unterlassen bestehen.

Beispiele:

Der Student A wird während des Seminars ohnmächtig und fällt dabei auf das Architekturmodell von Studentin B, das völlig zerstört wird.

C wird von einer Wespe gestochen. Seine reflexartige Abwehrbewegung schlägt D das neue Mobiltelephon aus der Hand.

In beiden Fällen kommt ein Schadensersatz nicht in Betracht, da schon keine »Handlung« im Rechtssinn vorgelegen hat.

Zu beachten ist, dass ein Unterlassen nur dann als »Handlung« angesehen werden kann, wenn eine Pflicht zum Tätigwerden besteht.

Beispiel:

Z, die neue Zicke am Empfangstresen der Agentur, beobachtet den Kunden K, wie dieser ungebremst auf die Glastür zumarschiert. Leise lächelnd lauscht sie dem Geräusch des Kopfes, als er gegen das Glas prallt – was für eine schöne Beule wird das geben!

Z hätte aufgrund ihrer Kenntnisse und aufgrund ihrer Aufgaben als Empfangsdame die Pflicht gehabt, K rechtzeitig zu warnen. Denn Z hatte erkannt, dass K die Glasfläche der Tür nicht als solche wahrgenommen hatte. Ihr Unterlassen steht einem Tun gleich.

Die Verletzungshandlung im vorstehend erläuterten Sinne 115
verwirklicht den objektiven Tatbestand aber erst dann, wenn sie für die Verletzung des Rechtsguts ursächlich geworden ist, sog. haftungsbegründende Kausalität (vgl. Rn 132). Außerdem muss durch diese Verletzungshandlung ein Schaden entstanden sein, sog. haftungsausfüllende Kausalität (vgl. ebenfalls Rn 132). Und schließlich muss dieser Schaden auch vom Schutzbereich der Norm des § 823 BGB umfasst sein (vgl. Rn 130).

x
Rechtsgüter
Dies sind materielle und immaterielle Werte.

116 Nicht alle Rechtsgüter x werden vom Gesetz geschützt. Eine unerlaubte Handlung führt daher nur zum Schadensersatz, wenn der Schaden an einem ausdrücklich im Gesetz genannten Rechtsgut entstanden ist.

§ 823 BGB schützt

- das Leben:
  Die Verletzung des Lebens bedeutet die Tötung.
- den Körper:
  Die Verletzung des Körpers bedeutet die Beeinträchtigung der körperlichen Integrität. (Unversehrtheit)
- die Gesundheit:
  Die Verletzung der Gesundheit bedeutet die Störung der körperlichen, geistigen oder seelischen Lebensvorgänge, jedes Hervorrufen oder Steigern eines von den normalen körperlichen Funktionen abweichenden Zustands, unabhängig davon, ob Schmerzen oder eine tiefgreifende Veränderung oder Befindlichkeit auftreten.[102]
- die Freiheit:
  Die Freiheit wird verletzt, wenn die körperliche Bewegungsfreiheit gegen den Willen des Betroffenen nicht nur unerheblich beeinträchtigt wird.[103]
- das Eigentum:
  Die Verletzung des Eigentums bedeutet die Beeinträchtigung der Eigentümerstellung im Sinne der §§ 903 ff. BGB. Dies kann sowohl durch eine Substanzverletzung geschehen (z. B. Zerstörung oder Beschädigung) wie auch durch eine Entziehung des Eigentumsrechts (z. B. Veräußerung einer fremden Sache an einen Gutgläubigen).
- das »sonstige Recht« eines anderen:
  Die Verletzung »sonstiger Rechte« betrifft das Allgemeine Persönlichkeitsrecht des Art. 2 Abs. 1 i. V. m. Art. 1 Abs. 1 GG sowie eigentumsähnliche Rechte, die von jedermann zu beachten sind.[104]

x
Vermögen
Als solches wird es nicht durch § 823 BGB geschützt.

§ 823 BGB schützt allerdings nicht das Vermögen x als solches, d. h. die Summe aller geldwerten Güter und Rechte einer Person.[105] Dabei steht außer Frage, dass von der Verletzung einzelner geschützter Rechtsgüter auch das Vermögen mitbetroffen sein kann. Der Schutz des Vermögens erfolgt auf diese Weise aber allenfalls indirekt und in Teilbereichen über § 823 BGB.

Beispiele für Verletzungshandlungen:

Als der Kunde die Rechnungshöhe hört, regt er sich so auf, dass er in der Agentur an einem Herzinfarkt verstirbt.

Der Praktikant der Agentur schüttet einem weiteren Kunden versehentlich heißen Kaffee über den Arm, so dass dieser eine Verbrühung davonträgt.

Der Inhaber der Agentur steckt drei Mitarbeiter mit einer aggressiven viralen Grippe an.

Der IT-Spezialist der Agentur schließt den Praktikanten versehentlich über Nacht im gesicherten Serverraum ein.

Die Werkstudentin lässt sich das Frühstücksbrötchen der Sekretärin schmecken.

Ein Mitarbeiter verkauft verschiedene Entwürfe der Agentur an ein konkurrierendes Unternehmen, um sich mit dem Kaufpreis endlich selbständig zu machen.

All diese Verletzungshandlungen erfüllen den objektiven Tatbestand des § 823 BGB. Ob sie auch zu einer Haftung der handelnden Personen führen, hängt davon ab, ob diese rechtswidrig und schuldhaft gehandelt haben.

Rechtswidrigkeit

Nicht jede Verletzung eines geschützten Rechtsgutes läuft der Rechtsordnung zuwider. Manche Beeinträchtigungen muss der Inhaber des Rechtsgutes auch hinnehmen, z. B. aufgrund rechtspolitischer oder sozialer Erwägungen. Die Frage nach der Rechtswidrigkeit [x] entscheidet also über die Normwidrigkeit des schädigenden Verhaltens. 117

[x] **Rechtswidrigkeit**
Die Rechtswidrigkeit einer Verletzungshandlung wird indiziert, d. h. vermutet.

Die Lehre und Rechtsprechung haben sich für einen erfolgsbezogenen Begriff der Rechtswidrigkeit entschieden. Jede Verletzung der in § 823 BGB genannten Rechtsgüter indiziert die Rechtswidrigkeit. Die Verletzungshandlung trägt also die Vermutung in sich, dass sie rechtswidrig erfolgt ist. Dagegen muss der Schädiger Rechtfertigungsgründe nachweisen, will er sich von dieser Vermutungswirkung befreien.[106]

Besteht die Verletzungshandlung in einem Tun (in einer aktiven Handlung), ist jede unmittelbare Verletzung der genannten Rechtsgüter rechtswidrig. Im Falle des Unterlassens hingegen tritt die Rechtswidrigkeit nur dann ein, wenn den Schädiger eine Pflicht zum Handeln trifft (so z. B. bei Verkehrssicherungspflichten).

> Beispiele:
>
> Der Praktikant P stellt dem Kunden K aus Boshaftigkeit ein Bein. Dieser stürzt und verletzt sich.
>
> Die Werkstudentin W stellt dem Vertreter V ein Bein, da dieser soeben die Kasse der Agentur entwendet hat und zur Tür flüchtet. Danach fesselt W den verletzten V mit einer Krawatte ihres Chefs, die sie dafür in zwei Hälften schneidet, an den Händen und den Beinen und wartet auf die Polizei.

Im ersten Fall indiziert die Erfüllung des Tatbestands, also die Verletzung der körperlichen Integrität, die Rechtswidrigkeit der Handlung. Rechtfertigungsgründe kann P nicht vorbringen. Im zweiten Fall wird nicht nur die körperliche Integrität von V verletzt, sondern sogar seine Freiheit. Dennoch handelt W nicht rechtswidrig, da sie das Recht zur Selbsthilfe (§ 229 BGB) als Rechtfertigung in Anspruch nehmen kann. Dieses eher unbekannte Recht ermöglicht sogar eine »zivile Festnahme« mit Gewalt – sofern die Voraussetzungen des § 229 BGB erfüllt sind. Auch die Zerstörung der Krawatte ihres Chefs kann W mit der Selbsthilfe rechtfertigen.

Verschulden

118 Das Deliktsrecht setzt ebenso wie das Strafrecht ein Verschulden des Schädigers [x] voraus, ein Prinzip, das auch für den Schadensersatz aufgrund von Leistungsstörungen gilt. Der Eingriff in die Rechtsgüter des Schädigers, den der Schadensausgleich ja mit sich bringt, kann im Lichte der Grundrechte nur damit gerechtfertigt werden, dass der Schädiger hätte anders handeln können und müssen, dass er also in persönlich vorwerfbarer Weise Verantwortung für seine Handlung trägt.

x **Verschulden des Schädigers** Es ist Voraussetzung und Rechtfertigung für den Schadensausgleich. Für eine ausführliche Darstellung vgl. Rn 79

Die Maßstäbe für das Verschulden im Zivilrecht sind einheitlich geregelt, insoweit kann auf Rn 79 ff. verwiesen werden.

Auch im Rahmen des § 823 BGB hat der Schädiger Vorsatz und jede Form von Fahrlässigkeit zu vertreten.

Das Verschulden wird auch als subjektiver Tatbestand ˣ bezeichnet; bei seiner Beurteilung muss von äußeren Anzeichen auf den inneren Tatbestand des Schädigers geschlossen werden. Im Gegensatz zur Rechtswidrigkeit wird das Verschulden nicht durch die Erfüllung des objektiven Tatbestands »indiziert«, es muss dem Schädiger also nachgewiesen werden.

x
Subjektiver Tatbestand
Er muss dem Schädiger nachgewiesen werden.

Neben der dauerhaften oder vorübergehenden Deliktsunfähigkeit (vgl. § 827 BGB und oben Rn 15) kann sich der Schädiger auch auf Schuldausschließungsgründe berufen, um dem Vorwurf persönlicher Verantwortung entgegenzutreten. Zwar enthält das BGB insoweit keine Vorschrift, die Grundsätze des Strafrechts können aber – mit Einschränkungen – herangezogen werden. Das gilt vor allem für § 35 StGB (entschuldigender Notstand), der die §§ 227, 228 BGB ergänzen kann. Auch wenn der Schädiger über ein Verbot im Irrtum ist, kann dies ein Entschuldigungsgrund sein – vorausgesetzt, er hat diesen Irrtum nicht fahrlässig herbeigeführt.[107]

§ 823 Abs. 2 BGB

Lediglich der Vollständigkeit halber sei auf die Besonderheit des § 823 Abs. 2 BGB ˣ hingewiesen. Diese Bestimmung erweitert die Ausgleichsfunktion der unerlaubten Handlung in andere Rechtsgebiete und vervollständigt damit deren große rechtspolitische Bedeutung. 119

x
§ 823 Abs. 2 BGB
Der Paragraph erweitert die Ausgleichsfunktion der unerlaubten Handlung auf andere Rechtsgebiete.

Verletzungshandlung ist hier der Verstoß »gegen ein den Schutz eines anderen bezweckenden Gesetzes« – was jede Rechtsnorm meint, also z. B. auch Verordnungen.

Damit ist zu fragen, was »Schutzgesetz« im Sinne des § 823 Abs. 2 BGB sein kann. Denn mit einem solchen Gesetz muss zumindest auch der Schutz Einzelner oder einzelner Personenkreise bezweckt werden[108] – wobei das Schutzgesetz erkennbar die Herstellung eines individuellen Schadensersatzanspruchs beabsichtigen muss. Es gibt eine Vielzahl von Einzelentscheidungen dazu, welche Rechtsnormen als Schutzgesetz in Frage kommen, insbesondere aus Rechtsgebieten mit Straf- oder Bußgeldvorschriften. Kann die Anwendung von § 823 Abs. 2 BGB in Betracht kommen, ist daher ein Blick in den Gesetzeskommentar empfehlenswert.

Beispiel:

Bei einem Besuch in der Agentur beschädigt der Kunde K unabsichtlich einen Tablet-Computer der Agentur, indem er das Gerät auf den Boden fallen lässt.

K ist haftbar gem. § 823 Abs. 1 BGB, da er das Eigentum der Agentur an der Sache Tablet-Computer infolge der Beschädigung verletzt hat. Die Haftung besteht auch bei einfacher Fahrlässigkeit.

In Betracht käme auch die strafrechtliche Vorschrift des § 303 StGB, Sachbeschädigung. Eine Haftung des K gem. § 823 Abs. 2 BGB in Verbindung mit § 303 StGB scheidet aber aus. Zwar kann § 303 StGB ein taugliches Schutzgesetz im Rahmen des § 823 Abs. 2 BGB sein. Aber: Sachbeschädigung kann strafrechtlich nicht fahrlässig, sondern nur vorsätzlich begangen werden. Deshalb bezweckt § 303 StGB nicht den Schutz individueller Rechtsgüter bei fahrlässigem Handeln und scheidet somit als Schutzgesetz aus.

Hätte K das Gerät absichtlich auf den Boden geworfen, würde er auch gem. §§ 823 Abs. 2 BGB i. V. m. § 303 StGB haften.

§ 826 BGB

Es gibt Schäden, die von den Rechtsgütern oder der Schutzgesetzverweisung des § 823 BGB nicht abgedeckt werden, die aber dennoch so erheblich sind, dass der Rechtsfrieden nur durch einen Ersatz des Schadens wiederhergestellt werden kann. 120

Für solche Schäden bietet § 826 BGB ˣ einen Auffangtatbestand, der sich vor allem auf die Vorwerfbarkeit der Schädigungshandlung stützt: Wer vorsätzlich (!) und in einer gegen die guten Sitten verstoßenden Weise einen anderen schädigt, soll zum Ersatz des hieraus entstehenden Schadens verpflichtet sein.

x
§ 826 BGB
Der Paragraph beschreibt den Auffangtatbestand für vorsätzliche sittenwidrige Schädigungshandlungen. Der Schädiger muss vorsätzlich gehandelt haben.

Die Art des Schadens bzw. des verletzten Rechtsguts ist hierbei unerheblich; § 826 BGB schützt also auch das Vermögen als solches.

Was den guten Sitten ˣ entspricht, ist nicht nur rechtlich zu beantworten. § 826 BGB ist daher – ebenso wie bspw. § 138 oder § 242 BGB – ein »Einfallstor« für den kulturellen Kontext der Zeit, für Ethik und Moral, vgl. Endnote 58.

x
Gute Sitten
Diese entsprechen den Wertungen der Rechts- und Sittenordnung aller »billig und gerecht Denkenden«.

Objektiv sittenwidrig ist mit der aktuellen Rechtsprechung des BGH eine Handlung, »die nach Art und Gesamtcharakter, der durch zusammenfassende Würdigung von Inhalt, Beweggrund und Zweck zu ermitteln ist, gegen das Anstandsgefühl aller billig und gerecht Denkenden verstößt, d. h. mit den grundlegenden Wertungen der Rechts- und Sittenordnung nicht vereinbar ist«.[109]

Abgesehen vom »normalen Vorsatz« muss noch eine »besondere Verwerflichkeit des Verhaltens« hinzukommen, die sich aus dem verfolgten Ziel, den eingesetzten Mitteln, der zutage tretenden Gesinnung oder den eintretenden Folgen ergeben kann.[110]

Weil § 826 BGB als Auffangtatbestand vor allem besondere Fallkonstellationen erfasst, hat sich für diese Vorschrift eine Art »case law« ergeben, also die Bildung von Fallgruppen durch die Rechtsprechung.[111] Auch für die Anwendung von § 826 BGB empfiehlt sich daher ein Blick in den Gesetzeskommentar.

Beispiel:

Das amerikanische Unternehmen A Ltd. wirbt am amerikanischen Markt mit der Marke »ultracool« für Kleidung. Dem konkurrierenden deutschen Unternehmen B GmbH ist bekanntgeworden, dass die A Ltd. in Kürze auch in Deutschland werben möchte. Deshalb meldet die B GmbH die Marke »ultracool« noch schnell als Marke beim Deutschen Patent- und Markenamt an, nur um die Benutzung durch die A Ltd. auf dem deutschen Markt zu verhindern. Ein derartiges Vorgehen ist sittenwidrig und würde auch zu einer Haftung gem. § 826 BGB führen. Denn das Markenrecht darf nur innerhalb des lauteren Wettbewerbs ausgeübt werden.[112]

Gefährdungshaftung

121 Auch ohne Verschulden kann eine Haftung begründet werden. In diesen Fällen spricht man von Gefährdungshaftung ˣ. Das BGB kennt die Gefährdungshaftung für den Tierhalter. Außerhalb des BGB sind das Straßenverkehrsgesetz (StVG) und die Produkthaftung (ProdHaftG) als Gefährdungshaftung ausgestaltet.

x **Gefährdungshaftung**
Haftung ohne Verschulden.

Der Gefährdungshaftung liegt die Erwägung zugrunde, dass eine (abstrakte) Erhöhung der Gefahrenlage für die Umgebung eine verschärfte Haftung für den Verursacher dieser Gefahrenlage nach sich ziehen muss. Wer bspw. zu seinem Vergnügen einen Hund in der Öffentlichkeit ausführt, wer am öffentlichen Verkehr mit Luxus eines motorisierten Fahrzeugs teilnimmt oder wer Produkte herstellt und zur Gewinnerzielung am öffentlichen Markt vertreibt, der erhöht überall dort aus eigenem Interesse die potentielle Gefahrenlage für seine Mitmenschen, ohne dass diese zuvor ihre Einwilligung erteilt haben. Denn trotz aller Sorgfalt lassen sich Tiere, Kraftfahrzeuge, Flugzeuge, Eisenbahnen, Kernenergie o. ä. nicht vollständig kontrollieren oder beherrschen.

§ 833 BGB regelt die Haftung des Tierhalters. Ähnlich wie bei § 823 BGB sind die geschützten Rechtsgüter das Leben, der Körper und die Gesundheit des Menschen, sowie die Integrität von Sachen. Wenn ein Tier eines dieser Rechtsgüter verletzt, haftet sein Halter auch ohne Verschulden.

Fall 1:

Der Designer D hält sich privat einen Leguan, den er auch gerne seinen Freunden präsentiert. E wird von diesem Leguan gebissen, als sie friedlich auf dem Sofa sitzt – dem Lieblingsplatz der Echse, was E freilich nicht wusste. Die Wunde entzündet sich und muss aufwendig behandelt werden.

D haftet gem. § 833 BGB für die Behandlungskosten und hat auch ein Schmerzensgeld zu zahlen (§ 253 Abs. 2 BGB). Es ist dabei völlig unerheblich, ob D »etwas für den Biss konnte«, ihn also verschuldet hat oder hätte verhindern können.

Wird das Tier allerdings nicht zum Vergnügen gehalten, sondern aus beruflichen Gründen oder weil es dem Unterhalt des Tierhalters dient, muss der Schaden dann nicht ersetzt werden, wenn der Tierhalter sorgfältig gehandelt hat oder der Schaden auch bei sorgfältigem Handeln nicht zu verhindern gewesen wäre.

Fall 2:

Der Designer D hat seinen Leguan zum Maskottchen der Agentur ernannt. Sein Terrarium steht im Wartebereich für die Kunden und es gibt mittlerweile auch Videoclips mit dem Tier , die im Internet abgerufen werden können – wobei D über Bannerwerbung bei jedem Abruf Geld verdient. Als sich der Kunde K neugierig über das Terrarium beugt und das Tier streicheln will, wird er vom Leguan gebissen.

Fall 3:

H ist blind. Aus diesem Grund ist er Halter eines ausgebildeten Blindenhunds. An einer Kreuzung erschrickt sich der Blindenhund so sehr über Bremsgeräusche und die laute Hupe eines LKW unmittelbar vor ihm, dass er in Panik gerät und in die Wade einer Frau beißt, die neben H und seinem Hund wartet.

Im Fall 2 wird man den beruflichen Zweck des Leguans bejahen können, insbesondere mit Blick auf die Einnahmen aus den Videoclips. D haftet daher nicht gem. § 833 BGB, denn er hat das Tier in einem Terrarium verschlossen gehalten und damit sorgfältig gehandelt. Außerdem wäre hier auch ein erhebliches Mitverschulden des K gem. § 254 BGB zu berücksichtigen, da dieser seinerseits die Sorgfalt außer Acht gelassen hat, die »ein ordentlicher und verständiger Mensch gegenüber Tieren zu beobachten pflegt, um sich vor Schaden zu bewahren«.[113]

Im Fall 3 haftet auch H nicht gemäß § 833 BGB. Denn ein ausgebildeter Blindenhund »dient dem Unterhalt« seines blinden Halters im Sinne des § 833 Satz 2 BGB.[114] H hat sich auch sorgfältig verhalten. Zwar muss mit Panikreaktionen von Tieren im Straßenverkehr gerechnet werden; die übliche Ausbildung eines Blindenhundes verhindert solche Reaktionen jedoch weitgehend, worauf sich H bei einer Standardsituation verlassen durfte.

Vor allem im Straßenverkehr ist die Gefährdungshaftung ein ganz wesentlicher Faktor für die Zumessung des Schadensersatzes und die Verteilung der Haftungsquoten zwischen den Beteiligten eines Unfalls. Das Zusammenspiel von BGB und StVG hat zu einer sehr ausdifferenzierten Rechtsprechung geführt, die von Laien in manchen Fällen kaum noch nachvollzogen werden kann. Grundsätzlich gilt aber auch dort: Bei einem Unfall zwischen einem Fußgänger und einem Kraftfahrer hat letzterer allein aufgrund der Betriebsgefahr seines Fahrzeugs immer eine verschuldensunabhängige Haftung zu erwarten. Diese kann ihn voll treffen oder in Form einer Quote abgemildert sein, je nach Lage des Falls und einem eventuellen Mitverschulden des Fußgängers gem. § 254 BGB.

Nicht nur unerlaubte Handlungen führen zu Schäden. Auch Leistungsstörungen können erhebliche wirtschaftliche Folgen nach sich ziehen.

Dieses Kapitel erläutert den Kausalzusammenhang zwischen Ursache und Wirkung sowie den Zurechnungszusammenhang und erklärt, was der Schutzzweck einer Norm ist.

Das ist durchaus von praktischer Bedeutung, denn leider wird nicht jeder Schaden ersetzt. Und möglicherweise trifft den Geschädigten ja auch ein Mitverschulden.

122 Es ist eine Hauptaufgabe des zivilen Rechts, den Frieden dadurch zu erhalten, dass Schäden von ihren Verursachern innerhalb eines geordneten und bekannten Verfahrens kompensiert werden. Ein Recht zur Selbsthilfe – etwa im Sinne der mittelalterlichen Fehde – ist damit ausgeschlossen, das Gewaltmonopol liegt beim Staat.

x **Schadensersatz**
Er erhält den Rechtsfrieden.

Die Pflicht zum Schadensersatz x kann sich aus verschiedenen Umständen ergeben, die in den Rn 47–121 dargestellt wurden. Dabei gilt immer der Grundsatz: Kein Schadensersatz ohne ein Verschulden des Schädigers; eine wesentliche Ausnahme hiervon ist allerdings die Gefährdungshaftung (vgl. Rn 121).

Übersicht Anspruchsgrundlagen und Schadensersatz

Gesetzliche Schuldverhältnisse	Vertragliche Schuldverhältnisse
insbesondere Unerlaubte Handlungen z. B. §823, §826	insbesondere Leistungsstörungen in Verträgen, z. B. Nebenpflichtverletzungen (§§ 282, 241 Abs. 1), Schlechtleistung (§ 281), Unmöglichkeit (§§ 275, 283)
	↓
	§ 280 zentrale Haftungsnorm

↓

Ausnahme Gefährdungshaftung z. B. § 833 — Verschulden Vorsatz oder Fahrlässigkeit

↓

Schadensersatz

In allen Fällen, in denen ein Schadensersatz in Betracht kommt – sei es aufgrund eines gesetzlichen oder vertraglichen Schuldverhältnisses – kann ein einheitliches Prüfungsschema x herangezogen werden: 123

x
Prüfungsschema
Es gilt für alle Schadensersatzansprüche.

- Liegt ein Schaden vor?
- Wurde der Schaden kausal durch den Anspruchsgegner verursacht?
- Ist der Schaden dem Anspruchsgegner zuzurechnen?
- In welcher Art und in welchem Umfang muss der Schaden ersetzt werden?

Schaden

Unter einem Schaden x versteht der Jurist jede Einbuße, die jemand unfreiwillig an seinen rechtlich geschützten Gütern, wie Gesundheit, Ehre, Eigentum oder Vermögen erleidet (»natürlicher Schadensbegriff«[115]). Allerdings wird zwischen materiellen und immateriellen Schäden unterschieden. 124

x
Schaden
Jede unfreiwillige Einbuße an rechtlich geschützten Gütern ist ein Schaden.

Ein materieller Schaden oder Vermögensschaden x liegt vor, wenn der Wert des Schadens in Geld bemessen werden kann. Dies ist nach der Differenzhypothese dann der Fall, wenn der tatsächliche Wert des Vermögens nach dem Schaden geringer ist als der Wert, den das Vermögen vor dem Schadensfall hatte (also vor dem die Ersatzpflicht begründenden Ereignis).[116] Vermögensschäden sind gem. §§ 249–252 BGB in voller Höhe zu ersetzen. 125

x
Vermögensschaden
Es handelt sich hierbei um eine in Geld messbare Einbuße.

Ein immaterieller Schaden oder Nichtvermögensschaden x liegt vor, wenn der Wert des Schadens nicht einfach mit einem Vermögensvergleich ermittelt werden kann. Das betrifft vor allem die Verletzung des Lebens, des Körpers, der Gesundheit, der Ehre oder der Freiheit. Immaterielle Schäden werden nur durch Geld ersetzt, wenn das Gesetz dies ausdrücklich anordnet, § 253 Abs. 1 BGB. 126

x
Nichtvermögensschaden
Es handelt sich um eine nicht in Geld messbare Beeinträchtigung geschützter Rechtsgüter.

§ 253 Abs. 2 BGB normiert den wichtigsten Fall des Immaterialgüterersatzes: das Schmerzensgeld x.[117] Eine weitere gesetzliche Ausnahme ist die Entschädigung für nutzlos aufgewendete Urlaubszeit gem. § 651 f Abs. 2 BGB.

x
Schmerzensgeld
Es ist der wichtigste Ersatz für Nichtvermögensschäden.

Eine Schadensbeseitigung durch Naturalrestitution gem. § 249 BGB – also die Wiederherstellung des ursprünglichen Zustands, nicht der Geldersatz – kann vom Geschädigten stets gefordert werden. Dies dürfte bei den meisten Nichtvermögensschäden aber kaum praktische Bedeutung haben.

> Beispiel:
>
> A beschädigt einen Laptop des B.

Der Vermögensvergleich vor und nach der Beschädigung (Differenzhypothese) entspricht dem Minderwert des Laptops, der durch die Beschädigung entstanden ist. Diesen Schaden ermitteln im Streitfall Sachverständigengutachten.

> Beispiel:
>
> A gibt B eine Ohrfeige.

Hier ist ein Vermögensvergleich nicht möglich, da die körperliche Integrität und die Ehre keine Vermögensbestandteile sind. Wie hoch das Schmerzensgeld gem. § 253 Abs. 2 BGB ausfällt, bestimmt daher im Streitfall ein Gericht nach »billigem Ermessen« gem. § 278 ZPO, wobei es sich meist an Vorentscheidungen orientiert, die bspw. in Schmerzensgeldtabellen zusammengestellt werden.

Nur wenn ein Schaden vorliegt – ein materieller oder immaterieller – kann Schadensersatz gewährt werden.

Kausalität

127 Der eingetretene Schaden muss auch auf der Schädigungshandlung beruhen, diese muss also ursächlich, d. h. kausal für den Schadenseintritt sein. Um im Rechtssinne beurteilen zu können, ob eine solche Kausalität vorliegt, haben Rechtsprechung und Lehre die Äquivalenz- sowie die Adäquanztheorie entwickelt.

Der Ausgangspunkt der Überlegungen, des »Zurechnungszusammenhangs«, wird von der Äquivalenztheorie ˣ bestimmt, die den logisch-naturwissenschaftlichen Ursachenbegriff aufnimmt. Alle einzelnen Bedingungen sind grundsätzlich gleichwertig in der Gesamtheit aller Bedingungen (=Ursache). Kausal ist jedes Ereignis (jede Bedingung), das nicht hinweggedacht werden kann, ohne dass der Erfolg entfiele (conditio sine qua non). 128

x
Äquivalenztheorie
Kausal ist jedes Ereignis, das nicht hinweggedacht werden kann, ohne dass der Erfolg entfiele.

Beispiel:

Elvis lebt.

Die Eltern von Elvis haben diesen gezeugt. Diese Zeugung kann nicht hinweggedacht werden, ohne dass Elvis nicht mehr leben würde. Nach der conditio-sine-qua-non-Formel war die Zeugung der Eltern äquivalent kausal dafür, dass Elvis lebt.

Die Äquivalenztheorie würde allerdings zu unerträglichen Ergebnissen führen, wenn sie nicht durch die Adäquanztheorie ˣ begrenzt würde. Wandeln wir unser Beispiel etwas ab: 129

x
Adäquanztheorie
Sie beschränkt die Äquivalenz auf wahrscheinliche Kausalverläufe.

Elvis parkt im Halteverbot.

Sind die Eltern von Elvis auch für dessen Ordnungswidrigkeit verantwortlich? Haben sie diese verursacht?

Nach der conditio-sine-qua-non-Formel und damit nach der Äquivalenztheorie muss diese Frage eindeutig mit »ja« beantwortet werden. Die Zeugung von Elvis kann nicht hinweggedacht werden, ohne dass auch sein Falschparken entfiele. Um also eine unübersehbare und unzumutbare Ausdehnung des Kausalitätsstranges zu verhindern, bedarf es sozusagen des Fallbeils der Adäquanz. Unwahrscheinliche Kausalverläufe sollen keine Haftung begründen können. Der BGH hat die Adäquanztheorie positiv und negativ formuliert: Negativ ausgedrückt darf die Möglichkeit des Schadenseintritts nicht außerhalb aller Wahrscheinlichkeit liegen;[118] positiv muss das Ereignis die Möglichkeit eines Erfolges der eingetretenen Art generell nicht unerheblich erhöht haben.[119]

Zusammengesetzt ergibt sich etwa folgende Definition: Das Ereignis muss im allgemeinen und nicht nur unter besonderen eigenartigen, unwahrscheinlichen und nach dem gewöhnlichen Verlauf der Dinge außer Betracht zu lassenden Umständen geeignet sein, einen Erfolg der eingetretenen Art herbeizuführen.[120]

Nun kann man vielleicht darüber streiten, ob Falschparken ein vorhersehbares Verhalten für einen Sohn ist (im Rechtssinne ist es das nicht). Klar wird die Notwendigkeit des »Fallbeils« der Adäquanztheorie aber an dem folgenden Beispiel:

> Der Student S berichtet seinem schärfsten Konkurrenten K grinsend, dass er soeben eine Jobzusage erhalten hat. Sein Auskommen nach dem Bachelor sei damit gesichert.
>
> K regt sich darüber so sehr auf, dass er einen Herzinfarkt erleidet und stirbt.

S hat in diesem Fall die äquivalente Ursache für den Herzinfarkt des K gesetzt. S konnte aber nicht vorhersehen, dass K diese Nachricht derart aufregen würde, dass er an einem Herzinfarkt verstirbt. Hier liegen »besondere eigenartige, unwahrscheinliche und nach dem gewöhnlichen Verlauf der Dinge außer Betracht zu lassenden Umstände« vor, die die Adäquanz des Verhaltens des S entfallen lassen. Seine Mitteilung gilt damit als nicht kausal für den Tod des K. Anders läge der Fall bspw. dann, wenn S davon gewusst hätte, dass K an einer Herzerkrankung leidet und sich keinesfalls aufregen darf.

Bei der Beurteilung der Äquivalenz- und Adäquanztheorie kommt es übrigens auf eine objektive nachträglich Prognose an, nicht auf die subjektive Einsicht des Schädigers. Im Rahmen dieser Prognose sind alle »dem optimalen Betrachter zur Zeit des Eintritts des Schadens erkennbaren Umstände« zu berücksichtigen.[121] Dabei geht es nicht darum, ob dem Schädiger etwas »zugemutet« werden kann, sondern nur darum, ganz unwahrscheinliche Kausalverläufe auszufiltern.[122]

Schutzzweck der Norm

Der »Zurechnungszusammenhang« der Kausalität beschränkt sich allerdings nicht nur auf die Anwendung der Adäquanztheorie zur Begrenzung der Äquivalenztheorie. Um unangemessene Ergebnisse möglichst zu vermeiden, muss zusätzlich nach dem Schutzzweck der haftungsbegründenden Norm gefragt werden. Zu der Adäquanz, die ja auf die Wahrscheinlichkeit des Kausalverlaufs bezogen ist, kommt mit dem Schutzzweck der Norm x noch ein wertendes Korrektiv hinzu. Liegt der verursachte Schaden außerhalb des Schutzzwecks, den die anzuwendende Vorschrift beabsichtigt, wird eine Zurechnung des Schadens zu Lasten des Schädigers verneint. Welche Rechtsgüter die Norm schützen möchte und welches Verhalten sie sanktioniert, muss durch Auslegung ermittelt werden (vgl. Rn 33). Der BGH hat dies folgendermaßen ausgedrückt: »Eine Schadensersatzpflicht besteht nur, wenn der geltend gemachte Schaden nach Art und Entstehungsweise unter den Schutzzweck der verletzten Norm fällt; es muss sich um Nachteile handeln, die aus dem Bereich der Gefahren stammen, zu deren Abwendung die verletzte Norm erlassen oder die verletzte vertragliche oder vorvertragliche Pflicht übernommen worden ist«.[123] 130

x
Schutzzweck der Norm
Darüber wird die Zurechnung des Schadens auch wertend begrenzt. Ein Schaden, der vom Zweck der Norm nicht erfasst wird, muss nicht ersetzt werden.

Beispiel:

A hat einen Verkehrsunfall verursacht und dabei den Fahrradfahrer B verletzt. Als B im Krankenhaus wegen seiner leichten Verletzungen behandelt wird, entdecken die Ärzte eine andere Erkrankung, die zur Frühpensionierung des B führt.

In diesem Fall soll § 823 Abs. 1 BGB die körperliche Integrität des B schützen, soweit sie durch das Unfallereignis beeinträchtigt wurde. Deshalb müssen die unfallbezogenen Schäden, bspw. die Arztkosten und ein Schmerzensgeld, auch von A ersetzt werden. Die Folgen der Frühpensionierung sind aber nicht mehr durch den Zweck der Norm gedeckt. § 823 BGB beabsichtigt nicht, dem Unfallverursacher die zufällige Entdeckung einer unfallunabhängigen Erkrankung aufzubürden. Die Entdeckung dieser Erkrankung ist als allgemeines Lebensrisiko des B zu bewerten.[124]

Im Zusammenhang mit dem Schutzweck der Norm werden nicht selten tragische Fälle diskutiert. Hierzu gehört z. B. auch die sog. »wrongful-life-Problematik«: Hat ein Kind, das mit schweren Missbildungen geboren wurde, einen Anspruch auf Entschädigung gem. § 823 Abs. 1 BGB, da seine Abtreibung wegen einer ärztlichen Fehlberatung unterblieben ist? Diese Frage hat einige Diskussionen ausgelöst. Der BGH hat sich schließlich unter Berufung auf den Schutzzweck der Norm gegen eine Entschädigung ausgesprochen – kein Mensch habe einen Anspruch auf Nichtexistenz.[125]

Der »Zurechnungszusammenhang« erstreckt sich gleichermaßen auf gesetzliche wie vertragliche Schuldverhältnisse. Wird bspw. eine Vertragsstrafe oder ein Schadensersatz für ein bestimmtes vertragswidriges Verhalten vereinbart, ist ebenfalls auszulegen, ob der Schutz vor bestimmten Schäden noch von dieser Vereinbarung bezweckt wird oder nicht.

131 **Zurechnungszusammenhang**

Äquivalente Kausalität
logisch-naturwissenschaftliche Ursache,
jede Bedingung ist gleichwertig

↓

Begrenzung durch Adäquanz
unwahrscheinliche Kausalverläufe
werden »abgeschnitten«

↓

Schutzzweck der Norm
außerhalb des Zwecks liegende
Schäden werden nicht ersetzt

Der Zurechnungszusammenhang bezieht sich sowohl auf die haftungsbegründende als auch auf die haftungsausfüllende Kausalität. 131

Die haftungsbegründende Kausalität stellt den Zusammenhang zwischen Verletzungshandlung und Verletzungserfolg her, also das, was man gemeinhin unter Ursachenzusammenhang versteht.

> Beispiel:
>
> A hat einen Verkehrsunfall verursacht und dabei den Fahrradfahrer B am Knie verletzt.

Die Verletzung des Knies von B wurde durch A adäquat kausal herbeigeführt, so dass dessen Haftung begründet ist. A hat das Rechtsgut »körperliche Integrität« des § 823 Abs. 1 BGB pflichtwidrig verletzt. Auch der Schutzzweck der Norm § 823 BGB beabsichtigt den Ersatz des hierdurch eingetretenen Schadens durch A.

> B nutzt seine Behandlung des Knies im Krankenhaus, um sich ein künstliches Kniegelenk einsetzen zu lassen, da er schon länger Probleme mit diesem Knie hatte.

Die Mehrkosten für das künstliche Kniegelenk müssen von A nicht getragen werden. Sie sind von dem Schutzzweck der Norm nicht mehr erfasst. Es besteht keine haftungsausfüllende Kausalität für diese Mehrkosten.

Art und Umfang des Schadensersatzes

Zentrale Norm des Schadensersatzrechtes ist § 249 BGB [x]. 133
Der gesetzliche Grundsatz ist klar formuliert: »Wer zum Schadensersatze verpflichtet ist, hat den Zustand herzustellen, der bestehen würde, wenn der zum Ersatz verpflichtende Umstand nicht eingetreten wäre«.

x
§ 249 BGB
Zentrale Norm des Schadensersatzrechtes.

Der Gesetzgeber geht also nicht etwa vom Geldersatz als Regelfall aus, sondern von der Naturalrestitution [x], von der Wiederherstellung des schadensfreien Zustandes »in Natur«.

x
Naturalrestitution
Wiederherstellung des schadensfreien Zustands »in Natur«.

Beispiel:

Der Gestalter G hat mit dem Kunden K vereinbart, seine Entwürfe für ein neues Verpackungsdesign in dessen Büro zu präsentieren. Leider hantiert er mit seiner Mappe so ungeschickt, dass er eine Vase auf den Boden stößt, wo diese in viele Einzelteile zerspringt.

G ist dem K aufgrund von zwei Anspruchsgrundlagen zum Schadensersatz verpflichtet: zum einen aus Vertrag, da er seine Nebenpflichten gem. §§ 241 Abs. 2, 280 Abs. 1 BGB verletzt hat, zum anderen aus unerlaubter Handlung, da das Eigentum des K an seiner Vase gem. § 823 Abs. 1 BGB verletzt wurde. Wenn G nun die gleiche (!) Vase neu kauft und dem K überreicht, hat er seiner Ersatzpflicht gem. § 249 Abs. 1 BGB genügt.

Falls die Vase des K Gebrauchsspuren aufwies, weil sie vielleicht schon etwas älter war, würde K einen Vorteil erhalten, wenn G ihm eine neue Vase überreicht. Für derartige Fälle hat die Rechtsprechung den sog. Abzug »neu für alt« entwickelt. Der Geschädigte hat sich Vorteile anrechnen zu lassen, wenn mit dem Schadensersatz eine Wertverbesserung verbunden ist. Dabei ist allerdings Zurückhaltung geboten. Die Wertverbesserung muss dem Geschädigten einen messbaren Vermögensvorteil bringen und ihr Ausgleich darf den Geschädigten nicht unzumutbar belasten.[126]

In unserem Fall würde der Abzug »neu für alt« dazu führen, dass K dem G Zug um Zug gegen Übergabe der Vase einen Geldbetrag zu zahlen hätte, der dem Minderwert einer gebrauchten Vase gegenüber einer neuen Vase entspräche. In unserem Beispiel ist das jedoch abzulehnen. Der Ausgleich weniger Gebrauchsspuren an einer Vase stellt keine »messbare« Wertverbesserung im Rechtssinne bei K dar. Wichtig ist der Abzug »neu für alt« aber insbesondere bei der Abwicklung von Verkehrsunfällen.

Der Geschädigte muss sich allerdings nicht in jedem Fall auf die Grundregel der Naturalrestitution einlassen. § 249 Abs. 2 BGB gibt ihm das Recht, Geldersatz x zu verlangen, wenn eine Person verletzt oder eine Sache beschädigt wird – so dass der Geldersatz zum faktischen Regelfall wird. Dies wird damit begründet, dass es dem Verletzten in den genannten Fällen nicht zuzumuten ist, ausgerechnet vom Schädiger die Wiederherstellung des ursprünglichen Zustands annehmen zu müssen.

x
Geldersatz
Faktischer Regelfall.

Zur Berechnung des Geldersatzes (Differenzhypothese) vgl. oben Rn 125 f. Im Zweifelsfall entscheidet ein Gericht im Wege der Schätzung gem. § 287 ZPO, wobei es sich meist auf gutachterliche Bewertungen von Sachverständigen stützen wird, die das Gericht selbst bestellt (in dem Fall sind die gerichtlichen Sachverständigen »das Auge und Ohr des Gerichts«).

Nur selten legt das Gesetz eine verbindliche Berechnungsmethode fest, so dass die Schadenshöhe einer Schätzung durch das Gericht entzogen ist. Beispiele hierfür sind der Zinsschaden gem. § 288 BGB oder die Verzinsungspflicht im Rahmen der unerlaubten Handlung, § 849 BGB.

Besonderheiten ergeben sich für den Schadensersatz im Urheberrecht (und bei ähnlichen Ausschließlichkeitsrechten, auch bei der Verletzung von Namens- und Firmenrechten), was für den Bereich der Gestaltung natürlich von gesteigertem Interesse ist: Der Verletzte kann wählen zwischen dem Anspruch auf Herausgabe des Gewinns, den der Schädiger aufgrund der rechtswidrigen Nutzung erzielt hat[127] und dem Schadensersatzanspruch. Wählt er den Schadensersatzanspruch, kann er diesen entweder konkret berechnen (tatsächlich eingetretener Schaden, Differenzhypothese) oder abstrakt im Umfang einer fiktiven und angemessenen Lizenzgebühr.[128]

Praxishinweis
Besonderheiten für den Schadensersatz im Urheberrecht und ähnlichen Ausschließlichkeitsrechten: Der Verletzte hat eine dreifache Wahlmöglichkeit.

Mitverschulden

134 Hat der Geschädigte an der Verursachung des Schadens mitgewirkt, muss diese Tatsache gem. § 254 BGB berücksichtigt werden. Dies gilt auch im Rahmen der Gefährdungshaftung (Rn 121).

x
Mitverschulden des Geschädigten
Es führt regelmäßig zu einer Quotelung des Schadensersatzes – der Geschädigte muss einen Teil selbst tragen.

Ein Mitverschulden des Geschädigten x führt zu einer Quotelung des Schadensersatzes, die sich an den konkreten Umständen des Falls orientiert, insbesondere am Grad des beiderseitigen Verschuldens. In Ausnahmefällen kann § 254 BGB sogar dazu führen, dass der Schädiger gänzlich von seiner Ersatzpflicht befreit wird.

> Beispiel:
>
> A und B, die Helden der Fakultät für Gestaltung, kommen auf die grandiose Idee, in einer lauen Sommernacht über den Zaun des Grundstücks ihres Professors P zu steigen, um dort im Pool zu baden.
>
> P ist noch wach und bemerkt das nächtliche Bad. Leise holt er sein Luftgewehr aus dem Schrank und verjagt voll tiefer Befriedigung A und B, die er ohnehin nicht leiden kann, mit einigen Schüssen. Beide werden dabei leicht verletzt.
>
> Können A und B Ansprüche gegen P geltend machen?

Durch die Schüsse von P sind A und B verletzt worden, es kommt daher gem. § 823 Abs. 1 BGB (und § 823 Abs. 2 BGB i. V. m. §§ 233, 224 Abs. 1 Nr. 2 StGB, gefährliche Körperverletzung) grundsätzlich ein Anspruch auf Schadensersatz gegen P in Betracht. Allerdings lag eine Notwehrsituation gem. § 227 BGB vor.[129] Das Eigentum des P war durch den Einbruch beeinträchtigt. Außerdem war P auch berechtigt, gem. § 859 Abs. 1 BGB Selbsthilfe in Form von Gewalt anzuwenden. Seine Verteidigung wäre für P Rechtsfertigungsgrund und ließe eine Haftung gem. § 823 BGB entfallen – über Verschulden oder Mitverschulden müsste dann nicht mehr diskutiert werden.

Problematisch erweist sich für P allerdings der Griff zur Waffe (als solche gilt auch ein Luftgewehr!). Die Schüsse waren objektiv nicht geboten, zumal P seine Studenten A und B kannte; er hätte die beiden auch einfach mit Worten zur Rechenschaft ziehen und des Grundstücks verweisen können. Dieser »Selbsthilfeexzess« des P lässt aber dessen eigentlich bestehende Rechtfertigung wieder entfallen, so dass seine Haftung gem. § 823 BGB wieder auflebt.

Nun muss also doch noch die Frage des Mitverschuldens erörtert werden. A und B haben durch ihr vorsätzliches rechtswidriges Eindringen auf ein fremdes Grundstück den Schaden in erheblicher Weise mitverschuldet, weshalb sie gem. § 254 BGB einen Teil des Schadens selbst zu tragen haben. Da sich aber auch P seines Selbsthilfeexzesses bewusst war, dürfte die Quote hälftig ausfallen.[130]

Praktisch bedeutsam ist die Frage eines Mitverschuldens des Geschädigten vor allem bei Straßenverkehrsunfällen und bei der Vernachlässigung der Aufsichtspflicht bei Kindern bzw. Jugendlichen.

Bedeutung kann auch die Hinweispflicht des § 254 Abs. 2 BGB haben. Danach muss der Schuldner darauf hingewiesen werden, dass ein ungewöhnlich hoher Schaden droht, den der Schuldner nicht selbst erkennt oder erkennen kann (Warnpflicht [x]). 135

x
Warnpflicht
Sie besteht für nicht vorhersehbare Schäden

Beispiel:

Der Kunde K stellt dem Gestalter G eine Porzellanfigur zur Verfügung, damit dieser ein Logo in Anlehnung an das Design der Figur entwickeln kann.

Wenn K den G nicht darauf hinweist, dass die Porzellanfigur die letzte ihrer Art ist und in Sammlerkreisen über 500.000 EUR für sie geboten werden, trifft ihn bei der Beschädigung der Figur durch G ein Mitverschulden gem. § 254 Abs. 2 BGB.

136 Ohnehin ist der Geschädigte zur Minderung des Schadens verpflichtet, § 254 Abs. 2 Satz 1 2. Halbsatz BGB. Ein Mitverschulden des Geschädigten liegt also auch vor, wenn dieser Maßnahmen unterlässt, die ein ordentlicher und verständiger Mensch ergreifen würde, um den Schaden abzuwehren oder zu mindern. [131] Der entscheidende Maßstab zur Abwägung ist hierbei § 242 BGB (Treu und Glauben).

Beispiel:

A hat B bei einem Verkehrsunfall verletzt. B liegt im Krankenhaus, kann aber noch kommunizieren.

Wenn B es nun unterlässt, seinen Kunden anzurufen, ihm von dem Unfall zu berichten und eine Vertretungslösung zur Betreuung des Kunden zu organisieren, trifft ihn ein Mitverschulden gegenüber A, falls der Kunde den Auftrag kündigt und B hierdurch Schäden entstehen. Vom Ersatz dieses Folgeschadens wäre A befreit.

Das Verbraucherrecht ist mittlerweile zum festen Bestandteil des deutschen Rechts geworden. Maßgeblich durch europäische Initiativen vorangetrieben hat es im BGB einige Systembrüche verursacht. Leider ist es auch nicht sehr übersichtlich geregelt.

Dennoch gehört das Verbraucherrecht zum Pflichtprogramm für den Fachbereich Gestaltung. Vor allem der Bereich des E-Commerce wird erheblich von seinen Vorschriften beeinflusst.

Eine gute Gestaltung der gesetzlichen Informationspflichten wird immer wichtiger und für den Gestalter zum Wettbewerbsvorteil.

137 Zu Beginn der Berufstätigkeit werden Gestalter häufiger Verträge mit Verbrauchern abschließen. Gestalter sind – als Privatpersonen – natürlich auch selbst Verbraucher. Aus diesem Grund lohnt sich ein Blick auf das sog. Verbraucherrecht, das sich mittlerweile in diversen Vorschriften durch das BGB zieht. Außerdem prägen seine Vorgaben den ständig wachsenden Markt des E-Commerce ganz erheblich.

Entstehung des Verbraucherrechts

138 Seit der Richtlinie »85/577/EWG des Rates vom 20. Dezember 1985 betreffend den Verbraucherschutz im Falle von außerhalb von Geschäftsräumen geschlossenen Verträgen (ABl. EG Nr. L 372 S. 31)« wird Deutschland mit dem europäischen Verbraucherrecht [x] konfrontiert – die Rechtsentwicklung dauert also immerhin schon über 30 Jahre an.[132]

x **Verbraucherrecht**
Es existiert auf europäischer Ebene seit 1985. In Deutschland wurde der Begriff des Verbrauchers 2000 ins BGB eingeführt.

Der Begriff des Verbrauchers wurde schließlich im Jahr 2000 ins BGB eingeführt, vgl. die Legaldefinition in § 13 BGB. Seither ist der Verbraucher ein besonders zu schützender und zu behandelnder Mensch. Boshaft formuliert könnte man sagen, dass der Verbraucher als weniger mündig gedacht wird, sozusagen kognitiv entwicklungsfähig, dass er gern und aufmerksam Kleingedrucktes liest (sogar auf mobilen Endgeräten) und dass er stets aufs Neue über dieselben Dinge aufgeklärt werden muss, wofür er dankbar ist – und sich dabei modern und fortschrittlich fühlt.

Der europäische Verbraucherbegriff ist nicht im liberalen Rechtsdenken verankert, das die Prinzipien des BGB prägt (vgl. Rn 5 f.). Nicht die Mündigkeit des aufgeklärten Rechtssubjekts steht im Vordergrund, sondern der Schutz der »typischerweise strukturell unterlegenen« Privatperson im Geschäftsverkehr mit Unternehmen.[133] Dieser Schutz ist zu einer wichtigen Zielvorstellung im Zivilrecht geworden, die sich mittlerweile in einer Vielzahl zwingender Vorschriften niederschlägt; ihre Nichtbeachtung hat meist die Nichtigkeit des betreffenden Rechtsgeschäfts zur Folge.

Aus den amtlichen Anmerkungen zu § 13 BGB kann entnommen werden, welche europarechtlichen Bestimmungen hinter der Einführung des Verbraucherbegriffs in das BGB stehen. Es sind mittlerweile mehr als zehn Richtlinien, die von Deutschland umgesetzt wurden. Die letzte große Änderung wurde mit der Verbraucherrechterichtlinie (EU-Richtlinie über die Rechte der Verbraucher 83/2011 vom 25. Oktober 2011, VRRL) durchgeführt. Diese Richtlinie wurde von Deutschland ohne Übergangszeitraum ab dem 13. Juni 2014 umgesetzt; Änderungsschwerpunkt waren hierbei die Bestimmungen der §§ 312 ff. BGB und der §§ 355 ff. BGB. Diese beiden Abschnitte speziell für Verbraucher wurden weitgehend neu gefasst.

Der Kern der gesetzlichen Regelung im Überblick: 139

§ 310 Abs. 3 BGB:
Definition des Verbrauchervertrags und Hinweis auf anwendbare Vorschriften im Rahmen der Inhaltskontrolle gem. §§ 305 ff. BGB (Allgemeine Geschäftsbedingungen)

§§ 312 bis 312k BGB:
Grundsätze bei Verbraucherverträgen und besonderen Vertriebsformen

§§ 312 bis 312a BGB:
Verbraucherverträge

§§ 312b bis 312h BGB:
außerhalb von Geschäftsräumen geschlossene Verträge und Fernabsatzverträge

§§ 312i bis 312j BGB:
Verträge im elektronischen Geschäftsverkehr

§§ 355 bis 361 BGB:
Widerrufsrecht bei Verbraucherverträgen

Verbraucher und Unternehmer

140 Die Begriffe Verbraucher und Unternehmer sind für das Verbraucherrecht miteinander verklammert. Denn das Verbraucherrecht findet vor allem bei Verbraucherverträgen Anwendung, die § 310 Abs. 3 BGB als Verträge zwischen Verbrauchern und Unternehmern definiert.

Verbraucherbegriff

141 Gemäß § 13 BGB ist ein Verbraucher ˣ »jede natürliche Person, die ein Rechtsgeschäft zu Zwecken abschließt, die überwiegend weder ihrer gewerblichen noch ihrer selbständigen beruflichen Tätigkeit zugerechnet werden können«. Der Begriff zielt also auf den privaten Rechtsverkehr, bspw. Urlaub, Freizeit, Sport, Gesundheitsvorsorge, Haushalt und die eigene Verwaltung des privaten Vermögens, auch ein Einzelunternehmer, der für den privaten Haushalt einkauft.

x
Verbraucher
Verbraucher ist jede natürliche Person, die für ihren privaten Bereich Rechtsgeschäfte abschließt.

> Beispiele:
>
> Der angestellte Designer A kauft sich eine Textausgabe des BGB zur Fortbildung: A handelt als Verbraucher. Zwar ist das BGB berufsbezogen, A ist jedoch nicht selbständig tätig.
>
> Der selbständige Designer B kauft sich eine Textausgabe des BGB zur Fortbildung: B handelt nicht als Verbraucher. Denn das BGB ist berufsbezogen und B ist selbständig.
>
> Der selbständige Designer C kauft sich eine Textausgabe des BGB, um sie seinem Sohn zu schenken: C handelt als Verbraucher, denn das BGB ist als Geschenk für seinen Sohn dem privaten Bereich zuzuordnen.

Über die Zuordnung zum privaten oder unternehmerischen Bereich entscheidet übrigens nicht der Wille des Handelnden, sondern der durch Auslegung (vgl. Rn 33) zu ermittelnde Inhalt des Rechtsgeschäfts.[134]

Unternehmerbegriff

Im Rahmen des Verbraucherrechts ist der Unternehmer der Gegenspieler des Verbrauchers. 142

Unternehmer [x] ist gemäß § 14 BGB »eine natürliche oder juristische Person oder eine rechtsfähige Personengesellschaft, die bei Abschluss eines Rechtsgeschäfts in Ausübung ihrer gewerblichen oder selbständigen beruflichen Tätigkeit handelt«. Diese Beschreibung greift in die weiter gefasste des BGH, der auch mit Blick auf das Handels- und Steuerrecht definiert: »Unternehmer ist jede natürliche oder juristische Person, die am Markt planmäßig und dauerhaft Leistungen gegen ein Entgelt anbietet«. Auf eine Gewinnerzielungsabsicht kommt es dabei übrigens nicht an.[135] Wenn also der vom BGH definierte Unternehmer »in Ausübung seiner unternehmerischen Tätigkeit« handelt, steht er dem Verbraucher in einem Verbrauchervertrag gegenüber.[136]

x
Unternehmer
Er bietet planmäßig und dauerhaft, gewerblich oder selbständig Leistungen gegen Entgelt an.

> Beispiel:
>
> Der Gestalter G handelt auch dann als Unternehmer, wenn er seinem Nachbarn für »nur« zwei Kisten Bier als Gegenleistung ein Logo zeichnet (b2c = business to customer)
>
> Die A-GmbH handelt zwar als Unternehmerin, wenn sie für den Kunden K eine neue Typographie entwickelt. Aber: Sofern K selbst Unternehmer ist, wäre dies kein Verbrauchervertrag, da dann auf beiden Seiten Unternehmer ständen (b2b = business to business).

Es sei nochmals betont, dass das Verbraucherrecht immer nur im Verhältnis zwischen Unternehmer (§ 14 BGB) und Verbraucher (§13 BGB) anzuwenden ist. Verträge zwischen Unternehmern (b2b) oder Verträge zwischen Verbrauchern (c2c) unterliegen nicht diesem Sonderrecht![137]

Ausnahmen vom Verbrauchergeschäft

143 Bei der Einfügung des Verbraucherrechts in das BGB wurde nach und nach deutlich, dass manche eigentlich typischen Verbrauchergeschäfte nicht als solche behandelt werden können.

> Beispiele:
>
> Taxifahrten, Warenabgaben über Automaten, der Kauf von drei Kugeln Eis bei einem Straßenhändler, die Behandlung durch einen Notarzt

Der Gesetzgeber hat daher (zum Teil mit Nachbesserungen) in zwei Bereichen Korrekturen vorgenommen. Er hat das Widerrufsrecht für einige Sachverhalte wieder eingeschränkt (vgl. unten Rn 156) und in § 312 Abs. 2 ff. BGB bestimmte Rechtsgeschäfte gänzlich von der Anwendung des Verbraucherrechts ausgenommen, so auch die im vorstehenden Beispiel genannten. Diesen Katalog der »Bereichsausnahmen«x in § 312 BGB sollte ein Unternehmer also sorgfältig prüfen – hat er ein Geschäftsfeld gewählt, das in diesen Bereichsausnahmen »b2c« betreibt, gelten für ihn trotz Verbrauchernähe die normalen gesetzlichen Vorschriften. Praktisch wichtige Bereichsausnahmen sind neben der Personenbeförderung (§ 312 Abs. 2 Nr. 5) und dem Automatengeschäft (§ 312 Abs. 2 Nr. 9) die notariell beurkundeten Verträge (§ 312 Abs. 2 Nr. 1 und 2) sowie die sofort erfüllten Kleingeschäfte des täglichen Bedarfs (§ 312 Abs. 2 Nr. 12).

x **Bereichsausnahmen**
In diesen Bereichen wird kein Verbraucherrecht angewendet.

Schutz des Verbrauchers

144 Der Verbraucher soll in allen Phasen der Vertragsabwicklung möglichst gut vor einem Missbrauch des »strukturellen Ungleichgewichts« durch den Unternehmer geschützt werden. Neben einer gewissen Inhaltskontrolle setzt das Verbraucherrecht daher auf eine wesentliche Verschärfung der Informationspflichten vor und während des Vertragsabschlusses und auf ein weitreichendes Widerrufsrecht zugunsten des Verbrauchers.

Inhaltskontrolle

Bestimmte Vertragsinhalte sollen zu Lasten des Verbrauchers gar nicht erst vereinbart werden dürfen. Zu diesem Zweck – einem erheblichen Eingriff in die Vertragsfreiheit – hat der Gesetzgeber sowohl zwingende Rechtsvorschriften erlassen, wie auch die richterliche Kontrolle der häufig verwendeten Verträge des Massenverkehrs ausgeweitet. 145

Als Beispiel für die Einfügung zwingenden Verbraucherrechts in das BGB sei auf § 475 BGB verwiesen, der diverse Sonderrechte des Verbrauchers beim Verbrauchsgüterkauf (474 Abs. 1 BGB) vorschreibt, wodurch allerdings die »große Linie« des Kaufrechts nicht verändert wird. Insbesondere sind vertragliche Absprachen zu Lasten des Käufers untersagt, wenn hierdurch vom gesetzlichen Kaufrecht abgewichen werden soll (was bei Nicht-Verbrauchern gestattet ist, da es sich beim Kaufrecht eigentlich um dispositives, also »aufhebbares« Recht handelt).

Das Abspracheverbot trifft eingeschränkt auch auf die Verkürzung der Verjährungsfristen zu, vgl. § 475 Abs. 2 BGB. Bei der Versendung der Kaufsache an den Käufer geht – abweichend von der gesetzlichen Regel, vgl. Rn 54 – die Gefahr für den Untergang oder die Verschlechterung der Kaufsache erst dann auf den Käufer über, wenn er den Besitz an der Sache erlangt hat, diese also tatsächlich bei ihm ankommt. § 475 BGB hält auch noch weitere Erleichterungen zugunsten des Käufers bereit, z. B. im Zusammenhang mit der Schlechtleistung.

Dabei fällt schon bei diesem ersten Blick in den jungen Gesetzestext des »speziellen Verbraucherrechts« auf, dass es sich um eine relativ komplizierte Regelung handelt, die mit sehr vielen Verweisen arbeitet und sehr »technisch« angelegt ist. Das ist methodisch in gewisser Weise notwendig, da es sich ja um eine nachträgliche Ausnahmeregelung handelt, die sozusagen im gesamten Rechtsquerschnitt bestimmte Weichen zugunsten des Verbrauchers umlegen muss.

Es macht aber die Arbeit mit dem Gesetzestext keineswegs einfacher und sein materieller Gehalt (was ändert sich denn eigentlich in der Sache selbst?) ist gerade für Verbraucher oder verbraucherorientierte Unternehmer kaum noch aus dem Gesetz herauszulesen. Diese Kritik muss dem gesamten Verbraucherrecht entgegengehalten werden. Darüber hinaus gelten weitere zwingende Vorschriften des Verbraucherrechts neben dem Verbrauchsgüterkauf.[138]

x
Allgemeine Geschäftsbedingungen
Inhaltskontrolle wird vor allem im Bereich Allgemeiner Geschäftsbedingungen ausgeübt.

146 Gerade im Massengeschäft des business to customer (b2c) wird sehr häufig mit vorformulierten Vertragstexten oder sog. Allgemeinen Geschäftsbedingungen x gearbeitet. Bis zum Inkrafttreten des Gesetzes zur Modernisierung des Schuldrechts 2002 galt hierfür das Gesetz zur Regelung des Rechts der Allgemeinen Geschäftsbedingung (AGBG), mit dem nach dem Grundsatz von Treu und Glauben (§ 242 BGB) die Übervorteilung der Vertragspartner durch das »Kleingedruckte« verhindert werden sollte. Im Nachgang zu einer EU-Richtlinie von 1993[139] wurde sodann der wesentliche Inhalt des AGBG im Jahr 2002 in die §§ 305 ff. BGB übernommen. Auch danach folgten noch einige Änderungen im Zusammenhang mit den Verbraucherrechtsnovellen des BGB.

Was der Gesetzgeber in diesem Zusammenhang unter Inhaltskontrolle versteht, hat er in § 307 Abs. 1 BGB normiert: »Bestimmungen in Allgemeinen Geschäftsbedingungen sind unwirksam, wenn sie den Vertragspartner des Verwenders entgegen den Geboten von Treu und Glauben unangemessen benachteiligen.« Das ist im Zweifel dann anzunehmen, so Abs. 2, wenn AGB mit dem wesentlichen Grundgedanken der gesetzlichen Regelung, von der abgewichen werden soll, nicht vereinbar sind oder wenn wesentliche Rechte und Pflichten, die sich aus der Natur des Vertrags ergeben, so eingeschränkt werden sollen, dass die Erreichung des Vertragszwecks gefährdet ist.

Ausgehend von dieser General- und Auffangklausel zählt das BGB in § 308 und § 309 etliche Klauselverbote mit und ohne Wertungsmöglichkeit auf, deren Verwendung unwirksam ist.

Beispiel:

Die Werbeagentur verwendet bei allen Kunden ein Vertragsmuster, das eine pauschalierte »Bearbeitungsgebühr« für den Fall vorsieht, dass der Kunde von ihm zu liefernde Informationen nicht rechtzeitig zur Verfügung stellt. Die Höhe der Bearbeitungsgebühr entspricht 80% des vereinbarten Werklohns.

Es handelt sich um Allgemeine Geschäftsbedingungen, da derselbe Vertragstext in einer Vielzahl von Fällen verwendet wird, § 305 Abs. 1 BGB. Die »Bearbeitungsgebühr« stellt tatsächlich einen pauschalierten Schadensersatz für den Annahmeverzug des Bestellers dar (§ 642 BGB, vgl. Rn 91). Sie ist, vor allem in Höhe einer starren Pauschale von 80% des Werklohns, gem. § 309 Nr. 5 BGB unzulässig (übrigens sogar unabhängig davon, ob der Besteller Verbraucher ist oder nicht).

Diese Inhaltskontrolle wird gem. § 310 BGB im Geschäftsverhältnis zwischen Unternehmen nur eingeschränkt ausgeübt, im Verbraucherrecht hingegen verschärft. 147

Praxishinweis
Sorgfalt bei der Verwendung von Musterverträgen.

Für die Praxis – auch im Fachbereich Gestaltung – sind folgende Hinweise wichtig:

- Um Allgemeine Geschäftsbedingungen handelt es sich immer dann, wenn Bedingungen für eine Vielzahl von Verträgen vorformuliert sind, § 305 Abs. 1 BGB. Das müssen nicht immer gesonderte, kleingedruckte Bedingungen sein. Auch ein vorformulierter »Mustervertrag«, der mindestens drei Mal[140] verwendet wird, unterliegt schon der verschärften Inhaltskontrolle!
- Die Verwendung unwirksamer Klauseln in Vertragswerken ist im Regelfall wettbewerbswidrig gem. §§ 3, 3a, 5 Abs. 1 UWG, insbesondere gegenüber Verbrauchern. Dies kann zu Abmahnungen und erheblichen Kosten führen und ggf. sogar strafbar sein.

— Im Bereich Allgemeiner Geschäftsbedingungen ist die Rechtsprechung relativ aktiv, es gibt viele Einzelfallentscheidungen. Die ständige Prüfung solcher Vertragswerke durch spezialisierte Rechtsanwälte ist teuer und keine Garantie dafür, dass nicht schon morgen eine weitere Rechtsänderung eintritt.

Jeder Gestalter, der unternehmerisch tätig ist, sollte sich daher die Katalogtatbestände der §§ 305–310 BGB genau durchlesen und darauf bedacht sein, mehrfach verwendete Vertragsunterlagen so knapp wie möglich und so nah wie möglich am Gesetzestext zu halten.

Informationspflichten

148 »Nur wer über wirklich alle Umstände seiner vertraglichen Pflichten und Rechte umfassend aufgeklärt ist, kann sich aus freien Stücken für oder gegen den Abschluss eines solchen Vertrags entscheiden.« Dieser oder ein ähnlicher Leitsatz mag die Flut an Informationspflichten verursacht haben, die Unternehmer gegenüber Verbrauchern mittlerweile zu erfüllen haben. Das Misstrauen des Gesetzgebers geht sogar so weit, dem Unternehmer einige Formulierungen wörtlich vorzuschreiben, die dieser bei Verbraucherverträgen in bestimmten Situationen zu verwenden hat. Dennoch bleibt die so angestrebte Aufklärung des Verbrauchers zwangsläufig Stückwerk, da er das ihm präsentierte Informationsmosaik ohne juristische Ausbildung schlechterdings zu keinem wirklich stimmigen Bild zusammensetzen kann.

149 Die für den Markt wichtigsten gesetzlichen Regelungen über Informationspflichten finden sich in § 312d BGB (Informationspflichten bei außerhalb von Geschäftsräumen geschlossenen Verträgen und Fernabsatzverträgen) und in § 312j BGB (besondere Pflichten im elektronischen Geschäftsverkehr gegenüber Verbrauchern). Eine hiermit verknüpfte zentrale Vorschrift hat der Gesetzgeber an völlig entlegener Stelle untergebracht, nämlich in Art. 246 ff. EGBGB (Einführungsgesetz zum BGB) nebst diversen wichtigen Anlagen, die im Anhang zum EGBGB abgedruckt sind.[141]

Bestimmte Informationen muss der Unternehmer dem 150
Verbraucher bereits vor Vertragsschluss [x] zukommen lassen.

x
Informationspflichten
Die meisten Informationen müssen dem Verbraucher schon vor Abschluss des Vertrags zur Verfügung gestellt werden.

Führt der Unternehmer einen telephonischen Kontakt herbei mit dem Ziel des Vertragsabschlusses, hat er seine Identität und den geschäftlichen Zweck des Anrufs preiszugeben, § 312a Abs. 1 BGB.[142]

Im übrigen muss jeder Unternehmer jeden Verbraucher grundsätzlich gemäß § 312a Abs. 2 BGB i. V. m. Art 246 EGBGB [x] informieren. Dort ist in Abs. 1 ein ausführlicher Katalog von acht Punkten enthalten, der sich u. a. auf Beschaffenheitsangaben, Kontaktdaten, Preisangaben, Zahlungs-, Liefer- und Leistungsbedingungen, das Bestehen von Mängelhaftungsrechten und Garantien, Vertragslaufzeiten, sowie Funktions- und Kompatibilitätsangaben bezieht. Nicht zu vergessen ist auch der Hinweis auf ein Widerrufsrecht, sofern dieses besteht, Art. 246 Abs. 3 EGBGB.

x
Art. 246 EGBGB
Für alle normalen Verbrauchergeschäfte finden sich hier acht wesentliche Punkte. Ausnahmen sind Geschäfte des täglichen Lebens, die sofort erfüllt werden, Art. 246 Abs. 2 EGBGB.

Für die spezielle Situation von Geschäftsabschlüssen außerhalb von Geschäftsräumen (Definition in § 312b Abs. 1 BGB) und von Fernabsatzverträgen (Definition in § 312c Abs. 1 BGB) verpflichtet § 312d BGB zu besonderen Informationen vor Vertragsschluss unter Verweis auf Art. 246a § 1 EGBGB [x]. Dort sind in Abs. 1 sogar 16 Punkte aufgelistet, die neben den schon bekannten acht noch Kostengesichtspunkte umfassen, Informationen zu Abonnements, die Mindestdauer von Verpflichtungen, die Funktionsweise digitaler Inhalte etc. Auch hier gehört ein Verweis auf ein etwa bestehendes Widerrufsrecht dazu, Art. 246a Abs. 2 EGBGB. Die §§ 2 und 3 des Art. 246a EGBGB sehen gewisse Erleichterungen vor, so z. B. im Hinblick auf die begrenzten Darstellungsmöglichkeiten mobiler Endgeräte. Wichtig sind die formalen Anforderungen an die Art und Weise, wie diese Informationen dem Verbraucher übermittelt werden müssen, § 4 des Art. 246a EGBGB: Sie haben klar, verständlich und grundsätzlich in Papierform (!) zu erfolgen.

x
Art. 246a § 1 EGBGB
Für Abschlüsse außerhalb von Geschäftsräumen und bei Fernabsatzverträgen finden sich hier 16 wesentliche Punkte.

x
Art. 246c EGBGB für den elektronischen Geschäftsverkehr
Es finden sich hier fünf wesentliche Punkte. Weitere Pflichten in 312j BGB, insbesondere »Button-Lösung«.

Für die ebenfalls spezielle Situation des rein elektronischen Geschäftsverkehrs x (Definition in § 312i Abs. 1 BGB) verpflichten § 312i und § 312j BGB zu weiteren besonderen Informationen vor Vertragsabschluss, wobei auf Art. 246c EGBGB verwiesen wird. § 312j Abs. 2 BGB stellt klar, dass für Verbraucher außerdem noch bestimmte Punkte des Art. 246a § 1 Abs. 1 EGBGB erfüllt sein müssen. Die Besonderheiten liegen hier in der Information über die einzelnen technischen Schritte, die zum Vertragsabschluss führen, wie und wo welche Vertragsbestimmungen gespeichert werden, welche Korrekturmöglichkeiten für die Eingabe bestehen und ob Lieferbeschränkungen bestehen

Praktisch sehr wichtig ist die erst zuletzt eingeführte »Button-Lösung« des § 312j Abs. 3 Satz 2 BGB, die den Unternehmer zu einer Schaltfläche mit der Beschriftung »zahlungspflichtig bestellen« verpflichtet, ohne die kein wirksamer Vertragsschluss zustande kommt. Da der elektronische Geschäftsverkehr in aller Regel auch Fernabsatz bedeutet, sind die dortigen Regeln zusätzlich anwendbar; dies betrifft vor allem den Hinweis auf ein eventuelles Widerrufsrecht des Verbrauchers über Art. 246a § 1 Abs. 2 EGBGB.

151 Weitere Informationen muss der Unternehmer dem Verbraucher während oder unmittelbar nach dem Vertragsschluss zukommen lassen.

Bei Geschäftsabschlüssen außerhalb von Geschäftsräumen sieht § 312 f BGB vor, dass der Unternehmer dem Verbraucher »alsbald« entweder eine Abschrift des Vertragsdokuments oder zumindest eine Bestätigung über den Vertragsinhalt auf Papier (!) zur Verfügung stellt. Mit Einwilligung des Verbrauchers kann aber auch hier eine andere Form der dauerhaften Übermittlung gewählt werden. Sollte der Unternehmer die Informationen gem. Art. 246a EGBGB vor Vertragsabschluss nicht dauerhaft übermittelt haben, muss er dies nun spätestens nachholen.

Bei Fernabsatzverträgen muss eine Bestätigung über den Vertragsinhalt spätestens bei Lieferung der Ware oder bevor mit der Ausführung der Dienstleistung begonnen wird, erfolgen, § 312 f Abs. 2 BGB. Auch hier besteht gleichzeitig die letzte Möglichkeit zur Nachholung einer dauerhaften Übermittlung gem. Art. 246a EGBGB.

Im elektronischen Geschäftsverkehr muss dem Kunden gem. § 312i Abs. 1 Nr. 4 BGB bei Vertragsschluss die Möglichkeit gegeben werden, die Vertragsbestimmungen einschließlich etwaiger AGB abzurufen und »in wiedergabefähiger Form abzuspeichern«.

Natürlich hat der Gestalter die beschriebenen Informationspflichten als Unternehmer selbst zu wahren, wenn er von Verbrauchern Aufträge entgegennimmt. Er sollte aber auch in Ausübung seines Berufes, z. B. bei der Gestaltung von Webshops, Apps, Benutzeroberflächen oder verkaufsfördernden Maßnahmen, ausreichend Platz oder technische Lösungen bereitstellen, um seinem Auftraggeber die Erfüllung der rechtlichen Kommunikationsaufgabe »Informationspflichten« ohne Gestaltungsbrüche zu ermöglichen. Die Gestaltung eines Webshops ohne »Button-Lösung« kann mangelhaft sein. 152

Praxishinweis
Eine gute Gestaltung der rechtlich geforderten Kommunikation wird zunehmend wichtiger.

Widerrufsrecht

Das Schwert des Verbrauchers ist sein Widerrufsrecht [x]. Und für diese Waffe nimmt der Gesetzgeber eine ganz erhebliche Durchbrechung eines uralten Prinzips in Kauf: »pacta sunt servanda« hieß es schon im römischen Recht, »Verträge müssen eingehalten werden«. Denn ohne besondere Berechtigung (z. B.:Rücktritt oder Kündigung) kann ein einmal geschlossener Vertrag nicht wieder aufgelöst werden, er muss erfüllt werden. 153

x
Widerrufsrecht
Es ist das schärfste Recht des Verbrauchers.

Das Verbraucherrecht hat diesen über 2000 Jahre alten Rechtsgrundsatz kurzerhand aufgehoben und räumt dem Verbraucher in den §§ 355 ff. BGB ein einseitiges Widerrufsrecht ein, mit dem ein abgeschlossener Vertrag wieder aufgelöst werden kann: »... so sind der Verbraucher und der Unternehmer an ihre auf den Abschluss des Vertrags gerichteten Willenserklärungen nicht mehr gebunden, wenn der Verbraucher seine Willenserklärung fristgerecht widerrufen hat«, § 355 Abs. 1 Satz 1 BGB.

154 Allerdings ist der Widerruf an verschiedene Voraussetzungen geknüpft:

— Der Widerruf muss gesetzlich zugelassen sein.
— Das Widerrufsrecht muss durch Erklärung des Verbrauchers ausgeübt werden.
— Der Widerruf muss innerhalb der gesetzlichen Frist erfolgen.

Praxishinweis
Widerruf benötigt keine Begründung.

Bereits an dieser Stelle sei darauf hingewiesen, dass der Widerruf nicht begründet werden muss, § 355 Abs. 1 Satz 4 BGB.

155 Ein Widerrufsrecht besteht nur, wenn das Gesetz dem Verbraucher dieses Recht ausdrücklich einräumt, vgl. § 355 Abs. 1 Satz 1 BGB. Der Unternehmer muss diese Frage für seine Geschäftstätigkeit laufend selbst überprüfen, denn er hat den Verbraucher darüber zu informieren, ob und auf welche Weise ihm ein Widerrufsrecht zusteht, vgl. z. B. § 312d BGB i. V. m. Art. 246a § 1 Abs. 2 EGBGB.

Das Gesetz gestattet den Widerruf vor allem aufgrund der folgenden Vertragsabschlüsse:[143]

— außerhalb von Geschäftsräumen (§ 312g BGB)
— Fernabsatzverträge, auch elektronisch (312g BGB)
— Verbraucherdarlehen (§ 495 BGB)
— Ratenlieferungsvertrag (§ 510 BGB)

Es sind also in erster Linie die Umstände des Vertragsabschlusses, an die das Gesetz das Verbraucherprivileg zur Auflösung des Vertrags knüpft. Dadurch soll der Verbraucher vor »Überrumpelung« geschützt werden, auch vor unüberlegten Handlungen an ungewöhnlichen Orten. Typischerweise herabgesetzte Hemmschwellen des Verbrauchers – außerhalb der Geschäftslokale – sollen dem Unternehmer nicht allzu viel nützen.

Wie bereits oben ausgeführt, ist für bestimmte Sachverhalte aber auch das Widerrufsrecht ausgeschlossen [x]. Der Katalog hierfür ist in § 312g Abs. 2 BGB enthalten, er betrifft daher »nur« außerhalb von Geschäftsräumen abgeschlossene Geschäfte und Fernabsatzgeschäfte (d. h. aber in der Praxis den größten Teil aller Verbrauchergeschäfte). Dieser Katalog hat einige Bedeutung, denn er ist ein effizientes rechtspolitisches Mittel, um einem Missbrauch des Verbraucherrechts zu Lasten der Unternehmer entgegenzuwirken. 156

x
Ausschluss des Widerrufs
Das Widerrufsrecht ist für bestimmte Fälle ausgeschlossen, s. Katalog des § 312g Abs. 2 BGB. Achtung: Für Verbrauchergeschäfte, die innerhalb von Geschäftsräumen abgeschlossen werden, gibt es kein Widerrufsrecht.

Der Verbraucher soll sich nicht in den vollen Genuss der Leistung oder der Waren bringen können und auch danach noch das Recht haben, den Vertrag rückwirkend aufzulösen; dies betrifft z. B. Zeitungen u. ä. (§ 312g Abs. 2 Nr. 7 BGB) und versiegelte Waren nach Öffnen des Siegels (§§ 312g Abs. 2 Nr. 3 und Nr. 6 BGB, Tonträger, Bildträger und Software). Auch für schnell verderbliche Waren soll das Widerrufsrecht ausgeschlossen sein (§ 312g Abs. 2 Nr. 2 BGB) oder für Waren, mit deren Preisschwankungen spekuliert werden könnte (z. B. §§ 312g Abs. 2 Nr. 5 BGB, Alkohol, oder Nr. 8, Finanzdienstleistungen).

Wichtig ist der Ausschluss des Widerrufsrechts auch für solche Waren, die erst auf Wunsch des Verbrauchers individuell hergestellt wurden (312g Abs. 2 Nr. 1 BGB).

Für Verbrauchergeschäfte, die innerhalb von Geschäftsräumen abgeschlossen werden, gibt es kein Widerrufsrecht! Denn bei solchen »ganz normalen« Verträgen gibt es keine besonderen Umstände, die die Möglichkeit zum »Überdenken« rechtfertigen würden.

Beispiel:

A kauft sich in einem Ladengeschäft eines großen Modelabels ein Hemd.

Wenn das Unternehmen kein Umtauschrecht eingeräumt hat (das ist bekanntlich freiwillig, vgl. Endnote 109) kann A das Hemd nicht zurückgeben, auch wenn es ihm nicht passt. Ein Widerrufsrecht besteht für diesen Verbrauchervertrag nicht.

Wenn A dasselbe Hemd bei demselben Unternehmen über den Webshop bestellt hat, kann er sein Widerrufsrecht ausüben, auch wenn das Unternehmen kein Umtauschrecht gewährt. Denn in diesem Fall handelt es sich um einen Fernabsatzvertrag, vgl. § 312g Abs. 1 BGB.

x
Widerrufserklärung
Sie ist eine formfreie einseitige Willenserklärung des Verbrauchers. Der Zugang muss vom Verbraucher bewiesen werden.

157 Besteht nun ein gesetzliches Widerrufsrecht (und ist es nicht ausnahmsweise ausgeschlossen), dann muss der Verbraucher dieses Recht mittels einseitiger, empfangsbedürftiger Willenserklärung x gegenüber dem Unternehmer ausüben, § 355 Abs. 1 Sätze 2 und 3 BGB. Diese Willenserklärung ist nach den allgemeinen Grundsätzen auszulegen (vgl. Rn 18 ff.). Das Wort »Widerruf« muss nicht verwendet werden. Allerdings muss die Erklärung den Vertrag so genau bezeichnen, dass der Unternehmer die Erklärung zuordnen kann. Nicht ausreichend ist bspw. die kommentarlose Rücksendung der Ware.[144]

Der Widerruf kann formfrei erklärt werden, also mündlich, per Fax, per E-Mail oder per SMS. Der Verbraucher hat allerdings zu beweisen, dass der Unternehmer seinen Widerruf zur Kenntnis nehmen konnte. Der Verbraucher ist daher gut beraten, das Fax oder das Einwurf-Einschreiben zu wählen. Für außerhalb von Geschäftsräumen geschlossene Verträge und Fernabsatzverträge (auch in elektronischer Form) eröffnet § 356 Abs. 1 BGB dem Unternehmer die Möglichkeit, von dem Musterwiderrufsformular Gebrauch zu machen, das der Gesetzgeber im Anhang als Anlage 2 zu Art. 246a § 1 Abs. 2 Satz 1 Nr. 1 EGBGB abgedruckt hat.

Dieses Musterformular kann auch in elektronischer Form z. B. auf der Homepage des Unternehmers oder in dessen Webshop eingebunden und vom Verbraucher online ausgefüllt werden. In diesem Fall muss der Unternehmer dem Verbraucher den Zugang unverzüglich auf einem dauerhaften Datenträger bestätigen, § 356 Abs. 1 Satz 2 BGB.

Wer in diesem Umfeld Gestaltungsarbeiten übernimmt, sollte an die Einbindung des amtlichen Musterformulars denken. Das Formular ist für den Unternehmer die sicherste Form, seinen Pflichten gegenüber dem Verbraucher zu genügen. Außerdem setzt die Verwendung aufgrund der Formularvorgaben einen gewissen Standard, der die Zuordnung zu den Geschäftsvorfällen wesentlich erleichtert, letztlich also Verwaltungskosten spart.

Praxishinweis
Verwendung des amtlichen Musterwiderrufs.

Die Widerrufsfrist [x], innerhalb derer der Widerspruch dem Unternehmer zugehen muss, beträgt 14 Tage, § 355 Abs. 2 BGB. Sie beginnt mit dem Vertragsschluss, »soweit nichts anderes bestimmt ist«. 158

x
Widerrufsfrist
Sie beträgt 14 Tage ab Vertragsschluss, beginnt meist aber erst mit der Belehrung über das Widerrufsrecht zu laufen.

> Beispiel:
>
> A hat am 15. Januar 2017 an der Haustür einen Staubsauger gekauft und auch sofort entgegengenommen. Dabei wurde A mit einem Merkblatt über sein Widerrufsrecht belehrt.
>
> Bis zum 29. Januar 2017 muss der Widerruf von A dem Unternehmer zugehen, wenn A den Vertrag auflösen möchte.

Die Fristberechnung folgt den allgemeinen Bestimmungen: §§ 187 Abs. 1, 188 Abs. 2 1. Alt., 193 BGB.

Die große Mehrzahl der Verbrauchergeschäfte betrifft Verträge, die außerhalb von Geschäftsräumen oder im Fernabsatzgeschäft abgeschlossen werden. Für diese ist »etwas anderes bestimmt«, nämlich in den §§ 356 Abs. 2 und Abs. 3 Satz 1 BGB,[145] die diverse Sonderregeln enthalten. Die wichtigste Sonderregel besagt allerdings, dass die Widerrufsfrist in diesen Fällen erst dann zu laufen beginnt, wenn der Verbraucher über sein Widerrufsrecht informiert wurde. Findet eine Belehrung nie statt, erlischt das Widerrufsrecht aber spätestens zwölf Monate und 14 Tage nach dem Vertragsschluss, § 356 Abs. 3 Satz 2 BGB.

> Wäre A bei seinem Haustürkauf nicht ordnungsgemäß über das Widerrufsrecht belehrt worden, könnte er den Vertrag noch bis spätestens 29. Januar 2018 auflösen. Sein Recht hätte sich faktisch um zwölf Monate verlängert.

Es ist für den Unternehmer also von großer Bedeutung, eine ordnungsgemäße Widerrufsbelehrung des Verbrauchers nachweisen zu können, da er anderenfalls ein Jahr mit der Rückabwicklung des geschlossenen Vertrags rechnen müsste. Aus diesem Grund hat der Gesetzgeber auch eine Musterwiderrufsbelehrung im Anhang zu Art. 246a § 1 Abs. 2 Satz 2 EGBGB als Anlage 1 zur Verfügung gestellt. Ebenso wie das Musterwiderrufsformular (vgl. Rn 157) ist der exakte Wortlaut oder die Verwendung dieser Belehrung für den Unternehmer nicht verpflichtend.

Praxishinweis
Verwendung der amtlichen Musterwiderrufsbelehrung.

Allerdings sollte ein Unternehmer klugerweise auch dieses Muster verwenden, weshalb der umsichtige Gestalter die Einbindung des amtlichen Textes berücksichtigen sollte. Denn bei wörtlicher Wiedergabe des Textes kann sich der Unternehmer sicher sein, seinen Informationspflichten genügt und den Fristablauf für das Widerrufsrecht in Kraft gesetzt zu haben. Das schafft Rechtssicherheit gegenüber dem Verbraucher und verhindert auch weitere Konsequenzen – denn eine fehlerhafte oder unterbliebene Belehrung über das Widerrufsrecht kann gem. § 3a UWG wettbewerbswidrig sein (vgl. Rn 250). Sie verschafft dem »schlampigen« Unternehmer einen Vorteil, da Kunden aufgrund der zurückgehaltenen Informationen auf einen möglichen Widerruf verzichten könnten.

159 Wird das Widerrufsrecht fristgerecht ausgeübt, wandelt sich der bis dahin wirksame Vertrag in ein sog. Rückgewährschuldverhältnis x um. Die Rollen von Gläubiger und Schuldner werden getauscht, jeder Vertragsteil hat dem anderen unverzüglich diejenigen Leistungen zurückzugewähren, die er bis dahin erhalten hat, § 355 Abs. 3 BGB (vgl. Rn 40). Dabei trägt die Kosten für die Rücksendung von Waren etc. grundsätzlich der Verbraucher, die Gefahr für Untergang und Verschlechterung während der Rücksendung aber der Unternehmer, § 355 Abs. 3 Satz 4 BGB. Der Unternehmer hat die empfangene Zahlung (z. B. des Kaufpreises) zurückzuzahlen, eine Gutschrift genügt nicht.[146]

x **Rückgewährschuldverhältnis** Folge des Widerspruchs ist die Rückabwicklung des Vertrags.

Die §§ 357 ff. BGB treffen wiederum einige besondere Regelungen für die häufigen Fälle der außerhalb von Geschäftsräumen abgeschlossenen Verträge und Fernabsatzverträge. Hier gilt eine Frist von 14 Tagen für die wechselseitige Rückgewähr der Leistungen (§ 357 Abs. 1 BGB), die gem. § 355 Abs. 3 Satz 2 BGB mit dem Zugang bzw. der Abgabe des Widerrufs zu laufen beginnt. Außerdem muss der Unternehmer dasselbe Zahlungsmittel verwenden, das der Verbraucher für die Zahlung verwendet hat, § 357 Abs. 3 BGB. Außerdem hat der Verbraucher die Kosten der Rücksendung von Waren nicht zu tragen, wenn er nicht zuvor über diese Pflicht informiert wurde, § 357 Abs. 6 BGB. Für die weiteren Besonderheiten vgl. den Gesetzestext.

Nach alledem wird deutlich, dass das Verbraucherrecht auf allen Ebenen tief in die ursprünglich liberale Struktur des BGB eingreift. Im Umfeld von Verbrauchergeschäften sollte das gesamte »Handling« genau überprüft werden, damit keine Sonderpflichten verletzt werden. Es wird selten genug der Verbraucher selbst sein, der Sorgfaltsverstöße aufdeckt. Gefährlich ist aber die Wettbewerbsrelevanz, die von Verbraucherverbänden und Mitbewerbern zunehmend intensiv beobachtet wird. Jeder Unternehmer wird dankbar sein, wenn ihn auch der Gestalter auf mögliche Schwierigkeiten aufmerksam macht und eine Überprüfung durch einen spezialisierten Juristen anregt.

Das Urheberrecht betrifft den Kern der gestalterischen Arbeitswelt. Es schützt das Urheberpersönlichkeitsrecht des Gestalters und sichert ihm die Ausschließlichkeit der Verwertung seiner Werke als ein wesentlicher Bestandteil der wirtschaftlichen Existenzgrundlage.

Urheberrechte sind eigentumsähnliche Rechte. Sie unterliegen daher sozialen Schranken, die in bestimmten Fällen eine erlaubnisfreie und kostenlose Nutzung der Werke gestatten.

Das folgende Kapitel enthält auch Hinweise zur Durchsetzung urheberrechtlicher Ansprüche im Wege des einstweiligen Rechtschutzes.

160 Für den Fachbereich Gestaltung ist das Urheberrecht ein zentrales Rechtsgebiet. Es bezweckt nicht nur den Schutz des »geistigen Eigentums« (intellectual property), sondern soll die gesamten Rechtsbeziehungen zwischen den künstlerischen, literarischen und wissenschaftlichen Schöpfern und den Nutzern ihrer Werke regeln.

Zwar kannte bereits die Antike den »plagiarius« (lat. für »Menschenräuber«), was angesichts des regen Kunst- und Buchhandels vor allem im Hellenischen und Römischen Reich nicht erstaunt. Aber bis zur Erfindung des Buchdrucks in der Mitte des 15. Jahrhunderts gab es nicht genügend technische Möglichkeiten, um geistige Schöpfungen massenhaft zu kopieren und zu verbreiten. Dann allerdings erschienen mit den ersten Buchpressen tatsächlich auch die ersten Raubdrucke.[147]

Zunächst behalf man sich mit dem Schutz durch Privilegien der regionalen Autoritäten gegen derartige Übeltäter (wenn auch mehr schlecht als recht).[148] Aber erst die Proteste und Klagen des Verlagswesens am Übergang vom 18. zum 19. Jahrhundert brachten Gesetzesinitiativen in Gang, die im ersten »richtigen« Urheberrechtsgesetz mündeten, dem preußischen »Gesetz zum Schutze des Eigentums an Werken der Wissenschaft und Kunst gegen Nachdruck und Nachbildung« vom 11. Juni 1837 – an dessen Entstehung übrigens Friedrich Carl von Savigny (vgl. Rn 3) keinen geringen Anteil hatte. Die anderen deutschen Staaten folgten bald diesem Beispiel.

Bemerkenswert an diesen ersten allgemeinen Gesetzen war die Verbindung von Urheberrecht und Autor, denn bis dahin lag der Schutz der Werke in der Regel beim Drucker oder beim Verleger. Allerdings wurde (im Gegensatz zum Zivilrecht) im Deutschen Kaiserreich ab 1871 keine einheitliche Normierung für das Urheberrecht an allen Werkarten gefunden, es verblieb bei mehreren nebeneinander gültigen Teilregelungen.[149] Das heutige Urheberrechtsgesetz wurde daher auch recht spät, nämlich erst am 9. September 1965, auf dem Gebiet der Bundesrepublik Deutschland eingeführt. Es hat nach der Wiedervereinigung am 3. Oktober 1990 mehrere Novellierungen durchlaufen, die u. a. auch von den Harmonisierungsanstrengungen der EU geprägt waren.[150]

Das Urheberrecht unterliegt in besonderer Weise den technologischen Rahmenbedingungen des Marktes. Das Kunstwerk »im Zeitalter seiner technischen Reproduzierbarkeit«[151] ist nicht nur Gegenstand philosophischer, sozialwissenschaftlicher und gesellschaftspolitischer Kontroversen, sondern droht seinen Schöpfern zunehmend zu entgleiten, vor allem in die Märkte des globalen digitalen Netzes.

Da es sich beim urheberrechtlichen Werk um ein immaterielles Gut handelt, das (im Gegensatz zu seiner Verkörperung z. B. als Buch oder als CD) als solches nicht wahrnehmbar ist, werden die Herausforderungen für die rechtliche Gestaltung zunehmend größer. Oder, um es anders auszudrücken: Heutzutage geht es vor allem um immaterielle Rechte in virtuellen Umgebungen, die ihren Ursprung in einer nicht mehr präzise lokalisierbaren, globalen Daten-Cloud haben.

Werk und Urheber

Das Urheberrecht schützt die besondere Beziehung zwischen dem Schöpfer und dem Ergebnis seiner geistigen Schöpfungskraft. Werk und Urheber sind daher die tragenden Begriffe des Urheberrechts. 161

Das Werk

§ 2 Abs. 2 UrhG bietet im Urheberrecht eine Legaldefinition des Werkbegriffes [x] : 162

> »Werke im Sinne dieses Gesetzes sind persönliche geistige Schöpfungen.«

x **Werk** Eine persönliche geistige Schöpfung.

§ 2 Abs. 1 UrhG nennt Beispiele für diesen Werkbegriff:

> Sprachwerke, wie Schriftwerke, Reden und Computerprogramme; Werke der Musik; pantomimische Werke einschließlich Werke der Tanzkunst; Werke der bildenden Künste einschließlich Werke der Baukunst und der angewandten Kunst und Entwürfe solcher Werke; Lichtbildwerke ...; Filmwerke ...; Darstellungen wissenschaftlicher oder technischer Art ... .

Versuchen wir, uns der vom Gesetz vorgegebenen Definition zu nähern:

x
Persönliche Schöpfung
Sie setzt einen menschlichen Schaffensakt voraus.

Die persönliche Schöpfung x setzt eine menschlich-gestalterische Tätigkeit des Urhebers voraus. Reine Maschinenwerke, Tierwerke, Fundstücke (sog. Objets Trouvés) oder Readymades, d. h. alltägliche Dinge, können keine persönlichen Schöpfungen sein. Es ist dem Schöpfer zwar möglich, diese Gegenstände bspw. durch ein Konzept in seinen Schaffensakt einzubinden, für sich selbst genommen werden sie dadurch jedoch nicht zum Werk.

Beispiele:

Georg Nees, ein Informatiker und Pionier der Computerkunst, zeigte 1965 weltweit erstmals mit einem Digitalrechner erstellte Graphiken als »Kunstwerke« in einer Galerie.[152] Als reine Maschinenwerke handelt es sich bei den angezeigten Graphiken allerdings nicht um persönliche Schöpfungen i. S. d. UrhG. Die von Nees hierfür entwickelten Computer-Algorithmen sind es aber sehr wohl.

Die von den Schimpansen im Zoo erstellten Ölbilder sind keine persönlichen Schöpfungen i. S. d. UrhG.

Im Wald gefundene Wurzeln, die aussehen wie Geister, sind keine persönlichen Schöpfungen i. S. d. UrhG.

x
Geistige Schöpfung
Sie setzt gedanklichen Inhalt voraus.

Geistig x ist eine Schöpfung dann, wenn sie nicht rein mechanisch, gedankenlos oder handwerklich abläuft, sondern einen gedanklichen oder gefühlsmäßigen Inhalt aufweist, der im Schöpfungsakt auch zum Ausdruck kommt. Dieser Vorgang verlangt einen geistigen Gehalt, der »über das bloße sinnlich wahrnehmbare Substrat hinausgeht, eine Aussage oder Botschaft, die dem Bereich der Gedanken, des Ästhetischen oder sonstiger menschlicher Regungen und Reaktionsweisen zugehört«.[153]

Beispiele:

Wer versehentlich in einen Farbeimer tritt, kann seine zufälligen Fußabdrücke danach nicht als Kunstwerk deklarieren.

Anders liegt der Fall dann, wenn diese Fußabdrücke Bestandteil eines künstlerischen Gesamtkonzeptes waren, das zuvor erstellt wurde.

Auch der Restaurator, der ein gotisches Maßwerk nachbildet, um das alte gegen das neue auszutauschen, kann keine geistige Schöpfung für sich in Anspruch nehmen.

Das Werk muss außerdem eine Form angenommen haben, in der sie der Wahrnehmung durch die menschlichen Sinne zugänglich geworden ist (vgl. BGH GRUR 1985, 1041). Allerdings ist weder eine körperlich Form notwendig, noch eine dauerhafte. Auch eine Arie, die nur ein einziges Mal erklingt, ist ein Werk im Sinne des Urheberrechts.

In jedem Falle muss das Werk vom individuellen Geist des Urhebers geprägt sein. Der BGH spricht in diesem Zusammenhang auch von »schöpferischer Eigentümlichkeit«.[154] Diese individuelle Eigentümlichkeit ist zu unterscheiden von der objektiven Eigenart, Neuheit oder Originalität, die ein wesentliches Kriterium des Designschutzes ist, vgl. Rn 216 ff. Die individuelle Eigentümlichkeit darf auch nicht verwechselt werden mit einen besonders hohen künstlerischen oder ästhetischen Niveau. Individualität [x] im Sinne des Werkbegriffs trägt mithin den persönlichen Charakter des Schöpfers in sich, sie drückt dem Werk gewissermaßen ihren Stempel auf.

x
Individualität
Zentrales Kriterium des Werk-
begriffs.

Die vorstehende Bemerkung zum Niveau führt uns zum 163
Problem der sog. Gestaltungshöhe [x]. Nach dem bislang Gesagten könnte man meinen, dass der gesetzlich geschützte Werkbegriff eine relativ hohe schöpferische L eistung und damit auch eine erheblich über dem Durchschnitt liegende Gestaltungshöhe voraussetzt. Das ist aber nicht so. Vielmehr muss nur ein Mindestmaß an Gestaltungshöhe erreicht werden. In der Tat kommen gerade in der Gestaltungshöhe die Individualität und der geistige Inhalt des Werkes zur Geltung. Die Gestaltungshöhe ist damit aber auch ein nach außen tretender, einigermaßen objektivierbarer Schwellenwert für den Zugang zum gesetzlichen Schutzbereich – und damit tritt die Gestaltungshöhe in den Fokus rechtspolitischer Überlegungen.

x
Gestaltungshöhe
Eine gewisse Gestaltungshöhe ist notwendig. Das Minimum wird durch die »kleine Münze« markiert. Alltagserzeugnisse genießen keinen Schutz.

Die Rahmenbedingungen der Massenkultur und eines damit verbundenen quasi-künstlerischen Marketings unter Verwendung von Musik, Videoclips u. a. haben die Mindestschwelle der Gestaltungshöhe deutlich abgesenkt. Für diesen unteren Randbereich der niedrigen, aber gerade noch ausreichenden Gestaltungshöhe, ist der Ausdruck »kleine Münze« üblich geworden.[155]

> Beispiele:
>
> Einfach gestaltete Kataloge, Visitenkarten und Geschäftspapiere, Preislisten, Rezeptsammlungen, Musiklisten, einfache und kurze Tonabfolgen (z. B. Tagesschau-Jingle), einfach strukturierte Computerprogramme, Verpackungen, simple T-Shirt-Aufdrucke, Fernsprech- oder Branchenbücher etc.

Wohlgemerkt: Die kleine Münze gewährt den gesamten Schutzumfang des Urheberrechts. Allerdings kann das Schutzniveau im Einzelfall herabgesetzt sein. So können bspw. im Bereich der kleinen Münze bereits geringfügige Veränderungen schon (erlaubte) freie Benutzungen gem. § 24 UrhG darstellen.

Die Anforderungen, die an die Gestaltungshöhe gestellt werden, unterscheiden sich bezüglich der verschiedenen Werkarten zum Teil erheblich. Sie sind im Einzelfall oft umstritten – was nicht verwundert, verbieten sich doch feste Maßstäbe angesichts der Verankerung der Gestaltungshöhe im Kulturellen.[156] In jedem Falle sollen aber einfache Alltagserzeugnisse vom urheberrechtlichen Schutz ausgenommen sein, da die Schöpfungsqualität sich aus der Masse des Herkömmlichen herausheben müsse, so der BGH.[157]

Meist vollzieht sich der Schöpfungsakt nicht in einem einzigen Moment. Das Urheberrecht gewährt daher auch für begonnene, aber unvollendete Leistungen einen Schutz, ebenso wie für einzelne Werkteile. Dies gilt allerdings nur dann, wenn in den betreffenden Teilleistungen der konkrete Werkgedanke bzw. das individuell Schöpferische bereits wahrgenommen werden kann.

Achtung: Die Idee als solche wird im deutschen Recht nicht geschützt. Erst wenn sie durch die vorstehend skizzierten Merkmale zu einem Werk wird (oder zu einem anderen gewerblichen Schutzgegenstand), ist sie der Allgemeinheit und damit dem Plagiat entzogen. Das trifft ebenso auf Gedanken zu, auf Anregungen, allgemeine gedankliche Konzepte, Erkenntnisse oder Haltungen, Stil und Motive. Denn unsere Gesellschaft und Kultur würde sich auf keinem Gebiet mehr weiterentwickeln können, würden diese gedanklichen Vorgänge ebenfalls schutzfähig und damit auch marktfähig sein. In der Folge käme es zwangsläufig zu »Denkverboten«, Monopolisierungen und Stagnation. 164

Praxishinweis
Die Idee als solche ist nicht geschützt, die Gedanken sind frei.

Nicht maßgeblich für den Werkcharakter ist hingegen die Neuheit des Werkes, denn das Urheberrecht schützt nicht das neue Ergebnis, sondern das individuelle Schaffen. Ebenso wenig maßgeblich sind der Zweck der Gestaltung, ihre Qualität und Quantität – der »gute Geschmack« wird nicht geschützt –, Aufwand und Kosten der Gestaltung oder die Gesetzestreue und die Einhaltung der guten Sitten. Denn das Urheberrecht entsteht auch an Werken, die rechtswidrig sind oder einem verbotenen Nutzen dienen.

Beispiele:

Auch wenn ein Sammler für einen aufgefundenen Menschenschädel, der ohne weitere Veränderungen in einer Galerie auf einem Sockel ausgestellt wird, 10.000 EUR zu zahlen bereit ist, handelt es sich hierbei nicht um ein Kunstwerk.

Das widerrechtlich an eine fremde Mauer gesprühte Graffito genießt als Werk den vollen urheberrechtlichen Schutz.[158]

Der Urheber

Auch für den Begriff des Urhebers ˣ hält das Gesetz in § 7 eine Legaldefinition bereit: 165

x
Urheber
Der Urheber ist der Schöpfer eines Werks und kann nur ein Mensch sein.

»Urheber ist der Schöpfer des Werkes.«

So weit, so klar. Allerdings kommen als Urheber nur natürliche Personen, also Menschen in Frage. Denn § 2 Abs. 2 UrhG verlangt schließlich einen menschlichen Schöpfungsakt. Damit steht gleichzeitig fest, dass Unternehmen als juristische Personen niemals Urheberrechte erwerben können.

Praxishinweis
Das Urheberrecht entsteht durch Realakt, ohne dass der Urheber dies verhindern könnte. Der Urheber kann sich seines Rechts nie wieder entledigen

Das Urheberrecht entsteht mit dem Schöpfungsakt, also in dem Zeitpunkt, in dem das Werk – oder zumindest ein erkennbarer Teil des Werkes – seine Form angenommen hat. Es handelt sich um einen originären Rechtserwerb, einen Realakt, etwa vergleichbar mit der eigenen Geburt oder dem Tod des Erblassers. Es ist kein auf den Rechtserwerb gerichteter Wille des Urhebers erforderlich[159] – und der Rechtserwerb kann auch vom Urheber selbst nicht verhindert werden. Er kann sich seines Urheberrechts nie wieder entledigen. Anders ausgedrückt: Wer ein Werk schafft, ist nicht nur zeit seines Lebens daran gebunden, er gibt sein Urheberrecht auch noch für die Dauer von 70 Jahren nach seinem Tod an seine Rechtsnachfolger weiter. Das Urheberrecht ist ein sehr starkes Recht.

Wichtig vor allem im Bereich der bildenden Kunst ist die Vermutungsregel des § 10 Abs. 1 UrhG: »Wer auf den Vervielfältigungsstücken eines erschienenen Werkes oder auf dem Original eines Werkes der bildenden Künste in der üblichen Weise als Urheber bezeichnet ist, wird bis zum Beweis des Gegenteils als Urheber des Werkes angesehen; ...«

x
Miturheber
Mehrere Schöpfer eines Werks.

Haben mehrere Personen zur Schöpfung des Werkes beigetragen, so sind sie Miturheber x, § 8 UrhG. Die bloße Anregung eines Werkes oder die Gehilfenstellung begründet allerdings noch keine Miturheberschaft. Das trifft auch auf Assistenten oder Lektoren im Rahmen wissenschaftlicher Arbeiten zu, jedenfalls dann, wenn diese Personen keine eigenen Gestaltungsspielräume haben.[160]

Für die Miturheberschaft sind vielmehr ein gewolltes Zusammenwirken und eine Einheitlichkeit der Werkschöpfung nötig. Außerdem dürfen die Einzelbeiträge der Miturheber an sich nicht gesondert verwertbar sein.

Beispiel:

Fünf Studierende entwickeln gemeinsam während eines Seminars eine App, die auch tatsächlich marktfähig ist.

Wenn der erste Student die Oberfläche gestaltet hat, der nächste die Programmierung durchgeführt hat, der dritte die Schriften entworfen hat etc., handelt es sich nicht um Miturheber, da jeder Beitrag zur App für sich als Werkschöpfung verwertbar und einem Studierenden allein zuzuordnen ist.

Haben jedoch alle fünf Studierenden zu jedem funktionalen und gestalterischen Teilaspekt der App schöpferische Beiträge geleistet, handelt es sich um Miturheber gem. § 8 UrhG,[161] die nur gemeinsam über das Werk verfügen können.

Aus der Gemeinsamkeit der Schöpfung folgen bestimmte rechtliche Beschränkungen der Miturheber. So dürfen sie nur gemeinsam über die Verwertung bestimmen und müssen die wirtschaftliche Nutzung aufteilen, vgl. § 8 Abs. 2 und 3 UrhG.

Der Grundsatz des § 7 UrhG – »Urheber ist der Schöpfer des Werkes« – gilt sogar im Arbeitsverhältnis. Auch wer in Erfüllung seiner arbeits- oder dienstvertraglichen Verpflichtungen ein Werk erschafft, wird Urheber.[162] Die Art und Weise seiner Beschäftigung ist dabei völlig unerheblich. Das UrhG gilt bei Beamten ebenso wie bei Angestellten, »Freelancern« oder Werkstudenten. Und nein, es gibt keineswegs die allgemeine Regel, dass der Arbeitgeber, Dienstherr oder Auftraggeber automatisch Nutzungsrechte an dem Werk erwirbt.[163] Der Erwerb solcher Nutzungsrechte (möglicherweise stillschweigend) sowie ihr Inhalt und Umfang sind vielmehr Auslegungssache, vgl. auch § 31 Abs. 5 UrhG. 166

Beispiel:

Der Werkstudent W ist mit der Gestaltung einer Benutzeroberfläche beschäftigt. Als er in einer anderen Abteilung der Agentur zufällig an den Unterlagen einer Marketingkampagne vorbeiläuft, fällt ihm spontan ein Claim ein, den die Agentur schließlich erfolgreich an ihren Kunden verkaufen kann.

Gem. § 31 Abs. 5 UrhG darf davon ausgegangen werden, dass W der Agentur auch ein Nutzungsrecht zur Übertragung an den Kunden einräumen wollte, wenn er schon seinen Einfall zum Besten gab. Zwingend ist diese Auslegung allerdings nicht, es kommt auf die Umstände des Einzelfalls an. Jedenfalls wäre aber die Agentur verpflichtet, an W gem. § 32 Abs. 1 Satz 2 UrhG eine angemessene ortsübliche Vergütung zu zahlen. Und zwar zusätzlich zu seinem Gehalt.

Praxishinweis
Nutzungsrechtsvereinbarungen in Arbeits- und Dienstverträge aufnehmen, wenn Werkschöpfungen in Betracht kommen.

Arbeitsverträge, Werkverträge und ähnliche Vereinbarungen sollten daher stets Regelungen zum Erwerb und zur Vergütung von Nutzungsrechten enthalten, falls Beschäftigungsverhältnisse oder Aufträge im urheberrechtsnahen Bereich eingegangen werden und mit verwertbaren Werkschöpfungen gerechnet werden muss. Diese Fragen sollten für beide Parteien von vornherein geklärt und wirtschaftlich abschätzbar sein. Anderenfalls fühlt sich mindestens eine der Parteien durch das Ergebnis eines späteren Auslegungsrechtsstreits benachteiligt und zurückgesetzt.

Das Urheberpersönlichkeitsrecht

167 Aufgrund seiner individuellen, persönlichen Schöpfung entsteht zwischen dem Urheber und seinem Werk eine starke Verbindung, die ihren Ausdruck im Urheberpersönlichkeitsrecht (UPR) x findet. Dieser Ausdruck umschreibt gem. § 11 UrhG alle »geistigen und persönlichen Beziehungen zum Werk«. Das Urheberpersönlichkeitsrecht dient damit »zugleich der Sicherung einer angemessenen Vergütung für die Nutzung des Werks«.

x **Urheberpersönlichkeitsrecht** (UPR) Es schützt die Beziehung des Urhebers zu seinem Werk und sichert damit die angemessene wirtschaftliche Verwertung.

Das Urheberrecht als Kernbestandteil des Urheberpersönlichkeitsrechts ist nicht übertragbar x . Der Urheber kann es weder verkaufen noch verschenken, vgl. § 29 Abs. 1 UrhG., und er kann es auch nicht einfach aufgeben (wie man bspw. eine Sache wegwirft). Allerdings wird das Urheberrecht vererbt (denn es besteht ja bis zu 70 Jahre nach dem Tod des Urhebers fort, § 64 UrhG). Der Urheber kann daher Verfügungen von Todes wegen über das Urheberrecht treffen (z. B. ein Vermächtnis anordnen). Übrigens können die Urheberpersönlichkeitsrechte nach dem Tod des Urhebers »verblassen«. Wir werden im Folgenden noch sehen, dass im Bereich des Urheberpersönlichkeitsrechts häufig Interessenabwägungen vorgenommen werden müssen; das »Gewicht« des Urheberpersönlichkeitsrechts kann also etliche Jahre nach dem Tod des Urhebers weniger wiegen als z. B. das öffentliche Interesse an der Neugestaltung eines Platzes, einer Inneneinrichtung oder eines Bauwerks.[164]

x
Nicht-Übertragbarkeit
Das Urheberrecht ist nicht übertragbar – außer von Todes wegen, da es erst 70 Jahre nach dem Tod des Urhebers erlischt.

Schon das Urheberpersönlichkeitsrecht als solches ist gegen seine Verletzung geschützt. § 97 Abs. 2 Satz 4 UrhG gewährt dem Urheber auch dann einen Schadensersatz, wenn durch die Verletzung des Urheberpersönlichkeitsrechts gar kein materieller, sondern nur ein immaterieller Schaden entstanden ist (Achtung: Das ist eine Durchbrechung des Grundsatzes des § 253 Abs. 1 BGB, vgl. Rn 126).

Beispiel:

In einer Werkschau ihrer Semesterarbeiten hängen diejenigen Studierenden, die für den Aufbau der Ausstellung zuständig sind, ein Werk ihres Mitstudenten auf die Herrentoilette, da dieser Student äußerst unbeliebt ist.

Der Ort der Hängung verletzt das Urheberpersönlichkeitsrecht des unbeliebten Studenten, da er dessen Werk ausgrenzt und es herabwürdigt.

Diese Verletzung des UPR hat eine Wiedergutmachung durch Zahlung eines Geldbetrags in angemessener Höhe an den unbeliebten Studenten zur Folge.

Werden durch die Verletzungshandlung auch Vermögensschäden verursacht, ist für den Ersatz dieses materiellen Schadens § 97 Abs. 2 Satz 1 UrhG einschlägig (vgl. hierzu unten Rn 206).

Vom Urheberpersönlichkeitsrecht im engeren Sinn spricht man, wenn die besonderen Rechte der §§ 12 bis 14 UrhG betroffen sind. (Das Urheberrecht im weiten Sinn dient hingegen als eine Art Auffangtatbestand, vgl. hierzu unten Rn 172.)

x **Erstveröffentlichungsrecht** Darüber kann nur der Urheber entscheiden.

168 Nur der Urheber soll nach dem Willen des Gesetzgebers darüber entscheiden können, ob und wie sein Werk veröffentlicht wird, § 12 UrhG. Gemeint ist damit aber nur die Erstveröffentlichung x, was aus dem Gesetzeswortlaut so nicht hervorgeht.[165] Übrigens setzt eine Veröffentlichung immer die Zustimmung des Urhebers voraus; eine unbeabsichtigte oder unberechtigte Verbreitung in der Öffentlichkeit kann es daher nicht geben.

Beispiel:

Der Comiczeichner C lässt abends in der Kneipe seine fertig gezeichnete, aber noch nicht vollständig kolorierte Graphic Novel liegen. Sein Bekannter B befürchtet aus dem vorangegangenen Gespräch, dass C den Entwurf vielleicht vernichten könnte und bringt das Werk ohne Zustimmung von C über verschiedene Internetportale an die Öffentlichkeit.

Das unbeabsichtigte Liegenlassen des Werks durch C ist keine »Veröffentlichung«, auf die sich B berufen könnte, da esnicht vom Handlungsbewusstsein des C getragen war (vgl. Rn 22). Erst durch die Aktion des B wird die Graphic Novel erstmals veröffentlicht; hierfür fehlte jedoch die Zustimmung des C. Der B haftet daher gegenüber C für eventuelle materielle Vermögenseinbußen, vor allem aber auch für den immateriellen Schaden der Verletzung des UPR (hier § 12 UrhG) auf Schadensersatz.

Im vorstehenden Beispiel dürfte B auch den Inhalt der Graphic Novel nicht mit seinen eigenen Worten im Internet wiedergeben, denn derart voreilige Beschreibungen sollen durch § 12 Abs. 2 UrhG verhindert werden.

Die Bindung des Urhebers an sein Werk kommt auch in § 13 UrhG zum Ausdruck: Der Urheber hat das Recht auf Anerkennung ˣ seiner Urheberschaft und er allein kann entscheiden, ob und welche Urheberbezeichnung an seinem Werk angebracht wird. Dabei wird ausdrücklich anerkannt, dass eine solche Signatur oder Bezeichnung auch Werbewirksamkeit entfalten soll.[166] Sofern es keine besondere vertragliche Regelung gibt, richtet sich die Art und Weise der Bezeichnung nach »den üblichen Gepflogenheiten des Rechtsverkehrs«.[167] § 13 UrhG steht allen Miturhebern gem. § 8 UrhG in gleicher Weise zu (vgl. z. B. Vorspann und Abspann bei Filmen). 169

x
Anerkennung
Der Urheber kann entscheiden, ob und wie er sein Werk signiert.

Ein sehr wichtiges Urheberpersönlichkeitsrecht im engeren Sinn ist das Recht des Urhebers, gegen die Entstellung oder Beeinträchtigung seines Werks einzuschreiten, § 14 UrhG. Dieses zentrale Änderungsverbot ˣ schützt das persönliche Interesse des Urhebers an der Integrität (Unverletzlichkeit) seines Werks. 170

x
Änderungsverbot
Ohne Einwilligung des Urhebers darf das Werk weder entstellt noch verändert werden.

Mithilfe von zwei Fällen soll der Inhalt des Änderungsverbots näher erläutert werden:

> Fall 1 »Felseneiland mit Sirenen«:
>
> Aus dem Tatbestand des Urteils des Reichsgerichts: »Der Kläger hat im Jahre 1894 auf Bestellung der Beklagten im Treppenflur ihres Berliner Hauses ein Freskogemälde »Felseneiland mit Sirenen« gemalt. Die Beklagte ließ dieses Freskobild später ohne Zustimmung des Klägers derart übermalen, daß die ursprünglich nackten Sirenen nunmehr bekleidet erschienen. Der Kläger erhob hierauf Klage [...] Eingeleitete Vergleichsverhandlungen führten zu keinem Ergebnis; doch entfernte die Beklagte das Signum des Klägers an dem Bilde und verhängte den übermalten Teil. Der Kl. erweiterte demnächst seinen Klageantrag dahin, die Beklagte zu verurteilen, die Übermalung wieder zu beseitigen (was ohne besondere Schwierigkeiten möglich sei), [...] Die Klage wurde auf das Persönlichkeitsrecht des Klägers als eines namhaften Künstlers gestützt. Die Beklagte berief sich auf ihr Eigentumsrecht an den bestellten Werke [...]«[168]

Fall 2 »HHole«:

Aus dem Tatbestand des Urteils des Landgerichts Mannheim: »Die Klägerin strebt mit der Klage den Erhalt ihrer für die Kunsthalle Mannheim geschaffenen Rauminstallation ›HHole (for Mannheim)‹, auch bezeichnet als ›HHole (for Mannheim) 2006 -‹, an. [...] Die Kunsthalle Mannheim besteht aus drei Gebäudeteilen. [...]Die Beklagte hat im Jahre 2012 beschlossen, den Mitzlaff-Bau abzureißen und durch einen Neubau zu ersetzen. Der Auftrag wurde aufgrund eines Architektenwettbewerbs an das Architekturbüro [...] vergeben. [...]Die Beklagte beabsichtigt, im Zuge dieser Umbaumaßnahmen das Werk ›HHole (for Mannheim)‹ vollständig zu entfernen. [...] Die Klägerin sieht in der beabsichtigten oder schon erfolgten Entfernung des Werks ›HHole (for Mannheim)‹ eine Verletzung ihres Urheberrechts. Ihr stehe sowohl ein vertraglicher als auch ein gesetzlicher Anspruch auf Erhaltung des Werks zu, der ihr das Recht gebe, dessen Zerstörung durch die Beklagte zu verhindern. [...] Die Beklagte beantragt, die Klage abzuweisen. Sie wendet sich aus rechtlichen und tatsächlichen Gründen gegen eine Verpflichtung zur Erhaltung von ›HHole (for Mannheim)‹. Nach dem Umbau- und Sanierungskonzept sei ein Erhalt des Werks nicht möglich.«[169]

Zwischen beiden Fällen sind mehr als 100 Jahre vergangen; und doch lassen sich beide mit § 14 UrhG lösen – und das, obwohl es § 14 UrhG im Jahre 1912, als das Reichsgericht über das *Felseneiland mit Sirenen* zu entscheiden hatte, noch gar nicht gab. Die Entscheidung des Reichsgerichts hat vielmehr dazu beigetragen, § 14 UrhG in der heutigen Fassung zu formulieren.

x
Abwägung
Sie vollzieht sich in drei Stufen:

Mit § 14 UrhG tritt uns ein wesentlicher Grundsatz des Urheberrechts entgegen: Es muss abgewogen werden x. Der Ausgleich zwischen den verschiedenen Interessenlagen vollzieht sich dabei in drei Stufen.

Zunächst ist zu prüfen, ob der Tatbestand des § 14 UrhG überhaupt erfüllt ist. Hierfür muss eine »Entstellung oder eine andere Beeinträchtigung des Werkes« vorliegen. Zu einer Beeinträchtigung x (als Oberbegriff) führt nach ständiger Rechtsprechung des BGH »jede objektiv nachweisbare Änderung des vom Urheber geschaffenen geistig-ästhetischen Gesamteindrucks des Werkes«.[170] Das kann durch direkte, aber auch durch indirekte Eingriffe geschehen. Die Änderung muss auch nicht nachteilig sein im Sinne von abwertend oder minderwertig.

x
1. Stufe der Abwägung
Liegt eine Entstellung oder Beeinträchtigung vor?

In Fall 1 stellt die Übermalung der nackten Sirenen im Sinne einer Bekleidung ganz klar eine objektive Änderung des Gesamteindrucks des Werks dar, selbst wenn die Übermalung stilecht und hochwertig erfolgt wäre. Denn Sirenen als Gestalten der antiken Mythologie sind u. a. durch ihre betörende Nacktheit gekennzeichnet.

Ein Beispiel für eine indirekte Beeinträchtigung ist die Verwendung eines Schlagers in einem nicht beabsichtigten Kontext, z. B. als Untermalung einer Werbung für Mückenschutzmittel (LG Frankfurt, Bericht in FuR 1966, 158 – Wochenend und Sonnenschein).

Es gibt sehr viele denkbare direkte und indirekte Fälle von Beeinträchtigungen.[171] Die Entstellung wird als besonders schwerwiegender Fall ausdrücklich im Tatbestand des § 14 UrhG genannt. Eine solche ist immer dann verwirklicht, wenn »die Wesenszüge des Werks verzerrt, verstümmelt oder verfälscht werden«.[172] Beispiele für eine Entstellung sind das Zerteilen der Leinwand eines Gemäldes und der anschließende Verkauf in Einzelteilen oder die Übermalung eines Portraits mit »Hitlerbärtchen« und »Hitlerscheitel«. Da aber auch die Entstellung keine anderen Folgen auslöst als die »gewöhnliche« Beeinträchtigung, kommt es auf den Unterschied letztlich nicht an.

Sollte eine Beeinträchtigung des Werks vorliegen, muss danach gefragt werden, ob diese denn auch geeignet ist, die geistigen und persönlichen Interessen des Urhebers an seinem Werk zu gefährden. Hier macht es sich die Rechtsprechung wieder etwas einfacher: Eine Interessengefährdung x wird durch das Vorliegen einer Beeinträchtigung »indiziert«, also gesetzlich vermutet.[173] Diese Indizwirkung wird allenfalls dann durchbrochen (d. h. widerlegt), wenn der Urheber zu erkennen gegeben hat, dass ihm an der Aufrechterhaltung des ursprünglichen Werkzusammenhangs nichts liegt,[174] z. B. bei der ausdrücklich erklärten Erlaubnis, Änderungen vorzunehmen. In der Nachweispflicht steht allerdings derjenige, der sich auf eine solche Haltung des Urhebers beruft.

x
2. Stufe der Abwägung
Ist die Beeinträchtigung geeignet, die Interessen des Urhebers zu gefährden?

> In Fall 1 ist nicht erkennbar, dass der Kläger sein Interesse an dem von ihm beabsichtigten Werkzusammenhang (Abbildung mythologischer Figuren in ihrer signifikant nackten Darstellungsweise) aufgegeben hätte. Die Gefährdung seiner Interessen wird daher durch die Übermalung (= Beeinträchtigung) vermutet.

Die eigentliche Abwägung folgt sodann. Hierbei stehen sich typischerweise verschiedene Interessen x gegenüber, die häufig Grundrechtscharakter haben:

x
3. Stufe der Abwägung
Abwägung des Integritätsinteresses einerseits gegen Nutzungs- und Gebrauchszwecke andererseits.

Interesse des Urhebers an der Integrität des Werks	Interesse des Nutzungsberechtigten an der Verwertung
	Interesse des Eigentümers, sein Eigentumsrecht ohne Beschränkungen auszuüben
	sonstige Interessen Dritter, z. B. der Öffentlichkeit auf Umgestaltung, Fortschritt etc.

Gesetzgeber und Rechtsprechung gehen sehr realistisch davon aus, dass es berechtigte und unberechtigte Interessen gibt. § 14 UrhG soll den Urheber aber nur in seinen berechtigten Interessen schützen, soweit diese aus der Verbindung zu seiner individuellen, persönlichen Schöpfung entstehen. Dieser Rechtsgedanke lässt sich auch § 39 Abs. 2 UrhG entnehmen (im Verhältnis Urheber – Nutzungsberechtigter).

Die Abwägung stellt zunächst fest, welches Gewicht das Bestands- und Integritätsinteresse des Urhebers im konkreten Fall hat. Immerhin soll der Urheber grundsätzlich selbst bestimmen können, »in welcher Gestalt sein geistiges Kind an die Öffentlichkeit treten soll«.[175]

> In Fall 1 ist das Bestands- und Integritätsinteresse hoch, da es sich um ein Originalgemälde handelt und damit um ein Unikat der bildenden Kunst.

Sodann wird andererseits der »technisch-ökonomische Gebrauchszusammenhang«[176] gewichtet. Auf Werke entfällt in den allermeisten Fällen ein gewisser Nutzungszweck oder sie haben für ihren Eigentümer einen Gebrauchszweck. Diese Zwecke gewinnen an Relevanz je mehr das Werk einer praktischen Verwendung dient. Der Nutzer (Lizenznehmer) oder der Eigentümer des Werkstückes kann daher berechtigt sein, gewisse Änderungen am Werk vorzunehmen, wenn die von ihm (berechtigterweise) verfolgten Zwecke ohne diese Änderungen erheblich eingeschränkt würden.

> In Fall 1 beruft sich die Eigentümerin des Werkstücks, d. h. die Hauseigentümerin, auf ihr Eigentumsrecht (§ 903 BGB). Das Eigentum an einem Werk(-stück) allein ist jedoch noch kein »Gebrauchszweck«, der eine Änderung rechtfertigen würde. Das RG hat daher in seiner Entscheidung das Bestands- und Integritätsinteresse des Malers als gewichtiger angesehen und folglich dessen Klage stattgegeben.

Es liegt auf der Hand, dass es zur Abwägung im Rahmen des § 14 UrhG eine große Anzahl von Urteilen gibt. Denn in jedem konkreten Fall muss diese Abwägung gesondert vorgenommen werden. »Übertriebene Empfindlichkeiten oder eine übersteigerte Eitelkeit des Urhebers« sollen aber bei der Interessenabwägung von vornherein außer Betracht bleiben, maßgeblich sei das »Urteil eines unbefangenen, für Kunst empfänglichen und mit Kunstdingen einigermaßen vertrauten Betrachters«.[177]

x
Werkzerstörung
Das Werk wird von § 14 UrhG nicht gegen eine völlige Zerstörung geschützt.

Ein besonders extremer Fall der Beeinträchtigung liegt in 171
der Werkzerstörung x. Ihre Rechtsfolgen sind zwischen Rechtsprechung und Lehre seit langer Zeit umstritten.

> In Fall 2 wurde die Rauminstallation *HHole (for Mannheim)* völlig zerstört, weil der Gebäudeflügel, in dem sie sich befand, baulich so tiefgreifend umgestaltet wurde, dass die Installation keine physischen Bezugspunkte mehr fand. Entfernt man das umgebende Material, ist ein Loch kein Loch mehr.

Schon das Reichsgericht hat in seinem Urteil zum *Felseneiland mit Sirenen* (s. o. Fall 1) klargestellt, dass das Urheberrecht nur das Interesse am unverfälschten Bestand des (weiterhin) existierenden Werkes schütze. Dieser Auffassung haben sich die Obergerichte auch nach der Einführung des § 14 UrhG in einigen aufsehenerregenden Entscheidungen angeschlossen.[178] Die Rechtsprechung sieht also in der »bloßen Vernichtung« keine Beeinträchtigung. Diese Rechtsprechung ist bis heute maßgeblich; folgerichtig hat auch das LG Mannheim die Klage der Künstlerin abgewiesen:[179]

> »Ungeachtet unterschiedlicher Begründungsansätze besteht danach in Rechtsprechung und Literatur im Ergebnis weitgehend Einigkeit darüber, dass das Interesse des Urhebers an der Fortexistenz seines Kunstwerks bei Werken der Baukunst, bei mit Bauwerken unlösbar verbundenen Kunstwerken oder sonst bei grundstücksgebundenen Kunstwerken in aller Regel hinter den Interessen des Eigentümers an der anderweitigen Nutzung oder Bebauung seines Grundstücks und der damit verbundenen vollständigen Zerstörung oder Entfernung des Kunstwerks zurücktreten muss. Dem schließt sich die Kammer an.«
>
> Das Zitat stammt aus den Urteilsgründen, die im übrigen den Stand der Diskussion sehr übersichtlich zusammenfassen.

Die in der Literatur vertretene Gegenansicht,[180] dass die Vernichtung sozusagen die extremste Form der Beeinträchtigung sei, konnte sich bislang nicht durchsetzen. Sie hat aber zu gewissen Einschränkungen der Rechtsprechung geführt und gewinnt in jüngster Zeit an Gewicht. Es ist durchaus denkbar, dass die Rechtsprechung doch noch vollständig auf die Linie der Gegenansicht einschwenkt, zumal der BGH über diese Frage bis heute nicht entschieden hat.

Immerhin haben die letzten einschlägigen Gerichtsentscheidungen die Interessenabwägung ausdrücklich in den Vordergrund gerückt, so auch die Entscheidung des LG Mannheim zu Fall 2. In der Literatur besteht die einhellige Auffassung, dass zumindest bei Werken der bildenden Kunst, die möglicherweise unersetzbar sind, nach Wegen gesucht werden muss, die die Vernichtung vermeiden.[181] Anerkannt ist in diesem Zusammenhang die sog. Andienungspflicht: Der Eigentümer des wertvollen Werks muss dem Urheber die Rücknahme des Werks gegen Erstattung des Materialwerts (!) anbieten, bevor er es zerstört.[182] Die bisherige Rechtsprechung zur Werkzerstörung darf daher zunehmend weniger als Rechtfertigung für eine Vernichtung hochwertiger und einzigartiger Werke angesehen werden.

Praxishinweis
Vertragliche Vereinbarung eines Vernichtungsverbots und der Andienungspflicht.

Angesichts dieser Diskussion entspricht es der anwaltlichen Vorsicht, dem Urheber (z. B. als bildenden Künstler) bei einer Veräußerung seiner Werke eine vertragliche Vereinbarung zu empfehlen, die dem neuen Eigentümer eine Vernichtung untersagt und ihm eine Andienungspflicht auferlegt. Derartige Regelungen sind anerkannt und werden natürlich auch von der Rechtsprechung beachtet.[183]

Das Urheberpersönlichkeitsrecht im weiten Sinn hingegen dient als eine Art Auffangtatbestand (vgl. oben Rn 167). Es wird in der Literatur definiert als »der das gesamte Urheberrecht prägende Gedanke des Schutzes des geistigen und persönlichen Interessen des Urhebers in Bezug auf sein Werk«.[184] Gesetzlich ist dieser Schutz in § 11 UrhG normiert. Er »verklammert« materielle und ideelle Interessen des Urhebers und stellt das Urheberrecht auf diese Weise in die Mitte zwischen Persönlichkeitsrecht und Vermögensrecht. 172

x
Auffangtatbestand
Er wird herangezogen, wenn die §§ 12–14 nicht greifen aber dennoch eine Verletzung des UPR vorliegt.

Der Auffangtatbestand x des Urheberpersönlichkeitsrechts im weiten Sinn schwingt sozusagen bei jeder Gefährdung mit, die sich auf das Werk eines Urhebers bezieht, auch ohne dass ein spezieller Verletzungstatbestand des UrhG erfüllt sein muss. »Bloße Empfindlichkeiten« des Urhebers werden vom Schutz des Urheberpersönlichkeitsrechts allerdings nicht erfasst. Und auch vor den »Realitäten des Lebens« und den allgemeinen »Verkehrsgewohnheiten« kann das Urheberrecht ihn nicht schützen.[185]

Beispiel:

Eine Skulptur wird auf einem öffentlichen Platz aufgestellt.

Wenn nun auf diesem Platz Veranstaltungen stattfinden, die die Wirkung der Skulptur vorübergehend einschränken, verstößt dies nicht gegen das UPR des Künstlers.

Errichtet die Stadt allerdings dauerhaft und unmittelbar neben der Skulptur eine einfach gestaltete Toilettenanlage, verstößt dies gegen das UPR im weiten Sinn.

Wird das Urheberpersönlichkeitsrecht verletzt, richten sich die Folgen nach den §§ 97 ff. UrhG (vgl. Rn 198 ff.), auch wenn »nur« der Auffangtatbestand des UPR im weiten Sinn betroffen ist. Im vorstehend geschilderten Fall könnte die Stadt also zur Beseitigung der Toilettenanlage verpflichtet werden, zur Abgabe einer Unterlassungserklärung und zur Zahlung einer angemessenen Geldentschädigung für den Nichtvermögensschaden des Urhebers.

Die Verwertungsrechte des Urhebers

173 Gemäß § 11 UrhG soll der Urheber auch in der wirtschaftlichen Nutzung seines Werkes geschützt werden. Der Gesetzgeber hat daher in § 15 UrhG unmissverständlich klargestellt:

Praxishinweis
Sämtliche Verwertungsrechte am Werk liegen ausschließlich bei seinem Urheber.

»Der Urheber hat das ausschließliche Recht, sein Werk in körperlicher Form zu verwerten.« (Abs. 1)

»Der Urheber hat ferner das ausschließliche Recht, sein Werk in unkörperlicher Form öffentlich wiederzugeben ...« (Abs. 2)

Diese umfassenden, exklusiven Verwertungsrechte schließen auch Verwertungs- und Nutzungsarten ein, die zum Zeitpunkt der Werkschöpfung noch nicht bekannt sind.[186]

Unterschieden wird zwischen den Verwertungsrechten des Urhebers im eigentlichen Sinne und den sonstigen Verwertungsrechten (Rn 178).

Verwertungsrechte im eigentlichen Sinn

Die Verwertungsrechte sind in den §§ 15 bis 23 UrhG normiert. Ausgangspunkt ist § 15 UrhG, der eine nicht abschließende Aufzählung von Verwertungsmöglichkeiten in körperlicher und nichtkörperlicher Form enthält. Diese sind auch jeweils in einer gesonderten Norm näher geregelt: 174

Abs. 1, körperliche Form x :
Vervielfältigungsrecht (§ 16 UrhG),
Verbreitungsrecht (§ 17 UrhG),
Ausstellungsrecht (§ 18 UrhG),

x
Körperliche Form
Diese Verwertungsrechte betreffen das Werkstück selbst oder seine Duplikate.

Abs. 2, nichtkörperliche Form x der öffentlichen Wiedergabe:
Vortrags-, Aufführungs- und Vorführungsrecht (§ 19 UrhG),
Recht der öffentlichen Zugänglichmachung (§ 19a UrhG),
Senderecht (§ 20 UrhG),
Recht der Wiedergabe durch Bild- oder Tonträger (§ 21 UrhG),
Recht der Wiedergabe von Funksendungen und von öffentlicher Zugänglichmachung (§ 22)

x
Nichtkörperliche Form
Diese Verwertungsrechte beziehen sich auf das Werk, ohne es körperlich zu berühren.

Auf die einzelnen Verwertungsrechte kann im Rahmen dieser einführenden Darstellung leider nicht vertieft eingegangen werden. Es empfiehlt sich aber die Lektüre des Gesetzestextes, der für die vorstehend aufgezählten Paragraphen erfreulich verständlich formuliert ist. Im übrigen muss auch für Nichtjuristen der Blick in einen Gesetzeskommentar kein unüberwindliches Hindernis darstellen. Die maßgeblichen Handkommentare zum UrhR sind sehr verständlich geschrieben.[187] Nachstehend lediglich zwei Hinweise zum Begriff der Öffentlichkeit und zur Generalnorm des § 15 UrhG:

Der Schwerpunkt der Verwertungsrechte verlagert sich mit der Digitalisierung der Lebens- und Arbeitswelt zunehmend auf die nichtkörperlichen Formen der Verwertung. In diesem Zusammenhang ist der Begriff der Öffentlichkeit wichtig, insbesondere für das Recht der öffentlichen Zugänglichmachung, § 19a UrhG. Eine Legaldefinition für diesen Begriff im Sinne des Urheberrechts findet sich in § 15 Abs. 2 UrhG: 175

> »Die Wiedergabe ist öffentlich, wenn sie für eine Mehrzahl von Mitgliedern der Öffentlichkeit bestimmt ist. Zur Öffentlichkeit gehört jeder, der nicht mit demjenigen, der das Werk verwertet, oder mit den anderen Personen, denen das Werk in unkörperlicher Form wahrnehmbar oder zugänglich gemacht wird, durch persönliche Beziehungen verbunden ist.«

§ 19a UrhG zielt vor dem Hintergrund dieser Definition vornehmlich auf das Internet; dabei kommt es weder auf die Örtlichkeit noch den zeitlichen Aspekt eines Abrufs (bzw. Downloads) an. Entscheidend ist lediglich, dass das Werk durch die Öffentlichkeit jederzeit im Internet abgerufen werden kann. Das »Zugänglichmachen« liegt in diesen Fällen bereits in dem Bereitstellen des Werks zum interaktiven Abruf, wobei es auf den tatsächlichen Abruf nicht ankommen soll.[188]

176 § 15 UrhG mit dem (nicht abschließenden) Katalog der wesentlichen Verwertungsrechte des Urhebers fungiert bei den Verwertungsrechten als eine Art Auffangtatbestand, als Generalnorm x (wie bspw. das Urheberpersönlichkeitsrecht im weiten Sinne gegenüber dem UPR im engeren Sinn, vgl. Rn 172). Dem Urheber sollen »alle bedeutsamen Verwertungsmöglichkeiten, auch soweit sie beim Erlass des UrhG noch nicht entwickelt waren«, vorbehalten bleiben. »Die ausschließlichen Befugnisse des Urhebers sollten so umfassend gestaltet werden, dass auch neue Arten der Werknutzung, die nicht schon von den benannten Verwertungsrechten erfasst werden, ohne weiteres seiner Kontrolle unterliegen«, so v. Ungern-Sternberg in Schricker / Loewenheim, Kommentar zur UrhG, 4. Aufl., § 15 Rn 21 mit Verweis u. a. auf die amtliche Begründung des Gesetzestextes.

x **Generalnorm**
Alle denkbaren Verwertungsrechte stehen ausschließlich dem Urheber zu.

Für die Verwertungsrechte des Urhebers gilt daher: Sie sind exklusiv und umfassend. Praktisch ist keine Verwertungsform denkbar, die nicht zunächst dem Urheber zustehen würde.

Bearbeitung und Umgestaltung

Gerade weil das Urheberpersönlichkeitsrecht und die Verwertungsrechte so umfassend zugunsten des Werkschöpfers ausgestaltet sind, hat der Gesetzgeber verschiedene Eingriffe in die Rechte des Urhebers zugelassen. Neben den Schranken des Urheberrechts (s. u. Rn 189 ff.) ist die »Werkumgebung« ein umkämpfter Bereich. Das Plagiat, die Umgestaltung eines Werks, oder auch nur die gedankliche Anlehnung an ein vorhandenes Werk sind notwendige Aneignungsprozesse, um Kulturleistungen einerseits zu tradieren und andererseits zu neuen Entwicklungen zu führen. Das ist z. B. für den Bereich der Architektur offensichtlich. Anders als durch »Anlehnungsprozesse« kann sich ein bestimmter Stil überhaupt nicht herausbilden. Zur Werkumgebung, zur Auseinandersetzung mit dem Werk, gehört aber auch die kritische Verfremdung im Sinne der Satire. »Die Kunst-, Literatur- und Wissenschaftsproduktion ist nicht denkbar, ohne die vorhandenen Ergebnisse vergangener Kulturepochen zum Gegenstand eigener Werkschöpfung zu machen«, so Artur-Axel Wandtke.[189] 177

Für die Werkumgebung stellt § 3 UrhG zunächst klar, dass auch die Bearbeitung ˣ eines bereits geschützten Werkes »die persönliche geistige Schöpfung des Bearbeiters« ist. Sie ist also ein eigenständiges Werk, das wiederum den vollständigen Schutz des Urheberrechts genießt. Das gilt insbesondere für Übersetzungen. Für derartige Werke, sozusagen an der Schnittstelle zum Original, sind allerdings drei Abstufungen zu beachten:

x
Bearbeitungen
Sie gelten auch als eigenständige Werke.

Bearbeitungen oder Umgestaltungen von Werken, die nicht mehr geschützt sind (was das Urheberrecht als »gemeinfrei« bezeichnet), dürfen ohne Einschränkung veröffentlicht und verwertet werden. Das gilt z. B. für diejenigen »Vorlagen« bzw. Originale, die den Tod ihres Schöpfers mehr als 70 Jahre überdauert haben.

(Noch) geschützte Werke hingegen dürfen zwar bearbeitet oder umgestaltet werden; die Veröffentlichung oder Verwertung der neu geschaffenen Bearbeitungen oder Umgestaltungen setzt jedoch die Einwilligung des Urhebers des Originals voraus, § 23 UrhG.

Praxishinweis
Oft ist die Genehmigung des Urhebers des Originals erforderlich.

Dieser Grundsatz wird nochmals um eine Stufe verschärft in § 23 Satz 2 UrhG:

> »Handelt es sich um eine Verfilmung des Werkes, um die Ausführung von Plänen und Entwürfen eines Werkes der bildenden Künste, um den Nachbau eines Werkes der Baukunst oder um die Bearbeitung oder Umgestaltung eines Datenbankwerkes, so bedarf bereits das Herstellen der Bearbeitung oder Umgestaltung der Einwilligung des Urhebers.«

Für die so skizzierten Abstufungen lassen sich viele Beispiele finden:

> Jedermann darf Franz Schuberts Symphonie Nr. 8 in h-Moll, die »Unvollendete«, zu Ende komponieren und das Ergebnis veröffentlichen: Franz Schubert starb bereits am 19. November 1828.
>
> Mittlerweile darf Adolf Hitlers »Mein Kampf« in beliebiger Bearbeitung oder Übersetzung nachgedruckt werden. Hitler starb am 30. April 1945.
>
> Wer möchte, darf aus dem Song »Yellow Submarine« von den Beatles eine Rap-Version herstellen. Er darf diese neue Version aber nicht veröffentlichen oder verwerten, ohne zuvor die Erlaubnis der Urheber (oder ihrer Rechtsnachfolger) eingeholt zu haben.
>
> LEGO dürfte noch nicht einmal damit beginnen, das Bundeskanzleramt in Berlin nachzubauen, ohne dass eine urheberrechtliche Genehmigung vorliegt. Und natürlich ist es gem. § 23 Satz 2 UrhG für die nächsten Jahrzehnte auch niemand anderem gestattet, sich dieses Gebäude ohne Genehmigung als Nachbau auf seinem Grundstück errichten zu lassen.

x
Freie Benutzung oder unfreie Bearbeitung?
Unterscheidungskriterium ist die Selbständigkeit des neuen Werks.

Schwieriger ist die Abgrenzung der unfreien Bearbeitung zur sog. Freien Benutzung x gem. § 24 UrhG. Denn das Ergebnis einer freien Benutzung darf ohne Zustimmung des Urhebers des benutzten Werks veröffentlicht und verwertet werden.

Maßgeblich ist das Wort »selbständig« in § 24 Abs. 1 UrhG. Die durch die freie Benutzung entstandene neue Schöpfung muss so weit vom Original entfernt sein, dass dessen Eigenart fast gänzlich in den Hintergrund tritt, sozusagen »verblasst«, bzw. »nicht relevant« ist – was letztlich nur dann der Fall ist, wenn das neue Werk allenfalls aufgrund einer Anregung durch das Original entsteht.[190] Zu beachten ist im Wege einer Gesamtschau der Umstände, dass durchaus auch Nebensächlichkeiten, wie Ortsbezüge, geschichtliche Einordnung, Farbwelten, ein bestimmter Plot, immer wieder auftauchende Pointen oder bestimmte Charakterzüge prägende Eigenschaften für ein Werk haben können (und damit nicht »frei benutzt« werden können). Der BGH, der in dieser Frage einen strengen Maßstab anlegt, hat die Kriterien einer Abgrenzung folgendermaßen formuliert:

> »Bei der Beurteilung, ob eine unfreie Bearbeitung oder eine freie Benutzung vorliegt, ist durch Vergleich der einander gegenüberstehenden Werke zu ermitteln, ob und gegebenenfalls in welchem Umfang eigenschöpferische Züge des älteren Werkes übernommen worden sind.«[191]

Beispiele:

Die Verwendung einer Nebenfigur aus einem Roman, um diese unter Einschluss ihrer prägenden Eigenschaften zur Hauptfigur eines Folgeromans zu machen (Spin Off), ist keine freie Benutzung.

Die Gestaltung eines Werbeschilds für Internet-Dienstleistungen unter Verwendung der Farbe »Telekom-Magenta« ist keine freie Benutzung.[192]

Die Erschaffung einer Skulptur, in der ein Gedicht eines anderen Künstlers »seinen Ausdruck finden soll«, ist eine freie Benutzung (Überführung in eine andere Kunstform).

Die Abbildung der berühmten japanischen Brücke im Seerosengarten von Giverny auf einem Gemälde, das vor Ort und aus derselben Perspektive gemalt wurde, wie die Bilder Claude Monets, stellt auch dann eine freie Benutzung dar, wenn sich der Malstil ähnelt.[193] (Abgesehen davon ist Monet bereits am 5. Dezember 1926 verstorben.)

Wer ein Street-Art-Graffito von Banksy photographiert, mit einem Bildbearbeitungsprogramm verändert und sodann im Internet verbreitet, hat eine unfreie Bearbeitung durchgeführt und nicht eine freie Benutzung.

x
Parodie, Satire und Karikatur
Alle drei sind in der Regel freie Benutzungen.

Bei der Parodie oder Satire x sind diese Abgrenzungsschwierigkeiten hingegen nicht erheblich. Denn derartige Bearbeitungen bzw. Verfremdungen sind ja sozusagen darauf angewiesen, gerade die wesentlichen Eigenschaften des Originals zu zeigen und mitunter sogar zu überhöhen, um die beabsichtigte Wirkung zu erzielen. Diese prägenden eigenschöpferischen Züge des älteren Werkes können dabei gar nicht in den Hintergrund treten oder »verblassen«. Der BGH hat 2003 in seinem Urteil »Gies-Adler« deutlich gemacht, dass der Urheber des älteren Originals dennoch derartige Verfremdungen als freie Benutzung hinzunehmen hat. »Der Abstand, den ein in freier Benutzung nach § 24 Abs. 1 UrhG geschaffenes Werk zum Original halten muss, liegt in diesem Fall weniger in deutlichen Veränderungen, sondern in der antithematischen Behandlung des Stoffes«.[194] Dies gilt selbst dann, wenn die Parodie geschmacklos, misslungen, gehässig oder sittenwidrig ist.[195]

Fall »Gies-Adler«:

Das Wochenmagazin *Focus* veröffentlichte in Heft 13 des Jahres 1999 unter der Überschrift »Der ›unseriöse‹ Staat« einen Beitrag über einen angeblichen Missbrauch des Steuerrechts, das vom Gesetzgeber immer häufiger dazu benutzt werde, »hastig Haushaltslöcher zu stopfen«. Diesem Artikel war die Darstellung eines Bundesadlers vorangestellt, der im Original von dem Künstler Ludwig Gies für den Plenarsaal des Deutschen Bundestages erschaffen worden war. *Focus* zeigte diesen Adler mit einem Bündel Geldscheinen in seiner rechten Kralle. Die Nachkommen des Künstlers hatten daraufhin den Herausgeber des Magazins in Anspruch genommen.

Der BGH wies die Ansprüche der Nachkommen ab und begründete dies u. a. so:

»Bei dem von der Beklagten im ›Focus‹ wiedergegebenen Adler handelt es sich in diesem Sinne um eine freie Benutzung, die sich der Mittel sowohl der Parodie als auch der Karikatur bedient. Um den Bundestag als Gesetzgebungsorgan des ›unseriösen Staates‹ karikaturistisch darzustellen, wird eine parodistische Wiedergabe des als Symbol des Bundestages bekannten Gies-Adlers verwendet. Das Original bleibt dabei – dies ist der Sinn der Darstellung – trotz der Veränderungen erkennbar. Entscheidend ist indessen die Verwandlung des würdigen, eher etwas träge, stets aber gutmütig wirkenden Gies-Adlers, der im Volksmund als ›fette Henne‹ bezeichnet wird, in einen gierigen, bösartigen Raubvogel, der trotz der gewollten Übereinstimmungen mit dem Original wenig gemein hat. Unschädlich ist dabei, dass sich die kritische Auseinandersetzung mit dem künstlerischen Mittel der Karikatur nicht auf das verwendete Werk selbst, sondern auf dessen thematisches Umfeld bezieht.«

Sonstige Verwertungsrechte

Auch die sonstigen Verwertungsrechte beruhen auf dem 178
Grundsatz des § 11 UrhG, nach dem der Urheber in der Nutzung seines Werkes geschützt werden soll. Sie richten sich vor allem auf den Umstand, dass nicht selten der Urheber von seinem Werk getrennt wird, etwa nach einer Veräußerung des Werkstücks.

Wichtig ist für den Fall einer solchen Trennung das Zugangsrecht des § 25 UrhG:

(1) Der Urheber kann vom Besitzer des Originals oder eines Vervielfältigungsstückes seines Werkes verlangen, dass er ihm das Original oder das Vervielfältigungsstück zugänglich macht, soweit dies zur Herstellung von Vervielfältigungsstücken oder Bearbeitungen des Werkes erforderlich ist und nicht berechtigte Interessen des Besitzers entgegenstehen.

(2) Der Besitzer ist nicht verpflichtet, das Original oder das Vervielfältigungsstück dem Urheber herauszugeben.

Auch das Zugangsrecht ist in erster Linie für Urheber relevant, die bildende Künstler sind. Nicht selten werden Werke erst nachträglich katalogisiert und dokumentiert. Oder es müssen Abbildungen für Veröffentlichungen etc. angefertigt werden.

Auf den wirtschaftlichen Aspekt des Urheberrechts zielen die §§ 26 ff. UrhG. Vor allem das Folgerecht des § 26 UrhG kann für bestimmte Künstler interessant sein: Es sichert dem Urheber, der sein Original veräußert hat, für jeden Weiterverkauf einen gesetzlich bestimmten Anteil an dem Erlös. Dies gilt für Werke der bildenden Kunst und Lichtbildwerke, sofern am Weiterverkauf ein Kunsthändler oder Versteigerer als Erwerber, Veräußerer oder Vermittler beteiligt ist. Vergütungsansprüche werden unter bestimmten Umständen auch für das Vermieten oder das Verleihen von besonderen Werken gesetzlich vorgeschrieben, vgl. § 27 UrhG.

Nutzungsrechte / Lizenzen

179 Nicht jeder Urheber legt Wert darauf, wirtschaftlichen Nutzen aus seinen Werken zu ziehen. Dennoch schützt das Urheberpersönlichkeitsrecht gerade auch den ökonomischen Aspekt der Werkschöpfung (vgl. Rn 167).

Wenn der Urheber aber mit seinem Werk am Markt teilnehmen möchte, ist er in der Regel darauf angewiesen, seine Verwertungsmöglichkeiten ganz oder teilweise anderen Personen zu gestatten, um im Gegenzug von diesen eine Vergütung zu erhalten.[196] Entscheidet sich der Urheber hierzu, entstehen Nutzungsrechte ˣ (auch Lizenzen genannt) zugunsten der künftigen Nutzer des Werks. Die Einräumung der Nutzungsrechte wird vertraglich zwischen den Parteien vereinbart. Das UrhG schafft hierfür in den §§ 31 ff. UrhG einen gesetzlichen Rahmen, das Urhebervertragsrecht.

x
Nutzungsrechte
Grundlage einer wirtschaftlichen Verwertung des Werks sind Nutzungsrechte, die der Urheber gegen Vergütung einräumt.

Urhebervertragsrecht / Nutzungsvertrag 180

Urheber
hat
Verwertungsrechte ——Vertrag——> Nutzungsrechte
genießt
Vertragspartner

Die Einräumung der Nutzungsrechte als »Tochterrechte« der Verwertungsrechte des Urhebers erfolgt durch Vertrag (Lizenz für Nutzung gegen Bezahlung).

Der Nutzungsvertrag (auch Lizenzvereinbarung genannt) ist ein gegenseitiger Vertrag zwischen dem Urheber und dem Nutzer (oder dem Verwerter bzw. Lizenznehmer). Hauptleistungspflicht des Urhebers ist die Einräumung bestimmter Nutzungsrechte, Hauptleistungspflicht des Nutzers ist die Zahlung einer angemessenen Vergütung. Diese vertragliche Vereinbarung zur Übertragung der Nutzungsrechte kann auch Bestandteil eines weiteren Vertrags sein, z. B. eines Werkvertrags, mit dem der Urheber sich gegenüber dem Nutzer erst zur Herstellung des Werks verpflichtet.

Welche Rechte im Einzelnen der Nutzer erhalten soll, für welchen räumlichen Bereich, wie exklusiv und für wie lange, steht gem. § 31 Abs. 1 UrhG ganz im Belieben des Urhebers, der ja von vornherein alle Verwertungsrechte besitzt, vgl. Rn 173 ff. Hier können in der praktischen Umsetzung einige Fallstricke liegen, vgl. z. B. den Exkurs über Wettbewerbe, Rn 187.

Nutzungsarten

181 So weit gefasst wie die Verwertungsmöglichkeiten sind auch ihre Spiegelbilder, die Nutzungsarten x . »Unter Nutzungsart ist jede übliche, technisch und wirtschaftlich eigenständige Verwendungsform eines Werkes zu verstehen«, so der BGH.[197] Dabei kann sich die vertragliche Vereinbarung auch auf (noch) unbekannte Nutzungsarten erstrecken. Schließlich bringt die technische Entwicklung, vor allem im Bereich der digitalen Medien, ständig neue Nutzungsarten hervor.

x
Nutzungsarten
Sie sind Spiegelbilder der Verwertungsmöglichkeiten. Ihre Präzisierung dient dem Schutz des Urhebers.

Eine möglichst durchdachte und präzise Formulierung der Nutzungsarten, die dem Nutzer eingeräumt werden sollen, schützt den Urheber. Denn im Zweifelsfall gilt: Sobald einzelne Nutzungsarten im Vertrag genannt werden, ist anzunehmen, dass nicht genannte Arten nicht zur Nutzung übertragen werden sollen.

> Beispiele:
>
> Ein Hochzeitspaar ist nicht berechtigt, die Photos seiner Hochzeit in den sozialen Netzwerken zu verbreiten, wenn ihm lediglich die Rechte zur Nutzung der Papierabzüge eingeräumt (und berechnet) worden sind.
>
> Die Veröffentlichung dieses Lehrbuchs als E-Book ist dem Verlag nicht gestattet, wenn sich der Autorenvertrag nur auf die Printausgabe bezieht.
>
> Wenn ein Bildhauer seinem Galeristen im Jahr 1970 die originalgetreue Reproduktion seiner Skulpturen »in jedweder denkbaren Form« eingeräumt hat, schließt dies auch die Verwendung eines heutigen 3D-Druckers ein – sofern der Vertrag noch Bestand hat.

Selbstverständlich kann man auch jede denkbare Nutzungsart freigeben, indem schlicht »die Nutzung« ohne Einschränkung erlaubt wird. Ein schönes Beispiel hierfür bieten die Allgemeinen Geschäftsbedingungen von Facebook, in denen eine Nutzungsvereinbarung für usergenerierte Inhalte enthalten ist:

»Für Inhalte, die durch Rechte am geistigen Eigentum geschützt sind, wie Fotos und Videos (IP-Inhalte), erteilst du uns ausdrücklich nachfolgende Genehmigung, vorbehaltlich deiner Einstellungen für Privatsphäre und Apps: Du gewährst uns eine nicht-exklusive, übertragbare, unterlizenzierbare, weltweite Lizenz für die Nutzung jedweder IP-Inhalte, die du auf Facebook postest (IP-Lizenz). Diese IP-Lizenz dient nur dem Zweck die Facebook-Dienste bereit zu stellen...«[198]

Einfache und ausschließliche Nutzungsrechte

Das einfache, nicht-exklusive Nutzungsrecht x ist der Standard bei der Einräumung von Nutzungsrechten. Es ermöglicht dem Urheber, seine Verwertungsrechte auch weiterhin und ohne Beschränkung neben dem Nutzer auszuüben. Das Gesetz formuliert es so: »Das einfache Nutzungsrecht berechtigt den Inhaber [des übertragenen Nutzungsrechtes], das Werk auf die erlaubte Art zu nutzen, ohne dass eine Nutzung durch andere ausgeschlossen ist.«, § 31 Abs. 2 UrhG. Bei einem einfachen Nutzungsrecht darf der Urheber also auch noch weiteren Nutzern (Verwertern, Lizenznehmern) einfache Nutzungsrechte übertragen. 182

x
Einfaches Nutzungsrecht
Ein solches kann mehrfach nebeneinander eingeräumt werden. Dies entspricht dem Standard.

Beispiele:

Eine Studentin entwirft Handtaschen aus Lkw-Planen. Sie überlässt die Schnitte zwei Schneidern in ihrer Stadt, die auf dieser Grundlage die Taschen ebenfalls herstellen und in ihren Geschäften verkaufen dürfen. Den Vertrieb über das Internet hat sich die Studentin aber selbst vorbehalten.

Ein Romanautor überträgt die Nutzungsrechte für eine Hardcover-Ausgabe an einen Verlag, gestattet aber auch einer Tageszeitung den Abdruck als wöchentlichen Fortsetzungsroman.

Ein Komponist räumt verschiedenen Orchestern nebeneinander das Recht ein, seine neuesten Stücke zur Aufführung zu bringen.

> Eine freie Lizenz gibt die Nutzung einer bestimmten Software für alle Nutzer frei, ohne dass Lizenzgebühren erhoben werden.[199]

Der Inhaber eines einfachen Nutzungsrechts kann anderen nicht verbieten, das Werk neben ihm zu nutzen. Dieses Verbotsrecht kann bei der Einräumung einfacher Nutzungsrechte nur der Urheber selbst ausüben.

183 Das ausschließliche Nutzungsrecht ˣ hingegen sollte vom Urheber nur dann eingeräumt werden, wenn er sich seiner Sache sehr sicher ist. Denn dieses Nutzungsrecht ist exklusiv und schließt im Regelfall sogar die Weiternutzung durch den Urheber selbst aus: »Das ausschließliche Nutzungsrecht berechtigt den Inhaber [des übertragenen Nutzungsrechtes], das Werk unter Ausschluss aller anderen Personen auf die ihm erlaubte Art zu nutzen und Nutzungsrechte einzuräumen. Es kann bestimmt werden, dass die Nutzung durch den Urheber vorbehalten bleibt. …«, § 31 Abs. 3 UrhG.

x
Ausschließliches Nutzungsrecht
Es räumt dem Inhaber eine Monopolstellung ein. Die Übertragung eines ausschließlichen Nutzungsrechts sollte sorgfältig abgewogen werden.

Dieses exklusive Nutzungsrecht räumt dem Berechtigten sogar ein eigenes Verbotsrecht ein; er kann jeden anderen von der Nutzung des Werks ausschließen und ist selbst auch Anspruchsteller gegen jene, die die übertragenen Rechte verletzen. Allerdings bezieht sich auch dieses starke Recht nur auf diejenigen Nutzungsarten, für die es eingeräumt wurde.

> Beispiele:
>
> Ein Gestalter entwickelt eine Schrift. Wenn er diese einem Kunden für dessen »individuellen Stil« zur ausschließlichen Nutzung überträgt und nichts weiter vereinbart, wird er selbst (und natürlich auch andere) diese Schrift nicht mehr verwerten können. Er darf mit ihr noch nicht einmal auf seiner Homepage werben.
>
> Ein Comiczeichner überträgt für eine seiner Comicfiguren das ausschließliche Recht zur Nutzung in sämtlichen Printmedien an einen Verlag, vergibt aber für den Spielzeugbereich mehrere einfache Nutzungsrechte an verschiedene Hersteller. In diesem Fall könnte es zu Auseinandersetzungen kommen, wenn die Spielzeughersteller für ihre Figuren auch in gedruckter Form, z. B. in Katalogen, werben möchten.

Die Übertragung eines ausschließlichen Nutzungsrechtes sollte also sorgfältig abgewogen werden. Wann immer das möglich ist, sollte sich der Urheber die Verwertung zu eigenen Zwecken vorbehalten, und sei es auch nur für die Eigenwerbung (§ 31 Abs. 3 Satz 2 UrhG). Selbstverständlich ist ein ausschließliches Nutzungsrecht erheblich höher zu vergüten, als ein einfaches Nutzungsrecht, da es eine Monopolstellung einräumt und den Urheber für dieses Werk von weiteren Verdienstmöglichkeiten abschneidet.

Zeitliche und räumliche Beschränkungen

Abhängig von der Art des Werks und der bzw. den jeweilige(n) Nutzungsart(en) kann es sehr sinnvoll sein, das Nutzungsrecht zeitlich [x] und räumlich einzuschränken. Dabei gilt grundsätzlich die Vertragsfreiheit, sofern sich beide Parteien einig sind. 184

x
Zeitliche Befristung
Derartige Befristungen des Nutzungsrechts sind die Regel.

Beispiele:

Die Nutzung der gestalteten CI-Elemente in der Systemgastronomie wird an die Laufzeit der jeweiligen Franchise-Verträge gekoppelt (kann auch über Marken- und Designschutz erreicht werden).

Das Aufführungsrecht für ein Musical wird auf eine Spielzeit beschränkt.

Sollten die Vertragspartner es versäumt haben, eine zeitliche Befristung anzugeben, kann eine Auslegung des Vertrags gem. § 31 Abs. 5 UrhG weiterhelfen: Im Zweifel bestimmt der Vertragszweck die Grenzen des Nutzungsrechts.

Beispiele:

D hat auftragsgemäß für das »Sommerfest 2017« seiner Gemeinde ein Plakat gestaltet. Auch wenn keine zeitliche Beschränkung in den Vertrag aufgenommen wurde, darf die Gemeinde das Plakat nicht als Vorlage für die Sommerfeste der nächsten Jahre verwenden.

In dem obenstehenden Beispiel einer Schrift, für die ein ausschließliches Nutzungsrecht übertragen wurde, hilft dem Urheber § 31 Abs. 5 UrhG allerdings nicht weiter, denn »individueller Stil« und »Exklusivität« sprechen im Rahmen der Vertragsauslegung für eine lebenslange Übertragung auf den Nutzer.

x
Räumliche Beschränkungen
Hier ist zwischen Werkstück und Werk zu unterscheiden.

Bei der räumlichen Beschränkung x muss zwischen Werkstücken und Werken unterschieden werden. Sollen Werkstücke vertrieben werden, kann der Geltungsbereich des Urheberrechts, also die Bundesrepublik Deutschland, räumlich nicht weiter unterteilt werden – dies würde den Interessen eines einheitlichen Marktes in Deutschland widersprechen. Bei Werken hingegen kann – je nach ihrer Eigenart – eine örtliche oder regionale Beschränkung des Nutzungsrechts sinnvoll und damit auch zulässig sein.

Beispiele:

Den Vertrieb der gedruckten Exemplare dieses Lehrbuchs kann der Autor nicht auf Süddeutschland oder Norddeutschland beschränken.

Hingegen kann ein Autor das Aufführungsrecht an einem Theaterstück auf denjenigen Ort beschränken, auf den sich das Stück bezieht – z. B. Jagsthausen für ein Drama um Götz von Berlichingen.

Neben diesen zeitlichen und räumlichen gibt es auch weitere Beschränkungen, die angesichts der Vertragsfreiheit vereinbart werden können, wie bspw. inhaltliche, sachliche, an bestimmte Aufführungsstandards bzw. technische Voraussetzungen geknüpfte Beschränkungen, oder an bestimmte Personenkreise gebundene (z. B. Vereinswappen), oder an bestimmten Verbreitungswegen orientierte Nutzungsrechte (digital / nicht digital).

Bei alledem ist zu beachten: Je umfangreicher die übertragenen Nutzungsmöglichkeiten sind, desto weniger Verwertungsmöglichkeiten verbleiben dem Urheber. Art und Umfang der Übertragung sind daher preisbildende Faktoren und sollten gut abgewogen werden.

Vertragliche Besonderheiten

Nur selten wird ein isolierter Vertrag zur Einräumung oder Übertragung von Nutzungsrechten geschlossen. Vielmehr ist dieser Vorgang meist mit einem weiteren Vertrag verknüpft. Dabei wird es sich oft um einen Werkvertrag gem. §§ 631 ff. BGB handeln, auf dessen Grundlage die schöpferische Leistung des Urhebers erfolgt. Aber auch ein Dienstvertrag gem. §§ 611 ff. BGB kommt in Frage. 185

Praxishinweis
Nutzungsrechte sollten bereits im »Grundvertrag« über die jeweilige (Arbeits-)Leistung vereinbart werden

Beispiele:

Fall 1:
Ein Auftraggeber verpflichtet einen selbständigen Gestalter, ihm ein neues Produktdesign für einen Stift zu entwerfen.

Fall 2:
Der angestellte Mitarbeiter einer Agentur entwirft ein Logo und einen Claim für eine neue Kampagne, mit deren Entwicklung die Agentur beauftragt ist.

Mit den üblichen Hauptpflichten eines Werkvertrags gem. §§ 631, 632 BGB, also der Herstellung eines Werks gegen Vergütung (vgl. Rn 85 ff.), ist keineswegs »automatisch« auch die Einräumung und Vergütung der Nutzungsrechte verbunden,[200] ebenso wenig bei einem Dienstvertrag.

Im ersten Beispielsfall hat der Auftraggeber zwar die Arbeitsleistung des Gestalters für das fertige neue Stiftdesign bezahlt, so dass die gegenseitigen Hauptleistungspflichten erfüllt sind. Der Gestalter würde seine vertragliche Treuepflicht als »nachlaufende Nebenpflicht« verletzen, böte er das Design nun einem Dritten an. Zugleich ist aber eine Art Pattsituation entstanden. Denn für die weitere Nutzung des Designs durch den Auftraggeber müssten sich beide Parteien erst einmal einig werden über Art und Umfang der einzuräumenden oder zu übertragenden Nutzungsrechte für das erschaffene Design und eine angemessen Vergütung.

Es liegt auf der Hand, dass bei einem solchen »zweistufigen« Procedere Konflikte entstehen können, die sich durch eine nachgelagerte gerichtliche Auslegung kaum befriedigend lösen lassen. Juristisch gesehen ist es daher ein handwerklicher Fehler, wenn nicht bereits im Werkvertrag auch Regelungen über die Nutzungsrechte enthalten sind, insbesondere wenn der Werkvertrag auf eine gewerbliche Verwertung durch den Auftraggeber hinzielt. Unser kleines Werkvertragsmuster in Rn 98 ist für diese Fälle also durch eine entsprechende Regelung zu ergänzen – was bei Gestaltern eigentlich zur Routine gehören sollte (vgl. unten Rn 186).

Enthält ein Werkvertrag keine ausdrückliche Regelung, muss im Wege der Auslegung (vgl. Rn 33) ein für beide Seiten tragfähiges Ergebnis gefunden werden. In diesem Zusammenhang kann die gesetzliche Pflicht zur Zahlung einer »angemessenen Vergütung« gem. § 32 UrhG helfen. In Abs. 2 hält der Gesetzgeber fest, was er unter »angemessen« versteht:

> »Im übrigen ist die Vergütung angemessen, wenn sie im Zeitpunkt des Vertragsschlusses dem entspricht, was im Geschäftsverkehr nach Art und Umfang der eingeräumten Nutzungsmöglichkeit, insbesondere nach Dauer und Zeitpunkt der Nutzung, unter Berücksichtigung aller Umstände üblicher- und redlicherweise zu leisten ist.«

Hat ein Gericht hierüber zu entscheiden, holt es ein Sachverständigengutachten ein, was entsprechende Kosten nach sich zieht (erfahrungsgemäß mindestens 2.000 EUR für einfach gelagerte Fälle).

Im zweiten obenstehenden Beispielsfall gibt es ebenfalls keinen »Automatismus«. Vor allem gilt nicht etwa der Arbeitgeber oder Dienstherr als Urheber, sondern stets der Arbeitnehmer. Aus diesem Grund war schon in Rn 166 betont worden, dass Arbeitsverträge und ähnliche Vereinbarungen grundsätzlich Nutzungsvereinbarungen enthalten sollten, wenn Beschäftigungsverhältnisse im urheberrechtsnahen Bereich eingegangen werden und mit verwertbaren Werkschöpfungen gerechnet werden muss.

Noch ein Wort zur Terminologie: Die Einräumung von Nutzungsrechten bezeichnet die Erlaubnis des Urhebers zur Nutzung des Werks in der vertragsgemäßen Art und Weise durch den Nutzungsberechtigten (Lizenznehmer). Die Übertragung von Nutzungsrechten bezieht sich hingegen auf Nutzungsketten, wie sie bspw. im Verlagsgeschäft oder beim Merchandising im Filmgeschäft häufiger anzutreffen sind. Hier überträgt der Urheber sein Nutzungsrecht auf einen Ersterwerber (»Tochterrechte«), der dann Nutzungsrechte wiederum auf Zweiterwerber (»Enkelrechte«) usw. übertragen kann, vgl. auch § 33 UrhG.

Zumindest zwei weitere Vorschriften sollen an dieser Stelle kurz erwähnt werden: In § 32c UrhG wird klargestellt, dass dem Urheber auch für erst später bekannt werdende Nutzungsarten eine angemessene Vergütung zusteht (die dann ggf. unter Beachtung von § 32 UrhG nachverhandelt werden muss). Ein Beispiel hierfür ist die Umstellung von Videokassette auf DVD oder auf Internet-Streaming. Und § 40 UrhG ermöglichst es dem Urheber, Nutzungsrechte für noch gar nicht entstandene, zukünftige Werke einzuräumen, wobei er allerdings durch ein besonderes Kündigungsrecht geschützt wird.

Wie schon mehrfach betont, sollte jeder Werkvertrag im urheberrechtlich relevanten Berufsfeld eine Regelung zur Einräumung der Nutzungsrechte am Werk enthalten. Für unseren kleinen Mustervertrag aus Rn 98 wird nachstehend zunächst ein Vorschlag für die Einräumung eines einfachen Nutzungsrechts abgedruckt: **186**

Praxishinweis
Dies sind ergänzende nutzungsrechtliche Vereinbarungen für den Mustervertrag in Rn 98.

§ 5 Einräumung von nicht-exklusiven Nutzungsrechten

1 — Der Designer räumt dem Auftraggeber hiermit das zeitlich und räumlich unbeschränkte Recht ein, das Logo für alle denkbaren Zwecke in allen denkbaren Nutzungsarten zu verwenden und auszuwerten. Der Auftraggeber ist zu Umgestaltungen und Bearbeitungen in jeglicher Form befugt, es sei denn, dass derartige Abänderungen die Urheberpersönlichkeitsrechte des Designers oder Rechte, die die Berufsausübung des Designers betreffen, verletzen würden.

2 — Zu einer Übertragung der Rechte an und aus dem Logo an Dritte bedarf es der Zustimmung des Designers.

Gerade bei der Gestaltung eines Firmenlogos wird es dem Auftraggeber aber wahrscheinlich darauf ankommen, das Logo exklusiv nutzen zu können. Daher nachstehend der Vorschlag für die Übertragung eines ausschließlichen Nutzungsrechts:

§ 5 Übertragung des exklusiven Nutzungsrechts

1 — Der Designer räumt dem Auftraggeber unwiderruflich sämtliche zeitlich, räumlich und sachlich unbeschränkten Rechte an sämtlichen im Rahmen dieses Werkvertrags erstellten urheberrechtlich geschützten Leistungen ein und überträgt ihm sämtliche hieran bestehenden übertragbaren Rechte.

Diese aufschiebende Bedingung ist nötig aufgrund des Trennungs- und Abstraktionsprinzips, vgl. Rn 35.

2 — Die Einräumung bzw. Übertragung gem. Abs. 1 erfolgt aufschiebend bedingt bis zur vollständigen Zahlung der vereinbarten Vergütung.

3 — Der Auftraggeber ist berechtigt, das Logo auf sämtliche bekannte und unbekannte Nutzungsarten, insbesondere in Printform (z. B. in Geschäftskorrespondenz, Werbeflyern, Anzeigen etc.) und insbesondere digital (z. B. im Internet, auf der Homepage, in Form von Bannerwerbung etc.) zu nutzen. Die Nutzung kann zeitlich unbeschränkt in jedweder Form auch wiederholt erfolgen. Das Nutzungsrecht umfasst insbesondere jedwede Vervielfältigung, Verbreitung, öffentliche Zugänglichmachung und Sendung.

Auch diese Beschränkung kann gestrichen werden – sie schützt aber den Urheber vor minderwertigen Änderungen Dritter, die auf ihn zurückfallen könnten.

4 — Der Auftraggeber ist nicht berechtigt, das Logo selbst oder durch Einschaltung Dritter zu bearbeiten, umzugestalten oder ein »Re-Design« durchzuführen bzw. durchführen zu lassen. Unzulässig sind insbesondere entstellende oder auf sonstige Weise die berechtigten geistigen oder persönlichen Interessen des Schöpfers gefährdende Beeinträchtigungen des Logos.

Mit dieser Klausel darf der Urheber mit dem Logo auch keine Eigenwerbung mehr betreiben.

5 — Die Einräumung und Übertragung sämtlicher Rechte erfolgt ausschließlich (exklusiv) zu Gunsten des Auftraggebers. Der Designer verpflichtet sich, jegliche Vorarbeiten und Entwürfe nicht in identischer oder ähnlicher Form selbst für eigene Zwecke zu nutzen oder Dritten zu überlassen.

6 — Der Auftraggeber kann die Nutzungsrechte an dem Logo ohne vorherige Zustimmung des Designers an Dritte übertragen. Derartige Unterlizenzen bleiben auch nach einem Wegfall der Hauptlizenz bestehen.

7 — Der Auftraggeber ist berechtigt, an dem Logo in eigenem Namen Schutzrechte anzumelden, insbesondere Designschutz und Markenschutz. Der Designer wird sämtliche dafür erforderlichen Informationen schriftlich übermitteln und ggf. erforderliche Erklärungen gegenüber dem Deutschen Patent- und Markenamt auf erstes Anfordern zur Verfügung stellen.

Aufgrund der ausschließenden Wirkung derartiger Schutzrechte ist eine solche Gestattung nur im Rahmen von exklusiven Nutzungsrechten möglich.

Vor allem im Bereich der sog. sozialen Netzwerke und Medien werden immer häufiger nutzergenerierte Inhalte eingestellt. Dies betrifft aber auch klassische Internetpräsenzen, bspw. im Rahmen interaktiv gestalteter Websites, Blogs, Foren, Photosammlungen etc. Erstaunlich selten werden von den verantwortlichen Betreibern der Dienste oder Webpräsenzen aber auch die dazu passenden Vereinbarungen zur Verfügung gestellt. Dies trägt dazu bei, die Debatte um eine Lockerung oder Verschärfung des Urheberrechts im Internet zu befeuern. Denn häufig ist den Beteiligten – zumal den nachfolgenden Usern der Inhalte – überhaupt nicht klar, wer welche Rechte an welchen Inhalten genießt.

Die rechtlich verantwortlichen Betreiber sollten daher schon zu ihrem eigenen Schutz dem Kreis ihrer Nutzer, der eigene Werke im Sinne des UrhG hochlädt, eine Vereinbarung wie die nachstehend abgedruckte zur Kenntnis bringen (und möglichst mittels »Häkchen« bestätigen lassen):

Rechte an nutzergenerierten Inhalten

Praxishinweis
Mustertext für nutzergenerierte Inhalte.

Indem Sie uns im Rahmen der Nutzung unserer +++ [Dienste] +++ urheberrechtlich oder auf andere Weise geschützte Inhalte zur Verfügung stellen (z. B. geschützte Texte, Photos, Videos, Sprachaufnahmen, Musik o. ä.), räumen Sie uns daran das einfache (nicht-ausschließliche), räumliche und zeitlich unbeschränkte Recht ein, diese zur Veröffentlichung +++ [auf unserer Website / in unserem Dienst] +++ zu nutzen.
Das Nutzungsrecht beschränkt sich sachlich und zeitlich auf eine Nutzung im Zusammenhang mit +++ [Beschreibung des Zwecks der Zurverfügungstellung, z. B. »Wahl des schönsten Urlaubsbildes 2017«] +++.

Sofern es sich nicht um eine Einzelaktion handelt, empfiehlt es sich, die Einschränkung »zeitlich« zu streichen. Wenn die zur Verfügung gestellten Inhalte noch länger genutzt werden sollen (möglicherweise für Auswertungen, Dokumentationen u. ä.), kann der folgende Satz angefügt werden:

Das Nutzungsrecht besteht auch dann fort, falls wir +++ [die beschriebene Leistung] +++ nicht mehr anbieten sollten.

Ein Beispiel für die Verwendung einer solchen Vereinbarung über nutzergenerierte Inhalte findet sich, wie bereits in Rn 181 erwähnt, auch in den Allgemeinen Geschäftsbedingungen des Facebook-Konzerns.

Hier sei noch einmal ausdrücklich betont, dass die Einräumung von Nutzungsrechten zugunsten des Betreibers der Plattform (z. B. Facebook) keineswegs bedeutet, dass jeder Besucher oder jedes »Mitglied« der Plattform dadurch dieselben Nutzungsrechte erwirbt! Ob und für welche Nutzungsarten dies möglich ist, hängt von dem Nutzungsvertrag zwischen Urheber und dem Betreiber und von der Nutzungsvereinbarung zwischen dem Betreiber und allen anderen Besuchern und Mitgliedern ab. Leider versäumen es fast alle Betreiber sozialer Netzwerke und ähnlicher Plattformen, auf diese Differenzierung hinzuweisen und klar und verständlich über das »erlaubt« und das »nicht erlaubt« aufzuklären.

Nutzungsvereinbarungen sind also nicht nur »nice to have« oder nur etwas für Profis. Fast das gesamte Berufsfeld der Gestaltung ist urheberrechtlich geprägt. Es erstaunt daher, wie wenig selbstverständlich Nutzungsvereinbarungen in dieser Branche immer noch sind. Das Urheberrecht schützt auch die wirtschaftlichen Interessen der Urheber. Es liegt in der Verantwortung der Gestalter, sich der rechtlichen Möglichkeiten zu bedienen, um über den Augenblick der Schöpfung hinaus eine ökonomische Sicherung ihrer Arbeitsleistung zu erreichen. Bereits wenige Überlegungen genügen, um die hier vorgeschlagenen Mustertexte anzupassen:

- einfaches oder ausschließliches Nutzungsrecht?
- welche Nutzungsarten?
- sachliche Beschränkung?
- zeitliche Beschränkung?
- soll der Auftraggeber selbst Schutzrechte anmelden können oder Unterlizenzen vergeben?
- Anpassung der Vergütung an den gewünschten Nutzungsumfang?

Praxishinweis
Checkliste für die Nutzungsvereinbarung.

Im Zweifelsfall, also vor allem bei größeren oder sich oft wiederholenden Aufträgen, sollte ein spezialisierter Rechtsanwalt eine Nutzungsvereinbarung ausarbeiten. Das Honorar hierfür ist gut angelegt.

Exkurs: Wettbewerbe

Im Fachbereich Gestaltung sind Wettbewerbe an der Tagesordnung; die Studierenden werden quasi vom ersten Semester an mit Wettbewerbsangeboten konfrontiert. 187

Leider dienen viele derartige Veranstaltungen einzig und allein dem Zweck, kreative Einfälle und Werke einzusammeln sowie hierfür möglichst umfangreiche Nutzungsrechte zu erhalten, ohne diese angemessen zu vergüten. Dabei können Wettbewerbe sehr sinnvoll sein. Man sollte sich aber mit den rechtlichen Rahmenbedingungen auskennen, um keine unseriösen Angebote zu bedienen.

Es ist nicht immer eindeutig, welche Rechtsnatur Wettbewerbe haben. Die Beurteilung kann von Fall zu Fall unterschiedlich vorzunehmen sein. Der BGH hat sich zuletzt dafür ausgesprochen, dass Wettbewerbe einseitige Rechtsgeschäfte des Veranstalters sind, die aber eine rechtliche Sonderverbindung zu den Teilnehmern begründen können.[201] Das BGB stellt in den §§ 657 ff., speziell in § 661, Rahmenvorschriften für Auslobungen und Preisausschreiben zur Verfügung.

Diese Regelungen sind auch für Wettbewerbe einschlägig. Bei einer Auslobung gibt der Veranstalter öffentlich eine einseitige Willenserklärung ab, um eine unbestimmte Anzahl von Personen zu einem bestimmten Verhalten zu motivieren – in diesem Falle zur Teilnahme am Wettbewerb. Wenn die Voraussetzungen der Auslobung durch die Teilnehmer erfüllt werden, begründet dies schuldrechtliche Verpflichtungen des Veranstalters, z. B. die Zahlung des Preisgeldes. Der Veranstalter ist dabei an seine eigenen Regeln gebunden.

Welche Pflichten in dem Rechtsverhältnis zwischen beiden Parteien bestehen und ob möglicherweise sogar Pflichten des Teilnehmers gegenüber dem Veranstalter begründet werden, ist nach dem Einzelfall zu beurteilen.

Damit gilt grundsätzlich:

- Zwischen Veranstalter und Wettbewerber wird kein Vertrag geschlossen.
- Es gelten die Auslobungs(=Teilnahme-)bedingungen, die der Veranstalter vorgibt; auch der Veranstalter muss sich selbstverständlich danach richten.
- Ergänzend sind die §§ 675 ff. BGB und speziell für Wettbewerbe § 661 BGB anwendbar (»Preisausschreiben«).
- Es können sich für beide Seiten spezielle Pflichten ergeben.

Häufig werden die Teilnahmebedingungen im Internet oder auf Plakaten veröffentlicht und der Veranstalter weist darauf hin, dass »alle rechtzeitigen Einsendungen teilnehmen«. Das bedeutet, dass der Veranstalter mit der rechtzeitigen Einsendung bis zur veröffentlichten Frist[202] in jedem Falle seine Bindung an die Auslobung x akzeptiert.

x **Auslobung**
Sie ist ein öffentliches Angebot, das von jedermann angenommen werden kann.

Achtung:

- Oft sind die Teilnahmebedingungen nur getrennt vom Werbemittel (Flyer, Karte, Plakat) im Internet abrufbar. Nehmen Sie sich die Zeit und suchen Sie diese Bedingungen!

— Prüfen Sie, ob neben der bloßen Einreichung des Wettbewerbsbeitrags weitere Schritte von Ihnen nötig sind, um wirksam teilzunehmen, bspw. eine Anmeldung per E-Mail, das Ausfüllen von Formularen, die Bezahlung einer Teilnahmegebühr[203] etc.
— Stellen Sie sicher, dass Ihre Handlungsweise exakt den Vorgaben des Veranstalters folgt, sonst kommt die rechtliche Bindung nicht zustande (das betrifft z. B. das Medium der Einreichung, Dateiformate, geforderte Erklärungen Ihrerseits etc.)
— Wenn Sie mit bestimmten Bedingungen nicht einverstanden sind, gibt es keine Möglichkeit der Änderung. Die öffentliche Willenserklärung des Veranstalters ist bereits abgegeben und kann nicht mehr speziell für Sie geändert werden (einseitiges Rechtsgeschäft!).
— Drucken Sie sich immer die aktuellen Teilnahmebedingungen vollständig aus.
— Fertigen Sie sich immer (Papier-)Kopien oder sonstige Dokumentationen Ihres Wettbewerbsbeitrags und aller Erklärungen an, die Sie abgegeben haben.

Der Veranstalter diktiert mit seiner Auslobung einseitig die Bedingungen x . Lesen Sie sich daher das gesamte »Kleingedruckte« sorgfältig durch! Sie können die Bedingungen immer nur insgesamt akzeptieren – oder eben nicht teilnehmen. Vertrauen Sie nicht darauf, dass eine bestimmte Regelung »im Zweifelsfall unwirksam sein wird«. Teilnahmebedingungen können weitgehend frei vorgegeben werden und sind z. B. der AGB-Kontrolle der §§ 305 ff. BGB grundsätzlich entzogen.[204]

x
Wettbewerbsbedingungen
Diese sind mit der Auslobung verknüpft und regeln verbindlich den Vertragsinhalt.

Die ausgelobten Wettbewerbe folgen in der Regel den gesetzlichen Bestimmungen für Preisausschreiben x , § 661 BGB. Regelmäßige Bestandteile sind daher:

x
Preisausschreiben
Wettbewerbe sind rechtlich gesehen meist Preisausschreiben.

— Öffentliche Bekanntmachung der Teilnahmebedingungen an einen unbeschränkten Personenkreis
— Fristsetzung für die Teilnahme (§ 661 Abs. 1 BGB)
— Auslobung eines Preisgeldes oder eines anderen Vorteils
— Entscheidung über den Gewinn durch den Veranstalter oder eine von diesem bestimmte Entscheidungsinstanz (§ 661 Abs. 2 BGB)

Nimmt der Veranstalter neben der Preisauslobung noch weitere Zusagen in die Wettbewerbsbedingungen auf, ist er an diese gebunden. Das können z. B. eine Vergütungspflicht für die eingereichten Entwürfe sein, Auslagenersatz oder der Ersatz von Reisekosten für die Preisverleihung, möglicherweise auch die Zusage, dem Gewinner eine Projektleitung zu übertragen. Diese Leistungen können von den betroffenen Teilnehmern eingeklagt werden. Bei Zweifelsfragen entscheidet das Gericht mittels Auslegung der Teilnahmebedingungen nach der objektiven Verkehrsauffassung.[205]

Daneben hat der Veranstalter sicherzustellen, dass von der Durchführung des Wettbewerbs keine Gefahren auf die Teilnehmer ausgehen. Das kann z. B. bei Live Acts, körperlichen Aktionen, Fernsehaufnahmen oder Preisverleihungsveranstaltungen von Bedeutung sein.

Sehr häufig werden Wettbewerbe durchgeführt, um dem Veranstalter einen günstigen Zugang zu Ideen, Entwürfen, Lösungen, Designs usw. zu verschaffen, die für den Veranstalter aufgrund der Teilnahmebedingungen maßgeschneidert sind. Das ist rechtlich nicht zu beanstanden, weil die Teilnahme am Wettbewerb freiwillig erfolgt.

Damit wird jedoch ein Spannungsfeld aufgebaut zwischen einerseits dem Interesse des Veranstalters, an allen Einsendungen möglichst weitgehende Rechte zu erhalten, und andererseits dem Interesse des Teilnehmers, sich mit Hilfe seiner Einsendung neue Verdienstmöglichkeiten oder zumindest berufliche Anerkennung zu erschließen.

Achtung: Das Gesetz sieht in § 661 Abs. 4 BGB durchaus die Möglichkeit vor, dass der Veranstalter in der Auslobung die Übertragung des Eigentums »an dem Werk«, d. h. am Wettbewerbsbeitrag bzw. Werkstück, auf sich verlangen kann.

- Eine Übertragung des Eigentums »an dem Werk« kann der Veranstalter aber nur verlangen, wenn er dies in der Auslobung bereits zur Bedingung gemacht hat.
- Gehen Sie davon aus, dass diese Übertragungsverpflichtung im Zweifelsfall alle Einsendungen betrifft, nicht nur die später prämierten.
- Prüfen Sie genau nach, welche Sachen und Rechte an den Veranstalter übertragen werden müssen.

Sehr häufig, vor allem im Fachbereich Gestaltung, unterliegen die Einsendungen für einen Wettbewerb dem Urheberrecht der Teilnehmer. Das Urheberrecht selbst ist nicht übertragbar, § 29 Abs. 1 UrhG (vgl. Rn 167). Der Veranstalter kann aber gem. § 661 Abs. 4 BGB die Bedingung stellen, dass ihm das ausschließliche (!) Nutzungsrecht gem. § 31 Abs. 3 UrhG für bestimmte oder gar alle Nutzungsarten übertragen werden muss. Überlegen Sie genau, ob Ihnen die Teilnahme an einem Wettbewerb mit derart weitreichenden Bedingungen zusagt.

Häufig sind die Teilnahmebedingungen in dem Bereich »Übertragung der Rechte« entweder bewusst unpräzise formuliert oder aus anderen Gründen ungenau. Dann müssen die Bedingungen ausgelegt [x] werden (vgl. Rn 33). Hierfür gelten die folgenden Empfehlungen: **188**

x
Auslegung der Wettbewerbsbedingungen
Diese folgt den allgemeinen Regeln, vgl. Rn 33.

- Ist nichts zu einer Übertragung ausgeführt, können Sie mit § 31 Abs. 5 UrhG davon ausgehen, dass alle Nutzungsarten (nur) für die Durchführung des Wettbewerbs und einer ggf. anschließenden Präsentation an den Veranstalter übertragen werden. Dabei handelt es sich um einfache Nutzungsrechte gem. § 31 Abs. 2 UrhG.
- Sind die Ausführungen unpräzise oder unvollständig, gehen alle Ungenauigkeiten zu Lasten des Veranstalters. Maßstab für die Auslegung ist der objektive Empfängerhorizont. Im Zweifelsfall ist der gemäß § 31 Abs. 5 UrhG zugrunde zu legende »Zweck« immer nur der Wettbewerb selbst – und nicht etwa eine nachgelagerte gewerbsmäßige Verwertung des Wettbewerbsbeitrags durch den Veranstalter.
- Sollte der Wettbewerb wichtig sein oder Ihr Beitrag wertvoll, lassen Sie die Bedingungen besser von einem spezialisierten Rechtsanwalt prüfen. Eine Überprüfung im Rahmen einer Erstberatung ist besser als ein Rechtsverlust!
- Die Beweislast dafür, in welchem Umfang Nutzungsrechte durch die Einsendung auf den Veranstalter übertragen wurden, trägt der Veranstalter.[206]

x
Rechtsweg nicht ausgeschlossen
Auch Wettbewerbe sind der gesetzlichten Überprüfung zugänglich.

Bei Wettbewerben ist der Rechtsweg keineswegs ausgeschlossen x , wie dies häufig zu lesen ist.[207] Die Wettbewerbsbedingungen und insbesondere die Pflichten des Veranstalters können jederzeit der gerichtlichen Überprüfung unterstellt werden. Das gilt selbst für die Überprüfung der Entscheidung über den Gewinn des Wettbewerbs.[208]

Ebenso können natürlich auch die Pflichten des Teilnehmers vom Veranstalter eingefordert werden (sofern welche bestehen) und ihre Verletzung sogar Schadensersatzansprüche auslösen. Dies gilt vor allem für besondere Pflichten, wie bspw. die Übertragung von Rechten auf den Veranstalter.

x
Rechtsstreitigkeiten
Meist hilft eine günstige Erstberatung beim Fachanwalt schon weiter.

Rechtsstreitigkeiten x im Urheberrecht sind meist teuer und benötigen spezialisierte Juristen. Lassen Sie sich in jedem Falle beraten, wenn Sie das Gefühl haben, Rechtsnachteile zu erleiden. Für die Erstberatung eines Verbrauchers (das sind Sie noch als Studierender, vgl. § 13 BGB) sieht § 34 RVG eine Höchstgebühr von 190 EUR vor; sofern der Rechtsanwalt seine erste Einschätzung in einem Gutachten schriftlich festhält, darf er 250 EUR verlangen – unabhängig vom Streitwert. Höher darf der Rechtsanwalt nur abrechnen, wenn Sie sich zuvor ausdrücklich einverstanden erklärt haben.

Überprüfen Sie auf jeden Fall nach einiger Zeit, ob sich der Veranstalter an seine Pflichten gehalten und nicht etwa nachträglich Ihre Urheberrechte verletzt hat! Die §§ 31 ff. UrhG sollen eine jederzeit angemessene Vergütung für die Einräumung von Nutzungsrechten sicherstellen und sind auch auf Wettbewerbe anwendbar. Zu beachten sind in diesem Zusammenhang vor allem die folgenden gesetzlichen Regelungen:

- Ist eine Höhe der Vergütung nicht bestimmt, gilt eine angemessene Vergütung als vereinbart, § 32 Abs. 1 Satz 2 UrhG.
- Es gibt ein Umgehungsverbot für nachteilige Bestimmungen zu Lasten des Urhebers, § 32 Abs. 3 UrhG.
- Wird erst später offensichtlich, dass die Vergütung unangemessen war, gibt es ggf. einen nachträglichen Anpassungsanspruch, § 32a und § 32c UrhG.

Es kann sich also lohnen, auch nach dem Ende des Wettbewerbs das Schicksal des eingesandten Beitrags zu verfolgen. In sehr vielen Fällen wird die Verwendung Ihres Beitrags durch den Veranstalter für gewerbliche Zwecke nicht von den Wettbewerbsbedingungen gedeckt sein. Dann können Sie eine nachträgliche Vergütung fordern.

Schranken des Urheberrechts

Würde das Urheberrecht uneingeschränkt ausgeübt, könnte der Urheber seine Werke für jedermann sperren – und dies für eine lange Zeit über seinen eigenen Tod hinaus. Denn das Urheberrecht ist ein starkes Recht und in seiner Ausprägung an die Grundrechte angelehnt (vgl. Rn 167). Immerhin soll das »geistige Eigentum« des Urhebers geschützt werden – und damit vor allem auch seine wirtschaftliche Ausbeutung. 189

Gerade die Eigentumsgarantie des Art. 14 GG kennt aber die Schranke der Sozialbindung x .[209] Eben weil der Staat, als Gemeinschaft seiner Bürger, den Schutz des Eigentumsrechts ebenso garantiert wie denjenigen des Urheberrechts, darf und muss er diesen Schutz aufgrund allgemeiner, höherrangiger Interessen durch Gesetz auch einschränken können. Eine solche gesetzliche Schrankenregelung sehen die Bestimmungen der §§ 44a ff. UrhG vor, es sind die »Schranken des Urheberrechts«. Sie sind Ausdruck vieler Interessen, die begründet genug sind, um im Einzelfall das Urheberrecht zurücktreten zu lassen.

x **Schranke der Sozialbindung**
Das Urheberrecht als Schutz des geistigen Eigentums unterliegt den Schranken der Sozialbindung.

Beispiele gegen das Urheberrecht gerichteter Interessen:

- öffentliche Sicherheit (§ 45 UrhG)
- berechtigte Interessen aus den Bereichen Unterricht und Wissenschaft (§ 52a UrhG)
- Freiheit des geistigen Schaffens (§ 51 UrhG)
- schnelles Informationswesen (§ 53a UrhG), Informationsgesellschaft (44a UrhG)
- privater und sonstiger eigener Gebrauch (§§ 53 und 54 UrhG)

Anders als bspw. in den USA gibt es im deutschen Urheberrecht keine Generalklausel eines »fair use« zu Lasten des Urhebers. In Deutschland muss daher für jeden Einzelfall geprüft werden, ob das UrhG eine Schrankenregelung bereit hält oder nicht.

Einige für den Fachbereich Gestaltung und das allgemeine Interesse wesentliche Schrankenregelungen sollen nachstehend herausgegriffen werden.

Nutzung ohne Erlaubnis und Vergütung

190 Die freie Nutzung [x] ist der höchste Grad der Einschränkung des Urheberrechts. Der Urheber darf in diesem Fall die Nutzung seines Werkes weder untersagen, noch erhält er hierfür eine Vergütung (bzw. Entschädigung). Es gibt durchaus einige Tatbestände, die diesen radikalen Eingriff zulassen.[210]

x
Freie Nutzung
Sie schränkt das Urheberrecht weitgehend ein, ist aber nur in den gesetzlich definierten Fällen zulässig.

Ohne die Schrankenregelung in den §§ 48 bis 50 UrhG wäre bspw. eine Berichterstattung über Tagesereignisse in den Medien kaum möglich. Sie dürfen Werke auch ohne Erlaubnis und Vergütung veröffentlichen (und zwar in allen Nutzungsarten), wenn die Schutzgüter »im Verlauf von Tagesereignissen wahrnehmbar werden« und die Berichterstattung dies gebietet.[211]

Ebenfalls öffentliches Interesse steht hinter § 45 UrhG. Danach dürfen Werke bzw. Bildnisse vervielfältigt werden, wenn dies der Verwendung in Verfahren vor einem Gericht, einem Schiedsgericht oder einer Behörde dient, bzw. der öffentlichen Sicherheit.

Nachträglich eingefügt wurde § 45a UrhG, der behinderten Menschen den Zugang zu bestimmten Werken erleichtern soll, wobei u. U. hierfür sogar eine Vergütung an den Urheber zu zahlen ist.

Gerade im Studium – und natürlich allgemein im wissenschaftlichen Bereich – ist das Zitat fremder Werke ˣ unerlässlich, um eine fundierte Darstellung belegen zu können oder einen Diskurs zu führen. Müsste für jedes Zitat eine Erlaubnis eingeholt und gar eine Vergütung gezahlt werden, würde der Wissenschaftsbetrieb in kürzester Zeit zu einem knirschenden Halt gelangen. § 51 UrhG gestattet daher das Zitat anderer Werke, wenn auch unter Auflagen, die allerdings weniger bekannt zu sein scheinen als das Recht selbst. 191

x
Zitate
Dies sind Wiedergaben fremder Werke oder Werkbestandteile im eigenen Werk unter Verweis auf den Urheber.

§ 51 UrhG bezieht sich nicht nur auf Textzitate. Gestattet sind sämtliche Arten der Vervielfältigung, Verbreitung und öffentlichen Wiedergabe, also auch Abbildungen oder sogar musikalische Zitate.[212] Allerdings darf das Zitat nur im Rahmen eines für sich selbständigen, urheberrechtlich geschützten Werks erfolgen. Außerdem muss das Zitat einem bestimmten Zweck dienen, vgl. § 51 Satz 1 UrhG: »sofern die Nutzung in ihrem Umfang durch den besonderen Zweck gerechtfertigt ist«. Das Gesetz stellt dies u. a. für wissenschaftliche Werke »zur Erläuterung des Inhalts« klar.

Der BGH hält eine »innere Verbindung mit dem eigenen Gedanken« für notwendig, um das Zitat zu rechtfertigen.[213] Das Werk muss die Hauptsache, das Zitat die Nebensache bleiben.[214] Selbstverständlich darf das Original im Zitat nicht verändert werden.[215] Es darf auch nicht so aus dem Zusammenhang gerissen oder in einen anderen Zusammenhang hineingestellt werden, dass hierdurch das Änderungs- und Entstellungsverbot des § 14 UrhG berührt wird.[216]

Und – ganz wesentlich – das Zitat muss die Quelle, also das Originalwerk, angeben; dies folgt aus § 63 UrhG. Dazu gehört auch der Name des Urhebers. Für den wissenschaftlichen Bereich haben sich auf dieser Grundlage bestimmte Regeln für das Zitieren herausgebildet, deren Beachtung auch für Gestalter selbstverständlich sein sollte.[217] Dabei kommt es übrigens nicht so sehr darauf an, welches System gewählt wird (z. B. das »anglo-amerikanische« oder das »deutsche«), sondern dass die gewählte Ordnung durchgehalten wird und den Mindestanforderungen des § 63 UrhG genügt.

Beispiele:

Die Verwendung einer Liedzeile aus einem Hit der Gruppe Queen als Werbe-Claim (*We Are The Champions*) ist kein Zitat, da es sich bei einer Werbemaßnahme um kein eigenständiges Werk handelt.

Die Veröffentlichung aller berühmten Liebesszenen aus französischen Filmen der 1970er- bis 1990er-Jahre auf einer Internetplattform ist keine Sammlung von Zitaten, wenn damit nicht zugleich eine wissenschaftliche Analyse oder zumindest eine fundierte redaktionelle Bearbeitung verbunden ist, so dass die Filmsequenzen nur noch erläuternden Charakter haben.

»Und wir sind mehr denn je davon überzeugt, dass wir blühende Landschaften gestalten werden!« – Dieser Satz als Werbung für die Landesgartenschau Bayern 2017 wäre ein unzulässiges Zitat des Altbundeskanzlers Helmut Kohl, da seine Aussage von 1991 zum einen etwas umformuliert (und damit verändert) wäre und zum anderen in einen gänzlich anderen Zusammenhang, als den ursprünglich gemeinten (nämlich die Folgen der deutschen Wiedervereinigung) gestellt würde.

Die Verarbeitung von Passagen aus fremden wissenschaftlichen Werken in der eigenen Promotion (oder Bachelorarbeit), ohne diese als Zitat kenntlich zu machen, ist in jedem Fall ein Verstoß gegen § 63 UrhG und durch nichts gerechtfertigt (»Plagiat«). Dies gilt auch für erkennbare Umformulierungen, die die Originalstruktur im wesentlichen beibehalten. Der Verstoß wiegt deshalb schwer, weil ein ordnungsgemäßes Zitieren gem. §§ 51, 63 UrhG ohne weiteres zulässig wäre – es besteht also regelmäßig die Vermutung, dass der Nutzer des Zitates die Fremdurheberschaft verschleiern und damit über den wahren Gehalt seiner eigenen Arbeit täuschen möchte.

192 Für den Fachbereich Gestaltung gibt es zwei weitere interessante Formen der freien Nutzung, auf die kurz hingewiesen werden soll.

Wenn Werke lediglich als unwesentliches Beiwerk x neben dem eigentlichen Gegenstand der Vervielfältigung anzusehen sind, dürfen sie ohne Erlaubnis oder Vergütung vervielfältigt, veröffentlicht und öffentlich wiedergegeben werden, § 57 UrhG. Dies betrifft vor allem den Bereich der Photographie.

x
Unwesentliches Beiwerk
Ein solches fällt in der Gesamtbetrachtung so wenig auf, dass es ohne Auswirkung weggelassen werden könnte.

Beispiel:

Wer den Kassenbereich eines alten Kinos photographiert, muss keine Bedenken haben, wenn auf dem Photo im Hintergrund auch ein *Star Wars*-Plakat zu erkennen ist.

Ein solches »Hintergrundwerk« ist im Verhältnis zum Hauptgegenstand dann »unwesentlich«, wenn das Werk »weggelassen oder ausgetauscht werden kann, ohne dass dies dem durchschnittlichen Betrachter auffällt oder ohne dass die Gesamtwirkung des Hauptgegenstandes in irgendeiner Weise beeinflusst wird«.[218] In unserem Beispiel wäre dies dann nicht mehr der Fall, wenn der weitere Kontext des Photos sich klar auf die *Star Wars*-Saga und nicht auf alte Kinos beziehen würde.

Ebenso ist es zulässig, »Werke, die sich bleibend an öffentlichen Wegen, Straßen oder Plätzen befinden x, mit Mitteln der Malerei oder Graphik, durch Lichtbild oder durch Film zu vervielfältigen, zu verbreiten und öffentlich wiederzugeben«, vgl. § 59 Abs. 1 Satz 1 UrhG. Das gilt bei Bauwerken allerdings nur für die äußere Ansicht. Achtung: Für Werke, die nur vorübergehend der Öffentlichkeit zugänglich gemacht werden sollen, ist § 59 UrhG nicht anwendbar![219]

x
Werke an öffentlichen Plätzen
Diese Schranke des Urheberrechts wird auch als Panoramafreiheit bezeichnet.

Beispiele:

Die Großinstallationen des Künstlers Christo, wie bspw. Verhüllung des Berliner Reichstagsgebäudes im Jahre 1995, *The Gates* 2005 auf den Wegen des Central Parks in New York City oder *The Floating Piers* im italienischen Iseosee 2016, waren jeweils als nur vorübergehende Werke im öffentlichen Raum konzipiert und durften daher nicht gemäß § 59 UrhG abgebildet (und z. B. gewerblich verwertet) werden.

> Eine beliebte Beschäftigung gestalterisch tätiger Menschen, nämlich in leerstehenden Gebäuden Photoserien anzufertigen, ist nicht zulässig. Lediglich die Außenansichten dürfen von der Grundstücksgrenze aus abgelichtet werden. Vorsicht: Es droht außerdem eine Anzeige gem. §123 StGB wegen Hausfriedensbruchs.

Auch vorübergehende Vervielfältigungen können frei genutzt werden, § 44a UrhG. Da diese Art der Nutzung aber vor allem im Zusammenhang mit dem Streaming (z. B. von Filmen) im Internet Bedeutung erhält, soll sie in Rn 275 ausführlich dargestellt werden.

Gesetzliche Lizenz

193 Die gesetzliche Lizenz x gewährt zwar ebenfalls eine Nutzung des Werks ohne Erlaubnis des Urhebers. Für die Nutzung muss jedoch eine Vergütung abgeführt werden – das Gesetz führt also zu einem gesetzlichen Schuldverhältnis zwischen Nutzer und Urheber (vgl. Rn 48), das die angemessene Vergütung zum Gegenstand hat. Es gewährt dem Urheber aber kein Verbotsrecht gegen die Benutzung.

x **Gesetzliche Lizenz**
Eine solche entspricht einer freien Nutzung, für die jedoch eine angemessene Vergütung abgeführt werden muss.

Es gibt eine ganze Reihe von gesetzlichen Lizenzen, die bedeutend sind für das tägliche Leben, die kulturelle Weiterentwicklung und den wissenschaftlichen Fortschritt – die also typisch sind für die Sozialbindung des Urheberrechts.[220]

194 Ganz wesentlich ist die gesetzliche Lizenz zur Vervielfältigung zum privaten und sonstigen eigenen Gebrauch x, § 53 UrhG. Dabei handelt es sich also nicht etwa um eine »freie Nutzung« (vgl. Rn 190), auch wenn es allgemein völlig unbekannt sein dürfte, dass für die private Vervielfältigung eine Vergütung zu zahlen ist.

x **Vervielfältigung zum privaten und sonstigen eigenen Gebrauch**
Eine solche Vervielfältigung ist zulässig. Der Vergütungsanspruch richtet sich gegen die Hersteller der Vervielfältigungsgeräte.

Grundsatz der Regelung ist § 53 Abs. 1 Satz 1 UrhG:

> »Zulässig sind einzelne Vervielfältigungen eines Werkes durch eine natürliche Person zum privaten Gebrauch auf beliebigen Trägern, sofern sie weder unmittelbar noch mittelbar Erwerbszwecken dienen, soweit nicht zur Vervielfältigung eine offensichtlich rechtswidrig hergestellte oder öffentlich zugänglich gemachte Vorlage verwendet wird.«

Diese Regelung hat, weil sie eine Vielzahl von privaten Lebensvorgängen betrifft, zu seiner breiten Rechtsprechung und zu etlichen Diskussionen geführt. Es entzünden sich auch regelmäßig neue Debatten, da sich die technischen Rahmenbedingungen ändern. War es in den 1980er-Jahren bspw. umstritten, wie viele Kopien von einer Original-Ton-Cassette gezogen werden durften, stehen derzeit Musik-Tauschbörsen[221] oder der sog. virtuelle Videorecorder[222] im Feuer. Klar ist, dass wenige Vervielfältigungen (eine bis sieben, je nach Medium) ausschließlich für den privaten Gebrauch durch eine natürliche Person auf einem beliebigen Träger angefertigt werden dürfen.

Beispiele:

vier Papierkopien eines Kapitels aus einem Reiseführer für die Familienferien

die Kopie einer nicht mit Kopierschutz versehenen Original-CD für den Gebrauch im Auto

das Abmalen eines Gemäldes von Pablo Picasso für die Schlafzimmerwand

»Privat« bedeutet, dass der Gebrauch in der Privatsphäre, also im Familien- und Freundeskreis stattfinden muss (»durch persönliches Band verbunden«[223]). Dies schließt den persönlichen Gebrauch durch den Vervielfältiger ein. Je weiter allerdings der Sachverhalt sich von diesem Grundtatbestand entfernt, desto umstrittener wird die rechtliche Einordnung. Dies liegt nicht zuletzt an der relativ komplizierten Formulierung des § 53 UrhG, die mehrfach nachgebessert wurde. Eine Erörterung der vielen denkbaren und manchmal durchaus kuriosen Grenzfälle würde den Rahmen dieser Darstellung leider sprengen. Wer sich nicht sicher ist, ob er die Grenze des Zulässigen überschreitet, sollte entweder einen Kommentar zum UrhG zur Hand nehmen und nach der betreffenden Fallkonstellation suchen oder Rechtsrat bei einem spezialisierten Anwalt einholen.

Ein Privileg sei hier herausgehoben: § 53 Abs. 3 UrhG lässt die Nutzung von Vervielfältigungen im Schulunterricht und zu Prüfungszwecken zu. Der Gesetzgeber hat Hochschulen in seiner Gesetzesbegründung zwar ausdrücklich von dieser speziellen Ermächtigung ausgeschlossen,[224] Vervielfältigungen von Hochschullehrern und Studenten sollen allerdings nach herrschender Auffassung durch § 53 Abs. 2 Nr. 1 UrhG gedeckt sein (»zum eigenen wissenschaftlichen Gebrauch, wenn und soweit die Vervielfältigung zu diesem Zweck geboten ist und sie keinen gewerblichen Zwecken dient«).[225]

Die gesetzliche Lizenz des § 53 UrhG wird auch damit begründet, dass der Rechtsstaat keine Vorschriften aufstellen sollte, deren Einhaltung er nicht garantieren kann, denn dies gefährde seine Souveränität.[226] Niemand wird jemals verhindern können, dass Werke für private Zwecke vervielfältigt werden. Aus demselben Grund verwundert es nicht, dass für die Vergütung der privaten Vervielfältigungen eine besondere Lösung gefunden werden musste. Denn schließlich könnte man niemals alle privaten Vervielfältigungsvorgänge effektiv überwachen.

So hat der Urheber gem. § 54 Abs. 1 UrhG zwar einen Vergütungsanspruch, dieser richtet sich aber nicht gegen den Vervielfältiger (Nutzer) selbst, sondern »gegen den Hersteller von Geräten und von Speichermedien, deren Typ allein oder in Verbindung mit anderen Geräten, Speichermedien oder Zubehör zur Vornahme solcher Vervielfältigungen benutzt wird«. Diesen Vergütungsanspruch machen sog. Verwertungsgesellschaften x für den Urheber geltend, § 54h Abs. 1 UrhG.

x
Verwertungsgesellschaften
Die Vergütung für die erlaubnisfreie Vervielfältigung wird von Verwertungsgesellschaften über pauschale Abgaben auf die verwendeten Geräte erhoben.

Beispiel:

> C zeichnet Comics und veröffentlicht diese. Comics lassen sich für den privaten Gebrauch (z. B. die Kühlschranktür) gut auf einem Photokopierer vervielfältigen. Der hierfür geeignete Kopierer wird schon bei seiner Herstellung von einer Verwertungsgesellschaft erfasst (was z. B. durch einen Aufkleber »VG Wort« dokumentiert wird), und von dieser werden die dem Urheber zustehenden Vergütungsansprüche über eine pauschale Abgabe auf das betreffende Gerät geltend gemacht. Die Höhe der Abgabe richtet sich u. a. nach dem voraussichtlichen Maß der Benutzung des Geräts für private Vervielfältigungen, § 54a UrhG. Die Verwertungsgesellschaft zahlt sodann dem C, wenn er sich bei ihr als Urheber registriert hat, einen angemessenen Anteil an den Einnahmen aus, § 54h Abs. 2 UrhG.[227]

Ein weiteres Beispiel für eine gesetzliche Lizenz soll noch kurz genannt werden: Die Vervielfältigung und die öffentliche Zugänglichmachung verwaister Werke gem. § 61 ff. UrhG wird bei zunehmender Digitalisierung des Wissensmanagements wichtiger werden. Dabei handelt es sich um Werke »aus Sammlungen (Bestandsinhalte) von öffentlich zugänglichen Bibliotheken, Bildungseinrichtungen, Museen, Archiven sowie von Einrichtungen im Bereich des Film- oder Tonerbes, wenn diese Bestandsinhalte bereits veröffentlicht worden sind, deren Rechtsinhaber auch durch eine sorgfältige Suche nicht festgestellt oder ausfindig gemacht werden konnte«.

Diese Regelung soll sicherstellen, dass auch Inhalte, die jünger als 70 Jahre sind, genutzt werden können, falls der Urheber nicht mehr festgestellt werden kann, das Werk aber schon bedeutend genug für eine öffentliche Sammlung gewesen ist. Auch in diesem Fall wird eine nachträgliche Vergütung fällig, falls der Urheber (oder seine Rechtsnachfolger) doch noch festgestellt werden sollten, § 61b UrhG.

Exkurs: Das Recht am eigenen Bild

195 Im Kontext der Schranken des Urheberrechts soll kurz die Frage erörtert werden, wer welche Rechte am eigenen Bild genießt. Bei Gestaltern, die keine ausgebildeten Photographen sind, bestehen oftmals Unsicherheiten, was (und insbesondere wer) eigentlich auf Photos abgebildet werden darf, welche Einwilligungen hierfür nötig sind und wer welche Rechte an dem entstandenen Photo genießt. Dieses Thema wurde ja bereits angeschnitten.[228]

Zunächst ist es wichtig, das Photo mit seinem Entstehungsprozess zu unterscheiden vom Gegenstand des Photos, also bspw. der Person, die auf ihm portraitiert wird.

x
Photo
Das Photo als Schöpfung unterliegt den Vorschriften des Urheberrechts.

Das Photo ˣ als Ergebnis eines Herstellungsvorgangs unterliegt den Vorschriften des Urheberrechts. Hierbei ist zu beachten: Das Gesetz unterscheidet zwischen Lichtbildern und Lichtbildwerken.

> Lichtbilder haben keine ausreichende Schöpfungshöhe, weshalb sie nicht als Werk i. S. d. § 2 UrhG angesehen werden können.
>
> Lichtbildwerke hingegen genießen den vollwertigen Schutz des § 2 Abs. 1 Nr. 5 UrhG.

Für die Praxis ist diese Unterscheidung allerdings kaum von Bedeutung. Denn Lichtbilder, z. B. einfache Reproduktionsphotographien oder Katalogabbildungen von Gebrauchsgegenständen, sind über § 72 UrhG ebenfalls geschützt. Und § 72 Abs. 1 UrhG erklärt die allgemeinen Vorschriften des UrhG auch für Lichtbilder als verbindlich:

»Lichtbilder und Erzeugnisse, die ähnlich wie Lichtbilder hergestellt werden, werden in entsprechender Anwendung der für Lichtbildwerke geltenden Vorschriften des Teils 1 geschützt.« Damit bleibt faktisch nur ein spürbarer Unterschied: Lichtbilder sind nur für die Dauer von 50 Jahren nach dem Tod des Urhebers geschützt, § 72 Abs. 3 UrhG.

Für die Unterscheidung zwischen Lichtbildern und Lichtbildwerken (soweit es überhaupt darauf ankommt), ist die Schöpfungshöhe maßgeblich, also bspw.:

— Verwendung von Licht- und Schattenkontrasten als Inszenierungsmittel
— Schärfen und Unschärfen als Inszenierungsmittel
— Fokussierung auf besondere Bildausschnitte
— besondere Perspektive oder Aufnahmeformat
— Bildauflösung
— nachträgliche Bearbeitung

Diese Merkmale bestimmen gleichzeitig auch die Schutzqualität des betreffenden Photos, z. B. im Rahmen einer »Freien Benutzung« gem. § 24 UrhG (vgl. Rn 177).

Der Gegenstand des Photos [x] darf die Rechte anderer, insbesondere das Urheberrecht anderer Werke, nicht verletzen (vgl. auch Rn 192); dieser Grundsatz dürfte klar sein.

x
Gegenstand des Photos
Er darf die Rechte anderer nicht verletzen.

Beispiele:

Wer im Atelier eines Malers dessen Kunstwerke photographiert und sodann im Internet veröffentlicht, verstößt gegen die Verwertungsrechte des Malers.

Wer im Kino eine Filmsequenz mit seinem Smartphone aufnimmt, verstößt gegen die Nutzungsrechte des Filmverleihs und ggf. gegen die Verwertungsrechte der Urheber.

Wer bei einem Kochkurs die Arbeitsschritte photographiert und diese Photos später auf seiner Homepage hochlädt, verstößt gegen die Verwertungsrechte der Anbieter des Kochkurses. Hierin liegt u. a. eine öffentliche Zugänglichmachung gem. § 19a UrhG, die von dem Nutzungsrecht des gebuchten Kochkurses nicht mehr umfasst ist.

Besonderheiten ergeben sich allerdings bei der Abbildung von Personen. Hierfür ist nicht das Urheberrecht maßgeblich (ein solches an der eigenen Person gibt es für den Abgebildeten nicht), sondern das allgemeine Persönlichkeitsrecht, das gem. Art. 1 und 2 GG verfassungsrechtlichen Schutz genießt.[229] Jeder Mensch hat das ausschließliche Recht, über die Verbreitung und öffentliche Schaustellung seines eigenen Bildnisses zu entscheiden.[230] Näher ausgestaltet ist dieser Schutz im »Gesetz betreffend das Urheberrecht an Werken der bildenden Künste und der Photographie« (KUG). Dieses Gesetz ist wesentlich älter als das UrhG und es hat seine Funktion weitgehend verloren – bis eben auf die Bestimmungen über die Abbildung von Personen insbesondere auf Photographien.[231]

Der Grundtatbestand zum Schutz der abgebildeten Personen findet sich in § 22 KUG:

> »Bildnisse dürfen nur mit Einwilligung des Abgebildeten verbreitet oder öffentlich zur Schau gestellt werden. Die Einwilligung gilt im Zweifel als erteilt, wenn der Abgebildete dafür, dass er sich abbilden ließ, eine Entlohnung erhielt.«

Hiernach ist allerdings lediglich das Verbreiten oder die öffentliche Zurschaustellung untersagt. Das Herstellen selbst, also die photographische Aufnahme, stellt darüber hinaus einen Eingriff in das allgemeine Persönlichkeitsrecht x dar.[232] Bemerkenswerterweise ist bis heute umstritten, ob diese Feststellung einen generellen Schutz gegen die Abbildung der eigenen Person gewährt oder ob zunächst abgewogen werden muss. Das Bundesverfassungsgericht hat zu erkennen gegeben, dass es eine solche Abwägung wohl nicht für notwendig hält und keine Ablichtung ohne Einwilligung vorgenommen werden darf.[233] Höchstrichterlich entschieden ist diese Frage allerdings bislang nicht.[234]

x **Persönlichkeitsrecht**
Das Bildnis einer Person ist ein Eingriff in deren allgemeines Persönlichkeitsrecht gem. Art. 1 und 2 GG.

In der Praxis muss jedem Photographen empfohlen werden, in allen Fällen vor der Ablichtung einer Person von dieser eine Einwilligung einzuholen (und diese möglichst gerichtsfest zu dokumentieren). Das gilt selbstverständlich auch für private Aufnahmen und auch für Photos mit dem Smartphone!

Praxishinweis
Immer die Einwilligung der abgelichteten Person einholen.

Denn das Allgemeine Persönlichkeitsrecht ist Schutzgegenstand des § 823 Abs. 1 BGB, seine Verletzung löst deliktische Schadensersatzansprüche aus (vgl. Rn 113 ff., insbesondere 116). In diesem Zusammenhang muss nachdrücklich auf den Tatbestand des § 201a Abs. 2 StGB hingewiesen werden, der die Verletzung des höchstpersönlichen Lebensbereichs durch Bildaufnahmen unter Strafe stellt.[235] Dieser Tatbestand ist im Kontext der sozialen Netzwerke besonders relevant.

Der Abgebildete genießt also eine Art doppelten Schutz: Schon die Anfertigung eines Photos von ihm verstößt nach herrschender Auffassung gegen sein Persönlichkeitsrecht. Erst recht aber darf ein solches Photo nicht oder vielmehr nur innerhalb eng begrenzter Ausnahmen [x] gegen seinen Willen verbreitet oder veröffentlicht werden.

x
Ausnahmen
In bestimmten Situationen sind Photos von Personen gestattet, vgl. § 23 KUG.

Diese Ausnahmen werden in § 23 KUG beschrieben:

> (1) Ohne die nach § 22 erforderliche Einwilligung dürfen verbreitet und zur Schau gestellt werden:
> 1. Bildnisse aus dem Bereich der Zeitgeschichte;
> 2. Bilder, auf denen die Personen nur als Beiwerk neben einer Landschaft oder sonstigen Örtlichkeit erscheinen;
> 3. Bilder von Versammlungen, Aufzügen und ähnlichen Vorgängen, an denen die dargestellten Personen teilgenommen haben;
> 4. Bildnisse, die nicht auf Bestellung angefertigt sind, sofern die Verbreitung oder Schaustellung einem höheren Interesse der Kunst dient.
>
> (2) Die Befugnis erstreckt sich jedoch nicht auf eine Verbreitung und Schaustellung, durch die ein berechtigtes Interesse des Abgebildeten oder, falls dieser verstorben ist, seiner Angehörigen verletzt wird.

Ist der Ausnahmetatbestand des § 23 KUG erfüllt, darf das Photo nicht nur verbreitet und veröffentlich werden, es darf auch gegen den Willen des Abgebildeten angefertigt werden. Allerdings hat dieser Rückschluss eine Grenze in § 23 Abs. 2 KUG: Im Einklang mit den vorstehend dargestellten Grundsätzen des allgemeinen Persönlichkeitsrechts endet die Abbildungsfreiheit dort, wo die Würde der Persönlichkeit verletzt wird.[236] Auch hier muss also abgewogen werden.

Beispiele:

Eine Landschaftsphotographie, auf der relativ klein auch Menschen beim Picknick am Fluss abgebildet sind, ist gem. § 23 Abs. 1 Nr. 2 KUG zulässig.

Eine Vergrößerung dieser zum Teil leicht bekleideten Picknickgruppe zu einem bildfüllenden Ensemble ist dagegen unzulässig (kein »Beiwerk« mehr).

Das Photo einer Vollversammlung der Fakultät für Gestaltung ist gem. § 23 Abs. 1 Nr. 3 KUG zulässig (z. B. zum Abdruck in einer Fachschaftszeitung).

Ein Photo von Bundeskanzlerin Dr. Angela Merkel im Sommerurlaub ist gem. § 23 Abs. 1 Nr. 1 KUG zulässig. Wird auf demselben Photo eine weitere Person in einer Badehose zufällig ähnlich groß abgebildet (z. B. vorbeigehend), ist das Photo bezüglich dieser Person unzulässig (kein »Beiwerk«). Eine Abbildung der Bundeskanzlerin im Badeanzug dürfte ebenfalls unzulässig sein, § 23 Abs. 2 KUG, zumindest dann, wenn das Photo hierdurch einen herabwürdigenden Charakter annimmt.[237]

Der Vollständigkeit halber sei hingewiesen auf § 60 UrhG: Er stellt eine urhebervertragsrechtliche Auslegungsregel dar, die dem Besteller eines Abbildes von sich selbst die Vervielfältigung und Verbreitung unter bestimmten Voraussetzungen auch unabhängig von der Genehmigung des Urhebers gestattet. Dies soll sicherstellen, dass angesichts des »wegen persönlicher Bande und eines besonderen Bedarfs«[238] des Abgebildeten zu bzw. an seiner Abbildung dieselbe auch dann verwendet werden kann, wenn z. B. der Urheber nicht (mehr) bekannt ist (was z. B. bei Portraitphotos vorkommt).

Verletzungshandlungen und Rechtsfolgen

196 Wer die Rechte eines Anderen verletzt, verstößt gegen Schutzrechte – bspw. das Urheberrecht, den Designschutz, das Markenrecht, aber auch gegen den lauteren Wettbewerb. Dies zieht zivilrechtliche Ansprüche der in ihren Rechten Verletzten und strafrechtliche Konsequenzen nach sich ziehen. Der Aufbau ist jeweils ähnlich:

— Aufsuchen einer Anspruchsnorm
— Geltendmachung von Beseitigungs- und Unterlassungsansprüchen
— Auskünfte über den Verletzungsumfang einholen
— Geltendmachung von Schadensersatz
— Einleitung der strafrechtlichen Verfolgung, sofern geboten

Schematische Übersicht

Die bisherigen Ausführungen sollen mit der nachstehenden 197
Graphik noch einmal verdeutlicht werden. Dabei erscheint bereits der Verletzer, der in seiner Verletzungshandlung möglicherweise durch die Schranken des Urheberrechts gerechtfertigt sein könnte. Außerhalb dieses erlaubten Bereichs jedoch treffen ihn empfindliche Rechtsfolgen.

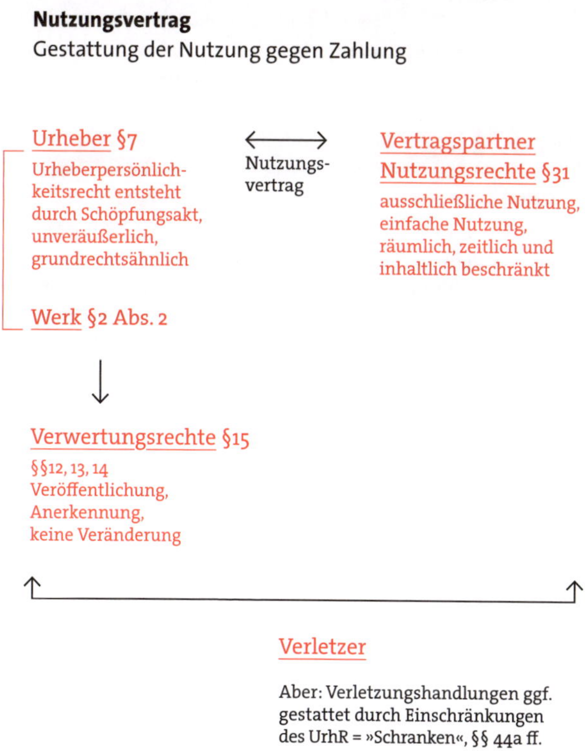

Anspruchsnormen

198 Die Anspruchsnormen [x] des Urheberrechts sind in den §§ 97 ff. UrhG zu finden:

x
Anspruchsnormen
Der in seinen Rechten Verletzte hat weitgehende Ansprüche gegen den Verletzer.

§ 97 Abs. 1 UrhG gewährt einen Anspruch auf Beseitigung der Beeinträchtigung und ggf. Unterlassung der Verletzungshandlung.

(Gemäß § 97a UrhG soll der Verletzer vor weiteren Maßnahmen abgemahnt werden.)

§ 98 UrhG gewährt einen Anspruch auf Vernichtung, Rückruf oder Überlassung rechtswidrig hergestellter Vervielfältigungen.

Gemäß § 101 UrhG ist der Verletzer zur Auskunft über die gewerblichen Umstände der Verletzungshandlung verpflichtet.

§ 97 Abs. 2 UrhG gewährt einen Anspruch auf Schadensersatz, auch für Nichtvermögensschäden.

Bedingung für die Geltendmachung der vorgenannten Ansprüche ist stets die widerrechtliche Verletzung des Urheberrechts oder »eines anderen nach dem UrhG geschützten Rechts«. Nicht immer ist der Urheber der Urheberrrechtsverletzte – hat er bspw. das ausschließliche Nutzungsrecht übertragen, ist der Inhaber dieses übertragenen Rechts auch der Verletzte und der Anspruchsteller (vgl. Rn 183).

199 Eine Verletzungshandlung [x] ist jeder Eingriff in die absoluten Berechtigungen des Urhebers oder des ausschließlich Nutzungsberechtigten nach dem UrhG.[239]

x
Verletzungshandlung
Eine solche ist ein Eingriff in die absoluten Berechtigungen des Urhebers oder des ausschließlich Nutzungsberechtigten nach dem UrhG.

Der in seinen Rechten Verletzte muss darlegen und beweisen können, dass ein Eingriff stattgefunden hat oder unmittelbar bevorsteht. Dies ist der Fall, wenn eine der erläuterten Schutzvorschriften des Urheberrechts beeinträchtigt wurde, z. B. aufgrund einer unberechtigten Verwertungshandlung.

Beispiele:

Die Ehefrau veröffentlicht im Internet ein Manuskript ihres Mannes, obwohl dies noch nicht fertiggestellt ist.

Ein Student verwendet ein Designkonzept seines Kommilitonen für seine eigene Bachelorarbeit.

Ein Gestalter zeichnet Comic Strips aus dem *Star Trek*-Universum, weil er diese auf der nächsten Comic Con besonders gut verkaufen kann.

Dem in die Urheberrechte Eingreifenden muss die Rechtswidrigkeit seines Handelns nicht bewusst sein. Der Eingriff als solcher indiziert bereits die Rechtswidrigkeit – sie wird also gesetzlich vermutet und der Verletzer (der »Eingreifende«) kann sie allenfalls widerlegen. Das kann ihm z. B. durch Vorlage einer rechtsgültigen Einwilligung gelingen.

Beispiel:

Der Urheber eines Designer-Stuhls aus den 1920er-Jahren ist 1970 verstorben. Plötzlich tauchen auf dem Markt qualitativ hochwertige Reproduktionen der Fa. R auf. Die Erben als Rechtsnachfolger des Urhebers machen gegen die Fa. R Ansprüche gem. §§ 97 ff. UrhG geltend.

Ein Eingriff in die Verwertungsrechte des Urhebers ist zu bejahen, seine Rechtswidrigkeit wird gesetzlich vermutet (»indiziert«). Allerdings kann der Inhaber der Fa. R einen bisher unbekannten Vertrag aus dem Jahr 1960 vorlegen, in dem ihm vom Urheber für die gesamte Dauer des urheberrechtlichen Schutzes der Nachbau in einer bestimmten Qualität und Auflage gestattet wird. Infolge dieser Vereinbarung entfällt die Rechtswidrigkeit des Eingriffs und die geltend gemachten Ansprüche der Erben gehen ins Leere.

§ 97 Abs. 1 UrhG gewährt dem in seinen Rechten Verletzten einen Anspruch auf Beseitigung der Beeinträchtigung x gegen den Verletzer. Beseitigt werden muss der »fortdauernde störende Zustand«, so der BGH.[240] Eine bestimmte Maßnahme kann von dem Verletzten allerdings nicht verlangt werden. 200

x
Beseitigungsanspruch
§ 87 Abs. 1 UrhG
Der störende Zustand muss beseitigt werden.

Beispiele:

Wer ein fremdes Photo für seine eBay-Anzeige genutzt hat, muss dieses aus der Anzeige entfernen.

Wer das Gemälde eines kürzlich verstorbenen Künstlers ausstellt, muss dieses aus der Ausstellung entfernen.

Wer Klingeltöne aus aktuellen Popsongs im Internet anbietet, muss diese löschen.

Der Störungsbeseitigungsanspruch besteht unabhängig vom Verschulden. In dem vorstehenden Beispiel tut es also nichts zur Sache, ob der Verwender des Photos sich der Rechtswidrigkeit seiner Handlung bewusst war und ob er fahrlässig oder gar vorsätzlich gehandelt hat. Auch der »völlig Ahnungslose« muss das Photo unverzüglich aus seiner Anzeige entfernen.

201 Der Beseitigungsanspruch richtet sich übrigens nicht nur gegen den unmittelbar Handelnden. Er richtet sich auch gegen den sog. Störer x. Ein Störer ist jemand, »der in irgendeiner Weise willentlich und adäquat kausal (vgl. Rn 127 ff.) an der Herbeiführung oder Aufrechterhaltung einer rechtswidrigen Beeinträchtigung (Störung) mitwirkt, sofern es ihm tatsächlich und rechtlich möglich und zumutbar ist, die konkrete Rechtsverletzung zu verhindern«, so der BGH.[241] Auch die Störerhaftung auf Beseitigung setzt kein Verschulden voraus!

x
Störerhaftung
Sie besteht unabhängig vom Verschulden und richtet sich gegen alle Mitwirkenden einer Beeinträchtigung.

Beispiel:

Der Gestalter A lässt in der Druckerei D ein Werbemagazin drucken. Auf der Titelseite hat er ein Photo verwendet, das er aus dem Internet heruntergeladen hat.

Der Urheber des Photos kann nicht nur gegen A Ansprüche geltend machen, sondern auch von der Druckerei D verlangen, dass diese den Druck einstellt und alle bereits gedruckten Exemplare vernichtet. Dabei ist es völlig unerheblich, ob die Druckerei von dem Urheberrechtsverstoß des A Kenntnis hatte oder nicht.

Der Beseitigungsanspruch ist für den Störer meist noch mit überschaubarem Aufwand zu bewältigen (der unter Umständen auch an den Verletzer weiterberechnet werden kann). Gefährlich wird es für den Störer dann, wenn ihm ein eigener Pflichtverstoß zur Last liegt. In dieses Fahrwasser gerät der Störer, wenn er die im Verkehr erforderliche Sorgfalt außer Acht lässt und etwaige Prüfungs- und Erkundigungspflichten übersieht. Denn dann trifft ihn ein eigenes Verschulden und damit auch eine eigene Schadensersatzpflicht gegenüber dem Verletzten.

> Im vorstehenden Beispiel bestehen für die Druckerei D nur geringe zumutbare Prüfungs- und Erkundigungspflichten. Eine Druckerei kann keineswegs den Inhalt aller Aufträge auf urheberrechtliche Bedenkenlosigkeit prüfen.[242] Etwas anderes gilt allerdings dann, wenn die mögliche Verletzung sich sozusagen aufdrängt – es sich also z. B. um ein Standphoto aus einem bekannten Blockbuster handelt, der zum Zeitpunkt des Drucks noch im Kino läuft und bei dem im Vordergrund die Köpfe des Publikums zu sehen sind (ja, so etwas kommt vor).

Besteht eine Wiederholungsgefahr der Beeinträchtigung, kann der in seinen Rechten Verletzte gemäß § 97 Abs. 1 UrhG auch die Unterlassung ˣ verlangen. Dieser Anspruch »ist das Fundament der Schadensbeseitigung und Verhinderung künftiger Rechtsverletzungen im Kernbereich«.[243]

202

x
Unterlassungsanspruch
§ 97 Abs. 1 UrhG
Die Unterlassung der gegenwärtigen oder zukünftigen Störung kann verlangt werden.

Eine Wiederholungsgefahr wird vermutet, wenn bereits eine Rechtsverletzung stattgefunden hat,[244] was nachvollziehbar ist. Ein Unterlassungsanspruch kann aber sogar dann bestehen, wenn eine Zuwiderhandlung erstmalig droht, § 97 Abs. 1 Satz 2 UrhG. In diesem Fall muss die Erstbegehungsgefahr aber »konkret drohen«, so der BGH.[245]

Die Wiederholungsgefahr gilt als beseitigt, wenn der Verletzer eine Unterlassungserklärung ˣ abgibt. Der BGH hat für eine solche Erklärung strenge Maßstäbe herausgearbeitet.

x
Unterlassungserklärung
Sie dient zur Beseitigung der Wiederholungsgefahr und unterliegt strengen Maßstäben.

Sie muss

- ernsthaft sein,
- unbefristet,
- vorbehaltlos,
- und mit einer angemessen hohen Vertragsstrafe gemäß § 339 BGB[246] bewehrt sein für den Fall, dass das Unterlassungsversprechen nicht eingehalten wird.

Damit die Unterlassungserklärung wirksam ist, muss sie vom Gläubiger (also dem Anspruchsteller gem. § 97 Abs. 1 UrhG) angenommen werden.[247] Allerdings lässt bereits die Abgabe der Erklärung (und nicht erst ihre Annahme) die Wiederholungsgefahr entfallen, wenn die Erklärung vollständig im oben beschriebenen Sinne abgegeben wird.[248]

Praxishinweis
Beim Eingang einer Unterlassungserklärung ggf. einen Rechtsanwalt hinzuziehen.

Das Schreiben einer Rechtsanwaltskanzlei ist meist der erste Fanfarenstoß, mit dem eine Urheberrechtsverletzung zur Kenntnis gebracht wird. Regelmäßig ist diesem Schreiben eine vorbereitete Unterlassungserklärung beigefügt. Und nicht selten wird eine solche Abmahnung verbunden mit einer pauschalierten Schadensersatzforderung, die auch die Rechtsanwaltsgebühren umfasst.

Wenn der monierte Verstoß gegen das Urheberrecht nicht völlig offensichtlich ist, wenn er nicht schuldhaft begangen wurde oder wenn das Angebot der Kanzlei zur Abgeltung des Schadens nicht angemessen erscheint, sollte in jedem Fall ein spezialisierter Rechtsanwalt zur Erstberatung aufgesucht werden (vgl. Rn 188) – und zwar unbedingt innerhalb der genannten Frist zur Rückäußerung. Die eigenmächtige Abänderung der vorbereiteten Unterlassungserklärung oder der ungeprüfte Abschluss eines »Vergleichsvertrags« ist meist mit Rechtsnachteilen verbunden.

Sehr häufig muss zwar die vorbereitete Unterlassungserklärung abgegeben werden, da die Rechtsverletzung tatsächlich besteht (gerade bei Verstößen im Internet). Die weiteren geforderten Rechtsfolgen, insbesondere Schadensersatz einschließlich Rechtsanwaltshonorar, sind jedoch nicht selten erheblich übersetzt. In solchen Fällen kann meist deutlich mehr Geld gespart werden, als die Erstberatung kostet.

Kurz gefasst: Die Abwehr von Unterlassungsverlangen sollte einem Rechtsanwalt übergeben werden.

203

Aus der Perspektive des Verletzten stellt sein Unterlassungsverlangen eine Abmahnung [x] dar, die gem. § 97a UrhG immer durchgeführt werden soll, bevor ein Gerichtsverfahren eingeleitet wird.[249] Ihr Zweck ist der außergerichtliche Interessenausgleich, der meist erheblich günstiger und kurzfristiger zu erreichen ist als mit gerichtlicher Hilfe. Die Abmahnung ist keine Prozessvoraussetzung (»soll«). Allerdings können den Anspruchsteller die Kosten des Verfahrens treffen, wenn er keine Abmahnung betrieben hat und sein Gegner im gerichtlichen Verfahren sofort »anerkennt« (§ 93 ZPO).

x
Abmahnung
Ihr Zweck ist der außergerichtliche Interessensausgleich.

Die Abmahnung muss den Vorwurf des rechtswidrigen Verhaltens ihres Adressaten enthalten sowie korrekte Angaben zu Gläubiger und Schuldner des Anspruchs, vgl. Rn 186; sie muss geltend gemachte Zahlungsansprüche als Schadenersatz- und Aufwendungsersatzansprüche aufschlüsseln und sie muss die Aufforderung einschließen, eine strafbewehrte Unterlassungserklärung zur Beseitigung der Wiederholungsgefahr abzugeben. Eine hierfür gesetzte Frist muss angemessen sein, was von der konkreten Rechtsverletzung abhängt. Häufig wird eine Frist von ein bis zwei Wochen genannt.

§ 97a Abs. 1 Satz 2 UrhG gewährt dem Verletzten, der berechtigterweise abmahnt, den Ersatz der hierfür erforderlichen Kosten, insbesondere des Rechtsanwaltshonorars. Die Höhe dieser Kosten ist regelmäßig Anlass zum Streit. Die nun geltende gesetzliche Höchstgrenze für private Urheberrechtsverstöße von 1.000 EUR Gegenstandswert einerseits und die Verpflichtung des Anspruchstellers, die Abwehrkosten bei einer ungerechtfertigten Abmahnung selbst zu tragen, mildert das Konfliktfeld nur etwas ab.[250]

x
Anspruch auf Vernichtung, Rückruf und Überlassung § 98 UrhG
Besonders relevant ist dieser bei unerlaubten Kopien und Vervielfältigungsstücken.

204 Der Gesetzestext des Anspruchs auf Vernichtung, Rückruf und Überlassung x gem. § 98 UrhG ist recht gut verständlich. Der Anspruch ist insbesondere relevant bei unerlaubten Kopien und Vervielfältigungsstücken von Büchern, Zeitschriften und Druckwerken aller Art, auch Noten, sowie Bild- und Tonträgern. Das trifft natürlich auch auf Kopien von Werken der bildenden Kunst zu und auf Plagiate. Der Anspruch richtet sich nach dem Gesetzeswortlaut zwar nur gegen den Verletzer und die in seinem Eigentum oder Besitz befindlichen Gegenstände; über die Störerhaftung erfasst er faktisch aber die gesamte Vertriebsstruktur.

Beispiel:

Die Farbkopien eines *Superman*-Comics müssen vernichtet werden.

Die Scans eines *Superman*-Comics müssen vernichtet werden.

Die abgepausten Nachzeichnungen eines *Superman*-Comics müssen vernichtet werden.

Die eigenschöpferische Fortsetzung eines *Superman*-Comics muss hingegen nicht vernichtet werden, da sie zwar eine (unzulässige) Bearbeitung gemäß § 3 UrhG darstellt, aber auch ein eigenständiges Original ist (vgl. Rn 177). § 98 erfasst jedoch nur Vervielfältigungen, keine Originale. Andere Ansprüche gegen den Bearbeiter (z. B. Unterlassung und Schadensersatz) bleiben hiervon natürlich unberührt.

x
Produktpiraterie
Der Ausdruck beschreibt den Handel mit Plagiaten namhafter Produkte.

Hier sei auch auf die Bemühungen der Europäischen Union hingewiesen, die Produktpiraterie x einzudämmen, die jährlich einen Milliardenschaden verursacht. Hierzu gibt es seit 2014 eine Produktpiraterie-Verordnung, die seither in den Mitgliedstaaten umgesetzt wird. Deutschland hat im Zuge dessen die §§ 106, 107 und 108 UrhG als Strafvorschriften dem Gesetz hinzugefügt.[251]

Wer dennoch Urheberrechtsverstöße gewerbsmäßig begehen möchte, sollte sich § 101 UrhG genau durchlesen. Die Auskunftsansprüche [x] des Verletzten sind umfassend und können den Verletzer mit ganz erheblichen Kosten belasten. Anwendbar ist die Vorschrift bei Rechtsverletzungen im »gewerblichen Ausmaß«. Was das genau bedeutet, ist umstritten, wird von der Rechtsprechung aber sehr restriktiv ausgelegt. 205

x
Auskunftsanspruch
Anwendbar ist er bei Rechtsverletzungen in gewerblichem Ausmaß.

Das OLG Köln hat die Veröffentlichung eines gesamten Musikalbums als »gewerbliches Ausmaß« angesehen.

Das OLG Frankfurt hat das »gewerbliche Ausmaß« beim Hochladen einer vollständigen Film-DVD auf einer Internettauschbörse als verwirklicht angesehen.[252]

Das OLG Zweibrücken hingegen ist der Auffassung, dass ein »gewerbliches Ausmaß« über einen Umfang hinausgehen muss (auch im Internet), der einem privaten oder sonstigen eigenen Gebrauch entsprechen würde.[253]

Einen gewissen Überblick der aktuellen Rechtsprechung bieten die einschlägigen Kommentare – in diesem Bereich können aber täglich Änderungen hinzukommen.[254]

Achtung: Schon anhand der vorzitierten Beispiele sollte deutlich geworden sein, dass »gewerbliches Ausmaß« keine gewerbliche Tätigkeit im Sinne des Handels- oder Steuerrechts voraussetzt! Auch bei »privaten« Rechtsverletzungen kann durch die Anzahl der Verstöße und ihre Schwere das gesetzliche Merkmal erfüllt sein – übrigens auch mit Konsequenzen einer entsprechenden Strafverschärfung.

Nach dem Beseitigungs- und Unterlassungsanspruch ist der Schadensersatzanspruch [x] des § 97 Abs. 2 UrhG der wichtigste Anspruch des Verletzten. Im Gegensatz zu den vorstehenden Ansprüchen setzt der Schadensersatzanspruch ein Verschulden des Verletzers voraus. Die Anspruchsgrundlage steht systematisch dem § 823 BGB nahe (Delikt), da das Urheberrecht ein geschütztes Rechtsgut des § 823 Abs. 1 BGB ist (vgl. Rn 116 und Endnote 104).[255] 206

x
Schadensersatzanspruch
§ 97 Abs. 2 UrhG
Ihm vorauszusetzen ist ein Verschulden des Verletzers.

Sollen Ansprüche erhoben werden, ist zunächst zu prüfen, ob ein Eingriff in die Rechte vorliegt, die vom UrhG geschützt werden (Rn 199). Diese Prüfung dürfte in den allermeisten Fällen bereits abgeschlossen sein, da sie schon für die Geltendmachung eines Beseitigungs- und Unterlassungsverlangens im Rahmen der gebotenen Abmahnung benötigt wurde, vgl. Rn 200 ff.

Für die haftungsbegründende Kausalität, also die Zurechnung der Rechtsverletzung zum Verletzer, gelten die allgemeinen Regeln von Äquivalenz, Adäquanz und Zurechnungszusammenhang, vgl. Rn 127 ff.

Die Rechtswidrigkeit des Eingriffs wird gesetzlich vermutet (»indiziert«), es obliegt dem Verletzer, eventuelle Rechtfertigungsgründe vorzutragen, vgl. Rn 199.

Für das Verschulden gelten ebenfalls die allgemeinen Regeln; die Rechtsverletzung muss also zumindest fahrlässig begangen worden sein, vgl. Rn 118. Fahrlässig handelt im Bereich des Urheberrechts, wer hätte wissen können und müssen, dass er eine Rechtsverletzung begeht.[256] Die Rechtsprechung ist hier relativ streng, »Unsitten zählen nicht«, so der BGH.[257]

Beispiele:

Ein Gestalter, der für eine Auftragsarbeit von einem Freund Aktphotos angeboten bekommt, muss sich erkundigen, ob eine Nutzung für seine Arbeit sowohl vom Photographen (Urheberrecht) als auch von den Abgebildeten (allg. Persönlichkeitsrecht, KUG) gestattet ist.

Den Verlag dieses Buches trifft die Pflicht, den Inhalt auf Urheberrechtsverletzungen hin zu prüfen. In Betracht kommen z. B. Graphiken Dritter oder Textstellen Dritter ohne Angabe des Zitats (Plagiat).[258]

Für das Internet scheidet bei Netzbetreibern und den reinen Access-Providern Verschulden nach dem TMG aus, solange keine positive Kenntnis vom rechtswidrigen Inhalt besteht.[259]

Bei Diensteanbietern im Onlinebereich hingegen bestehen noch erhebliche Unsicherheiten, welche Sorgfaltspflichten im Einzelnen bestehen, vgl. bspw. die Unternehmungen des »Onlinestars« Kim Dotcom, insbesondere seine Plattform MEGAUPLOAD. Aber auch hierfür gilt: Spätestens bei positiver Kenntnis von Rechtsverstößen setzen Prüfungs- und Kontrollpflichten ein, anderenfalls kann zur ohnehin bestehenden Störerhaftung die Verschuldenshaftung hinzukommen.[260]

Auch für den Schadensersatzanspruch des § 97 Abs. 2 UrhG gelten die Vorschriften zur haftungsausfüllenden Kausalität und § 249 ff. BGB, vgl. Rn 133. Der Zustand, der ohne Rechtsverletzung bestünde, ist wiederherzustellen. Da die Naturalrestitution häufig nicht möglich sein wird (der Text wurde veröffentlicht, das Gemälde wurde ausgestellt etc.), läuft der Schadensersatz im Urheberrecht regelmäßig auf eine Geldzahlung gem. § 251 Abs. 1 BGB hinaus. Der Verletzte hat die Wahl, den Schaden entweder selbst zu berechnen oder ihn (unter Angabe der wesentlichen Grundlagen hierfür) der Schätzung des Gerichts gem. § 287 ZPO anheimzustellen.

§ 97 Abs. 2 Satz 4 UrhG gewährt ausdrücklich auch den Ersatz immaterieller Schäden, stellt also eine gesetzliche Ausnahme vom Grundsatz des Ausgleichs nur materieller Schäden dar.

Für den materiellen Schadensanteil x hat die Rechtsprechung drei Berechnungsarten herausgearbeitet, die auch über das Urheberrecht hinaus Bedeutung erlangt haben:[261] 207

x
Materieller Schadensanteil
Es gibt drei Varianten für die Berechnung des Schadens.

Variante 1:
Ersatz der erlittenen Vermögenseinbuße einschließlich des entgangenen Gewinns (§§ 249 ff. BGB).

Variante 2:
Zahlung einer angemessenen Lizenz

Variante 3:
Herausgabe des Gewinns, den der Verletzer mit der Rechtsverletzung erzielt hat

Das Wahlrecht des Verletzten, welche der drei Varianten er seinem Schadensausgleich zugrunde legen möchte, erlischt erst, wenn der Verletzer den Anspruch nach einer der drei Berechnungsarten erfüllt hat.[262]

Unabhängig von diesen drei Varianten kommt aber – nur im Urheberrecht – auch der bloße Ersatz des immateriellen Schadens durch Zahlung eines angemessenen Geldbetrags in Betracht, wenn (nur) eine Verletzung des Urheberpersönlichkeitsrechts (UPR) vorliegt.

Beispiel:

Auf das Ölbild des Oberbürgermeisters im Rathausflur werden mit Filzstift eine Narrenkappe und Eselsohren gemalt.

Nach dem Tod einer berühmten Schauspielerin stellt ein Kaufhaus zu Werbezwecken eine bekannte Szene aus ihren Filmen mit einer Darstellerin nach, die ihr sehr ähnlich sieht.[263]

Ein derartiges »Schmerzensgeld« bei Verletzungen des Urheberpersönlichkeitsrechts kommt allerdings nur bei schwerwiegenden und nachhaltigen Verstößen gegen das UPR in Betracht. Das betrifft vor allem solche Fälle, in denen ein Widerruf bzw. eine Beseitigung der Beeinträchtigung den Schaden nicht wieder gutmachen kann oder zu spät kommt.[264]

Einstweiliger Rechtschutz

208 Bekanntlich genügt es nicht, Recht zu haben – man muss es auch durchsetzen können. Sowohl für den einstweiligen Rechtschutz als auch für das Klageverfahren gilt im Urheberrecht eine Besonderheit: Die Bundesländer haben die Zuständigkeit [x] auf bestimmte Gerichte beschränkt und dort Kammern und Senate mit spezieller Fachkunde eingerichtet.[265] Wer sich bei der entsprechenden Recherche nicht auf die Suche im Internet verlassen möchte, kann bei einer Rechtsanwaltskammer oder der Geschäftsstelle eines Gerichts anrufen und sich dort nach der konkreten Zuständigkeit erkundigen.

x
Gerichtszuständigkeiten
Für Auseinandersetzungen im Urheberrecht gibt es besondere Gerichtszuständigkeiten.

Urheberrechtliche Streitigkeiten sind häufig eilbedürftig. Denn durch bestimmte Verletzungshandlungen können Rechtsverluste drohen, die später auch durch einen hohen Schadensersatz in Geld nicht mehr wieder gutzumachen sind. 209

Beispiele:

Einer Tageszeitung wurden unveröffentlichte Tagebuchaufzeichnungen eines bekannten Autors zugespielt, die erstmals dessen Verstrickung in der NSDAP und der Waffen-SS nachweisen.

Die gestohlene Kopie eines neuen Films taucht eine Woche vor der Premiere im Internet auf.

Ein Modelabel startet die Produktion einer Kollektion mit Schnitten und Farben, die zuvor im Showroom eines Konkurrenzunternehmens photographiert wurden.

Hierfür sieht die Zivilprozessordnung (ZPO) die Möglichkeit der einstweiligen Verfügung [x] vor, §§ 935, 940 ZPO. Sie spielt vor allem für die vorläufige Durchsetzung von Unterlassungsansprüchen eine wichtige Rolle. In dem Antrag auf Erlass einer einstweiligen Verfügung hat der Anspruchsteller (also regelmäßig der Urheber oder der Inhaber von sonstigen Rechten nach dem UrhG) im wesentlichen zwei Voraussetzungen darzulegen:

x
Einstweilige Verfügung
Zur Durchsetzung einer einstweiligen Verfügung sind zwei Voraussetzungen notwendig:

- Verfügungsgrund [x] :
  Hierfür muss die Eilbedürftigkeit bzw. Dringlichkeit der gerichtlichen Intervention dargelegt werden. Diese ist anzunehmen, »wenn zu besorgen ist, dass durch eine Veränderung des bestehenden Zustandes die Verwirklichung des Rechts einer Partei vereitelt oder wesentlich erschwert werden könnte« (§ 935 ZPO).

x
1. Voraussetzung einer einstweiligen Verfügung
Der Verfügungsgrund; er liegt vor bei Eilbedürftigkeit.

- Verfügungsanspruch [x] :
  Ein solcher Anspruch ist begründet, wenn ein Rechtsverstoß nach dem UrhG vorliegt und deshalb eine An spruchsgrundlage gegeben ist, also bspw. § 97 UrhG.

x
2. Voraussetzung einer einstweiligen Verfügung
Der Verfügungsanspruch; er entspricht Anspruchsgrundlage nach UrhG.

Der Anspruchsteller muss sowohl den Verfügungsgrund als auch den Verfügungsanspruch »glaubhaft machen«. Hierfür hat er geeignete Unterlagen vorzulegen, die seine Darstellung belegen, ggf. Gutachten, Photos, Werkstücke oder auch eidesstattliche Versicherungen von Zeugen. Es gilt § 294 ZPO.

Beispiel:

Wer einen Unterlassungsanspruch im Wege der einstweiligen Verfügung durchsetzen möchte, muss u. a. auch glaubhaft machen, dass eine Wiederholungsgefahr besteht. Denn diese ist Voraussetzung des Anspruchs gem. § 97 Abs. 1 UrhG. Diese Glaubhaftmachung kann durch Nachweis einer vorangegangenen Verletzungshandlung geschehen, z. B. durch Vorlage einer rechtswidrigen Zeitungsveröffentlichung.

Soll hingegen eine vorbeugende Unterlassung erreicht werden, kann z. B. eine eidesstattliche Versicherung eines Zeugen vorgelegt werden, aus der sich ergibt, dass die erstmalige Verletzungshandlung unmittelbar bevorsteht.

Ist der Antrag auf Erlass einer einstweiligen Verfügung ausreichend glaubhaft, entscheidet das Gericht in der Regel im Eilverfahren – nötigenfalls auch innerhalb weniger Stunden und ohne den Anspruchsgegner anzuhören. Im Einzelfall hängt dies ab von der Dringlichkeit und der Schwere des drohenden Rechtsverlustes. Dem Antragsgegner wird dann, wie beantragt, eine bestimmte Handlungsweise untersagt oder es wird eine bestimmte Maßnahme bzw. Duldung angeordnet, wobei die Zuwiderhandlung mit erheblicher Strafe belegt wird (häufig über 100.000 EUR). Auch andere geeignete Maßnahmen kann das Gericht anordnen.[266]

Ist die einstweilige Verfügung erlassen, wird sie »auf Betreiben der Partei« (und nicht von Amts wegen) gem. §§ 191, 166 Abs. 1 ZPO zugestellt, zumeist von Anwalt zu Anwalt. Nun kommt es darauf an: Sofern die einstweilige Verfügung gerechtfertigt ist, sollte ihr Empfänger von sich aus tätig werden und eine sog. Abschlusserklärung x abgeben.[267] Denn aufgrund des vorläufigen Charakters der einstweiligen Verfügung kann diese nach einer gewissen Zeit (abhängig vom Einzelfall) wieder aufgehoben werden. Wenn der Empfänger der einstweiligen Verfügung also lediglich passiv bleibt, wird der Antragsteller nach einer angemessenen Wartefrist[268] von sich aus ein Abschlussschreiben versenden, um die von ihm beantragte Verfügung nicht der Gefahr der Wiederaufhebung auszusetzen. 210

x
Abschlusserklärung
Sie ist notwendig, um das Eilverfahren zu beenden.

In dem Abschlussschreiben wird der Anspruchsgegner aufgefordert, auf seine Rechte gem. §§ 924, 926, 927 ZPO (d. h. auf sein Widerspruchsrecht und sein Recht, das Hauptsacheverfahren herbeizuführen) zu verzichten. Kommt er innerhalb angemessener Fristsetzung auch dieser Aufforderung nicht nach, wird der Anspruchsteller schließlich das Hauptsacheverfahren einleiten, um seinen Anspruch auf Einhaltung des UrhG endgültig zu sichern. Das Abschlussschreiben löst übrigens erhebliche zusätzliche Kosten für den Empfänger der einstweiligen Verfügung aus,[269] weshalb dieser in eindeutigen Fällen besser von sich aus die Abschlusserklärung abgeben sollte.

Vorstehend wurde bereits darauf hingewiesen, dass das Gericht im Verfügungsverfahren meist ohne Anhörung des Gegners entscheidet (vgl. § 944 ZPO). Wer das nicht riskieren möchte, aber vermutet, dass eine einstweilige Verfügung gegen ihn beantragt werden könnte, kann eine sog. Schutzschrift x bei Gericht hinterlegen. Mit ihrem Inhalt sollen dem Gericht der Sachverhalt und die rechtlichen Argumente des potentiellen Rechtsverletzers zur Kenntnis gebracht werden, um zu verhindern, dass das Gericht ohne dessen Anhörung eine einstweilige Verfügung erlässt. 211

x
Schutzschrift
Eine solche Schrift kann den Erlass einer einstweiligen Verfügung verhindern.

Beispiele:

Eine Tageszeitung möchte Tagebuchaufzeichnungen eines verstorbenen Politikers abdrucken. Dessen Familie hat hiervon erfahren und bereits mit »gerichtlichen Schritten« gedroht. Eine Erlaubnis zum Abdruck, die der Politiker vor seinem Tod noch erteilt hatte, bezweifelt die Familie als mutmaßliche Fälschung. Hier sollte die Tageszeitung ihrer Schutzschrift die schriftliche Erlaubnis des verstorbenen Politikers und ein Gutachten über die Echtheit derselben beifügen.

Ein Gestalter hat für ein Musikalbum ein Cover entworfen. Das Album soll in wenigen Tagen auch über das Internet vertrieben werden. Der Gestalter ist sich sicher, dass sein Entwurf eine »freie Benutzung« eines anderen Werkes gem. § 24 UrhG darstellt (vgl. Rn 177). Der Konzern, der die ausschließlichen Nutzungsrechte an diesem anderen Werk hält, bezeichnet die Gestaltung hingegen als Plagiat und hat bereits eine große Anwaltskanzlei mit der Rechtsverfolgung beauftragt. In diesem Fall sollte der Gestalter seiner Schutzschrift ein Fachgutachten über die Abgrenzung seiner Arbeit von der erlaubnispflichtigen Bearbeitung gem. § 23 UrhG beifügen.

Die Schutzschrift muss bei demjenigen Gericht hinterlegt werden, das dann auch für den Erlass einer einstweiligen Verfügung zuständig wäre. Das ist vor allem bei möglichen Verstößen im Bereich des Internets schwierig, da hier ein sog. »fliegender Gerichtsstand« gegeben ist, also mehrere Gerichte zuständig sein können. Das Bundesjustizministerium bemüht sich derzeit zwar, ein »Schutzschriftenregister« einzuführen,[270] wer jedoch absolute Sicherheit benötigt, sollte bei allen Gerichten, die in Frage kommen, ein Exemplar seiner Schutzschrift hinterlegen.[271]

Klageverfahren

Legt der Empfänger einer einstweiligen Verfügung gegen diese Widerspruch ˣ ein (§ 924 ZPO[272]), setzt das Gericht, das die Verfügung erlassen hat, eine mündliche Verhandlung an, in der über die Gründe des Widerspruchs verhandelt wird. Sind die Gründe gut genug, kann die einstweilige Verfügung aufgehoben oder abgeändert werden. 212

x
Klageverfahren
Es kann Folge eines Widerspruchs gegen eine einstweilige Verfügung sein oder eigenständig durchgeführt werden.

Alternativ hierzu kann der Empfänger einer einstweiligen Verfügung auch das Hauptsacheverfahren gem. § 926 ZPO erzwingen. In diesem Fall ordnet das Gericht an, dass innerhalb einer bestimmten Frist vom Antragsteller Klage zu erheben ist. Gegenüber dem bloßen Widerspruch hat diese Verfahrensweise den Vorteil, dass der Rechtsstreit endgültig geklärt ist (und nicht lediglich eine einstweilige Verfügung aufgehoben wird).

Wenn der in seinen Rechten Verletzte keine Eilbedürftigkeit begründen kann (also kein »Verfügungsgrund« besteht) oder wenn er sogleich eine endgültige Klärung anstrebt, kann er von vornherein Klage einreichen, ohne zuvor eine einstweilige Verfügung gegen den Verletzer zu beantragen. Voraussetzung hierfür ist natürlich, dass ein Rechtsverstoß nach dem UrhG vorliegt und deshalb eine »materiell-rechtliche« Anspruchsgrundlage gegeben ist – also bspw. § 97 UrhG. Auch eine Abmahnung des Gegners sollte zuvor erfolgt sein.

Straftatbestände

Besonders schwerwiegende Verstöße gegen das Urheberrecht hat der Gesetzgeber unter Strafe ˣ gestellt. (Richtig: Straftatbestände finden sich nicht nur im Strafgesetzbuch.) 213

x
Straftatbestände des UrhG
Sie schützen vor allem vor einer kriminellen Verwertung der Werke.

Die Verletzung des Urheberpersönlichkeitsrechtes selbst wird nur in § 107 Abs. 1 Nr. 1 UrhG sanktioniert. Mit dieser Vorschrift wird das Anbringen der Urheberbezeichnung auf einem Werk ohne Einwilligung des Urhebers bestraft.

x
Grundtatbestand § 106 UrhG
Die unerlaubte Verwertung geschützter Werke steht unter Strafe.

Im übrigen dienen die Strafvorschriften vor allem dem Schutz der Verwertung von Werken, die urheberrechtlich geschützt sind, und bezwecken damit die Sicherung von Vermögenswerten vor kriminellen Aktivitäten, die häufig gewerbsmäßig betrieben werden. Grundtatbestand x ist § 106 UrhG:

> »Wer in anderen als den gesetzlich zugelassenen Fällen ohne Einwilligung des Berechtigten ein Werk oder eine Bearbeitung oder Umgestaltung eines Werkes vervielfältigt, verbreitet oder öffentlich wiedergibt, wird mit Freiheitsstrafe bis zu drei Jahren oder mit Geldstrafe bestraft.«

Der Versuch einer solchen Tat ist bereits strafbar, § 106 Abs. 2 UrhG. Allerdings ist für die Strafverfolgung ein Strafantrag des Verletzten notwendig, § 109 UrhG. Die gewerbsmäßige Begehung von Straftaten nach dem UrhG wirkt sich strafschärfend aus, § 108a UrhG.

> Beispiel:
>
> Der an der Fakultät bekannte Student S prahlt seit Wochen damit, für seine Bachelorarbeit über Models nur die allerschönsten Studentinnen photographiert zu haben. Sein Widersacher W hat in den sozialen Netzwerken angekündigt, diese »arrogante Arbeit« zu hacken und die Photos zu posten. Als kurz vor der Abgabe der Bachelorarbeit die Daten auf der Festplatte von S tatsächlich gelöscht worden sind, erstattet S Strafanzeige. In der Wohnung von W werden die Daten auf dessen Festplatte gefunden.
>
> W wird u. a. wegen versuchter unerlaubter Verwertung urheberrechtlich geschützter Werke gem. § 106 Abs. 2 UrhG verurteilt werden. Zwar war eine Vervielfältigung, Verbreitung oder Veröffentlichung der Bachelorarbeit oder der Photos zum Zeitpunkt der Durchsuchung noch nicht erfolgt. Aufgrund seiner Verlautbarungen in den sozialen Netzwerken steht jedoch die Absicht des W fest, so dass sich die Tat bereits im Versuchsstadium befand. Die Strafe wird auch bei einem Ersttäter erheblich ausfallen.

Neben dem Grundtatbestand des § 106 UrhG gibt es verschiedene Spezialstraftatbestände in den §§ 106 ff. UrhG – im Zweifelsfall hilft ein Blick in den Gesetzestext, der durchaus verständlich formuliert ist.

Der Grundtatbestand des § 106 UrhG kann im Fachbereich der Gestaltung relativ schnell verwirklicht werden, sogar in der verschärften Form der gewerbsmäßigen Begehung. Denn Gestalter arbeiten grundsätzlich für eine Veröffentlichung und im Rahmen ihrer beruflichen Tätigkeit. Nicht selten werden urheberrechtlich ungeklärte Abbildungen aus dem Internet für eine Gestaltung genutzt oder geschützte Schriften verwendet. Wenn dann eine Abmahnung eintrifft, sollte in die Vergleichsverhandlungen der Verzicht des Verletzten auf die Stellung eines Strafantrags gem. § 109 UrhG einbezogen werden.

Praxishinweis
Mögliche Straftatbestände durch Gestalter.

Im umgekehrten Fall kann die Stellung eines Strafantrags einen uneinsichtigen Verletzer möglicherweise doch noch an den Verhandlungstisch zwingen und eine Schadensersatzleistung ohne die langwierige Durchführung eines Klageverfahrens ermöglichen. Ein staatsanwaltschaftliches Ermittlungsverfahren kann sehr unangenehm sein. Zumal sich dieses immer gegen die handelnden Personen selbst richtet und nicht auf der unpersönlichen Ebene des Unternehmens haltmacht.

Beispiel:

Der Designer D hat festgestellt, dass ein internationaler Konzern seinen Entwurf für eine Computer-Spielfigur nutzt. Vermutlich wurde der Entwurf auf einer Messe abphotographiert. D hat erst vor einem Jahr sein Studium beendet und verfügt über nur wenige Mittel. Einen Rechtsanwalt kann er sich nicht leisten. Der Konzern weist jedoch alle Vorwürfe als unbegründet zurück und hat eine international tätige Kanzlei für gewerbliche Schutzrechte eingeschaltet.

Erstattet D eine Strafanzeige, wird die Staatsanwaltschaft geeignete Maßnahmen ergreifen, um den Sachverhalt aufzuklären. Dazu können Durchsuchungsmaßnahmen und Zeugeneinvernahmen zählen. Es entspricht der Erfahrung, dass auch Konzerne auf einzelne Anzeigenerstatter zugehen, sobald ihre Führungspersonen einem persönlichen Strafvorwurf ausgesetzt sind. In jedem Fall kann sich D das Ergebnis der Sachverhaltsermittlungen zunutze machen, um urheberrechtliche Ansprüche zu begründen. In dem Zusammenhang kann es sich auch lohnen, einen Prozessfinanzierer einzuschalten.

Designschutz kann eine günstige Alternative zum Markenschutz sein.

Auch ein Design wird beim Deutschen Patent- und Markenamt registriert, sofern es neu ist und eine gewisse Eigenart hat.

Der Schutz verleiht dem Inhaber des Designs Exklusivrechte, die vor allem für die Vermarktung wichtig sind. Wird der Schutz verletzt, stehen dem Inhaber weitreichende Ansprüche gegen den Verletzer zur Verfügung.

x
Geschmacksmusterrecht
Im Gewand des neuen Designschutzgesetzes gilt im wesentlichen weiterhin das alte Geschmacksmusterrecht.

214 Wer im Inhaltsverzeichnis den Eintrag Geschmacksmusterrecht x vermisst, ist hier trotzdem an der richtigen Stelle. Am 1. Januar 2014 trat das neue »Gesetz über den rechtlichen Schutz von Design« (DesignG) in Kraft. Damit wurde der Begriff des Geschmacksmusters abgelöst. Im Wesentlichen gelten allerdings die Bestimmungen des alten Gesetzes (GeschmMG) in seiner letzten größeren Änderung von 2004 fort, wenn auch mit einigen Ergänzungen und Änderungen für das Verfahren vor dem Deutschen Patent- und Markenamt (DPMA). Neben dem DesignG gilt die Designverordnung (DesignV) vom 2. Januar 2014 (früher Geschmacksmusterverordnung, GeschmMV). Wie alle gewerblichen Schutzrechte und das Urheberrecht ist das deutsche DesignG eng in die europäischen Harmonisierungsvorschriften eingebunden.[273]

Das DesignG bietet ein relativ günstiges Verfahren, um ein neues Design mittels Eintragung beim DPMA öffentlich zu schützen. Das Ergebnis kann eine Alternative zum Markenschutz sein, wobei die Unterschiede im Einzelfall allerdings sorgfältig gegeneinander abgewogen werden sollten.

x
Designschutz
Er geht über das Urheberrecht hinaus und dokumentiert öffentlich die Inhaberschaft.

Warum überhaupt Designschutz x ? Im Kapitel zum Urheberrecht wurde doch ausführlich dargestellt, dass das Urheberrecht einen starken Schutz bietet, der auch ohne Eintragung mit der Werkschöpfung entsteht? Selbstverständlich ist ein Großteil der möglichen Schutzgegenstände nach dem DesignG gleichzeitig ein Werk im Sinne des Urheberrechts. Das DesignG erfasst aber auch Design, das keine ausreichende Schöpfungshöhe aufweist. Zudem kann es im Interesse des Berechtigten liegen, seine Inhaberschaft öffentlich kundzutun und den Zeitpunkt des Schutzbeginns sowie den genauen Schutzgegenstand zu dokumentieren.

Begriffe des Designschutzes

Das DesignG bietet in § 1 Nr. 1 eine gesetzliche Definition für den zentralen Begriff Design [x] : 215

x
Design und Erzeugnis
Beide sind die wesentlichen Begriffe des DesignG.

> »Im Sinne dieses Gesetzes [...] ist ein Design die zweidimensionale oder dreidimensionale Erscheinungsform eines ganzen Erzeugnisses oder eines Teils davon, die sich insbesondere aus den Merkmalen der Linien, Konturen, Farben, der Gestalt, Oberflächenstruktur oder der Werkstoffe des Erzeugnisses selbst oder seiner Verzierung ergibt«.

Design bedeutet also »Erscheinungsform«, und zwar diejenige von Erzeugnissen. Auch diesen Begriff definiert das Gesetz in § 1 Nr. 2 DesignG:

> »Im Sinne dieses Gesetzes [...] ist ein Erzeugnis jeder industrielle oder handwerkliche Gegenstand, einschließlich Verpackung, Ausstattung, grafischer Symbole und typografischer Schriftzeichen sowie von Einzelteilen, die zu einem komplexen Erzeugnis zusammengebaut werden sollen; ein Computerprogramm gilt nicht als Erzeugnis.«

Kein Design sind also bspw. natürlich gewachsene Produkte, die Wirkungsweise einer mechanischen Vorrichtung oder ein Wort. Schon in diesem Stadium der Überlegungen muss möglicherweise doch eine Markenanmeldung in Betracht gezogen werden, sofern der Schutzgegenstand von den genannten Definitionen nicht erfasst wird.

> Beispiel:
>
> Der Unternehmer U beauftragt den Gestalter G, ihm Logo und Unternehmensbezeichnung für einen neuen Unternehmenszweig zu gestalten. Beides soll bestmöglich beim DPMA geschützt werden.

Das Logo könnte ohne weiteres nach dem DesignG geschützt werden; die neue Unternehmensbezeichnung hingegen nicht, da auch Kunstworte oder Phantasiebezeichnungen kein Design darstellen. Allenfalls der gestaltete Schriftzug der neuen Bezeichnung könnte nach dem DesignG eingetragen werden. Dies ist jedoch nicht »bestmöglich«, G muss für die Bezeichnung den Markenschutz wählen, um den Vorgaben von U zu genügen.

Schutzvoraussetzungen

216 Um eine Eintragung des Designs beim DPMA zu erreichen, müssen verschiedene Voraussetzungen erfüllt sein. § 2 Abs. 1 DesignG gibt die beiden wesentlichen vor:

> »Als eingetragenes Design wird ein Design geschützt, das neu ist und Eigenart hat.«

Neuheit des Designs

217 § 2 Abs. 2 DesignG definiert, was Neuheit [x] ist:

x
Neuheit
Das Design muss neu sein.

> »Ein Design gilt als neu, wenn vor dem Anmeldetag kein identisches Design offenbart worden ist. Designs gelten als identisch, wenn sich ihre Merkmale nur in unwesentlichen Einzelheiten unterscheiden.«

»Offenbart« ist ein Design gem. § 5 Satz 1 DesignG, »wenn es bekannt gemacht, ausgestellt, im Verkehr verwendet oder auf sonstige Weise der Öffentlichkeit zugänglich gemacht wurde, es sei denn, dass dies den in der Gemeinschaft tätigen Fachkreisen des betreffenden Sektors im normalen Geschäftsverlauf vor dem Anmeldetag des Designs nicht bekannt sein konnte«.

Beispiele:

Das Taxiunternehmen T möchte Konkurrenten K aus dem Markt drängen. Beide betreiben seit etwa zwei Jahren eine Taxi-App. T meldet das Logo der Taxi-App von K beim DPMA als Design an (um danach dessen Nutzung untersagen zu können), wobei T die Farbe leicht verändert.

> Eine Studentin der Gestaltung hat in ihrer Bachelorarbeit das Design für eine »intelligente« Jacke erarbeitet, die über Bluetooth mit einem Smartphone gekoppelt werden kann. Ein halbes Jahr später möchte sie dieses Design schützen lassen, hat aber Bedenken, weil ihre Bachelorarbeit in einem kleinen Verlag veröffentlicht wurde.

Im ersten Beispiel ist eine leichte Farbveränderung zwar nur eine »unwesentliche Einzelheit«. Das Design war aber bereits »offenbart«, da es vor dem Anmeldversuch seit geraumer Zeit im geschäftlichen Verkehr genutzt wurde. Eine Anmeldung würde in diesem Fall aber auch daran scheitern, dass sie missbräuchlich erfolgt. Im zweiten Fall kann die Studentin aufatmen: Ihr hilft die »Neuheitsschonfrist« des § 6 DesignG, die eine »Offenbarung« bis zu zwölf Monate vor der Anmeldung unberücksichtigt lässt.

Eigenart des Designs

218 Die zweite wesentliche Eintragungsvoraussetzung, die »Eigenart«[x] des Designs, zielt auf eine vergleichende Beurteilung ab, vgl. die Definition in § 2 Abs. 2 DesignG:

x **Eigenart** Das Design muss sich von anderen Designs unterscheiden.

> »Ein Design hat Eigenart, wenn sich der Gesamteindruck, den es beim informierten Benutzer hervorruft, von dem Gesamteindruck unterscheidet, den ein anderes Design bei diesem Benutzer hervorruft, das vor dem Anmeldetag offenbart worden ist.«

Maßgeblich ist also ein »informierter Benutzer«, der darüber zu befinden hat, ob sich das angemeldete Design von dem nächstähnlichen bereits offenbarten Design ausreichend unterscheidet. Die Rechtsprechung versteht den informierten Benutzer als Durchschnittsbetrachter, der zwar ein gewisses Maß an Designbewusstsein aufbringt, ohne jedoch Designexperte zu sein.[274] In der Praxis ist der »informierte Benutzer« regelmäßig ein Sachverständiger, der ggf. vom zuständigen Gericht bestellt wird.

»Eigenart« ist nicht zu verwechseln mit Qualität. Der Designschutz stellt keine Mindestanforderungen an die Gestaltungshöhe – anders als der Urheberschutz im Rahmen des Werkcharakters, vgl. Rn 163).

Man prüft, ob ein Design Eigenart aufweist, in drei Schritten:

- Zunächst ist danach zu fragen, welche Gestaltungsmerkmale den Gesamteindruck prägen.
- Sodann sind diese prägenden Merkmale mit sämtlichen bekannten ähnlichen Vorerzeugnissen aus Sicht des informierten Benutzers zu vergleichen (Einzelvergleich); dabei wird die Eigenleistung des Gestalters (Entwerfers) ermittelt.
- Schließlich ist zu fragen, ob die neuen Eigenleitungs-Bestandteile eine Abweichung in nur unwesentlichen Merkmalen darstellen (dann nicht schutzfähig) oder ob sie wesentlich sind.

Inhaberschaft

219 Liegt also ein Design vor, das neu ist und Eigenart hat, muss dem DPMA die Inhaberschaft [x] an dem Design nachgewiesen werden. Gemäß § 7 DesignG steht das Recht auf das eingetragene Design nur dem Entwerfer oder seinem Rechtsnachfolger zu.

x
Inhaberschaft
Das eingetragene Design steht dem Entwerfer zu.

Entwerfer ist derjenige, der mittels eines Realaktes (tatsächlichen Geschehens) eine gestalterische Idee in der Gestaltung eines konkreten Designs umsetzt. Auch hier steht mehreren Personen, die gemeinsam ein Design entworfen haben, das Recht auf das eingetragene Design gemeinschaftlich zu. Rechtsnachfolger des Entwerfers können dessen Erben sein. Im Gegensatz zum Urheberrecht kann das Recht am Design vom Entwerfer aber auch vollständig auf Dritte übertragen werden, die dann zum Rechtsnachfolger werden, vgl. § 29 Abs. 1 DesignG. So kann das Recht am Design auf ein Unternehmen übergehen, so dass als Inhaber nicht nur natürliche Personen in Frage kommen, vgl. § 29 Abs. 2 DesignG.

Ein weiterer Unterschied zum Urheberrecht zeigt sich in § 7 Abs. 2 DesignG:

> »Wird ein Design von einem Arbeitnehmer in Ausübung seiner Aufgaben oder nach den Weisungen seines Arbeitgebers entworfen, so steht das Recht an dem eingetragenen Design dem Arbeitgeber zu, sofern vertraglich nichts anderes vereinbart wurde.«

Im Urheberrecht ist diese gesetzliche Vermutung zu Lasten des Arbeitnehmers unzulässig, vgl. Rn 166.

Anmelden kann das Design allerdings auch ein Anmelder [x], der vom Entwerfer verschieden ist. Dies ist regelmäßig nach der Übertragung des Designs auf einen Rechtsnachfolger der Fall. Alternativ zu einer Übertragung ist die Einräumung (nur) einer Lizenz zur Nutzung des Designs möglich, die dann die Anmeldung zum DPMA durch den Lizenznehmer, der so zum Anmelder wird, einschließt. In beiden Fällen kann der Entwerfer allerdings darauf bestehen, in der Anmeldung als solcher genannt zu werden, § 10 DesignG.

x
Anmelder
Der Designschutz kann vom Entwerfer oder von einem Anmelder beim DPMA beantragt werden.

Für die Übertragung des Designs an einen Rechtsnachfolger ist ein Vertrag gem. §§ 413, 399 ff. BGB notwendig, das Recht am Design wird dem Erwerber abgetreten. Die Formulierung kann relativ knapp gehalten werden:

Praxishinweis
Formulierungen zur Übertragung und Lizenzierung des Designs.

> +A+ überträgt hiermit das unter der Nr. +++ beim DPMA eingetragene Design vom +++ auf +B+ und bewilligt die Umschreibung dieses Designs auf +B+.
>
> +B+ nimmt die Abtretung aller Rechte an und aus dem Design Nr. +++ an und zahlt hierfür bis zum +++ einen Kaufpreis in Höhe von +++ EUR an +A+.

Auch noch nicht eingetragenes Design kann übertragen werden. Dann besteht für den Erwerber als Rechtsnachfolger zumindest ein Recht auf ausschließliche Nutzung des Designs gem. § 7 Abs. 1 DesignG und das Recht, die Eintragung als Anmelder beim DPMA zu beantragen.[275]

Soll das Designrecht nicht übertragen, sondern lediglich eine Lizenz eingeräumt werden, kann die folgende Formulierung verwendet werden:

> +B+ vertreibt [+++ Erzeugnisse +++] in Deutschland und in der EU. +A+ ist Inhaber eines unter der Nr. +++ beim DPMA eingetragenen Designs vom +++ für [+++ Erzeugnisse +++] in der Gestalt von [+++ kurze Beschreibung +++].

Auf Grundlage dieses eingetragenen Designs räumt +A+ dem +B+ ein einfaches, nicht übertragbares, nicht weiter lizenzierbares Recht ein, [+++ Erzeugnisse +++], die der Eigenart des registrierten Design entsprechen, herzustellen und mittels [+++ Vertriebsart +++] im ganzen Gebiet der Europäischen Union zu vertreiben.

Die Lizenz endet am +++, ohne dass es einer Kündigung bedarf. Als Lizenzgebühr wird ein monatlicher Betrag von +++ EUR vereinbart.[276]

Auch in unserem kleinen Mustervertrag ist eine Gestattung der Anmeldung in § 5 Abs. 7 formuliert, und zwar in der Variante der Übertragung ausschließlicher Nutzungsrechte (vgl. Rn 186).

Schutzhindernisse gemäß § 3 DesignG

220 Das Designgesetz formuliert in § 3 Abs. 1 vier wesentliche Schutzhindernisse ˣ, die eine Eintragung versagen:

x
Schutzhindernisse
Das Gesetz kennt nur wenige Schutzhindernisse, die eigentlich selbstverständlich sind.

(1) Vom Designschutz ausgeschlossen sind
1. Erscheinungsmerkmale von Erzeugnissen, die ausschließlich durch deren technische Funktion bedingt sind;
2. Erscheinungsmerkmale von Erzeugnissen, die zwangsläufig in ihrer genauen Form und ihren genauen Abmessungen nachgebildet werden müssen, damit das Erzeugnis, in das das Design aufgenommen oder bei dem es verwendet wird, mit einem anderen Erzeugnis mechanisch zusammengebaut oder verbunden oder in diesem, an diesem oder um dieses herum angebracht werden kann, so dass beide Erzeugnisse ihre Funktion erfüllen;
3. Designs, die gegen die öffentliche Ordnung oder gegen die guten Sitten verstoßen;
4. Designs, die eine missbräuchliche Benutzung eines der in Artikel 6 der Pariser Verbandsübereinkunft zum Schutz des gewerblichen Eigentums aufgeführten Zeichen oder von sonstigen Abzeichen, Emblemen und Wappen von öffentlichem Interesse darstellen.

Die Schutzhindernisse sollen vor allem verhindern, dass über den Designschutz behindernde Monopolstellungen aufgebaut werden und dass der Designschutz gegen öffentliche Interessen missbraucht wird.

Beispiele:

Die aerodynamische Gestaltung eines Windradflügels kann als solche gem. § 3 Abs. 1 Nr. 2 DesignG nicht geschützt werden (dessen besondere Farbgebung schon).

Der der Verbindung dienende Teil eines USB-Steckers kann gem. § 3 Abs. 1 Nr. 2 DesignG nicht geschützt werden.

Das »Re-Design« eines Hakenkreuzes kann gem. § 3 Abs. 1 Nr. 3 DesignG nicht geschützt werden.[277]

Das Design eines Schildes für eine Rechtsanwaltskanzlei unter Einbeziehung des Bundesadlers in der Form der amtlichen Bekanntmachung im BGBl. I 1950, S. 26 kann gem. § 3 Abs. 1 Nr. 4 DesignG nicht geschützt werden, da der unrichtige Anschein entstünde, die Kanzlei sei eine amtliche Institution der Bundesrepublik Deutschland.

Schranken des Designschutzes

Auch der Designschutz kennt Schranken, die der Sozialbin- 221
dung des Eigentums geschuldet sind (vgl. für das Urheberrecht Rn 189 f.). Für die Praxis der Gestaltung sind vor allem drei solcher Schranken relevant:

Rechte aus einem eingetragenen Design können nicht geltend gemacht werden gegenüber Handlungen, die im privaten Bereich zu nichtgewerblichen Zwecken vorgenommen werden, § 40 Nr. 1 DesignG.

Beispiel:

Wer in seinem Hobbykeller ein Modell des neuen ICE nachbaut, muss keine rechtlichen Schritte der Deutschen Bahn AG auf Grundlage ihres eingetragenen Designs fürchten.

Handlungen zu Versuchszwecken können ebenfalls nicht verhindert werden, § 40 Nr. 2 DesignG.

Beispiel:

Ein Gestalter möchte einem Unternehmen seine Entwürfe für ein neues Corporate Design vorstellen, um einen Auftrag zu erhalten. Hierfür darf er auch im Bereich bestehender Designschutzrechte arbeiten und Muster anfertigen, um z. B. ein »Re-Design« vorzuschlagen.

Auch Wiedergaben zum Zwecke der Zitierung oder der Lehre sind gemäß § 40 Nr. 3 DesignG erlaubt, vorausgesetzt, solche Wiedergaben »sind mit den Gepflogenheiten des redlichen Geschäftsverkehrs vereinbar, beeinträchtigen die normale Verwertung des eingetragenen Designs nicht über Gebühr und geben die Quelle an«.

Anmeldung und Eintragung

222 Zuständig für den Designschutz ist das Deutsche Patent- und Markenamt (DPMA). Die Website des Amtes ist sehr informativ und übersichtlich gestaltet. Neben Merkblättern und Informationen können dort die nötigen Formulare als Word-Dokument oder PDF-Datei heruntergeladen werden.[278]

Verfahren vor dem DPMA

223 Die Anmeldung eines Designs setzt einen unterschriebenen Antrag auf Eintragung voraus, sowie

Praxishinweis
Für das Verfahren vor dem DPMA bietet die Homepage des Amtes (www.dpma.de) gute Informationen.

- Angaben zum Anmelder,
- eine zur Bekanntmachung geeignete Wiedergabe des angemeldeten Designs,
- die Angabe des Erzeugnisses, in die das Design aufgenommen werden soll oder mit dem es zusammen verwendet werden soll,[279]
- die Entrichtung der Anmeldegebühren (derzeit 60 EUR).

Das »Merkblatt für Designanmelder« des DPMA erläutert das Ausfüllen der Formulare gut verständlich.[280] Es gibt übrigens auch Sammelanmeldungen für mehrere Designs, § 12 DesignG.

Das DPMA prüft, ob die Formalien eingehalten wurden und ob ein Schutzhindernis des § 3 DesignG vorliegt. Verläuft die Prüfung positiv, trägt die Designstelle des DPMA das Design in das elektronisch geführte Register ein. Die Eintragung wird auf der Publikationsplattform DPMAregister und im elektronischen Designblatt[281] bekannt gemacht.

Das DPMA prüft jedoch nicht, ob das Design die nötige Neuheit und Eigenart aufweist. Der Anmelder kann sich also insoweit nicht auf die Eintragung des Designs verlassen. Liegen die materiellen Schutzvoraussetzungen nicht vor, ist das Design nicht geschützt – trotz Eintragung.

Nichtigkeitsverfahren

Ist ein Design zu Unrecht eingetragen worden, kann das 224
Nichtigkeitsverfahren [x] angestrengt werden.

x
Nichtigkeitsverfahren
Vor dem DPMA kann für die häufigsten Nichtigkeitsgründe ein vereinfachtes Verfahren durchgeführt werden.

> Beispiel:
>
> Eine Agentur entwirft laufend Muster für Stoffe. Ein entlassener Angestellter der Agentur hat 20 dieser Muster als angeblich Berechtigter auf seinen Namen beim DPMA als Design registrieren lassen.

In diesem Fall kann sich die Agentur innerhalb eines Zeitraums von drei Jahren ab Eintragung auf § 9 DesignG berufen und die Übertragung des Designs oder dessen Löschung verlangen.

> Beispiele:
>
> Ein eingetragenes Design ist nicht neu, da es bereits vor zwei Jahren auf einer Publikumsmesse präsentiert wurde. Ein Konkurrent des Anmelders möchte sich diesen Umstand zunutze machen.

> Der Lizenznehmer eines nicht ausschließlichen Nutzungsrechts für eine neu gestaltete Schrift meldet diese beim DPMA als Design an. Der Urheber der Schrift ist empört.

Für diese Fälle bieten die §§ 33 ff. DesignG ein vereinfachtes Nichtigkeitsverfahren vor dem DPMA. Es kann in beiden Beispielen durchgeführt werden. Im ersten Fall wären sogar der Nachbar oder ein Arbeitskollege des Anmelders dazu befugt, denn derartige materielle Rechtsmängel können von jedermann gerügt werden, §§ 34, 33 Abs. 1 DesignG. Im zweiten Fall wäre nur der Urheber selbst befugt.

Alle weiteren Designstreitigkeiten, die nicht in § 33 DesignG genannt sind, werden vor den Landgerichten ausgefochten (vgl. §§ 52 ff. DesignG), wobei durch Länderverordnungen, ähnlich wie im Urheberrecht, Spezialkammern eingerichtet worden sind.

Schutzwirkung und Ansprüche

225 Sofern und sobald das Design zu Recht beim DPMA registriert wurde, entfaltet es für seinen Anmelder bestimmte Schutzwirkungen, die v. a. im Handelsverkehr wichtig sind.

Das eingetragene Design verleiht seinem Inhaber ein umfassendes Exklusivrecht x, vgl. § 38 Abs. 1 DesignG:

x **Exklusivrecht**
Die Eintragung führt zu einem Exklusivrecht des Inhabers.

> »Das eingetragene Design gewährt seinem Rechtsinhaber das ausschließliche Recht, es zu benutzen und Dritten zu verbieten, es ohne seine Zustimmung zu benutzen. Eine Benutzung schließt insbesondere die Herstellung, das Anbieten, das Inverkehrbringen, die Einfuhr, die Ausfuhr, den Gebrauch eines Erzeugnisses, in das das eingetragene Design aufgenommen oder bei dem es verwendet wird, und den Besitz eines solchen Erzeugnisses zu den genannten Zwecken ein.«

Diese Schutzdauer währt 25 Jahre ab Eintragung, wobei für die Aufrechterhaltung des Schutzes in bestimmten Abständen Gebühren zu entrichten sind, vgl. §§ 27 f. DesignG.

Verletzt jemand den Schutzbereich des Gesetzes, löst er weitgehende Ansprüche des Schutzinhabers aus. Verletzungshandlung [x] ist typischerweise die Benutzung eines ähnlichen oder identischen Designs, das beim informierten Benutzer keinen anderen Gesamteindruck hinterlässt, als das eingetragene Design. Das Anbieten oder die Herstellung des Designs reichen bereits aus, § 38 Abs. 1 DesignG.

x
Verletzung des Designs
Die Rechtsfolgen einer Verletzungshandlung gleichen dem Urheberrecht.

Die Ansprüche des Verletzten sind im Grundsatz aus dem Urheberrecht bereits bekannt, weshalb ergänzend auf Rn 199 ff. verwiesen wird.

§ 42 Abs. 1 DesignG gewährt einen Anspruch auf Beseitigung der Beeinträchtigung und ggf. Unterlassung der Verletzungshandlung. Der Anspruch ist verschuldensunabhängig, auf die Kenntnis des Verletzers von der Eintragung des Designs kommt es nicht an.

§ 43 DesignG gewährt einen Anspruch auf Vernichtung, Rückruf oder Überlassung der im Besitz oder Eigentum des Verletzers befindlichen rechtswidrig hergestellten, verbreiteten oder zur rechtswidrigen Verbreitung bestimmten Erzeugnisse (verschuldensunabhängig).

Gemäß § 46 DesignG kann der Verletzte den Verletzer auf unverzügliche Auskunft über die Herkunft und den Vertriebsweg der rechtsverletzenden Erzeugnisse in Anspruch nehmen (verschuldensunabhängig).

§ 42 Abs. 2 DesignG gewährt einen Anspruch auf Schadensersatz. Dieser Anspruch setzt allerdings ein Verschulden des Verletzers voraus. Ein Ersatz immaterieller Schäden ist (anders als im Urheberrecht) aber nicht vorgesehen.[282] Im übrigen gilt auch hier die dreifache Berechnungsmöglichkeit des Schadens für die Verletzung von Schutzrechten, vgl. Rn 207.

Für das Designrecht gelten auch die Grundsätze der verschuldensunabhängigen Störerhaftung, vgl. Rn 201.

Auch eine Abmahnung ist im Bereich des Designschutzes Usus – vgl. Rn 203 – und selbstverständlich kann bei Designstreitigkeiten das einstweilige Verfügungsverfahren für schnellen Rechtschutz in Anspruch genommen werden, vgl. hierzu Rn 209 ff.

Das Markenrecht sorgt maßgeblich für den Schutz eines freien Waren- und Dienstleistungsverkehrs und trägt auch ganz wesentlich zum lauteren Wettbewerb bei.

Das Markenrecht schützt eingetragene Registermarken ebenso wie bestimmte andere, nicht eingetragene Kennzeichen. Es verleiht seinem Inhaber Exklusivrechte, die ähnlich wie im Urheber- und Designrecht mittels weitreichender Ansprüche durchgesetzt werden können. Dabei ist es in hohem Maße vom europäischen Harmonisierungsgedanken geprägt.

226 Das Markengesetz (MarkenG) trat 1995 in Kraft. Zuvor gab es einige verstreute gesetzliche Regelungen[283] und einige Einzelfallentscheidungen der zuständigen Gerichte. Die so entwickelten Rechtsgrundsätze wurden schließlich, auch mit Blick auf die beginnenden europäischen Harmonisierungsanstrengungen,[284] im neuen MarkenG zusammengefasst. Neben dem MarkenG gibt es auch eine Markenverordnung (MarkenV) mit Anwendungsvorschriften. Als Teil des gewerblichen Rechtschutzes ist das MarkenG – ähnlich wie das Patentgesetz – ein Eckpfeiler der staatlichen Garantien für den Vermögens- und Interessenschutz der freien Wirtschaft und trägt wesentlich zum lauteren Wettbewerb bei.

Begriffe des Markenrechts

227 Eigentlich müsste das MarkenG in Kennzeichengesetz umbenannt werden, denn es schützt nicht nur die eingetragene Marke im engeren Sinn, sondern auch andere, nicht eingetragene Kennzeichen. Allerdings ist die Registrierung einer Marke beim DPMA wesentlich für den Nachweis der zeitlichen Priorität und für die Zuordnung zu bestimmten Warengruppen, die in der Regel den Schutzumfang bestimmen.

Marken und sonstige Kennzeichen

228 § 1 MarkenG nennt die Schutzobjekte des Gesetzes:

- Marken werden geschützt.
- Sonstige Kennzeichen werden geschützt.
  Zu diesen zählen
  - geschäftliche Bezeichnungen und
  - geographische Herkunftsangaben

x
Marke
Es gibt eingetragene Registermarken und nicht eingetragene Benutzungsmarken.

Als Marke x wird ein Kennzeichen geschützt, wenn

- es als Marke im Register des DPMA eingetragen ist (Registermarke), § 4 Nr. 1 MarkenG,
- es ohne eingetragen zu sein, durch bloße Benutzung Verkehrsgeltung erlangt hat (Benutzungsmarke), § 4 Nr. 2 MarkenG,
- es sich um eine notorische bekannte Marke handelt, § 4 Nr. 3 MarkenG.

Also: Von einer Marke kann auch gesprochen werden, wenn diese nicht im Register eingetragen ist, jedoch bereits längere Zeit im geschäftlichen Verkehr benutzt wurde.

Beispiele:

Das Unternehmen A hat sein Logo als Marke beim DPMA registrieren lassen – Registermarke.

Das Unternehmen B hat keine Registrierung durchgeführt, benutzt sein Logo aber bereits seit 10 Jahren auf seinen Briefköpfen und Verpackungen – Benutzungsmarke.

Das Unternehmen C hat seinen Sitz in der Schweiz. Es stellt unter seiner Unternehmensbezeichnung Waren her, die in ganz Deutschland für den täglichen Bedarf bekannt sind – notorisch bekannte Marke.

Sonstige Kennzeichen [x], die wohlgemerkt nicht ins Markenregister eingetragen werden,[285] sind geschäftliche Bezeichnungen oder Herkunftsangaben.

x
Sonstige Kennzeichen
Geschäftliche Bezeichnungen oder Herkunftsangaben.

Geschäftliche Bezeichnungen sind gem. § 5 Abs. 1 MarkenG entweder Unternehmenskennzeichen oder Werktitel. Das Gesetz definiert Erstere als »Zeichen, die im geschäftlichen Verkehr als Name, als Firma oder als besondere Bezeichnung eines Geschäftsbetriebs oder eines Unternehmens benutzt werden«, § 5 Abs. 2 MarkenG. Letztere hingegen »sind die Namen oder besonderen Bezeichnungen von Druckschriften, Filmwerken, Tonwerken, Bühnenwerken oder sonstigen vergleichbaren Werken«, § 5 Abs. 3 MarkenG.

Geographische Herkunftsangaben sind gem. § 126 Abs. 1 MarkenG »die Namen von Orten, Gegenden, Gebieten oder Ländern sowie sonstige Angaben oder Zeichen, die im geschäftlichen Verkehr zur Kennzeichnung der geographischen Herkunft von Waren oder Dienstleistungen benutzt werden«.

Beispiele:

Ein Großhandelsunternehmen aus Franken möchte die Bezeichnung »Nürnberger Würstchen« als Marke schützen lassen. Ist das möglich?

Muss der Titel dieses Lehrbuchs für optimalen Schutz beim DPMA angemeldet werden?

Nehmen wir an, die Daimler AG hätte den Kühlerstern ihrer Mercedes-Benz-Fahrzeuge bislang nicht besonders schützen lassen. Wäre das ein fatales Versäumnis?

Die Fragen lassen sich schon mit den vorstehend dargestellten Grundsätzen beantworten: Ein Schutz als Marke wäre für die »Nürnberger Würstchen« nicht möglich, sondern allenfalls als sonstiges Kennzeichen, nämlich als geographische Herkunftsangabe, § 126 Abs. 1 MarkenG.[286] Der Titel dieses Lehrbuchs genießt auch ohne Eintragung beim DPMA als Werktitel i. S. v. § 5 Abs. 3 MarkenG vollen Schutz, sobald das Werk auf dem Markt erschienen ist (wobei die Kennzeichnungskraft allerdings nicht sonderlich hoch ist, vgl. Rn 233). Und nein, die Daimler AG hätte kein fatales Versäumnis begangen, da auch ein dreidimensionales Unternehmenskennzeichen (»Geschäftsabzeichen«) Schutz genießt, vgl. § 5 Abs. 2 Satz 2 MarkenG; der ständige Gebrauch des »Mercedes-Sterns« im Geschäftsverkehr ist seit Jahrzehnten bestens nachgewiesen.

Priorität

229 Das Kennzeichenrecht ist vom Prinzip der Priorität ˣ geprägt. »Wer sein Kennzeichen früher erworben hat, kann sich grundsätzlich gegenüber demjenigen durchsetzen, der sein Kennzeichen erst später erworben hat«, so der maßgebliche Handkommentar zum MarkenG.[287] Dieses Prinzip gilt für alle Kennzeichen des MarkenG untereinander, nicht nur für eingetragene Marken. Gesetzliche Grundlage ist § 6 MarkenG.

x
Prinzip der Priorität
Der zeitlich früheste Rechtserwerb hat den Vorrang.

Ist eine Marke eingetragen (Registermarke), bestimmt ihren Zeitrang der Anmeldetag ˣ, § 6 Abs. 2 i. V. m. § 33 Abs. 1 MarkenG.

x
Anmeldetag
Bei Registermarken gilt der Tag der Anmeldung, bei Benutzungsmarken der Tag der Verkehrsgeltung.

Wird eine Marke oder ein sonstiges Kennzeichen im Verkehr benutzt (ohne eingetragen zu sein), bestimmt sich sein Zeitrang nach dem Tag, »an dem das Recht erworben wurde«, § 6 Abs. 3 MarkenG. Bei der Benutzung innerhalb des geschäftlichen Verkehrs ist dies der Tag, an dem die Benutzung »Verkehrsgeltung« erreicht, also »hinreichende Teile des Verkehrs aus der Benutzung des Kennzeichens schließen, dieses Zeichen stelle einen Herkunftsnachweis dar«.[288] Im Streitfall muss dieser Tag durch ein Gutachten bestimmt werden.[289] Der bloße Beginn der Benutzung des Kennzeichens im geschäftlichen Verkehr ist hingegen ohne Bedeutung. Auf den Benutzungsbeginn ist nur bei Unternehmenskennzeichen gemäß § 5 Abs. 2 Satz 1 MarkenG abzustellen (also insbesondere bezüglich des Namens eines Unternehmens), sofern dieser ausreichend unterscheidungskräftig ist; anderenfalls gilt auch hier der Tag der Verkehrsgeltung.

Beispiele:

Zwei konkurrierende Brüder entwickeln nach einer Erbauseinandersetzung für ihren jeweiligen ererbten Teil des früheren Konzerns »Ruhrstahl« parallel zueinander die Unternehmensbezeichnung »Mayerstahl«.

Derjenige Bruder, der diese neue Marke zuerst beim DPMA anmeldet, genießt Priorität und kann die Markenanmeldung des anderen verhindern.

Der Gestalter G hat den Auftrag übernommen, für den Hamburger Blumengroßhandel »Florellafloridana« in Hamburg die Corporate Identity zu überarbeiten. Nach 20 Jahren am Markt wird es Zeit dafür. Als er die neu gestaltete Marke beim DPMA anmelden möchte, stellt er fest, dass diese Bezeichnung vor ein paar Monaten zugunsten eines Blumengeschäftes in Altona eingetragen wurde.

Auch wenn »Florellafloridana« bislang nicht zugunsten des Blumengroßhandels beim DPMA eingetragen war, kann sich G für seinen Kunden auf Priorität berufen und die kürzlich eingetragene Marke löschen lassen. Dafür muss es ihm allerdings gelingen, den Nachweis der Verkehrsgeltung zugunsten der nicht eingetragenen, aber seit 20 Jahren im geschäftlichen Verkehr verwendeten Unternehmensbezeichnung seines Kunden zu erbringen.

Inhaberschaft

230 Inhaber einer Marke können natürliche Personen sein, aber auch juristische (vgl. Rn 11). Diese »Markenrechtsfähigkeit« wird in § 7 MarkenG definiert. Ein Geschäftsbetrieb, für den die Marke verwendet werden soll, ist keine Voraussetzung für die Inhaberschaft. Es genügt z. B. auch das Vorhaben, mit der Marke zu handeln.[290] Allerdings ist zumindest (irgend-)eine Benutzungsabsicht erforderlich, anderenfalls ist die Anmeldung der Marke nicht zulässig.[291]

x
Inhaber
Diese können natürliche und juristische Personen sein.

Die Marke kann – wie das eingetragene Design – frei übertragen werden, § 27 MarkenG. Auch für die Übertragung der Marke ist ein Vertrag gem. §§ 413, 399 ff. BGB notwendig. Das Recht an der Marke wird dem Erwerber abgetreten. Die Formulierung kann sich an dem Vorschlag in Rn 219 zum Designrecht anlehnen. Wie dort besteht auch im Markenrecht die Vermutung, dass die Marke dem im Register eingetragenen Inhaber zusteht, § 28 Abs. 1 MarkenG.

Schutzvoraussetzungen

231 Nicht jedes beliebige Kennzeichen kann auch als Marke angemeldet werden. Vielmehr muss es markenfähig sein und es dürfen keine Schutzhindernisse bestehen. Im Gegensatz zum Design sind »Neuheit« und »Eigenart« jedoch keine Voraussetzungen für einen Schutz der Marke.

Markenfähigkeit

232 § 3 MarkenG definiert die sog. Markenfähigkeit. Ihr Grundsatz lautet:

»Als Marke können alle Zeichen [...] geschützt werden, die geeignet sind, Waren oder Dienstleistungen eines Unternehmens von denjenigen anderer Unternehmen zu unterscheiden« (Abs. 1).

Das Gesetz trifft keine Aussage darüber, was ein Zeichen ist. Die in § 3 Abs. 1 MarkenG genannten Beispiele

x
Zeichen
Ein Zeichen muss zumindest gedanklich von der Ware oder Dienstleistung abstrahierbar sein, für die es Verwendung findet.

- Wörter, einschließlich Personennamen,
- Abbildungen,
- Buchstaben,
- Zahlen,
- Hörzeichen,
- dreidimensionale Gestaltungen, einschließlich der Form einer Ware oder ihrer Verpackung sowie
- sonstige Aufmachungen, einschließlich Farben und Farbzusammenstellungen

sind nicht abschließend formuliert. Ein Zeichen muss aber zumindest gedanklich von der Ware oder Dienstleistung, für die es Verwendung findet, abstrahierbar sein,[292] es muss sinnlich wahrnehmbar sein,[293] und es muss eine gewisse Bestimmtheit aufweisen, so dass es der Verkehr in Beziehung zu der Ware oder Dienstleistung setzt.[294] Die Markenfähigkeit geht also über das Design hinaus; so können bspw. auch Worte oder Zahlen (»4711«) geschützt werden.

Für dreidimensionale Marken enthält § 3 Abs. 2 MarkenG einige Beschränkungen:

> »Dem Schutz als Marke nicht zugänglich sind Zeichen, die ausschließlich aus einer Form bestehen,
> 1. die durch die Art der Ware selbst bedingt ist,
> 2. die zur Erreichung einer technischen Wirkung erforderlich ist oder
> 3. die der Ware einen wesentlichen Wert verleiht.«

Diese Eintragungshindernisse werden in der Praxis zwar mit einer gewissen Zurückhaltung angewandt, sie sollten jedoch beachtet werden. So weist z. B. der Legostein eine Form auf, die durch seine Art und die Erreichung der technischen Wirkung bedingt ist. Die betreffende Marke von LEGO wurde daher auf Antrag wieder gelöscht.[295] Legosteine sind seither nur über das DesignG geschützt, vgl. hierfür die passende gesetzliche Ausnahmebestimmung in § 3 Abs. 2 DesignG.[296]

x
Kennzeichnungskraft
Sie beschreibt die Eignung des Zeichens zur Unterscheidung.

233 Ein wesentlicher Bestandteil der Markenfähigkeit ist die Kennzeichnungskraft x, die grundsätzliche Eignung des Zeichens zur Unterscheidung (irgendwelcher) Waren und Dienstleistungen zweier (beliebiger) Unternehmen voneinander. Es genügt, dass das Zeichen in einem theoretisch vorstellbaren Fall zur Unterscheidung geeignet ist. Das, so der einschlägige Handkommentar zum MarkenG, wird »kaum je verneint werden können«,[297] das notwendige Minimum an Kennzeichnungskraft ist also nicht sehr hoch. Dennoch darf gerade dieses Merkmal der Markenfähigkeit nicht unterschätzt werden, denn wenn es der Marke an ausreichender Kennzeichnungskraft fehlt, liegt ein absolutes Schutzhindernis vor, vgl. § 8 Abs. 2 Nr. 1 MarkenG und Rn 234. Vor allem aber ist der Faktor der Kennzeichnungskraft maßgeblich für die Beurteilung der Verwechslungsgefahr im Rahmen der Ansprüche des Inhabers gem. § 9 Abs. 1 Nr. 2 oder § 14 Abs. 2 Nr. 2 MarkenG (vgl. unten Rn 239 und 244).

Für die Markenfähigkeit wird weiterhin gefordert, dass das Zeichen für die wirtschaftliche Tätigkeit eines Unternehmens angemeldet wird. Weshalb auch die Anmeldung der Marke u. a. ein Verzeichnis der Waren oder Dienstleistungen enthalten muss, für die die Eintragung beantragt wird (vgl. § 32 Abs. 2 Nr. 3 MarkenG).

> Beispiel:
>
> Ein Student der Chemie möchte ein von ihm gemischtes Parfüm als Marke anmelden, um es für die Liebe seines Lebens zu schützen. Falls er ihr jemals begegnen sollte.
>
> Auch eine »Geruchsmarke« ist theoretisch denkbar.[298] Markenfähig wäre das Parfüm in unserem konkreten Beispiel dennoch nicht, da es nicht für eine wirtschaftliche Tätigkeit angemeldet wird.

Keine absoluten Schutzhindernisse

Das DPMA prüft bei der Anmeldung einer Marke, ob absolute Schutzhindernisse bestehen. Hintergrund ist das öffentliche Interesse, die Bildung von Monopolrechten zu verhindern. Liegt ein absolutes Schutzhindernis ˣ vor, wird die Anmeldung der Marke zurückgewiesen, § 37 Abs. 1 MarkenG. Maßgeblich für die inhaltliche Prüfung ist § 8 MarkenG. 234

x
Absolute Schutzhindernisse
Sie werden von Amts wegen geprüft.

Von der Eintragung sind Zeichen ausgeschlossen, die sich nicht graphisch darstellen lassen, § 8 Abs. 1 MarkenG. Das betrifft wohlgemerkt nur Registermarken, da es hier ja gerade um ihre Eintragung geht (und nicht die Benutzungsmarke oder die sonstigen Kennzeichen (vgl. Rn 228)[299]). In unserem vorstehenden Beispiel würde die Eintragung eines Parfüms als »Geruchsmarke« sehr wahrscheinlich auch an diesem Hindernis scheitern, denn die graphische Darstellung eines Geruchs erscheint nur schwer lösbar.[300]

In § 8 Abs. 2 MarkenG ist ein Katalog von absoluten Schutzhindernissen enthalten, der abschließend ist. An dieser Stelle können nicht alle aufgeführten Einträge erörtert werden. Wir wollen aber zumindest einen Blick auf die praxisrelevanten Hindernisse für den Bereich der Gestaltung werfen:

- fehlende Unterscheidungskraft (§ 8 Abs. 2 Nr. 1 MarkenG)
- freihaltebedürftige Merkmalsbezeichnung (§ 8 Abs. 2 Nr. 2 MarkenG)
- üblich gewordene Gattungsbezeichnung (§ 8 Abs. 2 Nr. 3 MarkenG)
- täuschende Zeichen (§ 8 Abs. 2 Nr. 4 MarkenG)

Die Unterscheidungskraft ˣ einer eingetragenen Marke ist ihre Hauptfunktion. Diese ist relevant für die Aufrechterhaltung eines unverfälschten Wettbewerbs; außerdem übernimmt der Inhaber einer Marke mit ihr auch eine gewisse Qualitätsverantwortung.[301] Einem Zeichen kommt nach der Definition des Europäischen Gerichtshofes (EuGH) dann Unterscheidungskraft zu, »wenn es geeignet ist, die Waren, für die die Eintragung beantragt wird, als von einem bestimmten Unternehmen stammend zu kennzeichnen und diese Waren somit ohne Verwechslungsgefahr von denjenigen anderer Unternehmen zu unterscheiden«.[302] 235

x
Unterscheidungskraft
Sie bildet die Hauptfunktion einer Marke.

Maßstab für die Unterscheidungskraft ist die Verkehrsauffassung, also die »Erfahrungen und die Erwartungen der Mitglieder der maßgeblichen Verkehrskreise«,[303] die aus »normal informierten, angemessen aufmerksamen und verständigen Durchschnittsverbrauchern« der jeweiligen Waren- und Dienstleistungen bestehen.[304] Im Streitfall werden meist demoskopische Gutachten eingeholt, die auf Befragungen der Verkehrskreise beruhen. Ein Mindestmaß an Unterscheidungskraft genügt für die Schutzfähigkeit (vgl. Rn 232).

Beispiele:

Bei Wortmarken fehlt es an Unterscheidungskraft, wenn es sich lediglich um beschreibende Bezeichnungen handelt (»DeutschlandCard«, »Fußball WM 2006«, »Urlaub direkt«).

Bei Bildmarken sind einfache geometrische Formen nicht kennzeichnungskräftig (»Jeanshosentasche«, Sterne, Quadrate, »ziernahtähnliches Bildzeichen«), dasselbe gilt für allgemein gebräuchliche Piktogramme.

Bei dreidimensionalen Marken muss sich die Form auf Anhieb von derjenigen unterscheiden, die ein Durchschnittsverbraucher auch den Waren anderer Unternehmen unterstellen würde (»Bonbonform«, »Tablettenform«, »Waschmittelflasche«). Nur leichte Veränderungen dieser »Standardvorstellungen« genügen daher in der Regel nicht.

236 Marken, »die ausschließlich aus Zeichen oder Angaben bestehen, die im Verkehr zur Bezeichnung der Art, der Beschaffenheit, der Menge, der Bestimmung, des Wertes, der geographischen Herkunft, der Zeit der Herstellung der Waren oder der Erbringung der Dienstleistungen oder zur Bezeichnung sonstiger Merkmale der Waren oder Dienstleistungen dienen können«, sind ebenfalls von der Eintragung ausgeschlossen (§ 8 Abs. 2 Nr. 2 MarkenG). Früher war hierfür der Begriff »Freihaltebedürfnis« x gebräuchlich, mittlerweile verwendet man jedoch eher die Bezeichnung »beschreibender Charakter«.[305] Zweck der Vorschrift ist es jedenfalls, lediglich beschreibende Angaben dem freien Gebrauch durch jedermann offenzuhalten.[306] Auch eine gewisse Gestaltungsfreiheit für zukünftige Produkte soll erhalten bleiben.[307]

x
Freihaltebedürfnis
Hiervon ausgeschlossen sind Marken, die ausschließlich beschreibenden Charakter haben.

Beispiele für nicht eintragungsfähige Marken:

»Fußball WM 2006«, BGH GRUR 2006, 850
»Buchstabe Z«, BGH GRUR 2003, 343
»Reich und schön«, BGH GRUR 2001, 735

Maßgeblich ist aber auch hier das Verständnis der relevanten Verkehrskreise bzw. Fachkreise[308] in Bezug auf die angemeldeten Warenklassen. So konnte bspw. die Wortmarke »ICH LIEBE ES« zugunsten der McDonald's International Property Company, Ltd. beim DPMA eingetragen werden, da die maßgeblichen Verkehrskreise diesen Slogan mit den eingetragenen Warenklassen für den Restaurantbetrieb nicht so selbstverständlich in Verbindung brachten, dass ein Freihaltebedürfnis bestanden hätte.

Eigentlich ein Sonderfall des »beschreibenden Charakters« sind ursprünglich unterscheidungskräftige Angaben, die sich im allgemeinen Sprachgebrauch zu Bezeichnungen gewandelt haben, die für die angemeldeten Waren und Dienstleistungen üblich geworden sind (auch Gattungsbezeichnung ˣ genannt). Auch diese können nicht (mehr) als Marke eingetragen werden.[309] Ein Beispiel hierfür ist »Turbo«. Auch »Tempotaschentücher« oder »Tesafilm« könnten nach Ablauf ihres Markenschutzes in diese Kategorie fallen.

x
Gattungsbezeichnung
Sie ist ein Sonderfall des »beschreibenden Charakters«.

Zur Verhinderung unlauteren Wettbewerbs erteilt § 8 Abs. 2 Nr. 4 MarkenG der Anmeldung täuschender Zeichen ˣ eine Absage. »Marken können irreführen, zum Beispiel über die betriebliche oder geografische Herkunft eines Produktes, über Eigenschaften des Produktes oder des Herstellbetriebes«, so Ingerl / Rohnke.[310] Das absolute Schutzhindernis des § 8 Abs. 2 Nr. 4 MarkenG versucht, derartige Täuschungshandlungen gemäß § 5 UWG von vornherein zu unterbinden. Da das DPMA zur vertieften wettbewerbsrechtlichen Prüfung nicht in der Lage ist, erfolgt allerdings nur eine eingeschränkte Beurteilung, um offensichtliche Verstöße zu verhindern. Das angemeldete Zeichen muss »ersichtlich zur Täuschung« bezüglich der betreffenden Waren oder Dienstleistungen geeignet sein,[311] wobei auch zukünftige mögliche Entwicklungen in die Prüfungsüberlegungen einzubeziehen sind.

x
Täuschende Zeichen
Solche werden zur Verhinderung unlauteren Wettbewerbs nicht als Marke anerkannt.

> Beispiel:
>
> Eine Agentur wird beauftragt, die Marke »Bolschoi Staatsballett« zu gestalten und beim DPMA anzumelden. Die Anmeldung wird zurückgewiesen, sofern der Auftraggeber keine staatliche Unterstützung oder Trägerschaft genießt.[312]

Eine wichtige Ausnahme besteht jedoch bei den absoluten Schutzhindernissen: Die Zurückweisung wird bei fehlender Unterscheidungskraft und freihaltebedürftigen Bezeichnungen bzw. Gattungsbegriffen (also in den Fällen des § 8 Abs. 2 Nr. 1, 2 und 3) nicht vorgenommen, »wenn die Marke sich vor dem Zeitpunkt der Entscheidung über die Eintragung infolge ihrer Benutzung für die Waren oder Dienstleistungen, für die sie angemeldet worden ist, in den beteiligten Verkehrskreisen durchgesetzt hat«, § 8 Abs. 3 MarkenG. Der Nachweis dieser Verkehrsdurchsetzung und Verkehrsgeltung »als Marke«[313] obliegt allerdings dem Anmelder.

Keine relativen Schutzhindernisse

237 Relative Schutzhindernisse liegen nicht im öffentlichen Interesse, sondern sind ältere Rechte anderer Marken- oder Kennzeicheninhaber.

x
Relative Schutzhindernisse
Sie müssen vom Verletzten selbst geltend gemacht werden.

Relative Schutzhindernisse x prüft das DPMA nicht von Amts wegen. Selbst wenn relative Schutzhindernisse bestehen, wenn also zwei Marken kollidieren, wird das DPMA die später angemeldete Marke zunächst eintragen. Sie wird dann aber wieder gelöscht, wenn der in seinen Rechten verletzte Dritte einen entsprechenden Antrag zu begründen vermag. Hierfür kann er innerhalb von drei Monaten nach Eintragung der verletzenden Marke das Widerspruchsverfahren vor dem DPMA einleiten, das in den §§ 42 ff. MarkenG geregelt ist. Außerdem kann er innerhalb von fünf Jahren ab Kenntnis der Eintragung[314] Löschungsklage gemäß §§ 51 ff. MarkenG erheben. Zuständig hierfür sind diejenigen Landgerichte, die als »Kennzeichengerichte« bestimmt wurden, § 55 MarkenG.

Bei der Kollision neu angemeldeter Marken mit älteren Rechten ist das Prinzip der zeitlichen Priorität entscheidend, vgl. Rn 229. Das sog. »Kollisionsrecht« ist in den §§ 9 bis 13 MarkenG geregelt. Als ältere Rechte gelten: 238

- angemeldete oder eingetragene Marken, § 9 MarkenG
- notorische bekannte Marken, § 10 MarkenG
- Marken kraft Verkehrsgeltung oder geschäftliche Bezeichnungen, § 12 MarkenG
- sonstige ältere Rechte, § 13 MarkenG

Der in der Praxis häufigste Fall ist die Kollision einer neu angemeldeten Marke mit einer älteren Registermarke. Dann besteht ein relatives Schutzhindernis, wenn die neue Marke identisch ist (§ 9 Abs. 1 Nr. 1 MarkenG), mit der älteren Marke verwechselt werden kann (§ 9 Abs. 1 Nr. 2 MarkenG) oder eine bekannte Marke erweiterten Schutz vor unlauterer Ausnutzung genießt (§ 9 Abs. 1 Nr. 3 MarkenG).

Dabei ist die Markenidentität x relativ einfach zu bestimmen. Im Sinne einer »Doppelidentität« müssen sowohl die Marke als auch die angemeldeten Waren oder Dienstleistungen vollständig übereinstimmen.[315]

x
Markenidentität
Marke und angemeldete Ware oder Dienstleistung stimmen überein.

Der zweite Begriff der Verwechslungsgefahr x ist für das Kennzeichenrecht von erheblicher Bedeutung, nicht nur als relatives Schutzhindernis. Es genügt bereits die abstrakte Gefahr einer Verwechslung,[316] die objektiv zu beurteilen ist (auf die Motive oder Absichten des Verletzers kommt es also nicht an).[317] Für die Beurteilung sind die drei Faktoren »Zeichenähnlichkeit«, »Waren- und Dienstleistungsähnlichkeit« und »Kennzeichnungskraft« maßgeblich. Dabei sind diese drei Faktoren wechselbezüglich. Ein geringerer Grad an Waren- bzw. Dienstleistungsähnlichkeit kann z. B. durch einen höheren Grad an Kennzeichenähnlichkeit verstärkt werden.[318] 239

x
Verwechslungsgefahr
Für deren Beurteilung sind mehrere Faktoren maßgeblich.

Beispiel:

Ein Hersteller bringt einen Bobschlitten mit dem Schriftzug »911 Carrera« auf den Markt und möchte das Produkt als dreidimensionale Marke schützen lassen.

> Dies würde an § 9 Abs. 1 Nr. 2 MarkenG scheitern. Zwar baut Porsche keine Bobschlitten. Die Bezeichnung »911 Carrera« hat aber eine sehr hohe Kennzeichnungskraft (hier läge auch ein Fall des § 9 Abs. 1 Nr. 3 MarkenG vor).

Die Kennzeichnungskraft bestimmt wesentlich den Schutzumfang der älteren Marke. Die Rechtsprechung hat zur Frage der Ähnlichkeit für verschiedene Arten von Marken unterschiedliche Kriterien herausgearbeitet. So hängt die Ähnlichkeit bei Wortmarken z. B. von der Wortlänge, der Vokalfolge, der Silbenzahl, der Silbengliederung und der Betonung ab.[319] Für die Ähnlichkeit von Waren und Dienstleistungen kommen als Kriterien in Betracht: die Beschaffenheit der Waren, ihre regelmäßige betriebliche Her-kunft, ihre regelmäßige Vertriebs- oder Erbringungsart, ihr Verwendungszweck und ihre Nutzung, ihre wirtschaftliche Bedeutung und ihre Eigenart als miteinander konkurrierende oder einander ergänzende Produkte oder Leistungen.[320] Es empfiehlt sich, bereits bei geringen Anzeichen einer möglichen Ähnlichkeit zu einer älteren Marke den Kommentar zum Markengesetz zur Hand zu nehmen oder einen spezialisierten Rechtsanwalt aufzusuchen.

> Beispiele:
>
> Die Eintragung einer Marke »Persol« für Waschmittel wird scheitern.
>
> Die Eintragung einer Farbmarke im Spektrum »pink« für Telekommunikationsdienstleistungen wird scheitern.

x
Schutz bekannter Marken vor Ausnutzung
Dieser soll die wettbewerbliche Leistung bekannter Marken sichern.

Der Schutz bekannter Marken vor Ausnutzung x durch »Trittbrettfahrer« soll die wettbewerbliche Leistung bekannter Marken sichern und damit auch das Vermögen ihrer Inhaber.[321] Damit eine Marke diesen Schutz genießt, muss sie »einem wesentlichen Teil des Publikums« bekannt sein, »das von der entsprechenden Ware oder Dienstleistung betroffen ist«.[322] Bestimmte Prozentsätze hierfür hat die Rechtsprechung nicht aufgestellt; was »wesentlicher Teil« bedeutet, ist vielmehr von den jeweiligen Umständen des Einzelfalls und des relevanten Marktes abhängig.

Eine Verwechslungsgefahr ist dabei nicht Voraussetzung. Denn die Beeinträchtigung ist »Folge eines bestimmten Grades der Ähnlichkeit zwischen der Marke und dem Zeichen, aufgrund dessen die beteiligten Verkehrskreise einen Zusammenhang zwischen dem Zeichen und der Marke sehen, d. h. die beiden gedanklich miteinander verknüpfen, ohne sie jedoch zu verwechseln«, so der EuGH.[323]

Es kommt beim Schutz gegen Ausnutzung also auf die »gedankliche Verknüpfung« beim Publikum an, denn die Ausnutzung besteht in dem vom Publikum angenommenen Zusammenhang zwischen der bekannten (älteren) Marke und dem jüngeren, verletzenden Zeichen. Der Schutz des § 9 Abs. 1 Nr. 3 MarkenG geht dabei über die für die ältere Marke angemeldeten Waren oder Dienstleistungen hinaus.

Beispiele für Verstöße:

Die Anmeldung einer neuen Marke »NIVEA« für Sportkleidung.
Die Anmeldung einer neuen Marke »Red Bull« für Finanzprodukte.
Die Anmeldung einer neuen Marke »Holiday Inn« für Campingbedarf.

Schranken des Markenschutzes

Auch das Markenrecht unterliegt gewissen Schranken [x], die die Eintragung oder die Nutzung einer Marke hindern. 240

x
Schranken des Markenschutzes
§ 23 MarkenG schränkt die Schutzwirkung von Marken und Kennzeichen ein.

§ 23 Nr. 1 MarkenG gestattet es jedermann, trotz einer etwa bestehenden Marke oder eines geschäftlichen Kennzeichens eines anderen, seinen Namen und seine Adresse im geschäftlichen Verkehr zu benutzen. So darf jeder Unternehmer Müller unter diesem Namen Milchprodukte vertreiben – ungeachtet eingetragener »müller-Milch«-Marken.

§ 23 Nr. 2 MarkenG gestattet es jedermann, »ein mit der Marke oder der geschäftlichen Bezeichnung identisches Zeichen oder ein ähnliches Zeichen als Angabe über Merkmale oder Eigenschaften von Waren oder Dienstleistungen« im geschäftlichen Verkehr zu benutzen. Eigentlich sind derartige Bezeichnungen ohnehin absolute Schutzhindernisse im Sinne des § 8 Abs. 2 Nr. 2 und Nr. 3 MarkenG. Dennoch kann es zur Verkehrsdurchsetzung gekommen sein (§ 8 Abs. 3 MarkenG, vgl. Rn 236 a. E.), so dass der Markenschutz besteht. Dann darf diese Bezeichnung aber trotz der bestehenden Marke verwendet werden (»Flankenschutz des Freihaltebedürfnisses«[324]). Beispiele sind die Bezeichnungen »Post«, »Volksbank« oder »Metro«.[325]

Für die Gestaltung relevant ist auch die Schranke des § 23 Nr. 3 MarkenG. Die Benutzung des Kennzeichens kann danach nicht untersagt werden, wenn »die Marke oder die geschäftliche Bezeichnung als Hinweis auf die Bestimmung einer Ware, insbesondere als Zubehör oder Ersatzteil, oder einer Dienstleistung« notwendig ist. Dies betrifft vor allem den großen Zubehörmarkt. Dabei ist allerdings § 23 Abs. 2 MarkenG zu beachten (der für alle »Schranken-Ausnahmen« gilt): Die Grenze liegt immer in der Sittenwidrigkeit.

Beispiel:

Ein Hersteller von Autozubehör beauftragt einen Gestalter, eine Verpackung für seine Alu-Felgen zu entwerfen. Die Felgen sind für bestimmte VW-Modelle geeignet. Der Gestalter verwendet unter Berufung auf die Schranken des Markenrechts in § 23 Nr. 2 MarkenG das VW-Logo auf der Verpackung.

Diese Gestaltung wäre trotz der geltenden Ausnahmevorschrift nicht zulässig. Denn die Verwendung des Logos spielt mit der »Sogwirkung« der bekannten Marke und verstößt daher gegen § 23 Abs. 2 MarkenG. Zulässig wäre nur die Verwendung von »VW« oder »Volkswagen« (ohne Logo) im beschreibenden Text gewesen.[326]

Auch der Grundsatz der »Erschöpfung« ist eine Schranke des Markenrechts. § 24 Abs. 1 MarkenG gestattet jedermann den Weitervertrieb von Waren, die mit Billigung des Markeninhabers auf den Markt gebracht wurden. Nach dem ersten Inverkehrbringen ist der Markenschutz der Waren also »erschöpft«. So kann bspw. die BMW AG einem Gebrauchtwagenhändler den Vertrieb der von ihr hergestellten Fahrzeuge nicht untersagen, jedenfalls nicht unter Berufung auf ihre Marke.[327] Der Grundsatz der Erschöpfung stößt an seine Grenzen, wenn »berechtigte Gründe« zugunsten des Markeninhabers vorliegen, § 24 Abs. 2 MarkenG. Dies ist der Fall, wenn der Zustand der Waren beim Weiterverkauf verändert oder verschlechtert wird, z. B. durch Umverpacken oder Neuverpacken. Dies scheint insbesondere bei Arzneimitteln aus dem EU-Ausland häufiger vorzukommen.[328]

In gewisser Weise ist auch der Benutzungszwang [x] eine Schranke des Markenrechts. § 25 MarkenG ist in der Praxis eine wichtige und nützliche Vorschrift. § 26 MarkenG gibt Anhaltspunkte dafür, was der Gesetzgeber unter der »ernsthaften Benutzung« einer Marke versteht. Es muss sich dabei um Verwendungen des Kennzeichens handeln, »die der Hauptfunktion der Marke entsprechen, dem Verbraucher oder Endabnehmer die Ursprungsidentität einer Ware oder Dienstleistung zu garantieren, indem ihm ermöglicht wird, diese Ware oder Dienstleistung ohne Verwechslungsgefahr von Waren oder Dienstleistungen anderer Herkunft zu unterscheiden«.[329] Typischerweise liegt eine Benutzung vor, wenn Waren oder Verpackungen mit der Marke gekennzeichnet werden. Eine Marke, die nicht innerhalb von fünf Jahren nach ihrer Eintragung benutzt wird, kann auf Antrag eines Dritten gelöscht werden (Verfall), § 49 MarkenG. Außerdem kann ein Inhaber keine Ansprüche aus seiner Marke herleiten, wenn er sie nicht innerhalb der letzten fünf Jahre benutzt hat, § 25 Abs. 1 MarkenG.

x
Benutzungszwang
Nach einer Schonfrist von fünf Jahren besteht die Gefahr des Verfalls, wenn die Marke nicht benutzt wird.

Diese Regelungen dienen der Verhinderung »unnötig« reservierter Marken beim DPMA und damit auch der Vermeidung von Markenkonflikten. Der Markenschutz soll dem aktiven Wirtschaftsleben dienen und nicht für Monopolisierungen missbraucht werden.

Anmeldung und Eintragung

241 Auch für den Markenschutz ist das Deutsche Patent- und Markenamt (DPMA) zuständig. Schon beim Designschutz wurde darauf hingewiesen, dass die Website des Amtes sehr informativ und übersichtlich gestaltet ist. Neben Merkblättern und Informationen können dort die nötigen Formulare heruntergeladen werden.[330]

Verfahren vor dem DPMA

242 Die Anmeldung einer Marke setzt einen unterschriebenen Antrag auf Eintragung voraus, sowie (vgl. § 32 Abs. 2 MarkenG):

Praxishinweis
Für das Verfahren vor dem DPMA bietet die Homepage des Amtes (www.dpma.de) gute Informationen.

- Angaben, die es erlauben, die Identität des Anmelders festzustellen;
- eine Wiedergabe der Marke sowie Angaben zur Markenform;
- ein Verzeichnis der Waren und / oder Dienstleistungen, für die die Eintragung beantragt wird.

Zeitsparend ist auch die Erteilung eines SEPA-Lastschriftmandats zur Entrichtung der Anmeldegebühren (derzeit 300 EUR für eine Anmeldung in Papierform im normalen Verfahren).

Das Eintragungsverfahren ist in den §§ 32 bis 44 MarkenG sowie in der Markenverordnung geregelt. Das Merkblatt *Wie melde ich eine Marke an?* des DPMA erläutert das Ausfüllen der Formulare gut verständlich.[331] Da es verschiedene Markenarten gibt (Wortmarke, Bildmarke, dreidimensionale Marke, Hörmarke etc.), sollten die Informationen des DPMA sorgfältig mit Blick auf die jeweiligen Besonderheiten der Marke durchgesehen werden. Nicht selten scheitern Anmeldungen an den formalen Hürden des Eintragungsverfahrens, z. B. an der Pflicht zur graphischen Darstellung der Marke (absolutes Schutzhindernis, § 8 Abs. 1 MarkenG).

In den bisherigen Ausführungen wurde immer wieder darauf verweisen, dass Marken sich auf konkrete Waren und Dienstleistungen beziehen, die ihren Schutzumfang maßgeblich bestimmen. Welche das sind, bestimmt der zukünftige Inhaber bei der Anmeldung. Hierfür stellt das DPMA ein Waren- und / oder Dienstleistungsverzeichnis [x] in Form der sog. »Nizza-Klassifikation« mit 45 Klassen zur Verfügung.[332] Die Klassen sind in Gruppen und Untergruppen organisiert. Diesen sind die jeweils unter die Gruppen- und Untergruppentitel fallenden Waren bzw. Dienstleistungen zugeordnet. So ergibt sich eine Art Baumstruktur. Im Antragsformular müssen Waren und Dienstleistungen nach Klassen getrennt und die Klassen numerisch aufsteigend aufgeführt werden. »Class-Scopes«[333] können die Eintragung etwas erleichtern und bieten einen relativ weiten Schutzumfang.

x
Waren und Dienstleistungsverzeichnis
Jede Marke muss für konkrete Waren und Dienstleistungen angemeldet werden, in Form der sog. »Nizza-Klassifikation«.

Beispiel:

Der Gestalter G hat eine App für seine Agentur entwickelt, die seinen Kunden bestimmte Informationen und Angebote vermitteln soll. Er möchte App-Bezeichnung und -Logo als Wort- und Bildmarke schützen lassen.

Bei der Anmeldung könnte G folgende Angaben machen:

KLASSE 35	Werbung
KLASSE 38	Telekommunikation
KLASSE 42	Wissenschaftliche und technologische Dienstleistungen sowie Forschungsarbeiten und diesbezügliche Designerdienstleistungen; Entwurf und Entwicklung von Computerhard- und -software

Das DPMA gibt auf seiner Homepage an, dass Fehler bei der Klassifikation der Waren und Dienstleistungen die weitaus häufigste Ursache für eine Verzögerung des Eintragungsverfahrens sind. Es empfiehlt sich also, bei Unsicherheiten eine Auskunft des DPMA einzuholen (hierfür gibt es auch eine telephonische Auskunft) oder einen spezialisierten Rechtsanwalt zu beauftragen.

Sobald die Anmeldung eingereicht wurde, vollzieht sich die Eintragung in mehreren Schritten:

- Prüfung, ob alle Formalitäten des Antrags erfüllt sind; auf eventuelle Mängel wird hingewiesen und eine Beseitigungsfrist gesetzt;
- Bescheinigung des offiziellen Anmeldetags als »Prioritätstag« gegenüber dem Anmelder mit Nennung des Aktenzeichens und ggf. Zahlungsaufforderung
- Prüfung des Antrags auf absolute Schutzhindernisse durch das DPMA
- Eintragung der Marke
- Übersendung der Markenurkunde
- Veröffentlichung der Eintragung in den gesetzlichen Mitteilungen;
- ggf. Widerspruch Dritter innerhalb der dreimonatigen Widerspruchsfrist für relative Schutzhindernisse (vgl. Rn 237) und anschließendes Widerspruchsverfahren;
- Mitteilung an den Anmelder, dass kein Widerspruch eingegangen ist bzw. dass das Widerspruchsverfahren (erfolgreich) beendet ist.

Rechtsmittel gegen die Eintragung

243 Inhaber älterer Kennzeichen, insbesondere älterer Marken, die Priorität genießen, können innerhalb von drei Monaten ab der Eintragung mit dem Widerspruchsverfahren [x] eine Löschung der neu eingetragenen Marke erwirken, § 51 MarkenG, vgl. Rn 237. Dies betrifft die relativen Schutzhindernisse, die der Verletzte geltend machen muss.

x **Widerspruchsverfahren**
In diesem Verfahren können der Löschungsantrag beim DPMA und die Löschungsklage in die Wege geleitet werden.

Daneben steht jedermann das Recht zu, eine Löschung der Marke zu erwirken, wenn es nicht auf die Priorität eines älteren Kennzeichens ankommt. Das ist z. B. dann der Fall, wenn Marken nicht benutzt werden (§ 49 Abs. 1 MarkenG, Verfall), oder bei der täuschenden Verwendung einer Marke, § 49 Abs. 2 Nr. 2 MarkenG. Und natürlich dann, wenn die Marke aufgrund eines absoluten Schutzhindernisses, das das DPMA übersehen hat, gar nicht erst hätte eingetragen werden dürfen, § 50 MarkenG. Auch insoweit kann zunächst ein Antrag beim DPMA eingereicht werden. Alternativ hierzu ist aber auch die Löschungsklage möglich, vgl. ebenfalls Rn 237.

Schutzwirkung und Ansprüche

244 Die Schutzwirkung des Markenrechts ist umfassend und verleiht dem Inhaber exklusive Rechte, insoweit sind Marken- und Designschutz vergleichbar. Eingetragene Marken und nicht eingetragene Kennzeichen genießen denselben Schutzumfang.

§ 14 Abs. 2 bis 4 MarkenG enthalten als Grundtatbestand des Markenschutzes einen ausführlichen Katalog untersagter Verletzungshandlungen [x]. Weitere Rechte des Kennzeicheninhabers werden in den §§ 15 bis 19d MarkenG normiert. Die Verletzungsansprüche nehmen damit das Kollisionsrecht der §§ 9 bis 13 MarkenG wieder auf (vgl. Rn 238 f.). Ein Verhalten, das als »relatives Schutzhindernis« gegenüber jüngeren Markeneintragungen gilt, soll selbstverständlich auch Dritten untersagt sein. Kernbereich der Ansprüche des Markeninhabers (und gem. § 15 MarkenG auch des nicht eingetragenen Kennzeicheninhabers) sind daher:

x
Katalog untersagter Verletzungshandlungen
Er ist Grundtatbestand des Markenschutzes.

- der Schutz gegen identische Zeichen (§ 14 Abs. 2 Nr. 1 / § 15 Abs. 2 MarkenG)
- der Schutz gegen Verwechslungsgefahr (§ 14 Abs. 2 Nr. 2 / § 15 Abs. 2 MarkenG)
- der Schutz gegen Ausnutzung einer bekannten Marke (§ 14 Abs. 2 Nr. 3 / § 15 Abs. 3 MarkenG).

Diese Ansprüche gelten gegenüber jedermann.

Beispiele:

Eine freie Autowerkstatt, die auf ihrem Schild die selbstgemalten Audi-Ringe führt, verletzt § 14 Abs. 2 Nr. 1 MarkenG.

Ein Hersteller von Sportschuhen verletzt § 14 Abs. 2 Nr. 2 MarkenG, wenn er an den Seiten seiner Schuhe drei parallele weiße Streifen anbringt (Markenzeichen der Adidas AG).

Eine Werbeagentur, die »Coole Claims« in der Art des Schriftzugs von Coca Cola als Werbeelement verwendet, verletzt § 14 Abs. 2 Nr. 3 MarkenG.

Zur weiteren Erläuterung wird auf die Ausführungen oben unter Rn 238 f. verwiesen. Relative Schutzhindernisse und Verletzungsansprüche werden identisch ausgelegt.

Die Ansprüche des in seinen Rechten verletzten Kennzeicheninhabers sind im Grundsatz bereits aus dem Urheberrecht und dem Designrecht bekannt, weshalb ergänzend auf Rn 199 ff. bzw. Rn 225 verwiesen wird.

> § 14 Abs. 5 und § 15 Abs. 4 MarkenG gewähren einen Anspruch auf Unterlassung der Verletzungshandlung. Der Anspruch ist verschuldensunabhängig, auf die Kenntnis des Verletzers von der Eintragung der Marke oder dem Schutz des Kennzeichens kommt es nicht an.
>
> § 18 MarkenG gewährt einen Anspruch auf Vernichtung oder Rückruf der im Besitz oder Eigentum des Verletzers befindlichen widerrechtlich gekennzeichneten Waren (verschuldensunabhängig).
>
> Gemäß § 19 MarkenG kann der Verletzte den Verletzer auf unverzügliche Auskunft über die Herkunft und den Vertriebsweg widerrechtlich gekennzeichneter Waren oder Dienstleistungen in Anspruch nehmen (verschuldensunabhängig).
>
> § 14 Abs. 6 und § 15 Abs. 5 MarkenG gewähren einen Anspruch auf Schadensersatz. Dieser Anspruch setzt allerdings ein Verschulden des Verletzers voraus. Ein Ersatz immaterieller Schäden ist ebenso wie im Designrecht und anders als im Urheberrecht nicht vorgesehen.[334] Im übrigen gilt auch hier die dreifache Berechnungsmöglichkeit des Schadens für die Verletzung von Schutzrechten, vgl. Rn 207.

Die Grundsätze der verschuldensunabhängigen Störerhaftung gelten auch für das Markenrecht, vgl. Rn 201.

Ebenso wird im Bereich des Markenschutzes mit Abmahnungen gearbeitet – vgl. Rn 203 – und selbstverständlich kann auch bei Markenstreitigkeiten das einstweilige Verfügungsverfahren für schnellen Rechtschutz in Anspruch genommen werden, vgl. hierzu Rn 209 ff.

Es soll nicht unerwähnt bleiben, dass das Markenrecht auch Strafvorschriften [x] kennt. Insbesondere wer gegen § 14 Abs. 2 MarkenG verstößt, also identische Zeichen im geschäftlichen Verkehr benutzt, es auf die Verwechslung einer Marke anlegt oder gar bekannte Marken als Trittbrettfahrer ausnutzt, wird gemäß § 143 MarkenG bestraft. 245

x **Strafvorschriften** Solche gibt es auch im Markenrecht.

In den §§ 143 ff. MarkenG sind auch etliche weitere Straf- und Bußgeldvorschriften enthalten, die grundsätzlich jeden wesentlichen Verstoß gegen markenrechtliche Vorschriften sanktionieren. Für die Praxis der Rechtsverfolgung wichtig sind auch die Maßnahmen zur Beschlagnahme bei der Ein- und Ausfuhr von Waren in den §§ 146 ff. MarkenG.

Das Wettbewerbsrecht ist ein bedeutendes Instrument zur Sicherung der Sozialen Marktwirtschaft.

Gerade für den Fachbereich der Gestaltung stellt dieses Rechtsgebiet eine Anzahl von Marktverhaltensregeln auf, die im Bereich der Werbung und der Unternehmenskommunikation zwingend zu beachten sind. Die Nichtbeachtung dieser Regeln steht unter Strafe.

Mit der Weiterentwicklung des E-Commerce und der sozialen Netzwerke hat das Wettbewerbsrecht an neuer Bedeutung gewonnen.

246 Im Gegensatz zu den Extremen einer reinen Marktwirtschaft im Sinne Adam Smith'[335] oder einer kommunistischen Wirtschaftsordnung[336] ist unsere bestehende deutsche Gesellschaft der Sozialen Marktwirtschaft x verpflichtet, vgl. Art. 14, 20 und 28 GG.[337] Dieser Kompromiss, der auf Alfred Müller-Armack zurückgeht und maßgeblich durch Ludwig Erhard als deutscher Wirtschaftsminister umgesetzt wurde, verfolgt das Ziel »auf der Basis der Wettbewerbswirtschaft die freie Initiative mit einem gerade durch die wirtschaftliche Leistung gesicherten sozialen Fortschritt zu verbinden«.[338] Grundlage dieser Wirtschaftsordnung ist also durchaus ein freier Markt, der hohe Leistungsfähigkeit und eine optimale Güterversorgung sicherstellen soll. Seine Basis ist die Garantie des Privateigentums, und zwar auch des Eigentums der Produktionsmittel.

x
Soziale Marktwirtschaft
Sie ist ein wesentlicher Eckpfeiler unserer Gesellschaftsodrnung.

Allerdings zieht sich der Staat nicht vollständig aus dem Wirtschaftsleben zurück, sondern greift korrigierend ein. Neben der Sicherstellung eines umfangreichen »sozialen Netzes« handelt der Staat aktiv konjunkturpolitisch und wettbewerbspolitisch. Die Gesetzgebung ist hierbei ein wichtiges Steuerungsinstrument. Abgesehen von vielen Einzelvorschriften, die den Schutz des Schwächeren bezwecken (z. B. im Verbraucherschutz), sorgt der Staat vor allem mit zwei Gesetzen für die nötigen Korrekturen: Mit dem Gesetz gegen Wettbewerbsbeschränkungen (GWB) unterbindet der Staat Monopol- und Kartellbildungen, also missbräuchliche Strukturen eines ungeregelten Marktes. Und mit dem Gesetz gegen den unlauteren Wettbewerb (UWG) werden einzelne unlautere Handlungen verfolgt, die einen fairen Wettbewerb verfälschen. Beide Normen sind wesentliche Grundvoraussetzungen der Sozialen Marktwirtschaft.

Der Grundsatz des UWG findet sich in § 1:

»Dieses Gesetz dient dem Schutz der Mitbewerber, der Verbraucherinnen und Verbraucher sowie der sonstigen Marktteilnehmer vor unlauteren geschäftlichen Handlungen. Es schützt zugleich das Interesse an einem unverfälschten Wettbewerb.«

Bis zum Ende des 19. Jahrhunderts fehlte es an Vorschriften zur Lauterkeit des Handels. Das liberale Bürgertum befürchtete, mit derartigen gesetzlichen Regelungen die eben erst gewonnene Gewerbefreiheit wieder zu verlieren. Erst 1896 stellte man bestimmte Einzelfallregelungen zu einem Gesetzestext zusammen, der dann – immer wieder mit Änderungen und Anpassungen – bis heute den Rahmen für das sog. Lauterkeitsrecht bieten sollte. Ab 2004 schließlich wurde das UWG erheblich novelliert, auch aufgrund der Vorgaben der Europäischen Union.[339]

Unlautere geschäftliche Handlungen

Das UWG ist relativ einfach strukturiert. Es definiert einen 247
Grundtatbestand der unlauteren geschäftlichen Handlung und präzisiert diesen beispielhaft für besonders relevante Verstöße.

Grundnorm des § 3 UWG

Sozusagen die Generalklausel des UWG ist § 3 Abs. 1, der 248
ebenso kurz wie treffend formuliert:

> »Unlautere geschäftliche Handlungen sind unzulässig.«

Diese Generalklausel ist ein Auffangtatbestand, der sämtliche Marktteilnehmer in ihrem Verhalten gegenüber allen anderen Marktteilnehmern bindet – was sowohl Mitbewerber wie Endabnehmer und Verbraucher einschließt.

Der Begriff geschäftliche Handlung x wird in § 2 Abs. 1 Nr. 1 UWG definiert. Es handelt sich dabei um »jedes Verhalten einer Person zugunsten des eigenen oder eines fremden Unternehmens vor, bei oder nach einem Geschäftsabschluss, das mit der Förderung des Absatzes oder des Bezugs von Waren oder Dienstleistungen oder mit dem Abschluss oder der Durchführung eines Vertrags über Waren oder Dienstleistungen objektiv zusammenhängt«. Das rein private Verhalten wird also vom UWG nicht erfasst.

x
Geschäftliche Handlung
Diese Definition geschäftlichen Verhaltens ist für alle Marktteilnehmer verbindlich.

Beispiel:

A räumt seine Garage auf – keine geschäftliche Handlung.

A organisiert einen Garagenverkauf, um alles loszuwerden, was er nicht mehr benötigt – keine geschäftliche Handlung, da A kein »Unternehmen« führt, sondern einen Privatverkauf vornimmt.[340]

A stellt dem gewerblichen Trödelhändler B den Inhalt seiner Garage zur Verfügung, damit dieser vor Ort einen Garagenverkauf organisiert – keine geschäftliche Handlung, da A kein eigenes unternehmerisches Interesse hat bzw. kein Unternehmer ist.

Etwas anderes gilt aber dann, wenn A selbst Unternehmer ist, also bspw. ein Abbruchunternehmen besitzt und gegen Vergütung (z. B. eine Urlaubsreise) für den Trödelhändler B wirbt,[341] der auch seinen eigenen Garageninhalt verwertet hat.

x
Unlauterkeit
Sie ist allgemein gesetzlich nicht definiert.

Eine allgemeine Definition für den Begriff der Unlauterkeit x gibt das Gesetz nicht vor. Der maßgebliche Handkommentar umschreibt den Begriff als »Summe der Verhaltensregeln für die geschäftlichen Handlungen, die den Begriff der Unlauterkeit im UWG konstituieren«. Anders ausgedrückt: »Ein Verhalten ist dann unlauter, wenn es gegen eine vom Gesetzgeber oder den Gerichten für den Anwendungsbereich des UWG aufgestellte Verhaltensregel verstößt und damit rechtswidrig ist«.[342] Unlauterkeit sei kein feststehender Begriff, vielmehr sei stets nach der jeweils geltenden Verhaltensregel zu fragen. Neben dieser Umschreibung arbeitet die Literatur und Rechtsprechung aber auch mit Synonymen aus anderen Rechtsbereichen, wie »Verstoß gegen die guten Sitten« (§§ 138, 826 BGB) oder »Verstoß gegen die anständigen Marktgepflogenheiten«, »Verstoß gegen Treu und Glauben« (§ 242 BGB) bzw. »Verstoß gegen die berufliche Sorgfalt«.[343]

Ein subjektives Element wird für die Unlauterkeit nicht gefordert. Es genügt also, wenn der Handelnde alle objektiven Tatumstände kennt. Ein Bewusstsein der Unlauterkeit oder die Kenntnis der unlauterkeitsbegründenden Umstände ist nicht erforderlich.[344]

Aufgrund der relativ ausdifferenzierten Verbotstatbestände im UWG kommt in der Praxis der Klausel des § 3 Abs. 1 UWG als Auffangtatbestand keine überragende Bedeutung mehr zu.[345]

Unlautere Handlungen gegenüber Verbrauchern, § 3 Abs. 2 bis 4 UWG

249 Bereits die weiteren Bestimmungen des § 3 UWG, die Absätze 2 bis 4, betreffen spezielle unlautere Handlungen, und zwar gegenüber Verbrauchern. Es handelt sich dabei um die Umsetzung einer europäischen Richtlinie zum Verbraucherschutz (vgl. auch Rn 138 ff.).[346]

Für diesen Fall gibt das Gesetz auch eine Definition der Unlauterkeit [x] an die Hand: »Geschäftliche Handlungen, die sich an Verbraucher richten oder diese erreichen, sind unlauter, wenn sie nicht der unternehmerischen Sorgfalt entsprechen und dazu geeignet sind, das wirtschaftliche Verhalten des Verbrauchers wesentlich zu beeinflussen«, § 3 Abs. 2 UWG.

x **Unlauterkeit** Sie ist gegenüber Verbrauchern definiert.

Es gilt auch im UWG der allgemeine Verbraucherbegriff des § 13 BGB. »Erreicht« werden Verbraucher immer dann, wenn sie die betreffende geschäftliche Handlung zur Kenntnis nehmen können und dies für den Unternehmer vorhersehbar ist.

> Beispiel:
>
> Werbung in einer Fachzeitschrift, die nach Informationen des Verlags auch allgemein zugänglich ausgelegt wird, z. B. in Bibliotheken und auf Besuchermessen.

x
Unternehmerische Sorgfalt
Sie gilt als Maßstab gegenüber Verbrauchern.

Die unternehmerische Sorgfalt x , die gegenüber Verbrauchern nicht verletzt werden darf, sollte nicht allzu moralisch interpretiert werden. Art. 2 lit. h) der UGP-Richtlinie, auf die sich § 3 Abs. 2 UWG bezieht, versteht darunter vielmehr den »Standard an Fachkenntnissen und Sorgfalt, bei denen billigerweise davon ausgegangen werden kann, dass der Gewerbetreibende sie gegenüber dem Verbraucher gemäß den anständigen Marktgepflogenheiten und / oder dem allgemeinen Grundsatz von Treu und Glauben in seinem Tätigkeitsbereich anwendet«.[347] Dies bedeutet, dass der Unternehmer angemessene Rücksicht auf die wirtschaftlichen Interessen der Verbraucher zu nehmen hat.[348]

Um unlauter zu sein, muss sich die Einwirkung auf den Verbraucher dazu eignen, seine Fähigkeit, eine »informierte Entscheidung« zu treffen, spürbar zu beeinträchtigen. Denn dann wird der Durchschnittsverbraucher davon abgehalten, die Vor- und Nachteile einer geschäftlichen Entscheidung zu erkennen, abzuwägen und eine »effektive Wahl« zu treffen.[349]

x
Schwarze Liste
Der Anhang zum UWG listet 30 stets unzulässige geschäftliche Handlungen gegenüber Verbrauchern auf.

In § 3 Abs. 3 UWG weist der Gesetzgeber auf einen Anhang zum UWG hin, der auch als Schwarze Liste x oder »Blacklist« bezeichnet wird und dessen Katalogtatbestände »stets unzulässig« sind. Dieser Anhang, der ebenfalls eine Umsetzung der UGP-Richtlinie ist, hat mit seinen derzeit 30 Ziffern eine erhebliche praktische Bedeutung. Immerhin ist ja nahezu die gesamte Werbung geeignet, Verbraucher zu erreichen, weshalb der Katalog eben auch auf den größten Teil der Werbung anzuwenden ist. Jeder Kommunikationsdesigner, der im werblichen Bereich tätig ist, sollte diesen Katalog daher gründlich durchsehen, bevor er seinem Auftraggeber bestimmte Maßnahmen empfiehlt.

Einige stets unerlaubte Handlungen aus dem Anhang zum UWG:

die Verwendung von Gütezeichen, Qualitätskennzeichen oder Ähnlichem ohne die erforderliche Genehmigung; (Nr. 2) der vom Unternehmer finanzierte Einsatz redaktioneller Inhalte zu Zwecken der Verkaufsförderung, ohne dass sich dieser Zusammenhang aus dem Inhalt oder aus der Art der optischen oder akustischen Darstellung eindeutig ergibt (als Information getarnte Werbung); (Nr. 11)

das Angebot eines Wettbewerbs oder Preisausschreibens, wenn weder die in Aussicht gestellten Preise noch ein angemessenes Äquivalent vergeben werden; (Nr. 20)

die unwahre Angabe oder das Erwecken des unzutreffenden Eindrucks, der Unternehmer sei Verbraucher oder nicht für Zwecke seines Geschäfts, Handels, Gewerbes oder Berufs tätig; (Nr. 23)

Einzelne unlautere Handlungen, §§ 4 bis 6 UWG

Das UWG schützt aber nicht nur die Verbraucher, sondern 250
auch die sonstigen Marktteilnehmer. Leider können an dieser Stelle nicht alle Verbotsnormen ausführlich dargestellt werden. Die wichtigsten allerdings sollen kurz besprochen werden, und zwar mit Blick auf ihre Relevanz für den Fachbereich der Gestaltung.

Der Rechtsbruch [x] wurde erst 2015 in einer der jüngsten 251
Novellen als § 3a in das UWG eingefügt. Danach handelt unlauter »wer einer gesetzlichen Vorschrift zuwiderhandelt, die auch dazu bestimmt ist, im Interesse der Marktteilnehmer das Marktverhalten zu regeln, und der Verstoß geeignet ist, die Interessen von Verbrauchern, sonstigen Marktteilnehmern oder Mitbewerbern spürbar zu beeinträchtigen«. Danach ist zwar nicht jeder Gesetzesverstoß durch ein Unternehmen wettbewerbsverzerrend oder marktbehindernd, allerdings werden alle Verstöße gegen Marktverhaltensregeln sanktioniert. In Betracht kommen z. B. die Berufsordnungen der Ärzte, Apotheker, Steuerberater, Rechtsanwälte usw., aber auch produktbezogene Regelungen, wie z. B. das vorläufige Tabakgesetz oder das Heilmittelwerbegesetz.

x
Rechtsbruch
Es handelt sich dabei um Handlungen gegen ein gesetzliches Verbot, das das Marktverhalten regeln soll-

Praxisrelevant – insbesondere bei der Gestaltung von Werbemitteln oder Verkaufsplattformen – sind geschäftsbezogene Marktverhaltensregeln. Hierzu gehören bspw. Allgemeine Geschäftsbedingungen (AGB),[350] insbesondere aber die gesamten Informationspflichten x bei speziellen Vertriebsformen und gegenüber Verbrauchern. Dies betrifft vor allem die §§ 312 ff. BGB und Art. 246 EGBGB ff., vgl. Rn 145 ff.

x
Verstoß gegen Verbraucherinformationspflichten
Ein solcher ist eine unlautere Handlung.

Kurz gefasst: Wer Verkaufsplattformen fehlerhaft gestaltet, handelt auch wettbewerbsrechtlich unlauter.

252 § 4 UWG soll besonders die Mitbewerber x im Marktgeschehen schützen x. Er enthält einen nicht abschließenden Katalog an Verbotstatbeständen, die allerdings immer als Beispiel der Grundnorm des § 3 Abs. 1 UWG gedacht werden müssen.

x
Mitbewerberschutz
Auch Mitbewerber sind durch einen Katalog an Verbotstatbeständen geschützt.

§ 4 Nr. 1 UWG enthält das Verbot der Herabsetzung oder Verunglimpfung von Mitbewerbern. Gemäß Nr. 2 ist die Verbreitung falscher Tatsachenbehauptungen über die Waren oder Dienstleistungen bzw. Mitglieder der Unternehmensleitung eines Mitbewerbers untersagt (»Anschwärzung«). § 4 Nr. 3 UWG ist dem Markenschutz verwandt, er soll Waren und Dienstleistungen vor Nachahmungen schützen, wobei das Markenrecht vorrangig ist.

§ 4 Nr. 4 UWG enthält das Verbot der gezielten Behinderung von Mitbewerbern. Dieses Verbot richtet sich gegen zweckgerichtete Handlungen einzelner Unternehmen und umfasst ein Spektrum, das so alt und kreativ ist wie der Handel selbst. Von physischen und psychischen Einwirkungen über Betriebsspionage, körperliche Gewalt gegen Mitarbeiter, Boykottmaßnahmen, Abwerbung von Mitarbeitern, Nachfragebehinderungen bis hin zu Liefersperren und Hamsterkäufen gibt es eine Vielzahl von denkbaren verbotenen Handlungen und ebenso viele Einzelentscheidungen der Justiz.[351] Im Zweifelsfall sollten sich Werbemaßnahmen niemals gezielt gegen einen Mitbewerber richten.

§ 4a UWG ächtet besonders aggressive geschäftliche Handlungen, die im Bereich der Gestaltung nicht sonderlich relevant sind. Hierunter fallen z. B. die legendären Verkaufsveranstaltungen auf Busfahrten, bei denen die Gäste immer erst dann essen dürfen / die Toiletten aufsuchen dürfen / wieder mit nach Hause fahren dürfen, wenn die Bestellungen für die Heizdecke und das 84-teilige Blumengeschirr unterschrieben sind. 253

Für den Fachbereich Gestaltung einschlägig sind hingegen § 5 und § 5a UWG, das Verbot irreführender geschäftlicher Handlungen [x]. 254

x
Verbot irreführender geschäftlicher Handlungen
Es ist einschlägig für den Fachbereich Gestaltung. Werbung unterliegt der ständigen Kontrolle des UWG.

Der Grundsatz der Regelung ist in § 5 Abs. 1 Satz 1 UWG enthalten: »Unlauter handelt, wer eine irreführende geschäftliche Handlung vornimmt, die geeignet ist, den Verbraucher oder sonstigen Marktteilnehmer zu einer geschäftlichen Entscheidung zu veranlassen, die er andernfalls nicht getroffen hätte«. Insoweit muss jede Werbemaßnahme als »geschäftliche Handlung« angesehen werden. Der Anwendungsbereich der Norm ist also im Bereich der Gestaltung für Werbemaßnahmen stets eröffnet.

Für die weitere Frage, was als »irreführend« anzusehen ist, hält § 5 Abs. 1 Satz 2 UWG einen Katalog von derzeit sieben Ziffern bereit, den jeder Kommunikationsdesigner gut kennen sollte.

Beispielhaft sei hier auf § 5 Abs. 1 Satz 1 Nr. 1 UWG verwiesen:

> »Eine geschäftliche Handlung ist irreführend, wenn sie unwahre Angaben enthält oder sonstige zur Täuschung geeignete Angaben über folgende Umstände enthält:
>
> 1. die wesentlichen Merkmale der Ware oder Dienstleistung wie Verfügbarkeit, Art, Ausführung, Vorteile, Risiken, Zusammensetzung, Zubehör, Verfahren oder Zeitpunkt der Herstellung, Lieferung oder Erbringung, Zwecktauglichkeit, Verwendungsmöglichkeit, Menge, Beschaffenheit, Kundendienst und Beschwerdeverfahren, geographische oder betriebliche Herkunft, von der Verwendung zu erwartende Ergebnisse oder die Ergebnisse oder wesentlichen Bestandteile von Tests der Waren oder Dienstleistungen;«

Zusammenfassend lässt sich festhalten, dass ein Unternehmer in lauterer Weise über alle unmittelbaren und mittelbaren Eigenschaften seiner Waren und Dienstleistungen aufklären muss, die Einfluss auf eine geschäftliche Entscheidung – insbesondere auf einen Kauf durch einen Verbraucher – haben könnten. Im gestalterischen Bereich betrifft dies insbesondere Produktdarstellungen und Produktbeschreibungen.

Ebenso darf der Unternehmer nicht durch ein Unterlassen, etwa durch ein Vorenthalten von Informationen, falsche Vorstellungen beim Kunden hervorrufen, § 5a UWG. Auch diese Norm gehört zum Pflichtprogramm für Kommunikationsdesigner.

Beispielhaft sei hier auf § 5a Abs. 6 UWG verwiesen:

> »Unlauter handelt auch, wer den kommerziellen Zweck einer geschäftlichen Handlung nicht kenntlich macht, sofern sich dieser nicht unmittelbar aus den Umständen ergibt, und das Nichtkenntlichmachen geeignet ist, den Verbraucher zu einer geschäftlichen Entscheidung zu veranlassen, die er andernfalls nicht getroffen hätte.«

Natürlich gibt es für diese Verbote in den §§ 5 und 5a UWG eine Fülle von Einzelfallentscheidungen, da schließlich auch die unlautere Werbung die Kulturgeschichte der Menschheit begleitet hat.

Beispiele:

»Döner macht schöner«: Verstoß gegen § 5 Abs. 1 Satz 2 Nr. 1 UWG.

Verwendung eines Umweltzeichens für Produkte, die Schadstoffe enthalten: Verstoß gegen § 5 Abs. 1 Satz 2 Nr. 1 UWG.[352]

Die Bezeichnung »Factory Outlet«, obwohl das gesamte Sortiment von Drittunternehmen hergestellt wurde: Verstoß gegen § 5 Abs. 1 Satz 2 Nr. 3 UWG.[353]

Übersendung eines »Formulars«, das auf den ersten Blick den Eindruck hervorruft, es würden nur Unternehmensdaten aktualisiert, obwohl es sich »im Kleingedruckten« um ein Angebot für ein Abonnement handelt: Verstoß gegen § 5a Abs. 1 UWG.[354]

Werbung mit einem Testergebnis ohne Hinweis auf eine leicht auffindbare und nachprüfbare Fundstelle: Verstoß gegen § 5a Abs. 2 UWG.[355]

Schon ein kurzer Blick in die einschlägigen Entscheidungen lässt erkennen, dass zumindest Juristen Werbegestalter für absolut integre Menschen halten, die so etwas wie »falsche Versprechungen« weit von sich weisen würden und stets zu verhindern wissen. Jedenfalls wird ihnen (und vor allem ihren Auftraggebern) diese Pflicht auferlegt. Tatsächlich ist das Risiko, an einer unlauteren Werbemaßnahme mitzuwirken, relativ hoch. Wer in diesem Bereich Verantwortung trägt, sollte vor allem neue, ungewöhnliche Maßnahmen gut überprüfen lassen. Andererseits soll es ja Unternehmen geben, die ein bestimmtes Risiko im Marketing von vornherein »einpreisen« – was teuer werden kann, vgl. Rn 261. Aber auch das spektakuläre Scheitern einer Werbemaßnahme vor Gericht kann noch eine ganz erhebliche Werbewirkung eigener Art entfalten.

Im Fachbereich Gestaltung hört man nicht selten die Auffassung, dass vergleichende Werbung [x] in Deutschland verboten sei. Das ist so nicht zutreffend. Gemäß § 6 UWG ist vergleichende Werbung durchaus erlaubt, allerdings nur innerhalb bestimmter Grenzen. 255

x
Vergleichende Werbung
Werbung dieser Art ist nur unter bestimmten Voraussetzungen erlaubt.

Vergleichende Werbung, so § 6 Abs. 1 UWG, »ist jede Werbung, die unmittelbar oder mittelbar einen Mitbewerber oder die von einem Mitbewerber angebotenen Waren oder Dienstleistungen erkennbar macht«. § 6 Abs. 2 UWG enthält sechs Voraussetzungen, die erfüllt sein müssen, damit vergleichend geworben werden darf. U. a. muss sich die Werbung auf relevante, nachprüfbare und typische Eigenschaften oder den Preis der betreffenden Waren oder Dienstleistungen beziehen und sie darf nicht zu Verwechslungen führen oder den Ruf eines bekannten Kennzeichens ausnutzen. Nur wenn die vergleichende Werbung die in § 6 Abs. 2 UWG genannten Kriterien nicht erfüllt, ist sie unlauter.

Unzumutbare Belästigung, § 7 UWG

x
Unzumutbare Belästiung
Dieser Tatbestand gewinnt in den neuen Medien und im E-Commerce an Bedeutung.

256 Bei der unzumutbaren Belästigung x des § 7 UWG handelt es sich um einen eigenständigen Verbotstatbestand. Er hat mit der Entwicklung der neuen Medien an Bedeutung gewonnen und setzt vor allem für den E-Commerce wesentliche Marktverhaltensregeln – auch wenn diese immer noch jeden Tag unzählige Male gebrochen werden.

§ 7 UWG soll alle Marktteilnehmer vor Beeinträchtigungen ihrer privaten oder geschäftlichen Sphäre schützen. Diese Sphäre wird beeinträchtigt, »wenn sie sich ohne oder gegen ihren Willen mit dem Anliegen des geschäftlich Handelnden auseinandersetzen müssen und dementsprechend in ihrer Ruhe oder ihrer anderweitigen Beschäftigung gestört werden«.[356]

In § 7 Abs. 1 UWG ist eine »kleine Generalklausel« enthalten:

> »Eine geschäftliche Handlung, durch die ein Marktteilnehmer in unzumutbarer Weise belästigt wird, ist unzulässig. Dies gilt insbesondere für Werbung, obwohl erkennbar ist, dass der angesprochene Marktteilnehmer diese Werbung nicht wünscht.«

§ 7 Abs. 2 UWG hält darüber hinaus einen Katalog von Tatbeständen bereit, bei deren Vorliegen eine Belästigung stets anzunehmen ist. Einen ähnlichen Katalog kennen wir bereits aus § 3 Abs. 3 mit der »Blacklist« im Anhang zum UWG.

»Belästigend« ist eine geschäftliche Handlung, die dem Empfänger aufgedrängt wird und die bereits wegen ihrer Art und Weise unabhängig von ihrem Inhalt als störend empfunden wird.[357] Es ist der Zwang zur Auseinandersetzung, der dem Betreffenden aufgenötigt wird. Da aber Werbung letztlich immer in die Sphäre des Beworbenen eindringt und eindringen soll, muss die Belästigung »unzumutbar« sein, um als unlauter zu gelten. Dies ist dann der Fall, wenn ein durchschnittlicher Marktteilnehmer die Handlung als unerträglich empfinden würde.[358]

Beispiele:

Das Ansprechen durch einen Werber auf offener Straße ist noch eben zumutbar, wenn es höflich und zurückhaltend erfolgt.

Insistiert der Werber aber mehrfach, obwohl er bereits erkennt, dass kein Wille zum Gespräch besteht, oder folgt er gar dem Angesprochenen, ist die Grenze zur Unzumutbarkeit überschritten.[359]

Das Ansprechen durch Werber ist auch dann unzulässig, wenn sie nicht sofort erkennen lassen, dass ihr Handeln geschäftliche Zwecke verfolgt. Gesprächseröffnungen wie »Mögen Sie Tiere?« sind daher zumindest grenzwertig. Verkappte »Meinungsumfragen« hingegen sind schlicht unzulässig und erfüllen neben § 7 Abs. 1 meist auch § 5 Abs. 1 Nr. 3 UWG.

Angesichts der Anzahl der täglichen Verstöße darf man sicherlich annehmen, dass mancher »Unternehmer« es auf die Verletzung der Katalogtatbestände des § 7 Abs. 2 UWG geradezu anlegt. Aber auch unter seriösen Marktteilnehmern, Agenturen und Werbetreibenden scheinen die Vorschriften noch nicht erschöpfend bekannt zu sein. Daher ein kurzer Blick auf die wichtigste Bestimmung des Katalogs:

Gemäß § 7 Abs. 2 Nr. 3 UWG ist eine unzumutbare Belästigung stets anzunehmen, »bei Werbung unter Verwendung einer automatischen Anrufmaschine, eines Faxgerätes oder elektronischer Post, ohne dass eine vorherige ausdrückliche Einwilligung des Adressaten vorliegt«. Dies bedeutet: Es darf weder per E-Mail, noch per SMS, MMS oder sonstiger elektronischer Post (z. B. über soziale Netzwerke) unverlangt Werbung zugesandt werden. Und auch keine sonstigen Inhalte, die letztlich als Werbung aufgefasst werden müssen (z. B. getarnt als Newsletter, Meinungsumfragen, Gewinnspiele, Preisausschreiben etc. – denn verschleierte Werbung erfüllt außerdem den Tatbestand der Irreführung gem. § 5 Abs. 1 Nr. 3 UWG). Erlaubt ist eine solche Zusendung gemäß § 5 Abs. 3 UWG nur dann, wenn der Empfänger Kunde des Versenders ist und zuvor – nach Belehrung – in den Empfang derartiger Werbebotschaften eingewilligt hat. 257

Praxishinweis
Unverlangte E-Mails und sonstige elektronische Nachrichten sind verboten.

§ 7 Abs. 2 Nr. 3 UWG wird täglich zigtausend Mal gebrochen. Diese Regelung als Utopie abzutun, käme allerdings einer Bankrotterklärung der Privatsphäre gleich. Gleichwohl sollte der Gesetzgeber bessere Möglichkeiten zur Umsetzung und Überwachung schaffen.[360]

Konnte nach der früheren Rechtslage die Einwilligung des Kunden unter Umständen auch vermutet werden, so ist dies nach der Verschärfung der Vorschrift in 2009 nicht mehr möglich. Die Einwilligung muss vorher vorliegen, sie muss ausdrücklich vorliegen und sie muss vom Erklärenden im Streitfall nachgewiesen werden können.[361] Nach dieser Regelung ist kein Platz mehr für »Grauzonen«.

Die gleiche Rechtslage gilt übrigens auch für Werbeanrufe gegenüber Verbrauchern, § 7 Abs. 2 Nr. 2 UWG.[362]

Praxishinweis
Einwilligungsanfragen gestalten.

Auch im Hinblick auf die neue Datenschutzgrundverordnung der EU (vgl. Rn 286 f.) wird es immer wichtiger, Marktteilnehmer davon zu überzeugen, für irgendetwas ihre Einwilligung zu geben. Dies kann die Erhebung und Nutzung ihrer Daten sein, aber eben auch die Einwilligung in den Empfang von Werbebotschaften. Hierzu bedarf es entsprechender Kommunikationsstrategien und guter Gestaltungen.

Rechtsfolgen

258 Aufgrund der Bedeutung des Wettbewerbsrechts für den Wirtschaftsstandort Deutschland und die Stabilität der Sozialen Marktwirtschaft können die Rechtsfolgen bei einer Verletzung sowohl zivilrechtlich als auch strafrechtlich schwerwiegend sein.

Ausgehend von der Verletzungshandlung ergibt sich folgende Übersicht:

Verletzung der Datenschutzgrundverordnung

Verletzung → gegen

Verbraucher
gg. Entscheidungsfreiheit,
informierte Entscheidung

individuelle Mitbewerber
gg. wettbewerbliche Betätigung
eines bestimmten Mitbewerbers

alle und sonstige Marktteilnehmer
Flächenwirkung, auch indirekt

↓ anspruchsberechtigt sind

Mitbewerber
Wirtschaftsverbände
Verbraucherverbände
IHK oder HK
(vgl. § 8 Abs. 3 UWG)
Staatsanwaltschaft
§§ 16 ff. UWG

↓ leiten Sanktionen ein

Sanktionen
§§ 8 ff. UWG: Unterlassung und Beseitigung,
Schadensersatz, Gewinnabschöpfung

Anspruchsberechtigte

Der Kreis der Anspruchsberechtigten ˣ ist im Wettbewerbs- 259
recht beschränkt. Obwohl sie gemäß § 1 UWG ausdrücklich geschützt werden, können Verbraucher und die große Mehrzahl der sonstigen Marktteilnehmer keine Ansprüche gegen Verletzer geltend machen. § 8 Abs. 3 UWG sieht diese Möglichkeit nur für Mitbewerber und bestimmte Verbände bzw. Einrichtungen vor.[363]

x
Anspruchsberechtigte
Ansprüche können nur von Mitbewerbern und bestimmten Einrichtungen bzw. Institutionen geltend gemacht werden.

Andererseits erwartet man gerade von den Mitbewerbern eine besonders intensive Beobachtung der Marktverhaltensweisen innerhalb der jeweiligen Branche. Gleiches gilt für die berufsständischen Kammern, an die sich bspw. sonstige unternehmerische Marktteilnehmer wenden können, wenn sie zwar nicht Mitbewerber sind, aber einen Verstoß verfolgen möchten.

Allerdings sind über § 8 Abs. 3 Nr. 3 UWG auch die sog. »Verbraucherverbände« oder »Wettbewerbsvereine« berechtigt, Verstöße gegen das UWG zu verfolgen. Verbraucher oder Endkunden können dort ihre Beschwerden vortragen, die von diesen »qualifizierten Einrichtungen« weiterverfolgt werden, wenn sie berechtigt sind und kein Bagatellverstoß vorliegt.

Ansprüche

260 § 8 Abs. 2 UWG stellt zunächst sicher, dass Zuwiderhandlungen gegen das UWG, die von einem Mitarbeiter oder einem Beauftragten eines Unternehmens begangen werden, auch Ansprüche gegen das Unternehmen x selbst auslösen.

x
Unternehmen
Unternehmen haften für das Verhalten ihrer Mitarbeiter und Beauftragten.

Im Wesentlichen folgen die zivilrechtlichen Ansprüche, die der Kreis der Berechtigten geltend machen kann, demjenigen Schema, das bereits aus dem Urheberrecht (Rn 199 ff.), Designrecht (Rn 225) und Markenrecht (Rn 244) bekannt ist.

§ 8 Abs. 1 UWG gewährt einen Anspruch auf Beseitigung bzw. Widerruf und Unterlassung der Verletzungshandlung. Der Anspruch ist verschuldensunabhängig, auf die Kenntnis des Verletzers von der Zuwiderhandlung gegen eine Marktverhaltensregel des UWG kommt es nicht an.

Einen Auskunftsanspruch normiert das UWG zwar nicht ausdrücklich. Er besteht jedoch auch hier, und zwar als Bestandteil des Beseitigungsanspruchs (verschuldensunabhängig).[364]

§ 9 UWG gewährt einen Anspruch auf Schadensersatz. Dieser Anspruch setzt allerdings ein Verschulden des Verletzers voraus.

Im Wettbewerbsrecht ist es kaum möglich, streng zwischen materiellen und immateriellen Schäden zu unterscheiden. Aufgrund der Zuwiderhandlung gegen das UWG wird eine Marktverwirrung x unterstellt, die einen »Marktverwirrungsschaden« auslöst. Dieser ist erst dann beseitigt, wenn nach den Grundsätzen der §§ 249 ff. BGB – Naturalherstellung[365] – eine »Marktentwirrung« gelungen ist. Das kann je nach Fall durch gezielte Aufklärungsmaßnahmen, bestimmte Formen der berichtigenden Werbung, Rückrufaktionen oder öffentliche Richtigstellungen und Entschuldigungen geschehen.[366] Die Kosten hierfür sind zu ersetzen. Daneben ist auch ein entgangener Gewinn gemäß § 252 BGB zu entschädigen.

x
Marktverwirrung
Für den Schadensersatz gilt der Grundsatz der Naturalrestitution. Die eingetretene Marktverwirrung muss beseitigt werden.

Die dreifache Berechnungsmöglichkeit des Schadens – entwickelt für die Verletzung von Schutzrechten, vgl. Rn 207 – hat sich nur für einzelne Wettbewerbsverstöße durchgesetzt, und zwar für § 3 Abs. 1, § 4 Nr. 3 UWG (Nachahmung der Waren oder Dienstleistungen eines Mitbewerbers) und für § 17 UWG (Verrat von Geschäfts- und Betriebsgeheimnissen). Für alle anderen Verstöße gelten die Bestimmungen der §§ 249 ff. BGB.

Die verschuldensunabhängige Störerhaftung wurde vom BGH für den Bereich des Wettbewerbsrechts aufgegeben.[367] Aufgrund der Nähe zum Strafrecht hat die Rechtsprechung stattdessen die Teilnahmeformen (Anstiftung, Beihilfe) weiterentwickelt: Die Mitwirkung an einem fremden Wettbewerbsverstoß stellt einen eigenen Wettbewerbsverstoß dar.[368] Allerdings setzt dies – im Gegensatz zur Störerhaftung – immer ein Verschulden des Teilnehmers voraus.[369]

Mit Abmahnungen x – vgl. Rn 203 – und mit dem einstweiligen Verfügungsverfahren x für schnellen Rechtschutz, vgl. hierzu Rn 209 ff., wird allerdings auch im Wettbewerbsrecht regelmäßig gearbeitet.

x
Abmahnungen und einstweiliger Rechtschutz
Damit wird im Wettbewerbsrecht regelmäßig gearbeitet.

Eine Besonderheit des Wettbewerbsrechts ist die Vorschrift des § 10 UWG: 261

x
Gewinnabschöpfung
Bei massiven Verstößen ist der so erzielte Gewinn an den Fiskus herauszugeben.

> Wer vorsätzlich eine nach § 3 oder § 7 unzulässige geschäftliche Handlung vornimmt und hierdurch zu Lasten einer Vielzahl von Abnehmern einen Gewinn erzielt, kann von den gemäß § 8 Absatz 3 Nummer 2 bis 4 zur Geltendmachung eines Unterlassungsanspruchs Berechtigten auf Herausgabe dieses Gewinns x an den Bundeshaushalt in Anspruch genommen werden.

Die Vorschrift wurde 2004 eingeführt. Sie betrifft alle Verbotstatbestände von § 3 bis einschließlich § 7 UWG (denn die §§ 4 bis 6 sind ja lediglich gesetzlich ausformulierte Beispiele für die Generalnorm des § 3 Abs. 1 UWG). Um die drastische Rechtsfolge des § 10 UWG auszulösen, muss der Verstoß eine Breitenwirkung mit einer Vielzahl an Betroffenen ausgelöst haben[370] und ursächlich sein für einen Gewinn zugunsten des Verletzers und zu Lasten dieser Vielzahl von Betroffenen. Ein Gewinn liegt vor, wenn sich die Vermögenslage des Unternehmens durch die Zuwiderhandlung verbessert hat (Umsatzerlöse abzüglich Kosten).[371] Eben dieser Gewinn ist dann an den Bundeshaushalt herauszugeben.

> Beispiel:
>
> Ein deutscher Autohersteller nennt in der Werbung seit Jahren für bestimmte Modelle einen Treibstoffverbrauch, der erheblich unter den tatsächlich benötigten Werten liegt. Die vorsätzlich falschen Angaben verschleiert der Hersteller zusätzlich durch manipulative Softwareprogramme, die Testsituationen erkennen und ihre Ergebnisse verfälschen.
>
> Dies ist u. a. ein Fall der vorsätzlichen Irreführung gem. § 5 Abs. 1 Nr. 1 UWG. Der Treibstoffverbrauch ist eine wesentliche Eigenschaft von Fahrzeugen, die die Kaufentscheidung maßgeblich beeinflusst.
>
> Der Hersteller kann daher gemäß § 10 UWG zur Herausgabe der betreffenden Modellgewinne an den Bundeshaushalt gezwungen werden – auch wenn dies mehrere Milliarden Euro sein sollten. Geltend machen könnte diese Ansprüche bspw. ein Verbraucherverband gemäß § 8 Nr. 3 Abs. 3 UWG, da von der Irreführung auch eine Vielzahl von Verbrauchern betroffen wäre.

Strafvorschriften

Aus den Gründen, die zu Anfang des Kapitels genannt wurden, nimmt der Staat die Verletzung von Marktverhaltensregeln sehr ernst. Bestimmte Verstöße gegen Marktverhaltensregeln stehen daher unter Strafe. 262

— § 16 Abs. 1 UWG bestraft die irreführende Werbung.
— § 16 Abs. 2 UWG bestraft die »progressive Kundenwerbung«, eine Art Schneeballsystem, das Kunden mit der Versprechung von Vorteilen in eine Vertriebsstruktur einbindet.
— § 20 UWG sanktioniert Zuwiderhandlungen gegen § 7 UWG (unzumutbare Belästigungen).

Um es noch einmal ausdrücklich zu formulieren: Ein Mitarbeiter eines Unternehmens – sagen wir, ein Gestalter in der Marketingabteilung – kann mit einer irreführenden Werbekampagne (§§ 3 Abs. 1, 5 Abs. 1 Nr. 1 UWG) eine Abmahnung bzw. einstweilige Verfügung gegen sein Unternehmen auslösen (§ 8 Abs. 1 und Abs. 4 UWG), hierdurch erhebliche Kosten für öffentliche Richtigstellungsmaßnahmen und Schadensersatzforderungen verursachen (§ 9 UWG), schlimmstenfalls eine Gewinnabschöpfung herausfordern (§ 10 UWG) und überdies sich selbst einer Strafverfolgung aussetzen (§ 16 Abs. 1 UWG).

Im UWG verbergen sich noch weitere Strafvorschriften, die mit dem unlauteren Wettbewerb im bislang dargestellten eigentlichen Sinn nicht viel zu tun haben. Sie sind daher nicht allzu bekannt – aber unter Umständen ein scharfes Schwert. 263

§ 17 UWG stellt den Verrat von Geschäfts- und Betriebsgeheimnissen ˣ unter Strafe. Die Vorschrift ist durchaus lesenswert und sie bezieht sich nicht nur auf Betriebsspionage. Bspw. können abgeworbene und vom Arbeitgeber freigestellte Arbeitnehmer recht häufig der Versuchung nicht widerstehen, Geschäfts- und Betriebsgeheimnisse als eine Art »Eintrittsgeld« für die neue Stelle preiszugeben, obwohl das alte Arbeitsverhältnis noch nicht beendet ist. Oder beim abendlichen »Gestalterstammtisch« werden die jeweiligen Arbeitsbedingungen allzu gründlich ausgetauscht. An der Vorschrift des § 17 UWG reibt sich auch hin und wieder der Zeitgeist.

x
Verrat von Geschäfts- und Betriebsgeheimnissen
Er steht unter Strafe.

Beispiel:

Der Hobby-Aktivist A ist enttäuscht von seinem Arbeitgeber. Er kann mittlerweile beweisen, dass dieser Schmiergelder gezahlt hat und Umweltbestimmungen nicht einhält. Weil er mitbekommen hat, dass »Whistleblower« neuerdings Helden des Alltags sind, wendet er sich mit seinen Beweisen an die Medien und veröffentlicht diese auch auf einer anonymisierten Homepage.

A ist strafbar gemäß § 17 UWG. Ob die von ihm verratenen Geschäfts- und Betriebsgeheimnisse gesetzeswidrige Vorgänge offenbaren oder nicht, ist unerheblich. Die Medien oder seine eigene Homepage sind keine Strafverfolgungsorgane. In schweren Fällen kann derartige Selbstjustiz auch mit Haft bestraft werden, § 17 Abs. 4 UWG.[372]

Auch was den Handel mit sog. »Steuer-CDs« anbelangt, könnte durchaus eine Strafbarkeit gemäß § 17 UWG vorliegen mit der Folge, dass dann auch die deutschen Steuerbehörden strafrechtlich belangt werden könnten – je nach Konstellation des Einzelfalls, versteht sich.

Einen ähnlichen Sachverhalt betrifft auch die Strafvorschrift des § 18 UWG: »Wer die ihm im geschäftlichen Verkehr anvertrauten Vorlagen oder Vorschriften technischer Art, insbesondere Zeichnungen, Modelle, Schablonen, Schnitte, Rezepte, zu Zwecken des Wettbewerbs oder aus Eigennutz unbefugt verwertet oder jemandem mitteilt, wird mit Freiheitsstrafe bis zu zwei Jahren oder mit Geldstrafe bestraft.«

Beispiel:

A möchte von B dessen Werbeagentur kaufen. Da beide keine juristische Erfahrung und auch keine Berater haben, unterzeichnen sie keine Geheimhaltungsvereinbarung. Nachdem B alle Geschäftsunterlagen gesichtet hat, nimmt er vom Kauf Abstand. Allerdings hat er sich die besten Ideen von A kopiert und aufgezeichnet und verwendet diese nun als eigene.

Ein solches Verhalten löst nicht nur zivilrechtliche Ansprüche aus (vgl. Rn 31), sondern ist auch gem. § 18 UWG strafbar. Eine Geheimhaltungsvereinbarung ist dafür gar nicht nötig.

Nicht zuletzt soll darauf hingewiesen werden, dass ebenfalls betraft wird, »wer zu Zwecken des Wettbewerbs oder aus Eigennutz jemanden zu bestimmen versucht, eine Straftat nach § 17 oder § 18 zu begehen oder zu einer solchen Straftat anzustiften«, § 19 Abs. 1 UWG.

Der E-Commerce und seine mobile Variante des M-Commerce sind aus juristischer und gestalterischer Sicht eine Art Frontlinie, gleichermaßen Versuchslabor und Kampfzone.

Viele der Grundsätze, die in den letzten Kapiteln erläutert wurden, werden hier auf den Prüfstand gestellt und ausgetestet. Es entstehen völlig neue Geschäftsmodelle, die Welt schrumpft zum digitalen Dorf und personenbezogene Daten entwickeln sich zu einer Art Parallelwährung. Neue Formen der Datenerhebung, der Datenverarbeitung und der Vertragsabwicklung führen aber auch zu erheblichen Unsicherheiten in der rechtlichen Beurteilung.

Zumindest die für Gestalter wesentlichen rechtlichen Aspekte dieser spannenden Entwicklung sollen im folgenden Kapitel beleuchtet werden.

264 Elektronische Kommunikations- und Handelsformen sind in den letzten zehn Jahren zur Normalität geworden und bestimmen unseren Alltag. Gerade für den Fachbereich Gestaltung entwickelt sich der E-Commerce zu einem Hauptfeld der beruflichen Tätigkeit. Allerdings verläuft in diesem Feld auch die Frontlinie der Rechtsentwicklung, was durchaus zu Unsicherheiten und Konflikten führen kann.

Begriffsklärung und Überblick

265 Es gibt kein eigenes Internetgesetz x. Eigentlich gibt es noch nicht einmal ein spezielles »Internetrecht« oder »E-Law«. Im gesamten Internet, in allen elektronischen Kommunikationsformen, gilt vielmehr ohne Einschränkungen das ganz normale analoge Gesetz. Das Internet ist kein rechtsfreier Raum und auch keine rechtliche Grauzone.

x
Internetgesetz
Das Internet ist kein rechtsfreier Raum; es gilt das analoge Recht.

Als juristische Faustregel kann man sich merken: Eigentlich jeder elektronische Vorgang hat ein analoges Äquivalent. Bis auf wenige Sonderregeln gelten die analogen Grundsätze auch im elektronischen Bereich.

Im E-Business x, also im elektronisch durchgeführten Geschäftsverkehr, gibt es zwei Schwerpunkte, die für Gestalter besonders interessant sind: der E-Commerce als elektronischer Handelsverkehr und der M-Commerce als derjenige Teilbereich des E-Commerce, in dem mobile Endgeräte zur Durchführung der Transaktionen verwendet werden. Neben diesen Schwerpunkten kommen für Gestalter aber auch private Nutzungsverhältnisse, insbesondere soziale Netzwerke, Homepages oder Spieleoberflächen als Gegenstand ihrer Berufsausübung in Betracht. Und schließlich wird der berufliche Alltag mittlerweile ganz maßgeblich von den verschiedenen Formen des elektronischen und mobilen Arbeitens geprägt.

x
E-Business
E-Commerce und M-Commerce sind Schwerpunkte für Gestalter.

Der E-Commerce hat den ursprünglich auf Printkatalogen beruhenden Distanzhandel weitgehend abgelöst. Dennoch gelten im E-Commerce seine analogen Grundsätze fort, vor allem was die Schwierigkeiten des Vertragsschlusses bei Ortsverschiedenheit der Vertragspartner anbelangt (ohne dass die Ware oder Beispiele für die Dienstleistung zuvor in Augenschein genommen werden konnten). Hinzu kommen immer mehr Besonderheiten elektronischer Medien, wie der Download an Stelle des Warenversands (Urheberrechtsproblematik), die Identifikation des Vertragspartners über seine elektronische Signatur bzw. Telephonnummer (Smartphone im M-Commerce – Datenschutzproblematik), Internethandelsplattformen (wer wird eigentlich Vertragspartner?), aber auch besondere Marketing- oder Vertriebsformen wie Preissuchmaschinen oder das Affiliate Marketing.

Die rechtlichen Rahmenbedingungen des E-Commerce [x] werden im wesentlichen durch europäische Richtlinien bestimmt, die schrittweise in das deutsche Recht übernommen wurden und werden.[373] Nach der Umsetzung der Verbraucherrechterichtlinie VRRL im Jahr 2014 stehen weitere Änderungen durch die EU-Datenschutzgrundverordnung (EU-DSGVO) an, die seit dem 24. Mai 2016 in Kraft ist und ab dem 25. Mai 2018 unionsweit als vorrangiges Recht gelten wird.[374] Im deutschen Recht wurden für den E-Commerce vor allem die §§ 312b ff. BGB neu eingefügt und inzwischen auch mehrfach angepasst.

x
Rechtlicher Rahmen des E-Commerce
Im Wesentlichen bestimmen die europäische Richtlinien den Rahmen des E-Commerce.

Verkaufsplattformen

266 Es gibt bereits eine große Anzahl verschiedener Verkaufsplattformen im E-Commerce und es kommen ständig neue Arten hinzu. Zu den »klassischen« Homepages großer und kleinerer Einzelhandelsunternehmen gesellten sich schon bald internetspezifische Plattformen wie eBay oder Amazon Marketplace. Mit der Einführung des iPhones von Apple entwickelten sich die App-Stores, und in der letzten Zeit differenziert sich der E-Commerce über die sozialen Netzwerke und den M-Commerce zu einer Vielzahl von dynamischen Dienstleistungs-, Tausch- und Handelsplattformen.

Wir wollen einige Problemfelder herausgreifen, die eigentlich alle diese Verkaufsplattformen betreffen.

Domainregistrierung und Schutzrechte

267 Jeder Ladeninhaber weiß ziemlich genau, wem das Haus gehört, in dem er sein Geschäft eröffnet. Er schreibt seinen Namen an die Tür, sorgt für aussagekräftige Ladenschilder und achtet auf seine Umgebung. Diese Umsicht bei der Infrastruktur wird im Gründungstrubel von E-Commerce-Präsenzen leider häufig übersehen. Wirft dann das Geschäftsmodell Gewinne ab, sind Auseinandersetzungen oft vorprogrammiert.

Praxishinweis
Die Domain sollte immer auf den Inhaber der Internetpräsenz angemeldet werden.

Domains sind die Adressen des Internets. Und besonders aussage- oder werbekräftige Domains sind ein knappes Gut.[375] Es verwundert daher nicht, wenn häufig um Domains gestritten wird, vor allem wenn Eigennamen oder Marken im Spiel sind. Nicht selten übernimmt der beauftragte Gestalter die Registrierung der Domain bei der DENIC[376] oder er kann zumindest zu einer sorgfältigen Registrierung raten. Als Inhaber der Domain sollte grundsätzlich immer auch der Inhaber der Internetpräsenz benannt werden. Dieser einfache Grundsatz wird erstaunlich oft nicht beachtet.

x
DENIC
DENIC (www.denic.de) ist ein Registrierungspartner. Bei Auseinandersetzungen gilt in der Regel das Namens- oder Markenrecht.

Gesetzliche Regelungen zur Vergabe von Domains gibt es in Deutschland nicht. Dennoch ist die DENIC x als Genossenschaft führender Providerunternehmen »hinreichend legitimiert«, um domainrechtliche Entscheidungen zu treffen wie der BGH klargestellt hat.[377] Dabei gilt das Zivilrecht. Die DENIC registriert zunächst ohne sachliche Prüfung nach dem zeitlichen Prioritätsprinzip. Sofern dann ein Dritter ein materielles Gegenrecht geltend macht, z. B. die Verletzung seines Namensrechts gemäß § 12 BGB oder eines Kennzeichenrechts gemäß §§ 14, 15 MarkenG, hat er diesen Anspruch ggf. gerichtlich geltend zu machen. Maßgeblich sind hierfür die Anspruchsgrundlagen des jeweiligen Rechtsgebietes, z. B. §§ 12, 1004 BGB für die Verletzung des Namensrechts oder §§ 14 Abs. 5, 128 Abs. 1 MarkenG für die Verletzung einer Registermarke. Auch insoweit kommen also wieder die Abmahnungen und der einstweilige Rechtschutz ins Spiel.[378]

Gleiches gilt für die sonstigen »Ausstattungsmerkmale« einer E-Commerce-Präsenz, wie z. B. eingetragenes Design, Markenrechte oder sonstige Kennzeichen. In den vorstehenden Kapiteln dürfte deutlich geworden sein, dass derartige Schutzrechte x in ihrem rechtlichen Bestand geklärt und ggf. beim DPMA angemeldet werden sollten, bevor sie im öffentlichen Geschäftsverkehr verwendet werden. Das gilt natürlich vor allem für alle elektronischen Plattformen in besonderer Weise, da hier Suchmaschinen verwendet werden und Verstöße gegen Schutzrechte wesentlich schneller und häufiger begangen werden.

x
Schutzrechte
Schutzrechte jeder Art sollten vor dem »go live« geklärt und ggf. beim DPMA angemeldet werden.

Impressum

Das Impressum x von Verkaufsplattformen jeder Art ist nach wie vor eine ergiebige Fehlerquelle, die von »Wettbewerbshütern« und Mitbewerbern gern für Abmahnungen genutzt wird.[379] Nahezu jede Online-Präsenz – auch eine App! – benötigt Angaben über ihren Betreiber; im E-Commerce sind diese zwingend und ausführlich geregelt.

268

x
Impressum
Nahezu jede Online-Präsenz – auch eine App – benötigt Angaben über ihren Betreiber.

Auch ohne gewerblich geprägten Charakter als Verkaufsplattform müssen Online-Präsenzen über ihre Inhaber bzw. Anbieter informieren. Gem. § 1 Abs. 4 TMG i. V. m. § 55 Abs. 1 RStV[380] haben Anbieter von Telemedien, die zwar nicht ausschließlich persönlichen oder familiären Zwecken dienen, jedoch keinen gewerblichen Charakter haben,[381] zu veröffentlichen:

- Name und Anschrift
- bei juristischen Personen auch Namen und Anschrift des Vertretungsberechtigten

Beispiele:

Apps, die nur kostenlosen Service zur Verfügung stellen, wie Suchfunktionen oder Gebrauchsanleitungen, oder die Produktinformationen verfügbar machen.

Die Website der Fachschaft für Gestaltung.

Wird eine solche nicht-kommerzielle Web-Präsenz mit journalistisch-redaktionell gestalteten Angeboten angereichert,[382] in denen insbesondere vollständig oder teilweise Inhalte periodischer Druckerzeugnisse in Text und Bild wiedergegeben werden, muss zusätzlich auch ein »Verantwortlicher« mit Namen und Anschrift benannt werden.

269 Für »geschäftsmäßige, in der Regel gegen Entgelt angebotene Telemedien« gilt hingegen immer § 5 Telemediengesetz (TMG) ˣ . Danach haben Anbieter folgende Informationen leicht erkennbar, unmittelbar erreichbar und ständig verfügbar zu halten:

x
§ 5 TMG
Für geschäftsmäßige Impressumangaben ist dies die Standardvorschrift.

> den Namen und die Anschrift, unter der sie niedergelassen sind, bei juristischen Personen zusätzlich die Rechtsform, den Vertretungsberechtigten [...];
>
> Angaben, die eine schnelle elektronische Kontaktaufnahme und unmittelbare Kommunikation ermöglichen, einschließlich der Adresse der elektronischen Post;
>
> soweit der Dienst im Rahmen einer Tätigkeit angeboten oder erbracht wird, die der behördlichen Zulassung bedarf, Angaben zur zuständigen Aufsichtsbehörde;
>
> das Handelsregister, Vereinsregister, Partnerschaftsregister oder Genossenschaftsregister, in das sie eingetragen sind, und die entsprechende Registernummer;
>
> in Fällen, in denen sie eine Umsatzsteueridentifikationsnummer nach § 27a des Umsatzsteuergesetzes oder eine Wirtschafts-Identifikationsnummer nach § 139c der Abgabenordnung besitzen, die Angabe dieser Nummer;

Praxishinweis
Für Checklisten zur Erstellung eines Impressum s. §§ 55 Rundfunkstaatsvertrag (RSTV) oder § 5 Telemediengesetz (TGM).

Es finden sich im Internet viele mehr oder weniger kostenpflichtige Ratschläge, wie ein Impressum angeblich zu gestalten sei.[383] Sogar sog. »Impressumsgeneratoren« werden angeboten. Eigentlich genügt jedoch ein aufmerksamer Blick in die Checklisten der §§ 55 RStV oder 5 TMG, um ein korrektes Impressum zu entwerfen. Bestehen danach immer noch Unsicherheiten, sollte ein Rechtsanwalt konsultiert werden. Im Gegensatz zu Internetmaschinen haftet dieser nämlich für fehlerhafte Auskünfte.

Informationspflichten

270

Für den elektronischen Geschäftsverkehr bestehen besondere Informationspflichten, die in den §§ 312i ff. BGB festgehalten sind, wobei auf Art. 246c EGBGB verwiesen wird. Dabei ist E-Commerce grundsätzlich Distanzhandel, so dass immer auch die Vorschriften zum Fernabsatz geprüft werden sollten, vgl. § 312c BGB.

Praxishinweis
Informationspflichten beachten.

Alle genannten Vorschriften enthalten verschärfte Pflichten, soweit der E-Commerce mit Verbrauchern (§ 13 BGB) betroffen ist. Wenn also nicht ausgeschlossen werden kann, dass die Verkaufsplattform auch von Verbrauchern besucht wird, sollte von vornherein der Standard des Verbraucherschutzes gewahrt werden. Näheres kann im Kapitel zum Verbraucherrecht nachgelesen werden (Rn 137 ff., insbesondere Rn 148 ff.). In diesem Zusammenhang sind auch spezielle Gestaltungsvorgaben für die Benutzeroberfläche zu berücksichtigen, z. B. Lesbarkeit, Barrierefreiheit und vor allem der »zahlungspflichtig bestellen«-Button des § 312j Abs. 3 Satz 2 BGB.

Informationspflichten sind gesetzliche Marktverhaltensregeln x . Insbesondere das Unterlassen von Verbraucherinformationen ist gem. § 5a UWG wettbewerbswidrig – mit allen sich daraus ergebenden Konsequenzen, vgl. Rn 258 ff.

x
Marktverhaltensregeln
Das Unterlassen der gesetzlich gebotenen Information ist wettbewerbswidrig.

Affiliate Marketing

271

Beim Affiliate Marketing x handelt es sich um weitverbreitete Werbepartnerprogramme, die auf den E-Commerce abgestellt sind. Der Auftraggeber, »Merchant« genannt, meldet sich bei einem solchen Partnerprogramm an, um seine Produkte oder Dienstleistungen zu bewerben. Dort gelistet sind »Affiliates«, die sich zur Schaltung von Werbung bereiterklärt haben, beispielswiese mittels Werbebannern, Layer-Ads oder GIF- bzw. Flash-Animationen. Auf diese Weise wird ein Vertriebsnetz aufgebaut, das Werbedienstleistungen gegen Provision bietet. Wenn ein Dritter über die Werbefläche des Affiliate auf die Angebote des Merchant gelangt und dort kostenpflichtig bestellt oder diese auch nur anschaut, wird eine Provision zugunsten des Affiliate (und des Betreibers des Partnerprogramms) gezahlt.

x
Affiliate Marketing
Beim Affiliate Marketing wird elektronische Werbung gegen Provisionszahlung geschaltet.

Je nach Art des Affiliate-Systems wissen sowohl Merchant als auch Affiliate kaum noch, welche Inhalte wann vom wem zur Verfügung gestellt werden bzw. wie mit den Inhalten umgegangen wird. Das birgt nicht unerhebliche Risiken in beide Richtungen, vor allem bei Kennzeichenverletzungen und wettbewerbswidrigem Verhalten.

> Beispiele:
>
> Der Affiliate A stellt die Werbung des Merchant M auf seiner Homepage in einen Kontext, dessen Ergebnis eine vergleichende oder herabwürdigende Werbung in Bezug auf die Produkte des Dritten D darstellt. M kann nicht wissen oder bestimmen, wie A seine Seite gestaltet. D wird aber M in Anspruch nehmen, da für dessen Unternehmen geworben wird.
>
> Auf der Homepage einer Hilfsorganisation für Menschen in Not erscheint plötzlich Werbung für Glücksspiel und einen Escort-Service, weil das Partnerprogramm einige Merchants ausgetauscht hat.
>
> Eine kleine Buchhandlung, die bei Amazon Marketplace gebrauchte Bücher verkauft, wird in Anspruch genommen, weil wettbewerbswidrige Bannerwerbung auf der Plattform erscheint.

x
Regeln
Beim Affiliate Marketing gelten dieselben Regeln wie für analoge Marketingmaßnahmen.

Der BGH hat klargestellt, dass auch beim Affiliate Marketing an den allgemeinen Regeln x des MarkenG und des UWG festgehalten wird und insbesondere eine Störer- bzw. Teilnehmerhaftung in Betracht kommt.[384] Die weitgehende Anonymisierung und Automatisierung bei einigen derartigen Partnerprogrammen ist kein Grund für die Aufweichung der bestehenden Regeln.

Das Affiliate Marketing ist auch in anderer Hinsicht problematisch: Die Teilnahme an einem solchen Programm kann dazu führen, dass der Betrieb als gewerblich eingestuft wird – denn es werden ja Provisionseinnahmen erzielt. Damit kann der Affiliate unter Umständen als Unternehmer im Sinne des § 14 BGB angesehen werden, was einen ganz anderen Pflichtenkanon für dessen Internetpräsenz und auch eine andere Besteuerung auslösen kann.

Preissuchmaschinen

Preissuchmaschinen [x] spielen im Bereich des E-Commerce mittlerweile eine zentrale Rolle. Meist handelt es sich dabei nicht um autonome Suchprogramme (»Searchbots« oder »Webcrawler«), sondern um Partnerprogramme, bei denen sich die Anbieter von Waren oder Dienstleistungen anmelden, woraufhin die Eingabe der Daten entweder manuell oder automatisiert über eine Schnittstelle erfolgt. Preissuchmaschinen und ihre Vergleichsportale sind gesuchte Werbeplattformen. Webshops, die ihre Angebote dort nicht listen lassen, werden von vielen Kunden gar nicht mehr besucht. 272

x
Preissuchmaschinen
Preissuchmaschinen sind Marketingmaßnahmen und unterliegen dem Wettbewerbsrecht.

Die Listung in einer Preissuchmaschine ist rechtlich als Werbung einzuordnen, es handelt sich um Preisinformationen die auf den Abschluss eines (elektronischen) Fernabsatzvertrags gerichtet sind.[385] Hierfür müssen allerdings die Vorschriften der Preisangabeverordnung [x] (PAngV) beachtet werden, die spezielle Marktverhaltensregeln darstellen und damit das UWG ergänzen. Wenn in der Listung bspw. neben dem Gesamtpreis nicht auch die Liefer- und Versandkosten angegeben werden, ist dies ein wettbewerbsrechtlich relevanter Verstoß.[386] Verantwortlich hierfür ist in erster Linie der Werbende.[387]

x
Preisangabeverordnung (PAngV)
Die Preisangabeverordnung ergänzt als maßgebliche Marktverhaltensregel das UWG.

Das trifft auch für die Aktualität der Listung zu: Einige Minuten, so der BGH, seien ein angemessener Zeitraum zur Änderung der Angaben in der Suchmaschine, sobald sich die Preise des Werbenden ändern. Einige Stunden hingegen seien für die Nutzer der Suchmaschine bereits irreführend gem. § 5 Abs. 1 Satz 1, Satz 2 Nr. 2 UWG.[388]

Die wettbewerbsrechtlichen Vorschriften sind natürlich auch auf alle sonstigen Informationen anzuwenden, die in die Suchmaschine eingestellt werden. So ist insbesondere ein geringerer Leistungsumfang, z. B. »abgespeckte« Softwareversionen oder Ausstattungsdefizite bei Kfz, irreführend und daher wettbewerbswidrig.[389]

Urheberrecht in den elektronischen Medien

273 Es kann nicht deutlich genug formuliert werden: Im gesamten Bereich des E-Commerce gilt das Urheberrecht ˣ ohne Einschränkungen. Elektronische Medien sind kein rechtsfreier Raum. Im Gegenteil: Das UrhG kennt in den §§ 69a ff. sogar besondere Bestimmungen für Computerprogramme. Im E-Commerce können also nicht nur Inhalte wie Photos, Musik oder Texte urheberrechtlich geschützt sein, sondern auch die Programme selbst, die den Betrieb und die Gestaltung der elektronischen Medien gewährleisten.[390] Im übrigen gelten in den elektronischen Medien selbstverständlich auch alle gewerblichen Schutzrechte, insbesondere der Design- und Markenschutz (vgl. Rn 214 ff. und 226 ff.).

x
Urheberrecht
Derzeit gilt das Urheberrecht auch in den elektronischen Medien ohne Einschränkungen.

Freie Inhalte?

274 Das Urheberrecht in elektronischen Medien ist heftig umstritten und Gegenstand einer anhaltenden gesellschaftspolitischen Debatte ˣ. Die Forderungen reichen von einer drastischen Verschärfung bis zur gänzlichen Aufhebung des Schutzes. An sich ist die Gesetzeslage klar: Es gilt das UrhG, und zwar ohne Einschränkung und mit den Spezialvorschriften der §§ 69a ff. UrhG. Jedoch hat der BGH in einigen Urteilen erkennen lassen, dass er bereit ist, den Besonderheiten der elektronischen Medien Rechnung zu tragen.

x
Debatte
Ob das Urheberrecht in den elektronischen Medien weiterhin gelten soll oder nicht, wird kontrovers diskutiert.

Herausragend ist die »Paperboy«-Entscheidung des BGH.[391] Wer ein Online-Angebot ohne technische Schutzmaßnahme ins Internet stelle, erteile konkludent auch einer Suchmaschine die Zustimmung zum Verlinken.[392] Der BGH hat seine Auffassung auch in späteren Entscheidungen bestätigt: Das vorbehaltlose Einstellen eines Werks ins Internet mache das Werk konkludent nutzbar,[393] zumindest für das Betrachten.[394] Obwohl der BGH stets daran erinnert, dass jeder Einzelfall gesondert geprüft werden muss, ist immer noch umstritten, in welcher Konsequenz und Reichweite die zitierten Entscheidungen zu verstehen sind. Nicht jede Freigabe meine eine totale Fremdnutzung, so Gisela Wild,[395] vor allem nicht ohne Vergütung (Dreier / Schulz[396]). Gleichwohl lebe aber das Internet von der kostenlosen Nutzung – und wer eine Vergütung begehre, müsse sie geltend machen (Gisela Wild).

Ungeachtet derartiger Diskussionen, die sich möglicherweise noch verschärfen werden, ist für die Praxis die geltende rechtliche Systematik [x] zu beachten: Gemeinfreie Inhalte gibt es erst dann, wenn das Urheberrecht erloschen ist (also 70 Jahre nach dem Tod des Urhebers). Zuvor kann eine »freie« Nutzung nur innerhalb der Schranken des Urheberrechts erfolgen (vgl. Rn 189 ff.),oder wenn der Urheber seine Erlaubnis erteilt hat. Und auf diese Erteilung könne eben unter bestimmten Umständen geschlossen werden, auch wenn sie nicht ausdrücklich vorliege, so der BGH. Doch dieses dünne Holz der unterstellten Erlaubnis ist zu unsicher, um damit als Gestalter professionelle Arbeiten zu bauen. Denn im Zweifelsfall hat der Gestalter seine angeblichen Rechtfertigungsgründe darzulegen und zu beweisen.

x
Geltende rechtliche Systematik
Freie Inhalte gibt es nur in den Schranken des UrhG.

Beispiel:

Der Gestalter G verwendet ein Photo der Homepage des Photographen P, um damit die Internetpräsenz des Kunden K zu gestalten. Nach einiger Zeit erhält K eine Abmahnung mit Schadensersatzforderung von 15.000 EUR von einer großen amerikanischen Bildagentur,.

Es stellt sich sodann heraus, dass P alle Nutzungsrechte an die Agentur abgetreten hat; allerdings mit der Ausnahme, die Photos noch auf seiner eigenen Homepage abbilden zu dürfen.

G wird es sehr wahrscheinlich nichts helfen, sich auf die »Paperboy«-Rechtsprechung des BGH zu berufen. Denn ein ausgebildeter Gestalter kann einem professionellen Photographen nicht ohne weiteres unterstellen, dass er jedermann die Erlaubnis zur vergütungsfreien und gewerblichen Nutzung seiner Aufnahmen erteilen möchte. Sehr viel naheliegender ist die Vermutung, dass dessen Galerie der Eigenwerbung dient. Außerdem ist die Weiterverarbeitung der Photographie durch G zugunsten der eigenen Wertschöpfung eine wesentlich intensivere Nutzungsqualität als der Deeplink einer Suchmaschine. Und es ist auch nicht einzusehen, dass das Urheberrecht nur dann gelten soll, wenn der Photograph auf das Urheberrecht hinweist und seine Photos zusätzlich elektronisch schützt. Ein Diebstahl bleibt auch dann ein Diebstahl, wenn die Haustür offensteht.[397]

Vorübergehende Vervielfältigung

275 Eine spezielle Schranke des Urheberrechts ist § 44a UrhG, der 2003 im Hinblick auf das seinerzeit erheblich an Bedeutung gewinnende Internet eingeführt wurde.[398] Elektronische Geräte sind technisch darauf angewiesen, bestimmte Inhalte zwischenzuspeichern, um sie anzeigen zu können. Das jedoch widerspricht dem Vervielfältigungsrecht des Urhebers gem. § 16 UrhG. Die Beschränkung des Urheberrechts durch § 44a UrhG ist mithin dem digitalen Fortschritt geschuldet:

> »Zulässig sind vorübergehende Vervielfältigungshandlungen, die flüchtig oder begleitend sind und einen integralen und wesentlichen Teil eines technischen Verfahrens darstellen und deren alleiniger Zweck es ist,
> 1. eine Übertragung in einem Netz zwischen Dritten durch einen Vermittler oder
> 2. eine rechtmäßige Nutzung
>
> eines Werkes oder sonstigen Schutzgegenstands zu ermöglichen, und die keine eigenständige wirtschaftliche Bedeutung haben.«

Erfasst werden davon also nur kurzzeitige Vervielfältigungen,[399] die unabdingbar für das jeweilige technische Verfahren sind. Ob diese Voraussetzungen vorliegen, ist für viele Datenverarbeitungsvorgänge durchaus umstritten; das betrifft bspw. das Browsing, Thumbnail-Vorschauen, das Proxy-Caching oder auch den virtuellen Videorecorder.[400]

x
Streaming
Die Zulässigkeit des privaten Downloads von (Film-)Daten ohne permanente Speicherung richtet sich nach § 53 UrhG.

In der Öffentlichkeit wird aber vor allem das Streaming x kontrovers diskutiert.

> Beispiel:
>
> Der Student S schaut sich im Internet einen Film an. Hierfür nutzt er eine Website, die einen progressiven Download ermöglicht.

Bei einem progressiven Download wird die Filmdatei sukzessive, aber vollständig in den vom Browser verwendeten Zwischenspeicher geladen, wofür meist der Arbeitsspeicher genutzt wird. Der Nutzer kann noch während des laufenden Downloads den Film starten. Es handelt sich also um eine sukzessive, aber vollständige Vervielfältigung urheberrechtlich geschützter Dateien.[401] Da diese Daten nicht sofort wieder vollständig gelöscht werden, sondern »irgendwann« einmal wieder überschrieben werden wenn der Speicherplatz benötigt wird, ist das Streaming nach überwiegender Auffassung nicht von § 44a UrhG gedeckt. Es fehlt an den Merkmalen »vorübergehend« und »flüchtig«.[402]

Die Rechtmäßigkeit des Streaming richtet sich daher nach § 53 UrhG (vgl. Rn 194), der allerdings Vervielfältigungen nur für den privaten Gebrauch erlaubt.

> Abwandlung des Beispiels:
>
> S streamt den Film auf einer Tauschbörse im Internet und lädt im Gegenzug einen anderen Film, den er als DVD erworben hat, auf die Tauschplattform hoch.

Der geschilderte Vorgang ist auch als File Sharing x bekannt. Zu unterscheiden sind Download und Upload. Das Streaming als Download richtet sich nach § 53 UrhG. Es ist zulässig, sofern es von einer natürlichen Person zu privaten Zwecken erfolgt und zur Vervielfältigung keine »offensichtlich rechtswidrig hergestellte oder öffentlich zugänglich gemachte Vorlage verwendet wird«, § 53 Abs. 1 UrhG. Insoweit besteht allerdings ein erhebliches Risiko für S. Wer weiß schon, woher die angebotenen Filme stammen? Das Risiko lässt sich eigentlich nur bei gewerblichen und kostenpflichtigen Streamingdiensten ausschließen, nicht jedoch bei Tauschbörsen. Der Upload durch S dürfte aber in jedem Fall rechtswidrig sein. Denn käuflich erworbene DVD-Lizenzen schließen regelmäßig die »öffentliche Zugänglichmachung« im Sinne des § 15 Abs. 2 Nr. 2 bzw. § 19a UrhG[403] aus. Dieser Upload wäre dann auch strafbar gem. § 106 Abs. 1 3. Alt. UrhG.[404] Im Umkehrschluss bedeutet dies, dass auch der Download derart hochgeladener, zuvor als DVD gekaufter Filme rechtswidrig ist, § 53 Abs. 1 UrhG.

x
File Sharing
Hier ist zwischen Download und Upload zu unterscheiden.

Die hier dargestellten Grundsätze sind selbstverständlich auf alle Medien übertragbar, die dem Urheberrecht unterliegen. Sie gelten also auch für Musikstücke und Photos.

Im gewerblichen Bereich dürfen Gestalter das Angebot derartiger Download / Streaming- und File Sharing-Plattformen keinesfalls nutzen. Die ohnehin kaum anwendbare Schranke des § 53 UrhG gilt nur für den privaten Gebrauch. Arbeitsergebnisse, die unter Verwendung derartiger Plattformen erzielt wurden, können dem Auftraggeber nicht »frei von Rechten Dritter« verschafft werden (vgl. Rn 92). Außerdem drohen Schadensersatz und Strafe nach dem UrhG, und zwar in verschärfter Form, da der Verstoß »gewerbsmäßig« erfolgt.

Computerprogramme und technische Schutzmaßnahmen

276 Seit 1985 herrscht ausdrücklich auch urheberrechtlicher Schutz für Computerprogramme x gemäß § 2 Abs. 1 Nr. 1 UrhG. Seit 1993 finden sich außerdem spezielle Vorschriften für Computerprogramme in den §§ 69a ff. UrhG im Gesetz.[405]

x **Schutz für Computerprogramme**
Für den Schutz von Computerprogrammen gibt es in den §§ 69a ff. UrhG spezielle Vorschriften. Auch Freeware und ähnliche Programme sind nicht gemeinfrei und dürfen oft nur privat ohne Vergütung genutzt werden.

An dieser Stelle kann leider nicht vertieft auf den Schutzumfang und die Diskussion um technische Neuerungen eingegangen werden. Wichtig ist, dass auch Public-Domain-Software, Freeware, Shareware und Open Source-Lizenzen keineswegs gemeinfreie Werke sind. Der Urheber oder sonstige Berechtigte hat diese Programme vielmehr zur unentgeltlichen Nutzung freigegeben, wobei an diese Freigabe nicht selten Bedingungen oder Beschränkungen geknüpft sind. Hierfür gibt es seit Jahren standardisierte Verfahren, wie bspw. die GPL (General Public License).[406] Gefährlich wird dies für Gestalter dann, wenn sie Computerprogramme gewerblich nutzen, die jedoch nur für die private Nutzung freigegeben sind. Dies kann bei einer Schriftart ebenso der Fall sein wie bei einem Text- oder Bildbearbeitungsprogramm auf dem Tablet-PC.

Der Begriff des Computerprogramms ˣ in § 69a Abs. 1 UrhG wird weit ausgelegt. Nahezu alles, was mit einem Algorithmus vordefinierte Reaktionen einer Maschine auslöst, kann als Computerprogramm aufgefasst werden.[407] Kein Computerprogramm ist hingegen die Benutzeroberfläche, da diese zwar durch ein Programm erzeugt wird, selbst aber kein Programm ist. Dies gilt auch für Texte, Zeichen oder Graphiken, die auf dem Bildschirm angezeigt werden. Für ihren aktiven Schutz muss daher auf das DesignG oder MarkenG zurückgegriffen werden.

x
Begriff des Computerprogramms
Dies sind Algorithmen, die vordefinierte Reaktionen einer Maschine auslösen. Benutzeroberfläche und die Bildschirmanzeige sind keine Computerprogramme.

Gemäß § 69c Abs. 1 Nr. 1 UrhG hat bei Computerprogrammen der Urheber das alleinige Recht der vorübergehenden Vervielfältigung ˣ. Das Gesetz stellt ergänzend klar: »Soweit das Laden, Anzeigen, Ablaufen, Übertragen oder Speichern des Computerprogramms eine Vervielfältigung erfordert, bedürfen diese Handlungen der Zustimmung des Rechtsinhabers.« Zwar sind gemäß § 69d Abs. 2 UrhG private Sicherheitskopien erlaubt. Und gemäß § 69d Abs. 1 UrhG dürfen vorübergehende Vervielfältigungen zumindest dann ohne Zustimmung vorgenommen werden, »wenn sie für eine bestimmungsgemäße Benutzung des Computerprogramms einschließlich der Fehlerberichtigung durch jeden zur Verwendung eines Vervielfältigungsstücks des Programms Berechtigten notwendig sind«. Die »bestimmungsgemäße Benutzung« richtet sich insbesondere nach der Nutzungslizenz; dort finden sich bspw. Netzwerkbeschränkungen oder sog. CPU-Klauseln, die das Programm einem ganz bestimmten Rechner zuweisen.

x
Vervielfältigung
Computerprogramme dürfen nur unter sehr engen Bedingungen vervielfältigt werden.

Diese verschärften Bestimmungen stehen allerdings im Widerspruch zu § 44a UrhG, bzw. § 53 UrhG, vgl. Rn 307, 275. Diese Feststellung hat zu einiger Verunsicherung geführt. Allgemein wird davon ausgegangen, dass der Gesetzgeber schlicht vergessen habe, eine Harmonisierung herbeizuführen. § 44a UrhG sei auf Computerprogramme und Datenbanken jedenfalls analog anzuwenden,[408] sozusagen als Schranke des § 69c UrhG. Verlässlich ist diese Annahme jedoch nicht, da sich der BGH bislang nicht geäußert hat.

Der gesetzliche Widerspruch ist auch deshalb ärgerlich, weil er sich strafrechtlich auswirken kann – ausgerechnet in einem Nutzungsumfeld, das gerade von Jugendlichen und Studenten sehr häufig frequentiert wird. Aus Vorsichtsgründen sollten sich Nutzer daher nicht auf § 44a UrhG stützen, sobald Computerprogramme als solche Gegenstand der (vorübergehenden) Vervielfältigung sind. Dies betrifft vor allem den Bereich der Computerspiele und Dienstprogramme.

x
Hacken ist verboten
Die Umgehung technischer Schutzmaßnahmen ist verboten und strafbar.

277 Hacken ist verboten x . So trivial dieser Satz anmuten mag, er ist dennoch zu beachten. § 95a UrhG verbietet die Umgehung wirksamer technischer Maßnahmen zum Schutz eines urheberrechtlich einschlägigen Werkes oder sonstigen Schutzgegenstands.[409] Gemäß § 108b UrhG ist eine solche Umgehung auch strafbar.

> Beispiel:
>
> Der Student S nutzt ein Programm aus dem Internet, um eine Kopie von einem Album herzustellen, das er vorher auf CD erworben hat. Das Programm überwindet den vom Hersteller verwendeten Kopierschutz. S ist es aber nicht anders möglich, das Album auch auf andere Medien zu übertragen, bspw. auf einen USB-Stick, den er auch ohne CD-Player verwenden kann.

Zwar dürfte S gemäß § 53 Abs. 1 UrhG für den privaten Gebrauch auch ohne Zustimmung des Urhebers oder sonstigen Berechtigten eine Kopie anfertigen. § 95a UrhG hebt diese Schranke des Urheberrechts aber wieder auf, sobald ein Kopierschutz verwendet wird.[410] Diese »Rückausnahme« hat für erhebliche auch politische Diskussionen gesorgt, zumal sie eine große wirtschaftliche Bedeutung hat. Und sie ist kein Zufall oder gesetzestechnischer Fehler, da die »Durchsetzungsvorschrift« des § 95b UrhG digitale Privatkopien gerade nicht privilegiert.[411] Dennoch entspricht der Grundsatz »keine Privatkopie bei technischen Schutzmaßnahmen« der derzeitigen Rechtslage und muss also beachtet werden.[412]

Wettbewerbsrecht in den elektronischen Medien

Eine Vielzahl von Adressaten und Mitbewerbern, teils schwer durchschaubare rechtliche Rahmenbedingungen und technologisch leicht recherchierbare Verstöße führen im E-Commerce zu einem hohen wettbewerbsrechtlichen Verfolgungsrisiko. Ausgehend von den in Rn 246 ff. dargestellten Grundsätzen sollen bestimmte Brennpunkte kurz hervorgehoben werden. 278

Marktverhaltensregeln

Wer Marktverhaltensregeln x nicht beachtet, begeht einen Rechtsbruch gem. § 3a UWG, vgl. Rn 251. Dies gilt auch im Bereich des E-Commerce. Zu den Marktverhaltensregeln gehören bspw. Allgemeine Geschäftsbedingungen (AGB),[413] insbesondere aber die gesamten Informationspflichten bei speziellen Vertriebsformen und gegenüber Verbrauchern. Dies betrifft vor allem die §§ 312 ff. BGB und Art. 246 EGBGB ff., vgl. Rn 145 ff. und insbesondere Rn 270. Auch das Impressum steht im Fokus der Beobachtung, vgl. Rn 268 f. 279

x
Marktverhaltensregeln
Die Einhaltung aller Marktverhaltensregeln ist wettbewerbsrechtlich geboten, da sonst Abmahnungen und Schadensersatz drohen.

Aber auch korrekte Preisangaben, die Beachtung des Jugendschutzes und nicht zuletzt die Einhaltung des Datenschutzes (s. u. Rn 286 ff.) sind wettbewerbsrechtlich relevant.

Irreführung

Im E-Commerce gibt es durchaus spezielle Formen der Irreführung x im Sinne von § 5 UWG, die wettbewerbsrechtliche Folgen nach sich ziehen können. 280

x
Irreführung
Irreführend können sein: Domainbezeichnungen, Meta Tags, Hidden Content oder Keyword-Advertising.

So sind bspw. Domainbezeichnungen irreführend, wenn sie unzutreffende Behauptungen aufstellen.

Beispiele aus der Rechtsprechung:[414]

Der Domainname »Der-Prozessfinanzierer.de« war irreführend, weil er eine Alleinstellung behauptete.[415]

Der Domainname »uhren-magazin.de« war irreführend, weil er beim Publikum den Eindruck redaktionell betreuter Informationen erweckte, was in dem Fall aber nicht zutraf.[416]

Die Domain »tipppppppp.ag« war irreführend, weil sie für eine GmbH registriert wurde; durch die Länderkennung »ag« (für Antigua und Barbuda) wurde jedoch der Eindruck einer AG vermittelt.[417]

MetaTags und Hidden Content sollen Suchmaschinen beeinflussen. Sie sind sowohl irreführend als auch ein Fall der gezielten Behinderung gemäß § 4 Nr. 4 UWG. Je nach Inhalt verstoßen sie außerdem gegen das Markenrecht.

Beispiele:

In die MetaTags im Kopfbereich des HTML-Dokuments wird die Firma eines Mitbewerbers aufgenommen, um die eigene Website ebenfalls im Ergebnis erscheinen zu lassen, wenn nach dem Mitbewerber gesucht wird.

In der Schriftfarbe des Hintergrunds werden bekannte Markennamen wie »Nivea«, »Coca Cola«, »Apple« etc. oder gesuchte Begriffe wie »Aktien«, »Apotheke« oder »Sex« als Text in die Website integriert, um die Relevanz der Seite für Suchmaschinen zu erhöhen.

Auch das Keyword-Advertising kann irreführend sein. Darunter versteht man Werbeanzeigen, die neben dem eigentlichen Ergebnis von Suchmaschinen angezeigt werden. Kontrovers wird dies bspw. für die »AdWords« von Google diskutiert.[418] Es kommt offensichtlich vor, dass der Werbekunde als »Keywords« für seine Werbeanzeige auch fremde Marken oder zugkräftige Begriffe buchen kann. Dies ist jedoch ebenso rechtswidrig wie deren Benutzung im Rahmen von MetaTags.

Beispiel:

Ein Blumenversand hatte für sein eigenes Online-Blumenangebot die Marke »Fleurop« als Keyword gebucht.

Dies hat der BGH als rechtswidrig angesehen, da zum einen der irreführende Eindruck eines Partnerunternehmens vermittelt und zum anderen die Marke verletzt wurde.[419]

Eine Irreführung kann sich außerdem dadurch ergeben, dass derartige Werbeanzeigen nicht ausreichend von der Anzeige der Suchergebnisse getrennt werden.

Belästigung

In Rn 256 wurde aufgezeigt, dass Verstöße gegen das Verbot der unzumutbaren Belästigung gem. § 7 UWG kein Kavaliersdelikt sind. Immerhin gilt hier die Strafvorschrift des § 20 UWG, vgl. Rn 262. 281

Gerade in diesem Bereich versagen jedoch kläglich die Mechanismen zur Wahrung unserer Rechtsordnung (und damit zur Wahrung unserer Selbstbestimmung). Sie versagen auf der ganzen Bandbreite des E-Commerce. Dennoch sollte sich kein Gestalter ermuntert fühlen, diesen Zustand auszunutzen, denn die Adressaten derartiger Werbemittel werden zunehmend sensibler. Der Ärger über die Veranlasser belästigender Funktionen wächst und der Verfolgungsdruck nimmt zu.

Zu ungefragter Werbung mit E-Mails, SMS, oderMMS über die sozialen Netzwerke etc. vgl. oben Rn 257.

Im E-Commerce wird vor allem Pop-up-Werbung ˣ als Belästigung empfunden. Pop-ups öffnen nach dem Aufruf einer Website selbständig ein weiteres Browserfenster mit werbendem Inhalt. Sie werden besonders häufig im Zusammenhang mit vergütungsfreien Dienstleistungen oder Informationen verwendet. Der BGH hat noch keine Grundsatzentscheidung zu Pop-ups treffen müssen, so dass die Beurteilung im einzelnen – je nach technischer Umsetzung – umstritten ist. Für »normale«, einzeln auftretende Pop-ups argumentieren die Befürworter mit den üblichen Gepflogenheiten in den elektronischen Medien, mit der Möglichkeit des »Wegklickens«[420] und dem Einsatz eines Pop-up-Blockers als Dienstprogramm.[421]

x
Pop-up-Werbung, Layer Ads, Interstitials und Prestitials
Sie öffnen nach dem Aufruf einer Website selbständig ein weiteres Browserfenster mit werbendem Inhalt.

Das ändert allerdings nichts an dem belästigenden Charakter dieser Werbung, vor allem dann nicht, wenn sie auch noch mit Videosequenzen und Ton arbeitet oder das Feld zum Wegklicken versteckt angebracht ist. Für »Exit-Pop-up«-Werbungen, die sich erst öffnen, wenn die aufgerufene Seite geschlossen wird, hat das LG Düsseldorf bereits frühzeitig einen Verstoß gegen § 7 UWG bejaht.[422]

Dieselben Grundsätze gelten auch für Layer-Ads ˣ, die sich wie eine Art Schleier über die eigentliche Website legen. Sie sind in die Schichten der aufgerufenen Website eingebunden und können nicht mit einem Pop-up-Blocker unterbunden werden. Sofern Layer Ads nicht binnen kürzester Zeit wieder von selbst verschwinden, dürften sie auf jeden Fall unzulässig sein.

Interstitials ˣ oder Prestitials ˣ arbeiten ähnlich. Sie werden der Wiedergabe der eigentlich aufgerufenen Website vorgeschaltet. Der Nutzer ist gezwungen, ihre Botschaft zur Kenntnis zu nehmen, während er auf den eigentlich angeforderten Inhalt wartet. Eine Abwandlung wird auch bei Videosequenzen eingesetzt (bspw. auf Nachrichtenseiten), deren Darstellung ein Werbetrailer vorgeschaltet wird. Auch hier gilt die Formel: Was sich nicht leicht wegklicken lässt oder von selbst verschwindet, ist eine unzumutbare Belästigung. Das LG Berlin hat die Grenze des Zumutbaren bei 5 Sekunden gezogen.[423]

Das Betätigungsfeld für derartige Werbeformen ist groß, es bietet Gestaltern viele sehr kreative Möglichkeiten. Neue Formen des E-Commerce und M-Commerce werden zweifellos Weiterentwicklungen des Marketing mit sich bringen und auch gänzlich neue Mittel schaffen. Gleichwohl dürfte es auf lange Sicht zielführender sein, diese Art von Werbung rechtskonform zu gestalten. Das zeichnet den Gestalter aus und führt zu positiver Kundenbindung. § 7 UWG ist hierfür nicht nur ein rechtlicher, sondern auch ein sozialer Maßstab.

M-Commerce

M-Commerce [x] ist jener Teil des elektronischen Geschäftsverkehrs (E-Commerce), der unter Verwendung drahtloser Kommunikation und mobiler Endgeräte erfolgt. Der M-Commerce ist zwar ortsunabhängig, gleichzeitig über die GPS- und WLAN-Funktionen vieler Geräte aber ortsbezogen, weshalb sog. Location-Based-Services (LBS) angeboten werden können. Dies sind insbesondere Dienstleistungen, die sich auf die aktuelle unmittelbare Umgebung der Endgeräte beziehen. Geprägt wird der M-Commerce außerdem durch die relativ kleine Bildschirmgröße und technische Verschiedenheit der mobilen Endgeräte. 282

x
M-Commerce
Dieser Geschäftsverkehr ist ortsunabhängig, aber ortsbezogen, zeitunabhängig und nutzt mobile Endgeräte.

Für den M-Commerce gelten dieselben rechtlichen Bedingungen wie für den E-Commerce.

Einhaltung der Informationspflichten

Aufgrund der doch deutlich kleineren Bildschirme bei den meisten Endgeräten ergeben sich allerdings erhebliche Probleme bei der Einhaltung der Informationspflichten [x] . Sobald sich Angebote an Verbraucher richten, müssen diese angezeigt werden (vgl. Rn 270): 283

x
Einhaltung der Informationspflichten
Auch im M-Commerce müssen alle Informationspflichten für Verbraucher eingehalten werden.

- die allgemeinen Informationspflichten gegenüber Verbrauchern gem. § 312a BGB i. V. m. Art. 264 EGBGB
- die speziellen Informationspflichten für den elektronischen Geschäftsverkehr gem. 312 i und 312j BGB i. V. m. Art. 246c und ggf. 246a EGBGB
- ggf. die Informationspflichten bei Fernabsatzverträgen gem. § 312 c, 312d BGB i. V. m. Art. 246a EGBGB

Lange Zeit war eine rechtskonforme Umsetzung dieser Pflichten auf den kleinen Bildschirmen der Endgeräte mit durchschnittlich 500 Zeichen pro Bildschirm kaum möglich, da der Informationsumfang der Pflichtangaben etwa zwischen 5.500 und 11.000 Zeichen liegt. Zwischenzeitlich hat der Gesetzgeber reagiert und mit Art. 246a § 3 EGBGB eine Erleichterung für Mindestangaben bei kleinen Bildschirmen eingeführt.

Aber auch die dort reduzierten Anforderungen sind auf bestimmten Geräten (z. B. einer Smartwatch) schwer darzustellen und führen zu weiteren Komplikationen im Ablauf der Vertragsabwicklung, weil die nicht angezeigten Bestandteile nachgeholt werden müssen. Der gesetzliche Verbraucherschutz folgt hier den technischen Rahmenbedingungen nur sehr langsam. Dieser Befund ist ein Beispiel dafür, dass sich gesetzliches Mikromanagement für aktuelle Problemstellungen schnell in veraltete Hürden verwandeln kann.

Apps

284 Die Abkürzung App [x] bezieht sich auf »application software« und bedeutet zunächst nichts anderes als »Anwendungsprogramm«. Allerdings hat sich diese Bezeichnung erst mit dem Aufkommen von Smartphones im Bereich der Mobile Apps auch im deutschen Sprachgebrauch verbreitet. So wie es die unterschiedlichsten Anwenderprogramme auf dem klassischen Computer bzw. im Internet gibt, existierten auch verschiedene Arten von Apps für den M-Commerce. Mit Apps können Waren und Dienstleistungen gehandelt werden (Verkaufs-Apps und Marketplace-Apps), innerhalb von Apps können kostenpflichtige Waren und Dienste angeboten werden (In-App-Sales) und, wenn für Apps selbst kostenpflichtige Nutzungslizenzen eingeräumt werden, wird dies als App-Sale bezeichnet. All diese Vorgänge unterliegen den oben skizzierten allgemeinen Rechtsvorschriften des BGB, der Schutzrechte und dem Wettbewerbsrecht.

x
App (application software)
Apps werden rechtlich nicht anders behandelt als klassische Computerprogramme oder Internetplattformen.

Gestalter, die selbst Apps programmieren, um sie sodann der Öffentlichkeit anzubieten, sollten allerdings mit den Besonderheiten der Verkaufsplattformen vertraut sein. Zwischenzeitlich haben sich zwei große App-Stores am Markt etabliert – derjenige von Apple (iOS-Basis) und derjenige von Google (Android-Basis). Zwischen beiden Stores bestand schon immer ein wesentlicher Unterschied, der sich auf die Person des Vertragspartners bezieht.[424]

Praxishinweis
Zwischen den App-Stores von Apple und Google bestehen rechtliche Unterschiede, die für Gestalter wichtig sind.

In den Nutzungsbedingungen von Apple wird mitgeteilt, dass die »iTunes S.a.r.l. in Luxemburg« Vertragspartner des Kunden wird.[425] Dies folgt zum einen aus dem Widerrufsformular, das Apple anbietet und zum anderen aus Buchstabe C der Bedingungen für den App-Store: »iTunes verkauft Ihnen eine Lizenz zur Nutzung der Produkte.«

Bei Google ist das anders. Die Nutzungsbedingungen von Google Play lauten in Ziff. 2 wie folgt:

> »Vertragsschluss.
> Wenn Sie Inhalte« (definiert als [...] Apps, [...]) bei Google Play erwerben, gehen Sie einen Vertrag ein mit entweder:
> a) Google Commerce Limited direkt (ein »Direct Sale«); oder
> b) falls entsprechend gekennzeichnet, mit dem Anbieter der Inhalte, wobei Google diesen vertritt (»Agency Sale«); oder
> c) im Falle von Android Apps mit dem jeweiligen Anbieter der App (ein »App Sale«).
> Jedes Mal, wenn Sie Inhalte erwerben, schließen Sie einen separaten Vertrag:
> d) auf der Grundlage dieser Nutzungsbedingungen (soweit anwendbar) mit der Google Commerce Limited (im Falle eines Direct Sale);
> e) auf der Grundlage dieser Nutzungsbedingungen (soweit anwendbar) mit dem Anbieter der betreffenden Inhalte (im Falle eines Agency Sale); oder
> f) mit dem Anbieter der betreffenden Inhalte (im Falle von App Sales).«

Maßgeblich für Apps sind die Buchstaben c) und f). Der Kunde des Google Stores hat mithin viele verschiedene Vertragspartner, theoretisch kann dies für jede App ein anderer sein. Und diese Vertragspartner können entweder in Deutschland oder aber in jedem anderen Land der Welt ihren Sitz haben.

Für den Gestalter als Entwickler bedeutet das im Umkehrschluss: Überträgt er die Nutzungsrechte an Apple, hat er lediglich einen Vertragspartner. Vertreibt er jedoch seine App über den Google-Store, muss er sich ggf. mit jedem einzelnen Nutzer direkt auseinandersetzen, sofern er nicht eine vertragliche Einigung mit Google trifft, die derjenigen von Apple entspricht (»Direct Sale«). Dieser Unterschied ist also von ganz erheblicher Bedeutung für die Bereiche Datenschutz und Haftung, z. B. bei Urheberrechts- oder Wettbewerbsverstößen, die mit den Apps verbunden sind.

Location Based Advertising

285 Location Based Advertising (LBA) x ist ein Marketingkonzept, das dem Nutzer mobiler Endgeräte ortbezogene Werbung zur Verfügung stellt.

x **Location Based Advertising (LBA)**
Dieses Konzept nutzt ortsbezogene Daten, um Marketing zu betreiben.

LBA ist aus rechtlicher Sicht unproblematisch, solange es vom Nutzer ausdrücklich angefordert wird. Wer bspw. mit einer App unter Freigabe der Geoposition nach Restaurants sucht, muss auch Werbung der betreffenden Restaurants akzeptieren – z. B. als AdWord (vgl. Rn 280).

Rechtlich bedenklich wird Location Based Advertising dann, wenn es ungefragt erfolgt. Ohnehin stellt nicht erbetene elektronische Werbung in den meisten Fällen eine unzumutbare Belästigung gemäß § 7 UWG dar (vgl. Rn 281). Bei standortbezogenen Geodaten handelt es sich aber auch um personenbezogene Daten, für deren Erhebung und Verarbeitung eine Einwilligung erforderlich ist, vgl. unten Rn 288. Ungefragtes Location Based Advertising bedeutet daher grundsätzlich eine Verletzung des Bundesdatenschutzgesetzes, die auch strafrechtlich sanktioniert ist.

Praxishinweis
LBA ist eine Herausforderung für Gestalter und Juristen.

Dennoch dürfte sich diese Art von Marketing zu einer Herausforderung für Gestalter und Juristen entwickeln, weil sie persönlich ist, zielgenau und der heutigen Lebensart entspricht. Die Herausforderung der Zukunft lautet: Wie kann die Kommunikation mit einem potentiellen Kunden so erfolgreich gestaltet werden, dass er in die Nutzung möglichst vieler personenbezogener Daten einwilligt?

Datenschutz

Datenschutz ist ein zentrales Thema, auch im Fachbereich Gestaltung. Personenbezogene Daten haben einen Wert, sie werden schon seit vielen Jahren gehandelt (»Rohstoff des 21. Jahrhunderts«[426]). Dies betrifft bspw. auch den Adressdatenbestand der Deutschen Post AG oder der Deutschen Telekom AG. Mittlerweile gibt es sogar Überlegungen, Plattformen einzurichten, auf denen Nutzer ihre eigenen personenbezogen Daten anbieten können.[427] 286

Derzeit gilt in Deutschland das Bundesdatenschutzgesetz (BDSG) ˣ. Allerdings hat die EU in den letzten Jahren erhebliche Anstrengungen unternommen, um zu einer einheitlichen Datenschutz-Grundverordnung (DSGVO) ˣ für alle Mitgliedstaaten zu gelangen. Am 24. Mai 2016 trat diese EU-DSGVO nun in Kraft,[428] ab 25. Mai 2018 ist sie auch in Deutschland geltendes Recht. Die EU-DSGVO bringt eine Stärkung und Präzisierung der Rechte der Betroffenen mit sich, eine Verschärfung der Auflagen für diejenigen, die personenbezogene Daten verarbeiten und darüber entscheiden, sowie europaweit einheitliche Standards bei der staatlichen Überwachung und Gewährleistung der Vorschriften – selbstverständlich mit einheitlichen Strafvorschriften.

x
BDSG und DSGVO
Auf das Bundesdatenschutzgesetz (BDSG) folgt ab 2018 die verschärfte europäische Datenschutz-Grundverordnung (DSGVO).

Definitionen

Das BDSG und die EU-DSGVO fordern nicht nur den Schutz der Daten. Von erheblicher Bedeutung ist auch die Frage, wann überhaupt welche Daten erhoben werden dürfen. Es gilt der Grundsatz ˣ des Erhebungs- und Verwertungsverbotes mit Erlaubnisvorbehalt.[429] An diesem Grundsatz wird sich auch mit der EU-DSGVO nichts ändern.[430] Was dieser Grundsatz bedeutet, soll im Folgenden kurz erläutert werden. 287

x
Grundsatz
Personenbezogene Daten dürfen nur mit Einwilligung erhoben und verwertet werden.

Das BDSG gilt für jedermann, und zwar für die Erhebung, die Verarbeitung und die Nutzung personenbezogener Daten, vgl. § 1 Abs. 2 BDSG. Ausgenommen sind lediglich »persönliche oder familiäre Tätigkeiten«. Das Erheben ist gemäß § 3 Abs. 3 BDSG das Beschaffen von Daten über den Betroffenen (das Beschaffen muss nicht notwendigerweise direkt vom Betroffenen selbst erfolgen). Die Verarbeitung ist gemäß § 3 Abs. 4 BDSG das Speichern, Verändern, Übermitteln, Sperren oder Löschen personenbezogener Daten. Als Nutzung wird gemäß § 3 Abs. 5 BDSG jede Verwendung personenbezogener Daten angesehen, soweit es sich nicht um eine Verarbeitung handelt. Diese Definitionen gelten auch in der EU-DSGVO.

x
Auskunftsrecht
Der Betroffene muss über die Erhebung seiner Daten benachrichtigt werden, er hat ein Auskunftsrecht.

Der Betroffene ist über die Erhebung seiner Daten und ihre weitere Behandlung zu benachrichtigen, §§ 19a, 33 BDSG, wobei die letztgenannte Vorschrift einen Ausnahmenkatalog enthält.[431] Dementsprechend hat der Betroffene auch ein Auskunftsrecht [x] über seine gespeicherten Daten, über ihre Herkunft, über die Empfänger, an die seine Daten weitergegeben werden sollen, und über den Zweck der Speicherung, § 34 BDSG. Diese Vorschriften werden in der Praxis häufig nicht beachtet. Vor allem die Durchsetzung des Auskunftsrechts stößt im Bereich der neuen Medien immer wieder auf erhebliche praktische Hürden.

Personenbezogene Daten

x
Personenbezogene Daten
Solche sind Einzelangaben über persönliche oder sachliche Verhältnisse einer bestimmten oder bestimmbaren natürlichen Person.

288 Das BDSG und die EU-DSGVO gelten wohlgemerkt nur, wenn personenbezogene Daten betroffen sind. Personenbezogen [x] sind Daten gemäß § 3 Abs. 1 BDSG, wenn sie Einzelangaben über persönliche oder sachliche Verhältnisse einer bestimmten oder bestimmbaren natürlichen Person (Betroffener) enthalten.[432] Dazu zählen Adressangaben, Alter und Geschlecht, aber auch der Beruf, persönliche Vorlieben oder standortbezogene Daten einschließlich Bewegungsschemata sowie Gesundheitsdaten, die bspw. mit einem Fitnessarmband oder einer Smartwatch erhoben werden.

Liegt keine Einwilligung des Betroffenen vor, ist die Datenerhebung und -verwendung unzulässig und damit rechtswidrig. Ein Verstoß kann Schadensersatz und ggf. auch strafrechtliche Folgen nach sich ziehen.

Beispiel:

Ein Fastfood-Restaurant registriert eine WLAN-Identifikation von zwei Smartphones, die soeben in die Reichweite seines frei nutzbaren Wireless Access Point gelangt sind. Daraufhin schickt ein Dienstprogramm eine Nachricht an beide Smartphones mit Informationen über das Angebot des Fastfood-Restaurants und einem Rabatt-Code.

Diese Art von Location Based Advertising verstößt nicht nur gegen § 7 UWG, sondern auch gegen das BDSG. Denn die bloße technische Identifikation der beiden Smartphones beim Wireless Access Point des Restaurants (die nur zu einer Listung als möglicher WLAN-Hotspot in der Liste beider Geräte führt) stellt noch keine Einwilligung ihrer Nutzer zur Auswertung und gewerblichen Verwendung der personenbezogenen Information »befinde mich in der Nähe des Restaurants« dar.

Datenverarbeitung über die Cloud

Vor allem Smartphones kommen kaum noch ohne den 289
Einsatz von Cloud-Lösungen x aus. Die Skalierbarkeit der Rechenleistung in der Cloud und der Rückgriff auf dort vorhandene Datenbanken und Informationen werden von vielen Anwendungen genutzt, um die beschränkte Rechen- und Speicherleistung von mobilen Endgeräten zu kompensieren und dem Nutzer dennoch Zugang zu sämtlichen verfügbaren Informationen zu ermöglichen (»information at your fingertips«, Bill Gates 1990).

x
Cloud-Lösungen
Sie sind mittlerweile technisch unverzichtbar, datenschutzrechtlich aber problematisch.

Der Einsatz von Cloud-Lösungen birgt einige vertragsrechtliche und datenschutzrechtliche Problemstellungen, die allerdings hier nicht diskutiert werden können.[433]

Bei der Konzeption und Programmierung von Apps sollten Gestalter sich allerdings vor Augen halten, dass bei vielen Cloud-Lösungen Daten sehr häufig auch im außereuropäischen Ausland verarbeitet werden. Fast immer handelt es sich dabei im Bereich des M-Commerce um personenbezogene Daten. Bei einer Übermittlung personenbezogener Daten ins außereuropäische Ausland ˣ, also bspw. in die USA oder nach Indien, ist darauf hinzuweisen, dass diese Übermittlung regelmäßig unzulässig sein dürfte, da das deutsche datenschutzrechtliche Niveau dort nicht erreicht wird. Es sei denn, es liegt eine ausdrückliche Einwilligung des Betroffenen zu eben dieser Übermittlung in Drittländer vor.

x
Außereuropäisches Ausland
Die Datenverarbeitung im außereuropäischen Ausland ist für personenbezogene Daten kaum möglich.

Namentlich die USA haben versucht, dem mangelhaften Datenschutzniveau mit dem sog. Safe-Harbor-Übereinkommen zu entsprechen. Nachdem dieses Abkommen in den letzten Jahren zunehmend in die Kritik geriet (denn im Rahmen des USA Patriot Act musste den US-Sicherheitsbehörden unter Umständen auch ohne Benachrichtigung der Dateninhaber Zugriff auf die in den Vereinigten Staaten gespeicherten Daten gewährt werden), hat der Europäischen Gerichtshof am 6. Oktober 2015 das Abkommen für ungültig erklärt.[434] Am 2. Februar 2016 wurde bekanntgegeben, dass das nun ungültige Abkommen durch eine neue Vereinbarung der EU-Kommission mit der amerikanischen Regierung abgelöst werden soll (»EU-US Privacy Shield«). Es bleibt abzuwarten, ob diese Vereinbarung tatsächlich den europäischen Anforderungen angesichts der verschärften EU-DSGVO gerecht wird.

Einsatz von Cookies

290 Auch die IP-Adresse ˣ gehört zu den den personenbezogenen Daten.[435] Denn aufgrund der beim Provider hinterlegten Angaben kann selbst bei dynamischen IP-Adressen auf die natürliche Person geschlossen werden, die die jeweilige IP-Adresse nutzt. Diese Auffassung war eine Zeitlang umstritten, hat sich aber mit Verweis auf den Wortlaut des § 3 Abs. 1 BDSG durchgesetzt, da es für die Anwendung des BDSG genügen soll, wenn eine natürliche Person »bestimmbar« ist.[436]

x
IP-Adresse
Die Adresse im Computernetz basiert auf dem Internetprotokoll (IP). Sie zählt zu den personenbezogenen Daten.

Dies macht den Einsatz von Cookies x problematisch. Zwar handelt es sich bei Cookies nur um passive Dateien, die auf dem Rechner des Nutzers hinterlegt werden.[437] Über einen gewissen Zeitraum hinweg kann sich aber aus den gespeicherten Informationen ein Nutzungsprofil ergeben, was bedenklich ist, wenn auch die IP-Adressen gespeichert werden. Dem Datenschutz des BDSG unterliegen Cookies jedenfalls dann, wenn dem Betreiber der aufgesuchten Seite bereits Informationen über den Nutzer zur Verfügung stehen, z. B. aufgrund eines »Nutzeraccounts«.

x
Cookies
Es handelt sich hierbei um Dateien, die Informationen über besuchte Webseiten speichern. Sie können ein Nutzungsprofil ergeben.

Die sog. ePrivacy-Richtlinie 2009/136/EG der Europäischen Union hatte daher eine generelle »Opt-In«-Lösung für Cookies gefordert, aufgrund derer der Nutzer in jedem Falle seine ausdrückliche Einwilligung erteilen muss, wenn Cookies verwendet werden sollen. Das deutsche Recht sieht jedoch in den §§ 4a, 28 Abs. 3a Satz2 BDSG, §§ 13 Abs. 2, 15 Abs. 3 TMG eine Opt-out-Lösung x vor, aufgrund derer der Nutzer über die Verwendung von Cookies nur informiert werden muss und sich sodann aktiv dagegen entscheiden soll, wenn er diese nicht wünscht. Dabei ist es geblieben, Deutschland hat die EU-Richtlinie in diesem Punkt nicht umgesetzt. Das OLG Frankfurt hat daher in einer jüngeren Entscheidung die Opt-out-Lösung als ausreichend angesehen.[438]

x
Opt-out-Lösung
Der Nutzer muss über die Verwendung von Cookies informiert werden und kann darüber aktiv entscheiden.

Ob mit dieser Rechtslage das letzte Kapitel der Debatte geschrieben wurde, bleibt angesichts der Verschärfung der neuen EU-DSGVO abzuwarten.

Soziale Netzwerke

In den sozialen Netzwerken x verwischen die Grenzen zwischen dem Öffentlichen und dem Privaten. Zwar besteht nach wie vor das Konzept des sozialen Netzwerks als einer in sich abgeschlossenen Gruppe. Allerdings kommt aufgrund der massiven Anzahl von Mitgliedern (z. B. 1,04 Milliarden Facebook-Nutzer pro Tag[439]) das Hochladen persönlicher Information in derartigen Netzen einer Veröffentlichung gleich.

291

x
Soziale Netzwerke
Das Öffentliche und das Private werden in sozialen Netzwerken kaum noch unterschieden.

x
Datenschutz
Das Hochladen eigener personenbezogener Informationen ist datenschutzrechtlich unbedenklich. Schwierig ist die Rechtslage bei Daten und Informationen, die Dritte betreffen.

Der freigiebige, häufig geradezu exhibitionistische Umgang mit banalen und höchstpersönlichen Informationen mag aus verschiedenen Gründen zu kritisieren sein; aus rechtlicher Sicht bezüglich des Datenschutzes x ist das Hochladen auf sich selbst bezogener Daten durch den Nutzer jedoch unproblematisch, da hiermit eine entsprechende Einwilligung verbunden ist.

Diffus wird die datenschutzrechtliche Beurteilung jedoch dann, wenn von den hochgeladenen Informationen Dritte betroffen sind. Die Gestaltung der sozialen Netzwerke stellt das »Teilen« in den Vordergrund. Dies wird über Social Plugins bewerkstelligt wie z. B. dem »Like-Button« oder der »Tell-a-friend-Funktion«, mit denen Inhalte Dritten empfohlen werden können.[440] Aber auch über die »Friend-Finder-Funktion«[441] oder das Tagging[442] werden Dritte miteinbezogen, ohne dass diese sich für den jeweiligen Vorgang bewusst entscheiden. Das BDSG ist auf eine private oder familiäre Nutzung nicht anzuwenden, vgl. Rn 287.[443]

Diskutieren lässt sich jedoch zumindest für vorgegebene Funktionen, ob nicht den Betreiber der Social Media-Plattform eine Verantwortlichkeit nach dem BDSG trifft, wenn er die Einbeziehung personenbezogener Daten Dritter geradezu provoziert. Heckmann verweist aber auch gegenüber Privatpersonen auf eine Entscheidung des EuGH, die die Ausnahme in § 3 Abs. 2 Nr. 3 BDSG dann nicht gelten lässt, wenn über den Kreis der Familie und Freunde hinaus eine breite Öffentlichkeit angesprochen wird.[444] Das dürfte jedenfalls bei Facebook und ähnlich großen Anbietern der Fall sein. Hält man diese Ansicht für zutreffend, könnten auch Privatpersonen nach dem BDSG zur Rechenschaft gezogen werden, wenn sie innerhalb der sozialen Netzwerke personenbezogene Informationen über Dritte ohne deren Einwilligung verbreiten.

Unabhängig vom Datenschutz hat jedoch jeder, der in sozialen Netzwerken Informationen und Photos anderer Nutzer hochlädt oder markiert, das Allgemeine Persönlichkeitsrecht des Art. 2 Abs. 1 i. V. m. Art. 1 Abs. 1 GG als Schutzgut des § 823 Abs. 1 BGB zu achten (vgl. Rn 116) und die Rechte am eigenen Bild gem. § 22 KUG zu wahren (vgl. Rn 195). Für das sog. »Cybermobbing« sind die §§ 185 ff. StGB (Ehrverletzung) einschlägig.

Es kann nicht bezweifelt werden, dass sozialen Netzwerken und Social Media im weiteren Sinne auch in Zukunft eine erhebliche, wenn nicht sogar maßgebliche gesellschaftliche Funktion zukommen wird. Das Aufkommen populistischer und »basisdemokratischer« Elemente im gesellschaftlichen Diskurs ist bereits heute mit diesen Plattformen verbunden – wobei verkannt wird, dass unsere Verfassung aus gutem Grund eine repräsentative und keine direkte Demokratie vorsieht.

Vor dem Hintergrund dieser Entwicklung darf aber die Gefahr nicht übersehen werden, die dem Einzelnen durch die Analyse großer personenbezogener Datenmengen droht (Big Data [x]). Hiervon sind aber vor allem die Nutzer sozialer Netzwerke betroffen. Dem Verlust der Privatsphäre werden zwangsläufig rechtliche, finanzielle und soziale Nachteile folgen.

x
Big Data
Es handelt sich hierbei um große personenbezogene Datenmengen, deren Analyse Rückschlüsse auf die Privatsphäre des Einzelnen erlauben.

Verzeichnis der Abkürzungen

Abs.: Absatz

a. F.: alte Fassung

AGB: Allgemeine Geschäftsbedingungen

AGBG: Gesetz zur Regelung des Rechts der Allgemeinen Geschäftsbedingungen

Art.: Artikel

Az.: Aktenzeichen

BAG: Bundesarbeitsgericht

BDSG: Bundesdatenschutzgesetzt

BGB: Bürgerliches Gesetzbuch

BGBl.: Bundesgesetzblatt

BGH: Bundesgerichtshof

BGHZ: Entscheidungen des Bundesgerichtshofs in Zivilsachen: eine von den Mitgliedern des Bundesgerichtshofs herausgegebene Sammlung wichtiger Entscheidungen des Bundesgerichtshofs aus dem Zivilrecht

BVerfG: Bundesverfassungsgericht

BVerfGE: die Entscheidungen des Bundesverfassungsgerichts: eine Sammlung analog zu BGHZ

CAPTCHA: Completely Automated Public Turing test to tell Computers and Humans Apart (»vollautomatischer öffentlicher Turing-Test zur Unterscheidung von Computern und Menschen«)

c. i. c.: culpa in contrahendo, jetzt normiert in § 311 Abs. 2 i. V. m. § 280 Abs. 1 i. V. m. § 241 Abs. 2 BGB

d. A.: der Autor

DENIC: DENIC eG (Deutsches Network Information Center)

DesignG: Gesetz über den rechtlichen Schutz von Design

DesignV: Verordnung zur Ausführung des Designgesetzes

DPMA: Deutsches Patent- und Markenamt

EGBGB: Einführungsgesetz zum Bürgerlichen Gesetzbuch

EU-DSGVO: EU-Datenschutzgrundverordnung

EuGH: Europäischer Gerichtshof

EWIV: Europäische wirtschaftliche Interessenvereinigung

f.: folgender (Norm / Randnummer / Endnote)

ff.: folgende (Norm / Randnummer / Endnote)

GbR: Gesellschaft bürgerlichen Rechts

gem.: gemäß

GeschMV: Geschmacksmusterverordnung

GG: Grundgesetz

GmbH: Gesellschaft mit beschränkter Haftung

GmbHG: Gesetz betreffend die Gesellschaften mit beschränkter Haftung

GRUR: Gewerblicher Rechtsschutz und Urheberrecht (Zeitschrift)

GWB: Gesetz gegen Wettbewerbsbeschränkungen

h. M.: herrschende Meinung: die Mehrheit der Literatur und der Rechtsprechung vertreten diese Rechtsauffassung / Interpretation

HGB: Handelsgesetzbuch

Hs.: Halbsatz

i. A.: im Auftrag

i. S.: im Sinne

i. S. d.: im Sinne des

i. V.: in Vertretung

i. V. m.: in Verbindung mit

KG: Kommanditgesellschaft

KUG: Gesetz betreffend das Urheberrecht an Werken der bildenden Künste und der Photographie

LBS: Location-Based-Services

LG: Landgericht

MarkenG: Markengesetz

MarkenV: Verordnung zur Ausführung des Markengesetzes

m. w. N.: mit weiteren Nachweisen

n. F.: neue Fassung

NJW: Neue Juristische Wochenschrift

OHG : Offene Handelsgesellschaft

PAngV: Preisangabenverordnung

pVV: positive Vertragsverletzung, jetzt normiert in § 280 Abs. 1 i. V. m. § 241 Abs. 2 BGB

RG: Reichsgericht

RGBl.: Reichsgesetzblatt

RGSt: die Entscheidungen des Reichsgerichts in Strafsachen: eine Sammlunganalog zu RGSt

RGZ: die Entscheidungen des Reichsgerichts in Zivilsachen: eine Sammlung analog zu BGHZ

Rn: Randnummer

RStV: Rundfunkstaatsvertrag

StGB: Strafgesetzbuch

TMG: Telemediengesetzt

UrhG: Urheberrechtsgesetz

USt.: Umsatzsteuer

UWG: Gesetz gegen den unlauteren Wettbewerb

vgl.: vergleiche

VRRL: EU-Richtlinie über die Verbraucherrechte 83/2011 vom 25. Oktober 2011

WE: Willenserklärung

ZPO: Zivilprozessordnung

Endnoten

Grundprinzipien und Aufbau des BGB

1
Zur Vertiefung vgl. z. B. Hans Schlosser, **Grundzüge der Neueren Privatrechtsgeschichte**, 9. Aufl., Heidelberg 2001; Franz Wieacker, **Privatrechtsgeschichte der Neuzeit**, 2. Aufl., Göttingen 1967; Hans-Peter-Benöhr, **Die Grundlage des BGB – Das Gutachten der Vorkommission von 1874**, Juristische Schulung Jg. 1977.

2
Anton Friedrich Justus Thibaut, **Über die Notwendigkeit eines allgemeinen bürgerlichen Rechts in Deutschland**, Heidelberg 1814, S. 413.

3
Friedrich Carl von Savigny, **Vom Beruf unserer Zeit für Gesetzgebung und Rechtswissenschaft**, in: **Pandektenrecht**, Bd. 54, Heidelberg 1814, S. 11.

4
Sog. lex Miquel-Lasker vom 20. Dezember 1873. Hierfür war eine Änderung der Reichsverfassung, Art 4 Nr. 13 notwendig, RGBl. S. 379.

5
Karl Kroeschell, **Deutsche Rechtsgeschichte**, Bd. 3, S. 190.

6
Otto von Gierke, **Die soziale Aufgabe des Privatrechts**, 1889, S. 28.

7
Die Eigentumsfreiheit ist zugleich Menschenrecht, vgl. Artikel 17 der Allgemeinen Erklärung der Menschenrechte von 1948, UN-Resolution 217 A (III), vgl. http://www.bpb.de/internationales/weltweit/menschenrechte/38624/erklaerung-der-menschenrechte?p=all (Zugriff 14. Februar 2017).

Allgemeiner Teil des BGB

8
Vgl. BGH, Urteil vom 7. Oktober 1987, Az. IVa ZR 67/86, NJW 88, 556 und BGH, Urteil vom 25. Oktober 1989 , Az. VIII ZR 229/88, NJW 90, 1181. Gesamthandsgemeinschaften sind auch die eheliche Gütergemeinschaft oder die Europäische wirtschaftliche Interessenvereinigung (EWIV).

9
Allerdings ist der nasciturus Träger von Grundrechten, z. B. gem. Art. 1 Abs. 1 GG. BVerfG, Urteile vom, 25. Februar 1975, Az. 1 BvF 1/74; Az. 1 BvF 2/74; Az. 1 BvF 3/74; Az. 1 BvF 4/74; Az. 1 BvF 5/74; Az. 1 BvF 6/74; BVerfGE 39, 1. Strafrechtlich wird der nasciturus durch §§ 218 ff. StGB geschützt, insbesondere vor Schwangerschaftsabbruch.

10
Minderjährige Kinder werden regulär durch beide Elternteile vertreten (§ 1629 Abs. 1 Satz 2 BGB), geschäftsunfähige Volljährige werden durch ihren bestellten Betreuer vertreten (§ 1902 BGB).

11
BGH, Urteil vom 25. November 2004, Az. V ZB 13/04, NJW 05, 415 und BGH, Urteil vom 3. Februar 2005, Az. V ZB 44/04, NJW 05, 1430.

12
BGH, Urteil vom 25. November 2004, Az. V ZB 13/04, NJW 05, 415.

13
Gemeint ist die »intellektuelle Einsichtsfähigkeit«, vgl. BGH, Urteil vom 26. Januar 2005, Az. VIII ZR 66/04, BGH NJW 05, 345.

14
Es gibt außerdem eine besondere Einschränkung für Heranwachsende zwischen dem 7. und 10. Lebensjahr bei Unfällen im öffentlichen Verkehr, vgl. § 828 Abs. 2 BGB.

15
Bei dem Stromdiebstahlsfall handelt es sich um ein Strafverfahren, das im Jahr 1899 vom Reichsgericht, dem »Vorläufer« des Bundesgerichtshofs, zu entscheiden war, vgl. RG, Urteil vom 1. Mai 1899, Az. Rep. 739/99, RGSt 32, 165. Der Fall ist ein Musterbeispiel für den juristischen Grundsatz »nulla poena sine lege« im Strafrecht – »keine Strafe ohne Gesetz«. Ein Monteur war des Diebstahls angeklagt: Er hatte eine fremde Stromleitung angezapft, um mit der »gestohlenen« Elektrizität seine Wohnung kostenfrei zu beleuchten. Im Reichsstrafgesetzbuch (RStGB), das am 15. Mai 1871 verkündet worden war (RGBl. 1871 S. 127) und am 1. Januar 1872 in Kraft trat, war – wie heute im § 242 StGB – geregelt, dass ein Diebstahl dann vorliegt, wenn jemand einem anderen eine fremde bewegliche Sache wegnimmt. Die oben geschilderte Tat hatte der Täter bereits eingeräumt. Das Reichsgericht hatte daher alleine über die Frage zu entscheiden, ob denn elektrische Energie als »Sache« im strafrechtlichen Sinne anzusehen sei. Es war bereits wissenschaftlich erwiesen, dass Elektrizität durch die Weitergabe von Ladungen fließt (Károly Simonyi/Harri Deutsch, **Kulturgeschichte der Physik**, Frankfurt/M. 1995) und damit keinen »körperlicher Gegenstand« darstellt. Elektrischen Strom als »Sache« zu bezeichnen, wäre damit eine Analogie. Der oben zitierte Grundsatz »nulla poena sind lege« im Strafrecht führt jedoch zu einem Analogieverbot: In konsequenter Anwendung bedeutet der Grundsatz, dass es in einem Rechtsstaat unzulässig ist, jemanden zu bestrafen, wenn die Tat nicht ausdrücklich unter Strafe gestellt wurde, selbst wenn die betreffende Tat a) missbilligt wird und b) eine vergleichbare Tat unter Strafe gestellt ist. Es wird also im Interesse des Rechtsstaats in Kauf genommen, dass das Strafrecht Lücken hat. Das Reichsgericht befolgte den Grundsatz »nulla poena sine lege« konsequent und verurteilte den Monteur nicht. Es stellte klar, dass es nicht die Aufgabe der Gerichte ist, Strafbarkeitslücken zu schließen, sondern die des Gesetzgebers. Dieser führte daher am 9. April 1900 durch das »Gesetz betreffend die Bestrafung der Entziehung elektrischer Arbeit« (RGBl. S. 129) einen neuen Straftatbestand der »Entziehung elektrischer Energie« ein. Heute ist dieses Vergehen in § 248c StGB enthalten.

16
LG Konstanz, Urteil vom 10. Mai 1996, Az. 1 S 292/95, NJW 96, 266.

17
BGH, Urteil vom 4. Novembr 1987, Az. VIII ZR 314/86, BGHZ 102, 135/44.

18
BGH, Urteil vom 18. Oktober 1989, Az. VIII 325/88, BGHZ 109, 97.

19
Ein aktuelles Beispiel für die Relevanz der Rechtsnatur von Daten hat sich jüngst gezeigt: Sog. »Steuer-CDs« wurden deutschen Behörden zum Kauf angeboten. Diese enthielten Daten von Bürgern, die Inhaber von Konten ausländischer Banken waren und ihre Kapitaleinkünfte nicht in Deutschland versteuerten. Da die Strafverfolgungsbehörden aber auch selbst Recht und Gesetz zu achten haben, muss geprüft werden, ob der Ankauf dieser Daten strafbar ist. Sicher ist: Der Ankauf einer solchen CD stellt keine »Hehlerei« (§ 259 Abs. 1 StGB) dar. Denn hierzu hätte mit gestohlenen Sachen gehandelt werden müssen. Da Daten jedoch keine Sachen sind, scheidet eine Strafbarkeit nach dieser Vorschrift aus. Es ist allerdings weiterhin umstritten, ob der Ankauf zulässig ist, denn gemäß § 17 Abs. 2 UWG ist die »Geheimnishehlerei« sehr wohl strafbar. Eine solche begeht, wer zugunsten eines Dritten ein Geschäfts- oder Betriebsgeheimnis, das er durch eine fremde Handlung gemäß § 17 Abs. 1 oder Abs. 2 Nr. 1 UWG erlangt hat, unbefugt verwertet oder jemandem mitteilt. Zwar ist der Staat kein Wettbewerber der Banken, aber im Rahmen dieser Norm genügt es auch, wenn der Wettbewerb nur mittelbar beeinflusst wird. Da Banken, die Steuerstraftaten ermöglichen, von gesetzestreuen Bürgern gemieden werden, ist eine Wettbewerbsverzerrung zu befürchten.

20
Motive des BGB, Bd. 1 = Mot I, S. 126.

21
Das Widerrufsrecht bei Verbraucherverträgen (§ 355 BGB i. V. m. § 312c BGB), Informationen des Unternehmers an den Verbraucher bei Fernabsatzverträgen (§ 312c Abs. 1 BGB), Mitteilung einer Garantieerklärung (§ 477 Abs. 2 BGB).

22
Kündigung eines Arbeitsvertrags (§ 623 BGB), Kündigung eines Mietvertrags (§ 568 BGB), ein Verbraucherdarlehensvertrag (§ 492 Abs. 1 BGB), die Bürgschaft natürlicher Personen (§ 766 BGB).

23
Grundstückskaufvertrag (§ 311b Abs. 1 BGB), Ehevertrag (§ 1410 BGB), Erbvertrag (§ 2276 BGB), öffentliches Testament (§ 2232 BGB), Schenkungsversprechen (§ 518 Abs. 1 S.1 BGB) – wobei z. B. beim Schenkungsversprechen der Formmangel geheilt werden kann, indem das Rechtsgeschäft vollzogen wird. Bsp.: Das Weihnachtsgeschenk wurde wirksam geschenkt, wenn es übereignet wurde.

24
Ulrich Eisenhardt, **Zum subjektiven Tatbestand der Willenserklärung**, JZ 1986, 875; Otto Palandt/Jürgen Ellenberger, **BGB**, 75. Aufl. 2016, Einführung vor § 116 Rn 2.

25
Friedrich Carl von Savigny, Bernhard Joseph Hubert Windscheid, Ernst Zitelmann, vgl. Palandt/Ellenberger (wie Anm. 24).

26
Josef Kohler, Rudolf Leonhard, vgl. Palandt/Ellenberger (wie Anm. 24).

27
BGH, Urteil vom 7. Juni 1984, Az. IX ZR 66/83, BGHZ, 91, 324 ff.; BGH, Urteil vom 14. Mai 2002, Az. XI ZR 155/01, NJW 02, 2325 (2327).

28
BGH, Urteil vom 2. November 1989, IX ZR 197/88, BGHZ 109, 171.

29
BGH, Urteil vom 17. Oktober 2000, Az. X ZR 97/99, NJW 01, 289.

30
Vgl. Hermann Isay, **Die Willenserklärung im Tatbestande des Rechtsgeschäfts**, 1899, S. 25.

31
»Trotz fehlenden Erklärungsbewußtseins (Rechtsbindungswillens, Geschäftswillens) liegt eine Willenserklärung vor, wenn der Erklärende bei Anwendung der im Verkehr erforderlichen Sorgfalt hätte erkennen und vermeiden können, daß seine Äußerung nach Treu und Glauben und der Verkehrssitte als Willenserklärung aufgefaßt werden durfte, und wenn der Empfänger sie auch tatsächlich so verstanden hat. Sie kann gemäß §§ 119,121,143 BGB angefochten werden«, BGHZ 91, 324.

32
BGH, Urteil vom 14. Juli 1956, Az. V ZR 223/54, BGHZ 21, 319 = NJW 56, 1475.

33
Außerdem entschied der BGH in seinem Urteil, dass Unternehmen an öffentlichen Verkehrsflächen Mitbesitz erlangen können, § 866 BGB i. V. m. § 854 BGB – eine ebenfalls richtungsweisende Aussage. Anderenfalls hätte das Unternehmen gar nicht selbst die Klage führen dürfen.

34
Karl Larenz, **Die Begründung von Schuldverhältnissen durch sozialtypisches Verhalten**, NJW 1956, 1897–1900.

35
»Larenz weist darauf hin, dass im modernen Massenverkehr Schuldverhältnisse vorkommen, deren Grundlage nicht in einer rechtsgeschäftlichen Einigung der Beteiligten zu finden sei, sondern in dem rein tatsächlichen öffentlichen Angebot einer Leistung und in der rein tatsächlichen Inanspruchnahme dieser Leistung durch den Verkehrsteilnehmer. Solches Verhalten sei mangels eines entsprechenden Erklärungsbewusstseins nicht als beiderseitige Willenserklärung anzusehen, sondern als ein Vorgang, der nach einer sozialtypischen Bedeutung die gleiche Rechtsfolge habe, wie ein rechtsgeschäftliches Handeln. Das Benutzen einer für jeden gegebenen Beförderungsmöglichkeit lasse ein Vertragsverhältnis entstehen, nicht weil diese rechtliche Folge des tatsächlichen Handelns des Fahrgastes gewollt oder gar erklärt sei, sondern weil sie nach allgemeiner Verkehrsanschauung unzweifelhaft damit verbunden sei.«, BGH, Urteil vom 14. Juli 1956, Az. V ZR 223/54, BGHZ 21, 319 = NJW 56, 1475.

36
Vgl. Rn 112 ff.

37
Beim Gefälligkeitsvertrag sind alle schuldrechtlichen Vorschriften anwendbar, insbesondere auch diejenigen über die Leistungsstörungen. Häufig wird als Vertragstypus der Auftrag angenommen, vgl. bspw. § 662 BGB, aber auch §§ 521, 599 und 690 BGB.

38
Motive des BGB (wie Anm. 20).

39
Begründet wurde das Fehlen einer Definition von der ersten Kommission für das BGB wie folgt: »Das Wesen der verschiedenen Gattungen der Rechtsgeschäfte bedarf keiner allgemeinen Kennzeichnung. Die Aufzählung der möglichen Arten und Unterarten und die Hervorhebung der die Verschiedenheiten aufweisenden Merkmale würde zudem nur lehrhafter Natur sein.« **Motive des BGB** (wie Anm. 20), S.127.

40
Palandt/Ellenberger (wie Anm. 24), vor § 145, Rn 1.

41
BVerfG, Urteil vom 12. November 1958, Az. 2 BvL 4/56; Az.2 BvL 26/56; Az. 2 BvL 40/56; Az. 2 BvL 1/57; Az. 2 BvL 7/57, BVerfGE 8, 274 (328).

42
BVerfG 12, 347. Zivilrechtliche Selbstbestimmung darf für den anderen Vertragsteil nicht zur schrankenlosen Fremdbestimmung werden, vgl. BVerfG NJW 90, 1470 und 94, 38. Siehe auch Rn 6.

43
Indirekt wirken die Prinzipien des Grundgesetzes, z. B. die Sozialstaatsklausel in Art. 20 und 28 GG, über die sog. »Generalnormen« des BGB, wie z. B. § 138, § 242 oder § 826 BGB.

44
Rudolf von Jhering, **Culpa in contrahendo**, in: **Jahrbücher für die Dogmatik des heutigen römischen und. deutschen Rechts,** Jhering-Jahrbuch, Bd. 4, 1861, 1.

45
BGH 67, 271.

46
Vgl. Palandt/Ellenberger (wie Anm. 24), § 130 Rn 6.

47
BGH 36, 30; 103, 280.

48
RGZ 99, 147.

49
Wenn der Discounter allerdings zu wenig Geräte vorhält, kann er gegen das Wettbewerbsrecht verstoßen, vgl. Anhang zu § 3 UWG, dort Nr. 5.

50
Man kann die wechselseitige Verpflichtung zum Kauf und Verkauf im Rahmen des § 433 BGB auch als zwei Verpflichtungsgeschäfte ansehen. Dann erhöht sich die Anzahl auf vier Rechtsgeschäfte, acht Willenserklärungen und 24 Prüfungspunkte.

51
Zu von Savigny vgl. oben Rn 3.

52
Beim Kausalprinzip sind Verpflichtungs- und Verfügungsgeschäft untrennbar kausal miteinander verknüpft: Scheitert das eine, ist auch das andere unwirksam. Der Käufer erwirbt in einem einheitlichen Rechtsvorgang Eigentum an der Kaufsache, sobald der Vertrag geschlossen ist.

53
Vgl. Andreas Wacke, **ZEuP 00**, 254.

54
BGH NW 12, 1431.

55
So z. B. bei der sog. »Einmann-GmbH«, in der der einzige Gesellschafter gleichzeitig Geschäftsführer ist. Eine Befreiung von der Beschränkung des § 181 BGB kann auch gegen die Sozialversicherungspflicht des Geschäftsführers sprechen, da sie dessen unternehmerische Stellung aufwertet.

Schuldverhältnisse

56
Das Schuldverhältnis ist damit abzugrenzen vom Gefälligkeitsverhältnis. Dieses ist eine rein gesellschaftliche Vereinbarung, die nicht zur Leistung verpflichtet, vgl. Exkurs »Gefälligkeitsvertrag«, Rn 25.

57
Generalnormen wie § 138 BGB sind ein »Einfallstor« der historischen Umstände in das Gesetz. § 138 BGB blieb seit Inkrafttreten des BGB in seiner Formulierung unverändert und unterlag damit der Auslegung durch so verschiedene Systeme wie dem Wilhelminischen Kaiserreich, der Weimarer Republik, der Bundesrepublik Deutschland der Nachkriegszeit, der Deutschen Demokratischen Republik (DDR) und des wiedervereinigten Deutschland. Es lässt sich leicht vorstellen, dass z. B. ein auf die »käufliche Liebe« gerichteter Vertrag in diesen Systemen unter dem Aspekt der Sittenwidrigkeit sehr unterschiedlich bewertet wurde. Vgl. z. B. Fritjof Börner, **Die Bedeutung der Generalklauseln für die Umgestaltung der Rechtsordnung in der nationalsozialistischen Zeit**, Frankfurt/M. 1989; Verena Knauf, **Die Rolle der Generalklauseln in den Zivilentscheidungen des Obersten Gerichts der DDR von 1950 bis 1958, forhistiur**, Download über http://www.forhistiur.de/en/2004-11-knauf/?l=de (Zugriff 25. September 2016).

58
Aus diesem Grund sieht der in Rn 98 abgedruckte Muster-Werkvertrag eine erste Entwurfsstufe und eine zweite Ausarbeitungsstufe vor.

59
Ein »Selbsthilferecht« des Gläubigers für die Durchsetzung seiner Forderungen gibt es in Deutschland nicht. Art. 20 GG schützt das Gewaltmonopol des Staates.

60
Mot II S 48; BGH NJW 53, 59; NJW-RR 90, 447.

61
BGH NJW 09, 2298.

62
Vgl. Otto Palandt/Christian Grüneberg, **BGB**, 75. Aufl. 2016, § 275 Rn 26.

63
Vgl. Rn 14 und Rn 45.

64
Vgl. Palandt/Grüneberg (wie Anm. 62), § 320 Rn 11.

65
BGH WM 07, 612.

66
Beispiele für verschiede Vertragsarten in Palandt/Grüneberg (wie Anm. 62), § 271 Rn 8.

67
So z. B. bei Klageerhebungen vor dem Landgericht, § 78 ZPO.

68
Das haben zumindest viele Oberlandesgerichte in der Vergangenheit bestätigt. Die Rechtsprechung des BGH und des BFH ist insoweit aber noch nicht gefestigt. Der BGH geht bislang davon aus, dass durch den OK-Vermerk im Sendeprotokoll eines Telefaxes nur ein Indiz für den Zugang besteht, dass der Empfänger dann durch konkreten Sachvortrag erschüttern muss (z. B. Urteil vom 19. Februar 2014, NJW-RR 14, 683).

69
Anders ist dies allerdings bei E-Mails mit elektronischer Signatur, vgl. § 371 a Abs. 1 ZPO »Beweiskraft elektronischer Dokumente«.

70
Zum Verbraucherrecht vgl. Rn 137 ff.

71
BGH NJW 82, 1585.

72
BGH NJW 07, 3777.

73
In diesem Fall kann die Anpassung des Vertrags verlangt werden. Nur wenn einem Vertragsteil das Festhalten am Vertrag schlechthin nicht mehr zugemutet werden kann, kann dieser vom Vertrag zurücktreten, § 313 Abs. 3 BGB. Diese Regelung entspricht dem Grundsatz von Treu und Glauben (§ 242 BGB) und wird von der Rechtsprechung sehr zurückhaltend angewendet.

74
Für die anfängliche Unmöglichkeit besteht mit § 275 Abs. 4 i. V. m. § 311a BGB eine eigene Anspruchsgrundlage in § 311a Abs. 2 BGB, die aber dieselben Rechtsfolgen auslöst wie in allen anderen Fällen der Unmöglichkeit. Diese spezielle Anspruchsbegründung wurde in das BGB aufgenommen, weil vor der Schuldrechtsreform bis 2002 gem. § 306 BGB a. F. ein Vertrag nichtig war, der eine objektiv unmögliche Leistung zum Gegenstand hatte. Dies ist nun gem. 311a Abs. 1 BGB n. F. nicht mehr der Fall.

75
BGH 108, 156.

76
Vgl. BGH NJW 93, 2013.

77
BGH NJW 10, 1135.

78
Vgl. Palandt/Grüneberg (wie Anm. 62), § 241 Rn 6; BVerfG 8, 328.

79
Ein ähnliches Beispiel ist der sog. »Karlsruher Autofahrer« als mustergültiger Fahrzeuglenker des BGH.

80
BGH 10, 16; BGH NJW 07, 2988.

81
So z. B. §§ 30 Abs. 1, 521, 599, 680 und 968 BGB. Vgl. auch § 277 BGB: Wer nur für diejenige Sorgfalt einzustehen hat, welche er in eigenen Angelegenheiten anzuwenden pflegt, haftet nicht für leichte, sondern nur für grobe Fahrlässigkeit. § 277 BGB ist z. B. anwendbar für den zum Rücktritt Berechtigten gem. § 346 Abs. 3 Nr. 3 BGB oder den zum Widerruf berechtigten Verbraucher, § 357 Abs. 1 BGB.

Wichtige Vertragstypen für Designer

82
BGH NJW 02, 748.

83
Denn die wirtschaftlichen Folgen liegen nicht im Verantwortungs- und Einflussbereich des Werkunternehmers, vgl. Otto Palandt/Hartwig Sprau, **BGB**, 75. Aufl. 2016, § 633 Rn 4.

84
BGH NJW 08, 1523.

85
BGH 11, 80; 50, 175.

86
Vgl. bspw. BGH NJW 08, 511.

87
BGH 59, 365; derartige Fälle treten häufiger bei Bauleistungen auf.

88
Der Besteller kann aber die Nacherfüllung durch Fristsetzung nach einem ersten fehlgeschlagenen Versuch abkürzen, vgl. § 636 BGB und Palandt/Sprau (wie Anm. 83), § 635, Rn 5.

89
Das sind: § 640 Abs. 1 Satz 3 (Abnahmeverzug) und § 646 BGB (Vollendung, wenn Abnahme nicht möglich).

90
Aus diesem Grund sollte ein Arbeitnehmer, der eine vom Arbeitgeber ausgesprochene Kündigung für unwirksam hält, stets seine Arbeitsleistung anbieten. Arbeitet er während des Kündigungsrechtsstreits bereits bei einem anderen Arbeitgeber, hat er sich das dort erzielte Entgelt auf seinen Vergütungsanspruch anrechnen zu lassen, § 615 Satz 2 BGB.

91
Dies gilt auch dann, wenn sich der Arbeitnehmer bei der Ausübung des Sports erheblich überschätzt, vgl. Urteil des Bundesarbeitsgerichts (BAG), vom 7. Oktober 1981, NJW 82, 1014 (Drachenfliegen).

92
BAG NJW 04, 2545.

93
Ständige Rechtsprechung, vgl. bspw. BGH NJW 04, 2817 für freie Dienstverträge und BAG NZA 07, 105 für Arbeitsverträge.

94
Otto Palandt/Walter Weidenkaff, **BGB**, 75. Aufl. 2016, § 611 Rn 16.

95
BAG NJW 05, 540.

96
BAG NJW 13, 954.

97
Z. B. der Ausschluss des Rücktrittsrechts der §§ 323, 324 BGB durch § 626 Abs. 1 BGB (statt dessen fristlose Kündigung); eine Beendigung des Dienstverhältnisses ist durch Zeitablauf möglich, § 620 Abs. 1 BGB, und es gibt weitere spezielle Kündigungsvorschriften, vgl. §§ 620 Abs. 2, 621–623 BGB.

98
BAG NJW 04, 2469, vgl. die Rechtsprechungsübersicht in Palandt / Weidenkaff (wie Anm. 94), § 611 Rn 152 ff.

99
Ebd., § 611 Rn 159.

100
Die Nacherfüllung darf nicht mit dem Umtausch verwechselt werden. Beim Umtausch liegt kein Mangel vor, es handelt sich also nicht um den Fall einer Schlechtleistung. Ein gesetzliches Recht auf Umtausch gibt es nicht. Wenn allerdings der Verkäufer zuvor mit einem Recht auf Rückgabe oder Umtausch geworben hat, ist dieses Recht als Nebenpflicht auch Bestandteil des Kaufvertrags geworden und kann vom Käufer geltend gemacht werden.

Unerlaubte Handlungen

101
BGH 39, 103.

102
BGH NJW 91, 1984; 05, 2615.

103
Das Schutzgut entspricht dem des § 239 StGB (Freiheitsberaubung); zivilrechtlich liegt eine Verletzung allerdings nicht vor, wenn nur die allgemeine Handlungs- und Entschlussfreiheit beeinträchtigt wird, vgl. Palandt/Sprau (wie Anm. 83), § 823 Rn 6.

104
BGH, Urteil vom 18. Januar 2012, Az. I ZR 187/10, NJW 12, 2034, Palandt / Sprau (wie Anm. 83),§ 823 Rn 11; das sind z. B. dingliche Rechte wie Erbbaurecht oder Dienstbarkeit, dazu gehört auch der Besitz, es werden aber auch das Namensrecht, das Urheberrecht, andere gewerbliche Schutzrechte umfasst, ebenso wie das Recht am eingerichteten und ausgeübten Gewerbebetrieb; in diesem Bereich gibt es einige Einzelfallentscheidungen, ein Blick in den Kommentar empfiehlt sich also.

105
BGH, Urteil vom 4. Februar 1964, Az. VI ZR 25/63, BGHZ 41, 123 (127); **Motive**, Bd. 2. S. 726 f: Da sich das Deliktsrecht aus dem römischen Strafrecht heraus entwickelt hat, sollen nur absolute Rechte geschützt werden und nicht etwa rein »obligatorische« Verpflichtungen.

106
Als Rechtfertigungsgründe kommen insbesondere in Betracht: Notwehr (§ 227 BGB), Notstand (§§ 228, 904 BGB), Selbsthilfe (§§ 229 ff., §§ 859, 860 BGB), aber auch die »Wahrnehmung berechtigter Interessen«, nachbarrechtliche Vorschriften oder die elterliche Sorge. Ein vertraglicher Rechtfertigungsgrund ist häufig die Einwilligung des Patienten in die Körperverletzung bei einer Operation.

107
BGH NJW 51, 398; 72, 1045; 94, 2754; die Rechtsprechung legt aber hohe Maßstäbe an die Erkundigungspflichten des Schädigers und hält ihm u. U. auch falsche Auskünfte seiner Berater entgegen, vgl. Palandt/Grüneberg (wie Anm. 62), § 276 Rn 22.

108
BGH NJW 04, 356; 12, 1800, vgl. auch Palandt/Sprau (wie Anm. 83), § 823 Rn 57.

109
BGH NJW-RR 13, 550.

110
BGH NJW 04, 2664.

111
So z. B. bewusste Täuschung beim Vertragsabschluss, Abwerbung von Mitarbeitern, leichtfertige Gutachten oder Expertisen, Kapitalanlageempfehlungen, Widerspruch bei Lastschriftverfahren, existenzvernichtender Vermögensentzug im Gesellschaftsrecht, Informationsdeliktshaftung gegenüber Aktionären, Insolvenzverzögerung etc.

112
BGH 45, 177 und BGH MDR 69, 733.

113
BGH LM Nr. 3a; OLG Koblenz NJW 03, 2834.

114
Vgl. Palandt/Sprau (wie Anm. 83), § 833 Rn 17 a.E.

Schadensersatz

115
Vgl. Palandt/Grüneberg (wie Anm. 62), vor § 249 Rn 9.

116
BGH NJW 94, 2357; 09, 1870; 11, 1962; die Differenzhypothese geht schon auf Friedrich Mommsen zurück (»Zur Lehre von dem Interesse«, 1855).

117
Neben den in § 253 Abs. 2 BGB genannten Rechtsgütern Körper, Gesundheit, Freiheit und sexuelle Selbstbestimmung, wird auch das allgemeine Persönlichkeitsrecht geschützt, BVerfG NJW 2000, 2187; BGH NJW 2000, 2195.

118
BGH NJW-RR 01, 887.

119
BGH 3, 266.

120
BGH NJW 98, 138; 05, 1420.

121
BGH 3, 266.

122
BGH VersR 59, 1000; 63, 263.

123
BGH NJW 12, 2024; 13, 1679.

124
Der BGH hat einen derartigen Fall bereits entschieden: BGH NJW 68, 2287.

125
BGH NJW 83, 1371; es wird an diesem Fall deutlich, dass andere Rechtssysteme, z. B. metaphysisch oder theologisch begründete, zu abweichenden Ergebnissen gelangen können. Wer der Auffassung ist, jeglicher Kausalverlauf sei vorherbestimmt oder gottgewollt, wird einen differenzierenden Zurechnungszusammenhang nicht benötigen.

126
Palandt/Grüneberg (wie Anm. 62), vor § 249 Rn 68 unter Verweis auf BGH NJW 06, 499 u. a.

127
Vgl. z. B. § 97 Abs. 1 Satz 2 UrhG, § 139 Abs. 2 Satz 2 PatG, § 42 Abs. 2 DesignG.

128
Vgl. bspw. BGH NJW 08, 373; WM 10, 1950.

129
§ 227 BGB ist die Parallelvorschrift zur strafrechtlichen Notwehr gem. § 32 StGB, beide Vorschriften sind einheitlich auszulegen. Abweichend vom Wortlaut bezieht sich § 227 BGB nicht nur auf das Leben oder den Körper, sondern auf alle geschützten Rechtsgüter, vgl. § 823 Abs. 1 BGB.

130
Hier ist – je nach den Umständen des Einzelfalls – auch eine abweichende Bewertung möglich. In Klausuren entscheidet dabei nicht das prozentuale Ergebnis, sondern die Qualität der Argumentation.

131
BGH NJW 11, 1529.

Verträge mit Verbrauchern

132
Tatsächlich ist die Geschichte des Verbraucherschutzes wesentlich älter. Schon parallel zur Industrialisierung im 19. Jahrhundert gründeten sich erste Konsumgenossenschaften, die die Interessen ihrer Mitglieder durch eine Beteiligung am Marktgeschehen (d. h. vor allem Einkauf zu vergünstigten Konditionen) wahrnahmen. Auch Wohnungsbaugenossenschaften und Mietervereine entstanden. Während der Zeit des Nationalsozialismus wurden solch unabhängige Organisationen gleichgeschaltet. Allerdings rücken die Verbraucherinteressen im Zuge der Nachkriegsdebatte um die soziale Marktwirtschaft wieder in den Vordergrund. Erste Verbraucherzentralen entstehen Ende der 1950er-Jahre in Westdeutschland. 1962 thematisiert der amerikanische Präsident John F. Kennedy vor dem Kongress Verbraucherrechte, auch amerikanische Anwälte entdecken das Rechtsgebiet für medienwirksame Veröffentlichungen. 1971 legt die Bundesregierung einen ersten Bericht zur »Verbraucherpolitik« vor.

133
Vgl. Palandt/Ellenberger (wie Anm. 24), vor § 145 Rn 14 f.

134
BGH NJW 08, 435.

135
BGH NJW 06, 2250.

136
Der Unternehmerbegriff ist in den deutschen Rechtsgebieten nicht einheitlich definiert, auch wenn sich Rechtsprechung und Lehre um eine Vereinheitlichung bemühen. Dies liegt daran, dass er zum Teil die Begriffe des Kaufmanns und des Gewerbetriebs ersetzt hat, im Verbraucherrecht eine eigenständige Funktion besitzt, im Werkvertragsrecht als »Werkunternehmer« ebenfalls eigene Bedeutung hat und das Steuerrecht wiederum ein in sich geschlossenes System um den Begriff bildet. Wer den Begriff Unternehmer benutzt, muss also zunächst klarstellen, in welchem Kontext dieser steht. Die vorzitierte Definition des BGH ist zumindest für das allgemeine Zivilrecht, das Handelsrecht und das Steuerrecht vereinheitlichend.

137
Das Verbraucherrecht ist auch dann nicht anwendbar, wenn in einem Vertrag mit einem Unternehmer der Verbraucher die »typische Unternehmerposition« einnimmt, also ein Rollentausch stattfindet. Dann entfällt der Schutzbedarf des Verbrauchers. Dies kann u. a. beim Verkauf einer Sache durch den Verbraucher an den Unternehmer der Fall sein, bspw. beim Verkauf eines gebrauchten Fahrzeugs an einen Händler.

138
U. a. §§ 651a ff. BGB (Reisevertrag), § 655 e BGB (Verbraucherdarlehen), § 675 a Abs. 1 BGB (Zahlungsdienste); hierhin gehören auch zahlreiche Vorschriften des Mietrechts, vgl. Palandt/Weidenkaff (wie Anm. 94), vor § 535 Rn 127.

139
Richtlinie 93/13 EWG des Rates vom 5. April 1993 über missbräuchliche Klauseln in Verbraucherverträgen.

140
Untergrenze für »Vielzahl«, BGH NJW 98, 2286.

141
Weitere Informationspflichten sind enthalten in § 651 l BGB (Gastschulaufenthalte), § 675a BGB (entgeltliche Geschäftsbesorgung) und in der Verordnung über die Informations- und Nachweispflichten nach bürgerlichem Recht (BGB-Informationspflichten-Verordnung, BGBInfoV). Auch die Rechtsprechung hat für bestimmte Situationen Informationspflichten herausgearbeitet, z. B. bei der Beschaffenheit über einen Kaufgegenstand, bei Angaben über die Ertragskraft eines Unternehmens, bei Vergütungsbesonderheiten im Rahmen von Werkverträgen etc. Grundlage für diese Pflichten sind § 242 BGB bzw. die Grundsätze der c. i. c., vgl. Rn 31.

142
Schon diese relativ simple Informationspflicht wird in der Praxis sehr häufig ignoriert. Mitarbeiter in Callcentern werden angewiesen, entsprechende Fragen nicht zu beantworten oder aufzulegen. Oft genug werden von Callcentern im außereuropäischen Ausland auch unzutreffende Rufnummern vorgetäuscht und verdeckte Tonbandaufnahmen verfälschend zusammengeschnitten, damit ein Vertragsabschluss »nachgewiesen« werden kann. Rechtlich hat all dies keinen Bestand und ist sogar strafbar. Dennoch scheinen sich diese Methoden auszuzahlen.

143
Ein vollständiger Überblick findet sich im Kommentar, z. B. Palandt / Grüneberg (wie Anm. 62), vor § 355 Rn 5.

144
Ebd. mit weiteren Nachweisen.

145
Andere abweichende Regelungen in § 356a Abs. 1–4 BGB (Teilzeitwohnrechtsverträge u. ä.), § 356b Abs. 1–3 BGB (Verbraucherdarlehen), § 356c Abs. 1 BGB (Ratenlieferungsvertrag).

146
BGH NJW 06, 211.

Urheberrecht

147
Schon Martin Luther schimpfte darüber: »Eine Vermahnung an die Drucker, Gnade und Friede! Was soll doch sein, meine lieben Druckerherrn, dass einer dem andern so öffentlich raubt und stiehlt das Seine? Seid ihr nun Straßenräuber und Diebe geworden? Oder meint ihr, dass Gott euch segnen und ernähren wird durch solche böse Tücke und Stücke? Wohlan, Gott wird's finden, was du dran gewinnst, da schnüre die Schuh mit; du bist ein Dieb und vor Gott schuldig die Wiederstattung. Nun wäre der Schaden dennoch zu leiden, wenn sie doch meine Bücher nicht so falsch und schändlich zurichten ... Da ist etwas ausgelassen; da ist es versetzt; da gefälscht, da nicht korrigiert. ... Es ist ungleich Ding, dass wir arbeiten und Kost sollen drauf wenden, und andere sollen den Genuss und wir den Schaden haben.« Martin Luther,

Auslegung der Episteln und Evangelien vom Advent an bis auf Ostern, Würzburg 1525, Schlusswort; zitiert nach Artur-Axel Wandtke (Hrsg.), **Urheberrecht**, 5. Aufl. 2016, S. 6.

148
Privilegien sind Vorrechte, die von der herrschenden Autorität Einzelpersonen verliehen werden. Gewährt wurden z. B. Privilegien zugunsten bestimmter Drucker, die allen anderen Druckern den Nachdruck ihrer Erzeugnisse verboten. Die Reichweite derartiger Privilegien war abhängig von den lokalen und regionalen Machtverhältnissen.

149
Ein kurzer, aber gehaltvoller Überblick dieser geschichtlichen Entwicklung findet sich in Wandtke (wie Anm. 147), S. 3 ff.

150
Ausgehend vom Droit d'auteur-System wurden mehrere europäische Harmonisierungs-Richtlinien erlassen. Hinzu kommt eine stetige EuGH-Rechtsprechung zum europäischen Urheberrecht. Die Entwicklung steuert auf eine europäische Urheberrechtsverordnung hin, die von der Europäischen Kommission schon mehrfach angeregt wurde. Derzeit maßgeblich ist die EG-Richtlinie von 2001 zum Urheberrecht in der Informationsgesellschaft, die die Vereinheitlichung des Urheberrechts in den europäischen Partnerländern zum Ziel hat. Zuletzt in 2008 wurde auf dieser Grundlage ein Teil des UrhG modifiziert. Deutschland setzt die europäischen Vorgaben in drei »Körben« um. Zwei Körbe sind bereits abgearbeitet, seit 2010 laufen die Anhörungen und Arbeiten zur Umsetzung des dritten Korbs.

151
Walter Benjamin, **Das Kunstwerk im Zeitalter seiner technischen Reproduzierbarkeit**, 1935/36. Dieses Werk war maßgeblich für die nachfolgenden Kontroversen um das Wesen der Massenkultur, die insbesondere durch die sog. Frankfurter Schule um Max Horkheimer und Theodor W. Adorno beeinflusst wurden.

152
Georg Nees (23. Juni 1926–3. Januar 2016); die Ausstellung fand in der Studiengalerie der TH Stuttgart statt. Sie ist dokumentiert, vgl. Georg Nees/Max Bense (Hrsg.), **computer grafik**, Stuttgart 1965.

153
Gerhard Schricker, **Kommentar zum UrhG**, 3. Aufl., Einl. Rn 7; vgl. auch Gerhard Schricker/Ulrich Loewenheim, **Kommentar zum UrhG**, 4. Aufl., § 2 Rn 18.

154
BGH GRUR 2005, 854, 856 – Karten-Grundsubstanz; weitere Nachweise bei Schricker/Loewenheim (wie Anm. 153), § 2 Rn 23.

155
Verwendet wurde der Ausdruck erstmals von dem Juristen Alexander Elster in seinem 1921 erschienen Lehrbuch **Gewerblicher Rechtschutz**.

156
Interessant ist der Vorschlag, Maßstäbe über die prozentuale Berechnungen mittels Gaußscher Verteilungsformel zu entwickeln, vgl. Axel Nordemann/Friedrich Nicolaus Heise, **ZUM 2001**, 128, 135.

157
BGH GRUR 83, 377, 387 – Brombeermuster.

158
Allerdings darf der Eigentümer sie entfernen lassen, da sie ihm aufgedrängt wurden. Der BGH hat dieses Abwägungsergebnis mehrfach betont, vgl. z. B. BGHZ 129, 66 – Mauerbilder.

159
Auch Minderjährige und nicht Geschäftsfähige können daher Urheber werden.

160
Wer sich Reden schreiben lässt oder für andere Aufgaben einen Ghostwriter beauftragt (z. B. Memoiren), oder wer sich Musiktitel komponieren lässt, ist selbst kein Urheber.

161
Im geschilderten Fall müsste dann geprüft werden, ob aber (vielleicht auch nur durch schlüssiges Verhalten) eine vertragliche Vereinbarung zur gemeinsamen Verwertung »verbundener Werke« im Sinne des § 9 UrhG getroffen wurde. Dann bestünde zwischen den Studenten eine Verwertungsgesellschaft in der Form einer Gesellschaft des bürgerlichen Rechts (GbR).

162
BGH GRUR 11, 59, 60 – Lärmschutzwand.

163
Eine solche Regel gibt es nur für Computerprogramme, vgl. § 69b UrhG.

164
Unter anderem um dieses »Verblassen« ging es urheberrechtlich in der bekannten Diskussion um den Stuttgarter Hauptbahnhof ab 2007. BGH ZUM 12, 33 – Stuttgart 21. Das »Verblassen« hängt von der Art des Werkes ab. Die Werkverbindung zur »kleinen Münze« verblasst relativ schnell, wohingegen ein Verblassen bei bestimmten Werken der bildenden Kunst gar nicht festgestellt werden kann.

165
Gegen eine unberechtigte Veröffentlichung nach der Erstveröffentlichung muss der Urheber aufgrund einer Verletzung seiner Verwertungsrechte vorgehen, §§ 15 ff., 97 UrhG.

166
BGH GRUR 81, 676, 678 – Architektenwerbung.

167
BGH GRUR 07, 691, 693 – Staatsgeschenk. Ggf. muss im Einzelfall entschieden werden; so kann zwar die Berufs- oder Künstlergattung Bestandteil der Bezeichnung sein, nicht jedoch Adresse oder andere Kontaktdaten. Ein Architekt kann keine Inschrift über der Tür des Einfamilienhauses beanspruche, er muss sich aber auch nicht auf eine Plakette im Heizungskeller verweisen lassen. Zu dieser Fragestellung gibt es diverse höchstrichterliche Entscheidungen.

168
Zitiert aus dem Originaltext des Urteils des Reichsgerichts in RGZ 79, 397 – Felseneiland mit Sirenen.

169
Zitiert aus dem Originaltext des Urteils des LG Mannheim in GRUR-RR 15, 515.

170
So ausdrücklich BGH GRUR 89, 106, 107 – Oberammergauer Passionsspiele II, vgl. auch Nachweise bei Schricker/Loewenheim (wie Anm. 153), § 14 Rn 21.

171
Einen guten Überblick der Rechtsprechung bieten die einschlägigen Kommentare zum UrhG. Mittlerweile können wichtige Urteile aber auch im Internet in den Open-Source-Datenbanken gefunden werden, z. B. auf www.openjur.de. Diese sammeln Links zu kostenlosen Volltextveröffentlichungen der Urteile und listen diese nach den jeweiligen Paragraphen auf.

172
Vgl. Wandtke (wie Anm. 147), S. 130 f.

173
Ständige Rechtsprechung, vgl. z. B. LG Berlin GRUR 07, 964, 968 – Hauptbahnhof Berlin.

174
Schricker/Loewenheim (wie Anm. 153), § 14 Rn 27 mit Verweis auf BGH GRUR 09, 395, 399 – Klingeltöne.

175
BGH GRUR 71, 35, 37 – Maske in blau.

176
Vgl. Schricker/Loewenheim (wie Anm. 153), § 14 Rn 28.

177
Ebd., § 14 Rn 29 mit Verweis auf BGH GRUR 99, 230, 232 – Treppenhaus-
gestaltung.

178
Z. B. LG München I FuR 82, 510, 513 und 513, 514 – ADAC-Hauptverwaltung I und II; weitere Fälle bei Schricker/Loewenheim (wie Anm. 153), § 14 Rn 37.

179
LG Mannheim in GRUR-RR 15, 515.

180
Adolf Dietz/Alexander Peukert in: Schricker/Loewenheim (wie Anm. 153), § 14 UrhG Rn 38 m. w. N.; Gernot Schulze in: Thomas Dreier/Gernot Schulze, **UrhG**, 4. Aufl., § 14 Rn 27 f; Gunda Dreyer in: Gunda Dreyer/Jost Kotthoff/Astrid Meckel, **UrhR**, 3. Aufl., § 14 Rn 49; Schack, GRUR 1983, 56, 57; Honscheck, GRUR 07, 944, 949; Hermann Kroitzsch/Horst-Peter Götting in: Philipp Möhring/Käte Nicolini, **UrhR**, 3. Aufl., § 14 UrhG Rn 24 ff.; Dietz plädiert dafür, den Schutz vor Werkzerstörung in § 11 Satz 1 UrhG zu verankern, auch hier müsse abgewogen werden, vgl. Wandtke (wie Anm. 147), S. 136.

181
Schricker/Loewenheim (wie Anm. 153), § 14 Rn 38a.

182
Wandtke (wie Anm. 180); Schricker/Loewenheim (wie Anm. 153), § 14 Rn 38a.

183
Vgl. OLG Schleswig, ZUM 06, 426; Schricker/Loewenheim (wie Anm. 153), § 14 UrhG Rn 38a; Dustmann, in Friedrich K. Fromm/Wilhelm Nordemann, **UrhR**, 11. Aufl., § 14 UrhG Rn 33; Schack, GRUR 83, 56, 57.

184
Schricker/Loewenheim (wie Anm. 153), vor §§ 12 ff. Rn 8.

185
Ebd.

186
Ebd., § 15 Rn 21.

187
Z. B. Ebd. oder Thomas Dreier/Gernot Schulze, **Kommentar zum UrhG**, 5. Aufl. 2015.

188
Wandtke (wie Anm. 147), S. 157 unter Verweis auf LG München I ZUM 13, 230.

189
Ebd., S. 167.

190
BGH GRUR Int. 08, 855, 857 – TV Total; BGHZ 122, 53, 60 – Alcolix; BGHZ 141, 267, 280 – Laras Tochter.

191
BGH GRUR 14, 65, 71 – Beuys-Aktion.

192
Die Deutsche Telekom AG hat die Farbe Magenta (RAL-4010) als Farbmarke für Waren und Dienstleistungen aus dem Bereich der Telekommunikation unter der Registernummer 39552630.2 registrieren lassen.

193
Vgl. bspw. BGH GRUR 70, 250, 251 – Hummel III.

194
BGHZ 154, 260, 269 – Gies-Adler.

195
BGH NJW 01, 603, 605 – Mattscheibe.

196
Zwar gibt es für Urheber im Internetbereich zunehmend mehr Möglichkeiten, eigene Vermarktungsstrategien zu entwickeln. Die Übertragung von Nutzungsrechten auf andere Vertragspartner ist aber bis auf weiteres der gesetzliche Regelfall.

197
BGH GRUR 10, 62 f.

198
https://www.facebook.com/terms/provisions/german/index.php (Zugriff am 14. Juli 2016).

199
Es gibt eine Vielzahl derartiger freier Lizenzen, die vor allem im Bereich des Internets entwickelt worden sind. Über Wikipedia ist bspw. die GNU Free Documentation License sehr bekannt geworden. Im Bereich der Software werden solche Lizenzen häufig im Zusammenhang mit Freeware und Open Source-Programme vergeben, vgl. die Grundsätze der Free Software Foundation in Boston, USA. Achtung: Nicht selten wird die kostenfreie Nutzung nur für den privaten Gebrauch eingeräumt! Das kann auch für gebräuchliche Schriften großer Softwarekonzerne der Fall sein.

200
Vgl. bspw. Wandtke (wie Anm. 147), S. 206.

201
BGH NJW 11, 139.

202
Gem. § 661 Abs. 1 BGB muss vom Veranstalter zwingend eine Frist für die Bewerbung bestimmt werden.

203
Letztere ist zulässig, vgl. Palandt/Sprau (wie Anm. 83), § 657 Rn 2, kann aber u. U. zu einer Umdeutung der Auslobung in »Spiel und Wette« führen, vgl. ebd., § 657 Rn.1 und § 661 Rn 1.

204
Um diese Problematik ging es auch in der Entscheidung BGH NJW 11, 139. Der BGH hat dort bestätigt, dass die AGB-Kontrolle nur dann auf Teilnahmebedingungen anwendbar ist, wenn in die allgemein geschützten Rechtsgüter des Teilnehmers eingegriffen wird, also bspw. eine Haftung des Veranstalters ausgeschlossen werden soll.

205
Abzustellen ist hier auf den durchschnittlichen Empfängerhorizont der angesprochenen Teilnehmergruppe.

206
Vgl. bspw. Schricker/Loewenheim (wie Anm. 153), § 31 Rn 70.

207
Palandt/Sprau (wie Anm. 83), § 657 Rn.5 mit Verweis auf OLG Köln NJW-RR 14, 1138.

208
Vgl. bspw. Palandt/Sprau (wie Anm. 83), § 661 Rn 3 mit Verweis auf die Rechtsprechung des BGH. Als Anhaltspunkt für den Umfang der Überprüfung gilt § 1059 Abs. 2 ZPO (Aufhebung eines Schiedsspruches), Klageart ist die Feststellungsklage.

209
Vgl. den Text des Grundgesetzes von Art. 14 Abs. 1 und 2 GG: »(1) Das Eigentum und das Erbrecht werden gewährleistet. Inhalt und Schranken werden durch die Gesetze bestimmt. (2) Eigentum verpflichtet. Sein Gebrauch soll zugleich dem Wohle der Allgemeinheit dienen.«

210
§§ 44a, 45, 47, 48, 50, 51, 57, 58 und 60 UrhG.

211
Vgl. aber die Einschränkung des § 49 UrhG als gesetzliche Lizenz für »konkurrierende« Medien.

212
Achtung: Der Anwendungsbereich dieser Erlaubnis ist sehr begrenzt! Der Gesetzgeber hat diese Frage widersprüchlich und inkonsistent geregelt. Denn § 24 Abs. 2 UrhG (»... gilt nicht für die Benutzung eines Werkes der Musik, durch welche eine Melodie erkennbar dem Werk entnommen und einem neuen Werk zugrunde gelegt wird.«) untersagt jedes Zitat einer erkennbaren Melodie und ist nach h. M. gegenüber § 51 Satz 2 Nr. 3 UrhG vorrangig.

213
BGH GRUR 87, 363 – Filmzitat.

214
BGH GRUR 12, 819 – Blühende Landschaften.

215
Selbst sinnerhaltende Kürzungen in Zitaten sind also eindeutig zu kennzeichnen – z. B. mit [...].

216
Vgl. die Beispiele in Schricker/Loewenheim (wie Anm. 153), § 51 Rn 28.

217
In jedem Ratgeber für die Ausarbeitung wissenschaftlicher Arbeiten findet sich ein ausführliches Kapitel zu diesem Thema, z. B. in Norbert Franck/Joachim Stary, **Die Technik wissenschaftlichen Arbeitens**, 17. Aufl. 2013.

218
Wandtke (wie Anm. 147), S. 295 unter Verweis auf BGH BeckRS 15, 08775.

219
Immerhin ist wohl auch eine gewerbliche Nutzung der so gewonnenen Abbildungen möglich. Diese Ansicht ist allerdings nicht unumstritten, vgl. z. B. BGH NJW 13, 1809 – Preußische Gärten und Parkanlagen II. Eigentümer der betreffenden Gebäude berufen sich hiergegen meist auf ihr Eigentumsrecht, § 903 BGB.

220
Insbesondere §§ 45a, 46, 47 Abs. 2, 49, 52 und 54a UrhG.

221
LG Düsseldorf, MMR 08, 759; vgl. die Zusammenstellung dieser und ähnlicher »Dienste« bei Schricker/Loewenheim (wie Anm. 153), § 97 Rn 107 ff.

222
Ebd., § 53 Rn 28.

223
Ebd., § 53 Rn 14.

224
BTDrucks. 10/3360 S. 19); der Personenkreis wäre anderenfalls angeblich nicht mehr überschaubar.

225
Vgl. Schricker/Loewenheim (wie Anm. 153), § 53 Rn 39 ff.

226
Vgl. Wandtke (wie Anm. 147), S. 299. Dieser kluge und alte Grundsatz wird namentlich im Steuerrecht nicht immer eingehalten; dies kann dazu führen, dass Besteuerungsvorschriften als verfassungswidrig angesehen werden müssen, weil sie faktisch nicht durchsetzbar sind und der Steuerehrliche »der Dumme« wäre. Das Bundesverfassungsgericht hatte z. B. in einem berühmten Urteil vom 27. Juni 1991 (BVerfGE 84, 239) festgestellt, dass bei der Besteuerung von Zinseinkünften nach § 2 Abs. 1 Nr. 5, § 20 Abs. 1 Nr. 8 EStG (1979) seit dem Veranlagungszeitraum 1981 ein »strukturelles Vollzugsdefizit« bestand und den Gesetzgeber aufgefordert, spätestens mit Wirkung zum 1. Januar 1993 durch hinreichende gesetzliche Vorkehrungen die Besteuerungsgleichheit wieder zu gewährleisten.

227
Tatsächlich ist der Vorgang noch etwas komplizierter und derzeit auch in der Veränderung begriffen. Zuletzt war für die maßgeblichen Verwertungsgesellschaften, z. B. die VG Wort, die GEMA, die VG Bild-Kunst u. a., die »Zentralstelle für private Überspielungsrechte« ZPÜ tätig. Die betreffenden Verträge wurden aber zum Teil gekündigt; es bestehen hinsichtlich der technisch neuen Vervielfältigungsmöglichkeiten der letzten Jahre noch erhebliche Unsicherheiten bezüglich der Vergütungspflicht und -höhe, vgl. bspw. Schricker/Loewenheim (wie Anm. 153), § 54g Rn 3. Auch die gesetzliche Regelung der §§ 54 ff. UrhG unterliegt erheblichen Zweifeln, speziell im Hinblick auf ihre europarechtliche Wirksamkeit, vgl. Wandtke (wie Anm. 147), S. 306 f., insbes. S. 108 (Kritik).

228
Soweit es nämlich um fremde Werke als unwesentliches Beiwerk auf Photos oder um dauerhafte Werke im öffentlichen Raum ging und außerdem für die Photographie von Bauwerken (vgl. Rn 192).

229
Vgl. u. a. BVerfG GRUR 73, 541 – Lebach; BGH NJW 96, 985 – Caroline von Monaco.

230
Schricker/Loewenheim (wie Anm. 153), § 60/§ 22 KUG Rn 7 unter Verweis auf Ulmer.

231
Nachdem Journalisten 1898 ohne Erlaubnis in das Sterbezimmer des Reichskanzlers Otto von Bismarck eingedrungen waren und dessen Leichnam photographiert hatten, wurde offensichtlich, dass eine Rechtsgrundlage gegen eine derartige Nutzung des neuen Mediums Photographie fehlte. In der Folge entstand das KUG.

232
BGHZ 24, 200 – Spätheimkehrer; BGH GRUR 67, 205 – Vor unserer eigenen Tür.

233
Denn bereits durch die Herstellung seines Abbildes ist der Betroffene der Verfügungsmacht eines anderen ausgeliefert; das BVerfG hat sich am Rande der sog. Caroline-Rechtsprechung zu diesem Thema geäußert, vgl. BVerfGE 101, 361 = NJW 2000, 1021.

234
Einen Überblick zum Stand der Diskussion und der Argumente liefert Schricker/Loewenheim (wie Anm. 153), § 60/§ 22 KUG Rn 35.

235
§ 201a StGB erfasst bestimmte Lebenssituationen oder Umstände, in denen Personen besonders vor Photos geschützt werden sollen – jeder Photograph sollte diesen Tatbestand gut kennen.

236
Schricker/Loewenheim (wie Anm. 153), § 60/§ 23 KUG Rn 5.

237
Hierzu gibt es einen berühmten Fall aus den 1920er-Jahren: »Reichspräsident Ebert und Minister Noske in der Badehose«, Schöffengericht Ahrensböck DJZ 1920.

238
Schricker/Loewenheim (wie Anm. 153), § 60 Rn 13.

239
Vgl. z. B. BGH GRUR 91, 769 – Honorarfrage.

240
BGHZ 14, 163 – Constanze II.

241
BGH GRUR 99, 418 – Möbelklassiker.

242
Vgl. z. B. OLG Stuttgart UFITA 41, 218.

243
So Gisela Wild in Schricker/Loewenheim (wie Anm. 153), § 97 Rn 122.

244
Vgl. ebd., § 97 Rn 123 m. w. N.

245
BGHZ 14, 163 – Constanze II. Das ist z. B. dann der Fall, wenn bereits unternehmensinterne Vorbereitungen für eine Veröffentlichung getroffen werden, die in Kürze erfolgen soll.

246
Nach dem »neuen Hamburger Brauch« kann die Höhe der Vertragsstrafe auch der Festsetzung durch den Gläubiger überlassen werden, vorbehaltlich der Überprüfung der Angemessenheit gem. § 315 Abs. 3 BGB durch ein Gericht, BGH GRUR 94, 146 – Vertragsstrafenbemessung. Diese Verfahrensweise vermeidet eine zu gering angesetzte Vertragsstrafe, die widrigenfalls die Wirksamkeit der Unterlassungserklärung entfallen lässt.

247
Der BGH unterstellt die Annahme, wenn die Unterlassungserklärung nicht als unzureichend zurückgewiesen wird oder die Zurückweisung nicht objektiv begründet ist, BGH GRUR 93, 34 – Bedienungsanweisung.

248
Vgl. Schricker/Loewenheim (wie Anm. 153), § 97 Rn 126.

249
Das Rechtsinstitut der Abmahnung wurde im Wettbewerbsrecht entwickelt und dann durch Richterrecht auch bei Schutzrechtsverletzungen angewandt.

250
Die Vorschrift ist bezüglich der Kostenregelung mehrfach geändert worden, zuletzt im Oktober 2013. Noch nicht abschließend geklärt ist die Frage, ob der Gegenstandswert höher zu bemessen ist, wenn zusammen mit der Abmahnung gleichzeitig Schadensersatz begeht wird, wie dies häufig der Fall ist.

251
Verordnung (EU) Nr. 608/2013 zur Durchsetzung der Rechte geistigen Eigentums durch die Zollbehörden (»EU-Produktpiraterie-Verordnung 2014«), gültig seit dem 1. Januar 2014, nebst Durchführungsverordnung. Zuständig ist der Zoll.

252
OLG Köln, MMR 08, 820.

253
OLG Frankfurt, MMR 09, 542.

254
OLG Zweibrücken, CR 09, 31.

255
§ 97 Abs. 2 UrhG ist allerdings lex specialis zu § 823 BGB.

256
Schricker/Loewenheim (wie Anm. 153), § 97 Rn 183.

257
BGHZ 8, 138/140.

258
Ein Verleger kann sich noch nicht einmal durch die Einschaltung eines Rechtsanwalts zur Prüfung entlasten, BGH GRUR 80, 1099 – Das Medizinsyndikat II.

259
Schricker/Loewenheim (wie Anm. 153), § 97 Rn 140.

260
Vgl. weiterführend zur Haftung im Online-Bereich ebd., § 97 Rn 84 ff.

261
»Gewohnheitsrechtlicher Rang«, vgl. BGHZ 20, 345.

262
BGH GRUR 74, 53.

263
BGH GRUR 2000, 715 – »Der blaue Engel«; der Anspruch stand in diesem Fall den Erben als Rechtsnachfolger zu. der Leitsatz des BGH lautet: »In der Abbildung eines Doppelgängers, der einer berühmten Person täuschend ähnlich sieht, liegt ein Bildnis dieser Person. Das gleiche gilt, wenn der Eindruck, es handele sich um die berühmte Person, nicht aufgrund einer Ähnlichkeit der Gesichtszüge, sondern auf andere Weise (hier durch Nachstellen einer berühmten Szene mit Marlene Dietrich aus dem Film »Der blaue Engel«) erzeugt wird. Die Abbildung der nachgestellten Szene kann dann nur mit Einwilligung der berühmten Person und nach deren Tod in den folgenden zehn Jahren nur mit Einwilligung der Angehörigen zu Werbezwecken verwendet werden.«

264
BGH GRUR 71, 525 – Petite Jaqueline; das ist allerdings umstritten, vgl. Schricker/Loewenheim (wie Anm. 153), § 97 Rn 183.

265
Die jeweilige Regelung ist Ländersache. In Bayern gilt bspw. § 45 der »Verordnung über gerichtliche Zuständigkeiten im Bereich des Staatsministeriums der Justiz und für Verbraucherschutz (Gerichtliche Zuständigkeitsverordnung Justiz – GZVJu)«. Schwerpunktsenate gibt es hier in Nürnberg und München.

266
»Das Gericht bestimmt nach freiem Ermessen, welche Anordnungen zur Erreichung des Zweckes erforderlich sind.«, § 938 Abs. 1 ZPO.

267
Mit der Abschlusserklärung verzichtet der Schuldner auf seine Rechte gem. §§ 924, 926, 927 ZPO (d. h. auf sein Widerspruchsrecht und das Hauptsacheverfahren) er erkennt die Regelung der einstweiligen Verfügung als endgültig an. Diese Rechtswirkung tritt allerdings nur ein, wenn die vom Schuldner abgegebene Abschlusserklärung dem Inhalt der einstweiligen Verfügung entspricht (BGH, Urteil vom 4. Mai 2005, Az. I ZR 127/ 02) und die Abschlusserklärung nicht an Bedingungen geknüpft ist (BGH, Urteil vom 2. Juli 2009, Az. I ZR 146/07).

268
BGH, Urteil vom 22. Januar 2015, Az. I ZR 59/14 – Kosten für Abschlussschreiben II.

269
Denn das Abschlussschreiben gehört gebührenrechtlich bereits zum Hauptsacheverfahren, weshalb gem. § 17 Nr. 4 lit. b RVG eine neue, selbständig zu honorierende Angelegenheit vorliegt, vgl. BGH, Urteil vom 4. Februar 2010, Az. I ZR 30/04.

270
Vgl. den zum 1. Januar 2016 in Kraft getretenen § 945a ZPO; Informationen über den aktuellen Stand findet man unter www.schutzschriften-register.de.

271
Auch diese Problematik ist erst mit dem Internet wieder aktuell geworden, sie ist auch unter dem Begriff »Forum Shopping« bekannt. Denn bestimmte Gerichte in Deutschland vertreten bekanntermaßen besonders harte oder besonders nachgiebige Auffassungen zu bestimmten Themengebieten, so dass – je nach Rechtsfrage – Einstweilige Verfügungen oder Klagen im Bereich des Internets (oder des Medienrechts) gezielt dort eingereicht werden.

272
Hierfür gibt es keine gesetzliche Frist. Wer allerdings zu lange zuwartet, kann auch wegen Verwirkung zurückgewiesen werden.

Designschutz

273
Auf europäischer Ebene wurde zuletzt die Verordnung (EG) Nr. 6/2002 des Rates vom 12. Dezember 2001 über das Gemeinschaftsgeschmacksmuster (GGV) vom 6. März 2002 erlassen. Sie ermöglicht die Eintragung des Gemeinschaftsgeschmacksmusters. Man beachte: Auf der europäischen Ebene bleibt es kurioserweise vorläufig bei dem deutschen Begriff »Geschmacksmuster« statt »Design«. Die letzten Änderungen im Designschutz erfolgten mit Gesetz vom 4. April 2016 (BGBl. I S. 558 ff; BlPMZ 2016, 161 ff.) mit Wirkung zum Juli und zum Oktober 2016.

274
OLG Hamburg, Magazindienst 08, 182 ff. – Handydesign; OLG Hamm InstGE 8, 233 ff. – Kaminofen II; beide Entscheidungen waren schon zum Geschmacksmustergesetz ergangen, das seit 2004 dieselbe Rechtslage kannte.

275
In diesem Falle müsste das noch nicht eingetragene Design in dem Übertragungsvertrag aber möglichst präzise bezeichnet und am besten durch Beifügung eines Musters, Photos o. ä. dokumentiert werden.

276
Die Vergütung kann auch umsatzabhängig gestaltet werden, was durchaus üblich ist. Allerdings bedeutet das für beide Seiten Aufwand, da Nachweispflichten und Kontrollmöglichkeiten geregelt werden müssen.

277
Das Hakenkreuz (Swastika) fällt unter § 86a StGB »Verwenden von Kennzeichen verfassungswidriger Organisationen«.

278
https://www.dpma.de/design/formulare/index.html (Zugriff 17. August 2016).

279
Anders als Marken muss ein Design nicht für bestimmte Warenklassen eingetragen werden, die gleichzeitig den Schutzumfang bestimmen. Die Klassifizierung im Antrag soll vielmehr das Auffinden und Vergleichen erleichtern. Das amtliche Hinweisblatt formuliert dies so: »Geben Sie in diesem Feld zu dem Design mindestens ein Erzeugnis, jedoch nicht mehr als fünf Erzeugnisse an. Die Erzeugnisangabe hat keinen Einfluss auf den Schutzumfang. Sie muss gemessen an der eingereichten Wiedergabe des Designs plausibel erscheinen, also inhaltlich richtig sein, um die Recherchierbarkeit des Designs zu gewährleisten. Dies ist nur möglich, wenn Sie geeignete Warenbegriffe auswählen. Maßstab für die Auswahl ist letztlich, nach welchen passenden und geläufigen Begriffen die Öffentlichkeit recherchieren würde. Die der Zweckbestimmung folgende Erzeugnisangabe geht regelmäßig mit der äußeren Erscheinung des Designs einher.

Zeigt die Wiedergabe z. B. ein Logo, dann ist die Erzeugnisangabe »Logo« oder »Grafische Symbole« (Warenklasse 32-00) und nicht »T-Shirts« oder »Tassen«, selbst wenn das Logo dort aufgebracht werden soll. Die Erzeugnisangabe richtet sich nach der amtlichen Warenliste für eingetragene Designs. Die jeweils gültige Fassung der Warenliste wird im Bundesanzeiger bekannt gemacht.«

280
https://www.dpma.de/docs/service/formulare/design/r5704.pdf (Zugriff 18. August 2016).

281
http://register.dpma.de (Zugriff 14. Februar 2017).

282
Beim Designschutz fehlt es an der engen Verbindung des Urheberpersönlichkeitsrechts zwischen Urheber und Werk. Der Designschutz dient vor allem der Sicherung kommerzieller Interessen.

Markenrecht

283
U. a. im Warenzeichengesetz (von 1936) und im Gesetz gegen den unlauteren Wettbewerb (UWG).

284
Damals war schon die Erste Richtlinie 89/104/EWG des Rates vom 21. Dezember 1988 zur Angleichung der Rechtsvorschriften der Mitgliedsstaaten über die Marken (Markenrechtsreformgesetz) erlassen worden.

285
Denn bei Eintragung werden sie zu Marken und müssen hierfür markenfähig sein, was nicht auf alle sonstigen Kennzeichen zutrifft.

286
Allerdings kommt ein Schutz nur für dieses Unternehmen nicht in Betracht, da es sich bei der Bezeichnung um eine ganz allgemeine Gattungsbezeichnung handelt, vgl. § 126 Abs. 2 MarkenG.

287
Reinhard Ingerl/Christian Rohnke, **Kommentar zum MarkenG**, 3. Aufl. 2010, § 6 Rn 1.

288
Ebd., § 4 Rn 11.

289
»Gegebenenfalls ist durch ein demoskopische Gutachten [Befragung der maßgeblichen Verkehrskreise, d. A.] der Versuch zu unternehmen, diesen Zeitpunkt in der Vergangenheit zu ermitteln, was allerdings von erheblichen praktischen Schwierigkeiten begleitet ist«, ebd., § 6 Rn 21. Derartige Gutachten sind ziemlich teuer, abhängig vom behaupteten Umfang der Verkehrsgeltung, der zu befragenden Referenzgruppe und den Warenklassen.

290
Ebd., § 7 Rn 16.

291
BGH GRUR 01, 242 – Classe E.

292
BGH GRUR 08, 71 – Fronthaube.

293
BGH GRUR 07, 148 – Tastmarke.

294
Ingerl/Rohnke (wie Anm. 287), § 3 Rn 8.

295
BGH GRUR 10, 231.

296
»Erscheinungsmerkmale im Sinne von Absatz 1 Nummer 2 sind vom Designschutz nicht ausgeschlossen, wenn sie dem Zweck dienen, den Zusammenbau oder die Verbindung einer Vielzahl von untereinander austauschbaren Teilen innerhalb eines Bauteilesystems zu ermöglichen«, § 3 Abs. 2 DesignG.

297
Ingerl/Rohnke (wie Anm. 287), § 3 Rn 10 mit Verweis auf die ständige Rechtsprechung, z. B. EuGH GRUR 04, 858 – Heidelberger Bauchemie.

298
EuGH GRUR 03, 145 – Sieckmann.

299
Ingerl/Rohnke (wie Anm. 287), § 8 Rn 2.

300
Der EuGH hat sich bereits mit dieser Problematik beschäftigt, vgl. ebd., § 8 Rn 104.

301
Ebd., § 8 Rn 108.

302
EuGH GRUR 99, 723 – Chiemsee; der BGH folgt dieser Definition, vgl. z. B. BGH GRUR 09, 952 – Deutschland-Card.

303
Ingerl/Rohnke (wie Anm. 287), § 8 Rn 111.

304
Ständige Rechtsprechung, vgl. z. B. BGH GRUR 05, 763 – Nestlé.

305
Ingerl/Rohnke (wie Anm. 287), § 8 Rn 197.

306
»Das Risiko für die Benutzer beschreibender Angaben und das von einer eingetragenen Marke ausgehende Einschüchterungspotential in Grenzen halten«, BGH GRUR 2000, 882.

307
Aus diesem Grund dehnt der BGH diese Vorschrift auch über ihren reinen Wortlaut aus, z. B. bei der Abbildung von Produkten durch Bildmarken, vgl. Ingerl/Rohnke (wie Anm. 287), § 8 Rn 199.

308
Ebd., § 8 Rn 206.

309
BGH GRUR 99, 1096 – ABSOLUT; EuGH GRUR int. 02, 145 – Merz & Krell.

310
Ingerl/Rohnke (wie Anm. 287), § 8 Rn 253.

311
§ 37 Abs. 3 MarkenG.

312
Vgl. BPatG GRUR 14, 393 – Bolschoi Staatsballett.

313
Die Benutzung nur von bestimmten Merkmalen genügt hierfür nicht, vgl. Ingerl/Rohnke (wie Anm. 287), § 8 Rn 324.

314
Vorsicht: Die Frist kann sich durch Verwirkung verkürzen, wenn der Verletzte »ungebührlich lange« abgewartet hat und »dadurch dem Verletzer Anlass zu der Annahme gegeben hatte, er werde die Eintragung dulden«, vgl. ebd., § 51 Rn 7 mit Verweis auf BGH GRUR 70, 581 – Zwilling.

315
EuGH MarkenR 03, 134 – Arthur/ARTHUR & FELICE.

316
Tatsächliche Verwechslungen müssen (noch) nicht eingetreten sein, BGH GRUR 66, 495 – UNIPLAST; Rebd., § 14 Rn 396 ff.

317
BGH GRUR 90, 681 – Schwarzer Krauser.

318
EuGH GRUR 98, 922 – Canon; Ingerl/Rohnke (wie Anm. 287), § 14 Rn 431.

319
Vgl. Gordian N. Hasselblatt (Hrsg.), **Münchener Anwaltshandbuch zum Gewerblichen Rechtsschutz**, 4. Aufl. 2012, § 36 Rn 126 m. w. N.

320
Vgl.ebd., § 36 Rn 151 m. w. N.

321
Vgl. Ingerl/Rohnke (wie Anm. 287), § 14 Rn 1292; daneben können auch, je nach Einzelfall, die §§ 3, 4 UWG und §§ 823 ff. BGB einschlägig sein.

322
EuGH GRUR 09, 1158 – PAGO/Tirolmilch.

323
EuGH GRUR 04, 58 – Adidas-Salomon und Adidas Benelux.

324
Ingerl/Rohnke (wie Anm. 287), § 23 Rn 50.

325
Vgl. für weitere Beispiele und Gerichtsurteile: Ebd., § 23 Rn 101 ff.

326
Vgl. auch BGH GRUR 11, 1135 – Große Inspektion für alle.

327
Der Grundsatz der Erschöpfung gilt EU-weit. Dies entspricht der ständigen Rechtsprechung des EuGH, bleibt aber umstritten. Vor allem im Bereich der sog. »Re-Importe« bei Fahrzeugen deutscher Hersteller sorgt der Grundsatz der Erschöpfung immer wieder für Diskussionen. Im Hinblick auf internationale Handelsabkommen, Lieferungen innerhalb eines internationalen Konzerns und grenzübergreifende Generalvertriebsstrukturen gibt es zur Erschöpfung eine ausgefeilte Rechtsprechung, vgl. bspw. die Kommentierung bei Ingerl/Rohnke (wie Anm. 287), § 24.

328
Hasselblatt (wie Anm. 319), § 36 Rn 329 m. w. N.

329
EuGH GRUR 03, 425 – Ansul.

330
https://www.dpma.de/marke/index.html (Zugriff 14. Februar 2017).

331
https://www.dpma.de/docs/service/formulare/marke/w7731.pdf (Zugriff 26. August 2016).

332
Die Nizza-Klassifizierung beruht auf dem Nizzaer Klassifikationsabkommen (NZA) vom 15. Juni 1957. Seit dem 1. Januar 2016 ist die »Version 2016« der 10. Ausgabe der Nizza-Klassifikation (NCL 10-2016) in Kraft getreten. Mittlerweile gibt es als Fortentwicklung die digitale einheitliche Klassifikationsdatenbank (eKDB). Diese umfasst etwa 60.000 Klassifikationsbegriffe, die EU-weit anerkannt werden und in 23 Sprachen übersetzt sind. Der Aufbau der Nizza-Klassifikation wurde allerdings beibehalten. Die Homepage des DPMA verlinkt auf die eKDB. Vgl. auch das betreffende Markblatt des DPMA unter https://www.dpma.de/docs/service/klassifikationen/nizza/anleitung_nizza_benutzer_anmerkungen.pdf (Zugriff 26. August 2016).

333
https://www.dpma.de/docs/marke/class_scopes_dt.pdf; (Zugriff 26. August 2016).

334
Beim Markenschutz fehlt es ebenfalls an der engen Verbindung des Urheberpersönlichkeitsrechts zwischen Urheber und Werk. Auch der Markenschutz dient vor allem der Sicherung kommerzieller Interessen.

Wettbewerbsrecht

335
Adam Smith (getauft 5. Juli 1723–17. Juli 1790), war ein schottischer Moralphilosoph und Aufklärer. Aufgrund seines Hauptwerks **An Inquiry into the Nature and Causes of the Wealth of Nations**, das 1776 erschien, gilt er als Begründer der klassischen Nationalökonomie. Die Vorstellung eines sich selbst regulierenden freien Marktes, der vom Prinzip der »unsichtbaren Hand« gelenkt wird, ist mit seinem Werk verknüpft. Wenn der bürgerliche Rechtsstaat keine wirtschaftlichen Eigeninteressen mehr wahrnehme und nur noch den Rechtsrahmen für einen freien Markt zur Verfügung stelle, nütze dies dem allgemeinen Wohlstand und damit auch dem individuellen Glück am meisten. Die zentrale Funktion des Staates bleibe es dabei, das Privateigentum vor Übergriffen zu schützen und die Einhaltung von Verträgen sicherzustellen. Dieses Prinzip wird auch etwas salopp als »Nachtwächterstaat« bezeichnet. Das Modell setzt voraus, dass die eigennützigen Menschen als Teilnehmer einer arbeitsteiligen Wirtschaft durch die Anreize und Sanktionen des Marktes so koordiniert werden, dass die Bedürfnisse des Einzelnen bestmöglich befriedigt werden.

336
Das Modell einer kommunistischen Wirtschaftsordnung beruht auf dem Konzept sozialer Gleichheit und Freiheit aller Gesellschaftsmitglieder. Daher gibt es kein Privateigentum, sondern lediglich Gemeineigentum, das mittels kollektiver Problemlösungen wirtschaftlich verwertet wird. Einen »Markt« im eigentlichen Sinne gibt es damit nicht mehr. Vielmehr entfaltet sich die Versorgung der Gesellschaft aufgrund von kollektiv beschlossenen Maßnahmen (in sozialistischen und kommunistischen Staaten später zur »Zentralverwaltungswirtschaft« weiterentwickelt). Die ökonomischen Rahmenbedingungen der kommunistischen Lehre wurden maßgeblich von Karl Marx (1818–1883) und Friedrich Engels (1820–1895) geprägt. Sein Hauptwerk ist **Das Kapital**, das ab 1867 in drei Bänden erschien.

337
Die Soziale Marktwirtschaft wurde im Staatsvertrag von 1990 zwischen der Bundesrepublik und der DDR als gemeinsame Wirtschaftsordnung für die Währungs-, Wirtschafts- und Sozialunion vereinbart.

338
Alfred Müller-Armack, **Wirtschaftsordnung und Wirtschaftspolitik**, Bern 1976, S. 245. Müller-Armack war ab 1952 Leiter der Grundsatzabteilung des Bundeswirtschaftsministeriums. Sein Ziel war es, »die divergierenden Zielsetzungen sozialer Sicherheit und wirtschaftlicher Freiheit zu einem neuartigen Ausgleich« zu bringen.

339
Richtlinie 2002/58/EG (Datenschutz-Richtlinie), Richtlinie 2000/31/EG (E-Commerce-Richtlinie), Richtlinie 97/7/EG (Fernabsatz-Richtlinie), und vor allem die letzten beiden europäischen Vorgaben: die Richtlinie 2005/29/EG des Europäischen Parlamentes und des Rates vom 11. Mai 2005 über unlautere Geschäftspraktiken im binnenmarktinternen Geschäftsverkehr zwischen Unternehmen und Verbrauchern (UGP-Richtlinie), sowie die Richtlinie 2006/114/EG des Europäischen Parlaments und des Rates vom 12. Dezember 2006 über irreführende und vergleichende Werbung (Werbe-Richtlinie).

340
Helmut Köhler/Joachim Bornkamm, **Kommentar zum UWG**, 34. Aufl. 2016, § 2 Rn 18.

341
Ebd., § 2 Rn 62.

342
Ebd., § 3 Rn 2.15.

343
Ebd., § 3 Rn 2.10 ff.

344
Ebd., § 3 Rn 2.17.

345
Beispiele ebd., § 3 Rn 2.21 ff.

346
Richtlinie 2005/29/EG des Europäischen Parlamentes und des Rates vom 11. Mai 2005 über unlautere Geschäftspraktiken im binnenmarktinternen Geschäftsverkehr zwischen Unternehmen und Verbrauchern (UGP-Richtlinie).

347
Richtlinie 2005/29/EG des Europäischen Parlamentes und des Rates vom 11. Mai 2005 über unlautere Geschäftspraktiken im binnenmarktinternen Geschäftsverkehr zwischen Unternehmen und Verbrauchern (UGP-Richtlinie).

348
Köhler/Bornkamm (wie Anm. 340), § 3 Rn 3.19.

349
Ebd., § 3 Rn 3.26.

350
Vgl. OLG München WRP 2015, 1154; die §§ 307 ff. BGB sind Marktverhaltensregel.

351
Ein gut strukturierter Überblick findet sich in Köhler/Bornkamm (wie Anm. 340), § 4 Rn 4.1 ff., vgl. das vor Rn 4.1 enthaltene Inhaltsverzeichnis.

352
LG Köln GRUR 98, 53.

353
BGH GRUR 13, 1254 – Matratzen Factory Outlet.

354
BGH WRP 12, 194 – Branchenbuch Berg.

355
BGH GRUR 10, 248 – Kamerakauf im Internet.

356
Köhler/Bornkamm (wie Anm. 340), § 7 Rn 2.

357
BGH GRUR 11, 747 – Kreditkartenübersendung.

358
Köhler/Bornkamm (wie Anm. 340), § 7 Rn 21 m. w. N.

359
Für die gesamte Fallgruppe »Ansprechen in der Öffentlichkeit« vgl. ebd., § 7 Rn 63 ff.

360
Der Rechtsstaat sollte keine Vorschriften aufstellen, deren Einhaltung er nicht garantieren kann, vgl. Endnote 235.

361
Vgl. zur vorherigen ausdrücklichen Einwilligung Köhler/Bornkamm (wie Anm. 340), § 7 Rn 142 ff.

362
Dies ist der Grund dafür, dass die Callcenter mit deutschsprachigen Beschäftigten, die dennoch »Kaltakquise« betreiben, meist im außereuropäischen Ausland angesiedelt sind. Hier wird eine zivil- und strafrechtliche Verfolgung schwierig. Nicht selten werden dabei erfundene deutsche Telephonnummern als Absenderkennung angegeben.

363
Zum einen ist der Gesetzgeber der Auffassung, dass die Ansprüche der Verbraucher und sonstigen Marktteilnehmer ausreichend durch andere Rechtsvorschriften gesichert sind (z. B. den Verbraucherschutz im BGB). Zum anderen sollen Unternehmen, die möglicherweise gegen das UWG verstoßen haben (möglicherweise aber auch nicht) vor eine Vielzahl von Verfahren vermeintlich anspruchsberechtigter Verbraucher und sonstiger Marktteilnehmer geschützt werden. Insoweit haben die im § 8 Abs. 3 UWG genannten Verbände, Institutionen, Industrie- und Handelskammern oder Handwerkskammern eine Art Filterfunktion der sachlichen Vorprüfung wahrzunehmen. Vgl. hierzu auch Köhler/Bornkamm (wie Anm. 340), § 8 Rn 3.1 ff.

364
Ebd., § 8 Rn 1.4.

365
Vgl. Rn 125 ff.

366
Köhler/Bornkamm (wie Anm. 340), § 9 Rn 1.31 ff.

367
BGH GRUR 11, 152 – Kinderhochstühle im Internet.

368
Köhler/Bornkamm (wie Anm. 340), § 8 Rn 2.2c.

369
BGH GRUR 07, 890 – Jugendgefährdende Medien bei eBay.

370
OLG Frankfurt GRUR-RR 09, 265, z. B. bei Verstößen im Internet, die monatelang anhalten.

371
Köhler/Bornkamm (wie Anm. 340), § 10 Rn 7.

372
Anders liegt der Fall nur dann, wenn A aufgrund der Schwere der Verstöße seines Arbeitgebers verpflichtet gewesen wäre, Anzeige zu erstatten, § 34 StGB. Dann wäre seinen Tat gem. § 17 UWG gerechtfertigt. Allerdings hätten dann die Verstöße immer noch gegenüber den Strafverfolgungsbehörden zur Anzeige gebracht werden müssen.

E-Commerce

373
Erste Standards wurden durch die Fernabsatzrichtlinie (FARL), 97/7/EG vom 20. Mai 1997 gesetzt, die auch schon den Verbraucherschutz bei Vertragsabschlüssen im Fernabsatz im Fokus hatte. 2000 folgte die E-Commerce-Richtlinie (ECRL), 2000/31/EG vom 8. Juni 2000, die bestimmte rechtliche Aspekte der Dienste der Informationsgesellschaft, insbesondere den elektronischen Geschäftsverkehr im Binnenmarkt regelte. Erst 2014 wurde die Verbraucherrechte-Richtlinie (VRRL), 2011/31/EG vom 25. Oktober 2011 ins deutsche Recht umgesetzt, vgl. oben Rn 138.

374
Veröffentlicht im Amtsblatt der Europäischen Union vom 4. Mai 2016 (L119), abrufbar bspw. über http://eur-lex.europa.eu (Zugriff 14. Februar 2017).

375
Nicht zuletzt aufgrund des »unified search and url bar«, vgl. Dirk Heckmann (Hrsg.), **juris PraxisKommentar zum Internetrecht**, 4. Aufl. 2014, Kap. 2.2 Rn 1 ff.

376
Die DENIC eG betreibt ebenfalls eine sehr informative Homepage, die viele Fragen ausführlich beantwortet, vgl. www.denic.de (Zugriff 14. Februar 2017).

377
BGHZ 148, 13 – ambiente.de.

378
Nach wie vor Konjunktur hat das »Cybersquatting« oder »Domaingrabbing«, bei dem Domains registriert werden, die fremde Namens- oder Kennzeichenbestandteile enthalten, obwohl eigene Nutzungsabsichten nicht bestehen. Diese werden dann gegen eine Art »Lösegeld« zur Übertragung angeboten. Diese Praxis verstößt gegen §§ 1, 3, 4 Nr. 10 UWG. Sie ist allerdings abzugrenzen von der (erlaubten) »sichernden Registrierung«; näher hierzu Heckmann (wie Anm. 375), Kap. 2.2 Rn 125 ff.

379
Fehlerhafte oder irreführende Angaben im Impressum können einen Verstoß gegen § 3 Abs. 2, § 3a oder § 5 Abs. 1 Nr. 3 UWG darstellen, vgl. u. a. Köhler/Bornkamm (wie Anm. 340), § 3a Rn 1.296.

380
Staatsvertrag über Rundfunk und Telemedien / Rundfunkstaatsvertrag (RStV).

381
Achtung: Bereits die Einschaltung von Werbebannern kann aus einer solchen Plattform eine »gewerbsmäßige«, kommerzielle oder »geschäftsmäßige« machen.

382
Die Grenzziehung ist nicht ganz einfach. Die Begründung des Gesetzestextes hat Angebote im Blick, »die massenkommunikativen Charakter aufweisen und damit als elektronische Presse beschrieben werden«. Das kann auch auf »Newsletter« per App zutreffen.

383
Meist unter Verstoß gegen das Rechtsdienstleistungsgesetz.

384
BGH GRUR 11, 93 – Partnerprogramm, vgl. auch LG Hamburg vom 10. Februar 2011, Az. 315 O 356/10, Fundstellen bei Heckmann (wie Anm. 375), Kap. 4.2 Rn 559 ff.

385
»Invitatio ad offerendum«, vgl. Rn 34.

386
§ 1 Abs. 1, Abs. 2 PAngV.

387
BGH GRUR 10, 1110 – Froogle II.

388
BGH GRUR 10, 936 – Espressomaschine.

389
Bei Preissuchmaschinen ist umstritten, ob das sog. »Screen-Scraping« zulässig ist, also die Ermittlung der Preise von Anbietern ohne deren Mitwirkung mittels Searchbots, die die Onlinedatenbanken auslesen. Der Schutzbereich von Datenbankwerken gem. § 87a Abs. 1 UrhG ist wohl nicht eröffnet, ebensowenig dürfte eine gezielte Behinderung gem. §§ 3,4 Nr. 10 UWG bestehen, da die »ausgelesene« Verkaufsplattform nicht an ihrer wirtschaftlichen Entfaltung gehindert wird. Möglicherweise kann man von einem »virtuellen Hausrecht« ausgehen (was sehr umstritten ist); dann müssten aber auch »virtuelle Haustüren« bestehen, wie bspw. CAPTCHA-Verfahren als Sicherungsmaßnahmen, bevor eine Überwindung Sanktionen auslösen kann.

390
Gemäß § 69a Abs. 1 UrhG sind Computerprogramme im Sinne des Gesetzes Programme in jeder Gestalt. Das trifft für Betriebsprogramme genauso zu wie für Dienstprogramme, Apps, Social Media oder Schriftarten. Schutz genießen sie gemäß Abs. 3 dann, »wenn sie individuelle Werke in dem Sinne darstellen, dass sie das Ergebnis der eigenen geistigen Schöpfung ihres Urhebers sind«. Es gelten die allgemeinen Werkkriterien, vgl. Rn 162 ff.

391
BGH GRUR 03, 958 – Paperboy.

392
Dies gelte auch für sog. »Deep Links«, also einem Link, der nicht nur auf die erste Seite der Homepage des verlinkten Anbieters führt, sondern direkt zu einer bestimmten Unterseite eines Web-Angebotes.

393
BGH GRUR 08, 245 – Drucker und Plotter.

394
BGH GRUR 10, 628 – Vorschaubilder I.

395
Gisela Wild zeichnet den Stand der Diskussion nach, in: Schricker/Loewenheim (wie Anm. 153), § 97 Rn 33.

396
Thomas Dreier/Gernot Schulze, **Kommentar zum UrhG**, 3. Aufl. 2008, § 97 Rn 15.

397
Für Abbildungen hat der BGH seine Rechtsprechung konkretisiert, vgl. BGH GRUR 10, 628 – Vorschaubilder I. Nutzungsrechte würden keines-falls konkludent übertragen, sondern allenfalls die Einwilligung erteilt, die Abbildungen betrachten zu dürfen. Dies gelte dann aber auch für das Auffinden durch Bildersuchmaschinen (z. B. durch Google). Wer das nicht wolle, müsse seine Bilder durch technische Maßnahmen schützen.

398
Vgl. Art. 5 Abs. 1 der Europäischen Richtlinie zur Informationsgesellschaft RL 2001/29/EG.

399
Insbesondere im Arbeitsspeicher des Gerätes, wo sie im weiteren Verlauf des Verfahrens bzw. beim Abschalten wieder gelöscht werden, Berliner Kammergericht GRUR-RR 04, 228 – Ausschnittdienst.

400
Eine Übersicht findet sich z. B. bei Heckmann (wie Anm. 375), Kap. 3.1 Rn 208 ff.

401
Im Gegensatz zum True-Streaming, das lediglich einzelne Dateipakete im Arbeitsspeicher ablegt, die immer wieder mit neuen Paketen überschrieben werden. In diesem Fall befindet sich zu keinem Zeitpunkt eine vollständige Vervielfältigung auf dem Gerät des Nutzers.

402
Heckmann (wie Anm. 375), Kap. 3.1 Rn 222; Schricker/Loewenheim (wie Anm. 153), § 44a Rn 15. Allerdings sollen auch andere Formen des Streamings nicht von § 44a UrhG gedeckt sein, da es nicht ihr alleiniger Zweck sei, die rechtmäßige Nutzung eines Werkes zu ermöglichen. Höchstrichterliche Entscheidungen zu dieser Frage stehen noch aus.

403
Vgl. auch § 52 und § 53 Abs. 6 UrhG.

404
Schricker/Loewenheim (wie Anm. 153), § 106 Rn 21.

405
Umsetzung der Europäischen Richtlinie über den Rechtschutz von Computerprogrammen 91/250/EWG vom 17. Mai 1991.

406
Vgl. auch Anm. 208. Einen ersten Überblick der Lizenzarten bietet z. B. Schricker/Loewenheim (wie Anm. 153), vor §§ 69a ff. Rn 25 ff.

407
Das verdeutlichen die einschlägigen Definitionen der WIPO (World Intellectual Property Organization) und der DIN, an denen sich auch der BGH orientiert: »Folge von Befehlen, die nach Aufnahme in einen maschinenlesbaren Träger fähig sind zu bewirken, dass eine Maschine mit informationsverarbeitenden Fähigkeiten eine bestimmte Funktion oder Aufgabe oder ein bestimmtes Ergebnis anzeigt, ausführt oder erzielt« (§ 1 (i) der Mustervorschrift der WIPO, GRUR 1979, 306); »eine zur Lösung einer Aufgabe vollständige Anweisung zusammen mit allen erforderlichen Vereinbarungen« (DIN-Norm 44 300).

408
Vgl. Schricker/Loewenheim (wie Anm. 153), § 44a Rn 3 mit weiteren Nachweisen zum Stand der Diskussion.

409
Auf Computerprogramme ist § 95a UrhG allerdings nicht anwendbar, vgl. § 69a Abs. 5 UrhG. Die Vorschriften in den §§ 69a ff. UrhG sind ausreichend, um auch dort ein »Hacken« zu unterbinden, vgl. bspw. § 69e UrhG zur Dekompilierung.

410
Immerhin wäre S in diesem Fall nicht strafbar, vgl. § 108b Abs. 1 UrhG nach Nr. 2.

411
Dies gilt sogar für Sicherungskopien von Computerprogrammen. Obwohl 69d Abs. 2 UrhG diese ausdrücklich erlaubt, dürfen sie nicht unter Umgehung von Kopierschutzmaßnahmen angefertigt werden. Der Nutzer habe dann lediglich einen vertraglichen Anspruch auf Beseitigung des Kopierschutzes oder Lieferung einer Sicherungskopie, vgl. Schricker/Loewenheim (wie Anm. 153), § 69d Rn 20.

412
Vgl. zum Stand der Diskussion ebd., vor §§ 95a ff. Rn 17 ff. mit weiteren Nachweisen, auch zur Auffassung des Bundesverfassungsgerichts.

413
Vgl. OLG München WRP 15, 1154; die §§ 307 ff. BGB sind Marktverhaltensregel.

414
Vgl. insoweit auch Köhler/Bornkamm (wie Anm. 340), § 5 Rn 4.103 ff.

415
LG Köln GRUR-RR 01, 41.

416
LG Frankfurt/M. GRUR-RR 02, 68.

417
LG Hamburg K&K 03, 616.

418
Vgl. Heckmann (wie Anm. 375), Kap. 4.2 Rn 568.

419
BGH GRUR 14, 182 – Fleurop.

420
Das Kammergericht Berlin sieht die Schwelle der Unzumutbarkeit noch nicht überschritten, wenn das Pop-up leicht weggeklickt werden kann oder nach einigen Sekunden von selbst verschwindet, KG, Urteil vom 18. Oktober 2013 – 5 U 138/12.

421
Vgl. Heckmann (wie Anm. 375), Kap. 4.2 Rn 623.

422
LG Düsseldorf MMR 03, 486.

423
LG Berlin v. 14. September 2010, Az. 103 O 43/10, zitiert von Heckmann (wie Anm. 375), Kap. 4.2 Rn 627.

424
Die Nutzungsbedingungen beider Stores werden immer wieder angepasst, weshalb die Aussagekraft der Darstellung begrenzt ist (Stand September 2016).

425
Bei dem Vertrag handelt es sich nicht um einen Kaufvertrag. Der Urheber überträgt der App im Regelfall Nutzungsrechte (Lizenzen) an Apple (iTunes), und dieses Unternehmen räumt dem Nutzer Unterlizenzen zum Gebrauch der jeweiligen App ein. Es geht immer nur um eine urheberrechtliche Nutzungserlaubnis zugunsten des Kunden, nie um Eigentumserwerb.

426
Johannes Mainusch/Christian Burtchen, **Kontrolle über eigene Daten in sozialen Netzwerken**, DuD (Datenschutz und Datensicherheit) 2010, S. 448 ff.

427
So plant beispielswiese Telefónica, eine Tochtergesellschaft des Mobilfunkdienstleisters O2, eine Plattform, auf der Nutzer ihre privaten Daten direkt an Tech-Konzerne wie Facebook, Google oder Apple gegen eine Vergütung »verkaufen« können, vgl. http://www.ibusiness.de/aktuell/db/235391grollmann.html (Zugriff 24. September 2016).

428
Veröffentlicht im Amtsblatt der Europäischen Union vom 4. Mai 2016 (L119), abrufbar über http://eur-lex.europa.eu (Zugriff 14. Februar 2017).

429
§ 4 Abs. 1 BDSG, vgl. auch § 3a BDSG zur Datenvermeidung und Datensparsamkeit. Dieser Grundsatz entspricht dem Grundrecht auf informationelle Selbstbestimmung, das das Bundesverfassungsgericht (BVerfG) mit seinem »Volkszählungsurteil« vom 15. Dezember 1983, Az. 1 BvR 209/83, unter Bezugnahme auf Art. 2 Abs. 1 i. V. m. Art.1 As.1 GG herausgearbeitet hat.

430
Vgl. Art.6 Abs. 1 EU-DSGVO: »Die Verarbeitung ist nur rechtmäßig, wenn mindestens eine der nachstehenden Bedingungen erfüllt ist: a) Die betroffene Person hat ihre Einwilligung zu der Verarbeitung der sie betreffenden personenbezogenen Daten für einen oder mehrere bestimmte Zwecke gegeben; ...«

431
Diese Informationspflichten sind in der EU-DSGVO ausgeweitet und präzisiert worden, vgl. Art. 13 und 14 EU-DSGVO »Informationspflicht und Recht auf Auskunft zu personenbezogenen Daten«.

432
Vgl. Art.4 Nr. 1 EU-DSGVO: »personenbezogene Daten: alle Informationen, die sich auf eine identifizierte oder identifizierbare natürliche Person (im Folgenden »betroffene Person«) beziehen; als identifizierbar wird eine natürliche Person angesehen, die direkt oder indirekt, insbesondere mittels Zuordnung zu einer Kennung wie einem Namen, zu einer Kennnummer, zu Standortdaten, zu einer Online-Kennung oder zu einem oder mehreren besonderen Merkmalen, die Ausdruck der physischen, physiologischen, genetischen, psychischen, wirtschaftlichen, kulturellen oder sozialen Identität dieser natürlichen Person sind, identifiziert werden kann.«

433
Weiterführend Prof. Dr. Wolf Knüpffer (Hochschule Ansbach) (Hrsg.), **Cloud Computing als Basis für mobiles Arbeiten und Mobile Business**, im Rahmen der »Mittelstand Digital«-Initiative des Bundesministeriums für Wirtschaft und Energie, zum PDF-Download auf http://mittelstand-digital.de/DE/Wissenspool/Mobiles-Arbeiten/publikationen,did=714760.html (Zugriff 24. September 2016); ders. (Hrsg.), **Integration mobiler IT-Systeme**, Berlin 2017; Heckmann (wie Anm. 375), Kap. 9 Rn 597 ff.

434
Rechtssache C-362/14 – Maximilian Schrems / Data Protection Commissioner.

435
Diese Gerätekennung für den verwendeten Rechner wird vom Provider des Zugangsdienstes vergeben, sobald sich das Gerät in ein IP-Netzwerk einwählt.

436
Vgl. Heckmann (wie Anm. 375), Kap. 9 Rn 141 ff. mit Verweis auf das Grundsatzurteil des EuGH vom 24. November 2011 – C-70/10 und das Urteil des BGH vom 13. Januar 2011, NJW 11, 1509.

437
Hierfür generiert der Server der aufgesuchten Website eine Textdatei, die Informationen über den Zugriff speichert. Diese Datei wird auf dem Rechner des Nutzers hinterlegt und kann beim nächsten Besuch der Website wieder aufgerufen und aktualisiert werden.

438
OLG Frankfurt/M. vom 17. Dezember 2015, GRUR-RR 16, 252. Das Gericht hat auch die Erklärung der Bundesregierung akzeptiert, die EU-Richtlinie fordere eine Opt-In-Lösung nicht zwingend.

439
Lt. Bericht über das 4. Quartal 2015 der Facebook inc., USA.

440
Den Betreibern der Social-Media-Plattformen wird dadurch die Ermittlung persönlicher Vorlieben der Nutzer ermöglicht.

441
Über den E-Mail-Account oder die Kontaktdatenbank des Nutzers werden vom Betreiber der Social-Media-Plattform weitere Nutzer ermittelt, die dann als »Friend« aufgelistet und ggf. automatisiert benachrichtigt werden.

442
Bestimmte Informationen anderer Nutzer können mit dieser Funktion markiert und herausgehoben werden.

443
Mit Blick auf die sozialen Netzwerke hatte der EuGH bereits 2003 angemahnt, diese Ausnahme zu beseitigen, vgl. Heckmann (wie Anm. 375), Kap. 9 Rn 473 mit Verweis auf EuGH v. 6. November 2003 – C 101/01 und weitere.

444
Ebd., Kap. 9 Rn 503 unter Verweis auf EuGH v. 6. November 2003 – C 101/01.

Bibliothek für Designer

Weitere Bände der Reihe

Medien für Designer
ISBN 978-3-89986-254-6

Philosophie für Designer
ISBN 978-3-89986-253-9

Existenzgründung für Designer
in Planung

Storytelling für Designer
in Planung

und viele mehr

Herausgeber der Reihe
Prof. Dr. Thomas Friedrich
Prof. Dr. Klaus Klemp
Prof. Dr. Gerhard Schweppenhäuser

Autor des Bandes
David Herzog

Lektorat
Annerose Bach
Dr. Petra Kiedaisch
Bettina Klett

Layout
T616 Berlin
Prof. Veruschka Götz mit Katrin Kassel

Satz
Annerose Bach

Schriften
The Mix
TheSans
The Serif

MIX
Papier aus verantwortungsvollen Quellen
FSC® C013736
FSC
www.fsc.org

Papier
UPM fine, 100 g/m² mit 1,23-fachem Volumen

Druck
Kösel GmbH & Co. KG, Altusried

avedition GmbH
Verlag für Architektur und Design
Senefelderstraße 109
70176 Stuttgart
Deutschland
Tel.: +49 (0)711 / 220 22 79-0
Fax: +49 (0)711 / 220 22 79-15
info@avedition.de
www.avedition.de

ISBN 978-3-89986-260-7

Bibliografische Informationen der Deutschen Nationalbibliothek
Die Deutsche Nationalbibliothek verzeichnet diese Publikation in der Deutschen Nationalbibliografie; detaillierte bibliografische Daten sind im Internet über http://dnb.ddb.de abrufbar.

hochschule mannheim

Dieser Band erscheint mit Unterstützung der Hochschule Mannheim.

Mit Verweis auf die laufende Rechtsprechung und jederzeit mögliche Gesetzesänderungen können Autor und Verlag keine Haftung für die Aktualität und Verität der Ausführung im Text übernehmen. Die genannten Paragrafen und Belege in den Endnoten wurden vom Autor jedoch so ausgewählt, dass eine Überprüfung anhand tagesaktueller Informationen vereinfacht wird. Im Streitfall kann dieses Buch die Beratung durch einen Rechtsanwalt allerdings nicht ersetzen.